Pierre D. R. Jonin

# Entführungen im französischen, deutschen und niederländischen Artusroman des 12. und 13. Jahrhunderts

# Entführungen im französischen, deutschen und niederländischen Artusroman des 12. und 13. Jahrhunderts

Pierre D.R. Jonin

**Die vorliegende Arbeit wurde vom Fachbereich 05 der Johannes Gutenberg-Universität Mainz im Jahr 2024 als Dissertation zur Erlangung des akademischen Grades eines Doktors der Philosophie (Dr. phil.) angenommen.**

Bibliografische Information der Deutschen Nationalbibliothek: Die Deutsche Nationalbibliothek verzeichnet diese Publikation in der Deutschen Nationalbibliografie; detaillierte bibliografische Daten sind im Internet über http://dnb.dnb.de abrufbar.

Lektorat: Johanna Badorrek

Verlag: BoD · Books on Demand GmbH, In de Tarpen 42, 22848 Norderstedt

Druck: Libri Plureos GmbH, Friedensallee 273, 22763 Hamburg

ISBN: 978-3-7693-0237-0

# Inhaltsverzeichnis

# Einleitung

Das Motiv der Entführung kann als universell betrachtet werden, da es in verschiedenen Literaturgattungen unterschiedlicher Zeiten auftritt. Deshalb ist es auch besonders interessant und beliebt. Allerdings lässt sich feststellen, dass es innerhalb der einzelnen Epochen unterschiedlich behandelt wird. Aus diesem Grund treten häufig Variationen des ursprünglichen Motives auf. Diese Studie beschäftigt sich mit dem Motiv der Entführung im Kontext der Artusromane des 12. und 13. Jahrhunderts.

Und sie geht noch etwas weiter, befasst sich nicht nur mit dem Entführungsmotiv, sondern ebenfalls mit dem literarischen Genre des Artusromans. Diese Gattung umfasst alle Texte, in denen König Artus und seine Ritter vorkommen und sich in diesem Kontext mit den höfischen und ritterlichen Werten auseinandersetzen. Diese literarische Tradition wurde von dem französischen Schriftsteller Chrétien de Troyes begründet, der Werke wie zum Beispiel *Yvain, Le chevalier de la charrette, Perceval ou le conte du graal* schrieb, die verschiedene Genre wie die *matière de bretagne* und die *fine amor* vereinen. Diese Texte von Chrétien de Troyes sind die ersten einer Gattung, die sich im 12. und 13. Jahrhundert in mehreren Ländern verbreitet hat. Es lässt sich feststellen, dass Entführungen in den Romanen dieser Gattung häufig vorkommen. Dieser Umstand verdeutlicht, dass dieses Motiv ein wichtiger Bestandteil der Gattung ist und nicht als eine gewöhnliche Mutprobe für den Helden betrachtet werden kann.

Das Motiv der Entführung wird hier in einer Reihe von Texten untersucht, was aber nicht heißt, dass alle Facetten dieses Motivs in Betracht gezogen werden. Tatsächlich ist das Motiv viel zu breit angelegt, als dass es innerhalb einer einzigen Studie vollkommen untersucht werden kann. Aus diesem Grund werden hier narratologische und komparatistische Ansätze verfolgt. Diese Wahl erlaubt es, verschiedene Traditionen und Strukturen zu vergleichen, um das Motiv aus einer neuen Perspektive zu betrachten. Tatsächlich wurden Entführungen bis jetzt meistens im Kontext der jeweiligen Werke und nicht als ein einheitliches Motiv gesehen.

Zunächst geht es in dieser Arbeit darum, eine Art Ur-Szene zu finden, um diese mit anderen Fällen vergleichen zu können. Die ausgewählte Ur-Szene ist die Entführung der Königin im *Chevalier de la charrette* von Chrétien de Troyes. Dies zunächst deshalb, weil dieser Entführungsfall der bekannteste aus der Gattung ist. Zudem handelt es sich um einen Fall, der intertextuell sehr reich ist und viele Vergleiche erlaubt. In einigen Texten wird diese Entführungsszene wiedererzählt und es ist eine Vielzahl an Komponenten zu bemerken, die auch bei anderen Entführungsfällen der Gattung bewusst oder unbewusst eingesetzt worden sind. Wegen dieser Parameter soll diese Ur-Szene mit anderen Texten bezüglich verschiedener grundlegender Bestandteile verglichen werden, sodass deutlich wird, wie dieses Motiv der Entführung variiert und welche Wichtigkeit den Unterschieden in der Gestaltung zukommt.

Die vorliegende Studie besteht aus zwei Hauptteilen. Der erste erläutert das Motiv der Entführung und betrachtet die verschiedenen Facetten, die mit diesem Motiv verbunden sind und für die weitere Forschung besonders relevant sein werden. Zuerst soll es um einen Überblick der Motive im Rahmen des historischen, literaturgeschichtlichen und semantischen Kontextes gehen. Danach werden die Begriffe erläutert, die für die Textstudie besonders wichtig sind, und zwar die Erzähltheorie, die Funktionen der handelnden Figuren, der Spatial turn, die Intertextualität und Komparatistik. Anhand dieser Begriffe können wichtige Bestandteile einer Entführung erkannt und dann verglichen werden.

Im zweiten Teil geht es um die Textstudie. Zuerst wird sich hier die Arbeit mit dem *Chevalier à la charrette* und der Ur-Szene beschäftigen. Die Studie dieses Falls befasst sich mit den verschiedenen in dem Theorie-Teil entworfenen Bestandteilen, und zwar den beteiligten Figuren, den Orten der Entführung und Rettung, der Struktur der Entführung sowie den Gründen für das Geschehen und Erzählen. Die Betrachtung dieser Szene ermöglicht es, eine Grundlage aufzubauen, bei der die Varianz in den verschiedenen Bestandteilen näher betrachtet werden kann. Die jeweiligen Bestandteile, die im Theorieteil entworfen worden sind und im Kapitel zum *Chevalier de la charrette* untersucht wurden, werden dann in den weiteren Texten erforscht. Auf jeden einzelnen Bestandteil wird zurückgegriffen und diese werden anhand eines oder zweier signifikanter Beispiele erläutert. Die Varianz in diesen Fällen wird mit den Varianten aus dem *Chevalier de la charrette* verglichen, damit deutlich wird, wie diese Bestandteile verwendet und gestaltet werden können.

Um diese Textstudie durchführen zu können, wurden Texte aus dem französischen, provenzalischen, deutschen und niederländischen Raum ausgewählt.[1] Das Hauptziel dieser Auswahl besteht darin, ein kohärentes und nachvollziehbares Korpus von Texten entstehen zu lassen, damit das Motiv der Entführung in verschiedenen Räumen und innerhalb eines Jahrhunderts beobachtet werden kann. Die Auswahl der Texte ist nach verschiedenen Kriterien erfolgt, bleibt aber etwas Subjektives. Wichtige Punkte, die berücksichtigt werden sollen, sind die Intertextualität und die Möglichkeit des Vergleichens.

Wie oben bereits festgestellt, soll der ausgewählte Prototyp des Narrativs, der Entführungsfall der Königin im *Chevalier de la charrette* im Zentrum der Arbeit stehen, weil sie besonders Intertextuell reich ist. Im Folgenden sollen die verschiedenen Wiedererzählungen dieses Falles (*Lancelot en Prose*, *Yvain*, *Iwein*) betrachtet werden. Daneben wird ein anderer Text Chrétiens berücksichtigt, und zwar *Le conte du graal*, weil dieser mit dem *Parzival* von Wolfram von Eschenbachs Intertextualität bietet und interessante Vergleiche erlaubt. Es hätte auch der *Erec et Enide* von Chrétien de Troyes untersucht werden können, aber die deutsche Adaption dieses Textes von Hartmann von Aue zeigt nur wenige Unterschiede. Dazu wurden schon drei Werke von Chrétien ausgewählt, deshalb wird dieser Text im Korpus nicht betrachtet.

Aus dieser Basis von Texten sollen wiederrum Texte aus verschiedenen Traditionen ausgewählt werden, die aus dem 12. und 13. Jahrhunderten stammen

---

[1] Eine ausführliche Vorstellung der ausgewählten Texte und Entführungsfälle ist in den Anhängen 1 bis 3 der Arbeit zu finden.

und sowohl eine Art von Kontinuität, Intertextualität, Vergleichbarkeit, Erneuerung oder Besonderheiten bieten. Zum Beispiel ist ein Text wie der *Roman de Jaufré* interessant, weil er zwei Entführungen des Königs Artus darstellt, was als eine Erneuerung gelten kann. Er erzählt ebenfalls von zwei weiteren Entführungen, die das Potential haben, intertextuelle Beziehungen zu anderen Werken aufzubauen. Zwei weitere französische Werke, die dieser Idee folgen, sind *Première continuation Perceval* und *Hunbaut*.

Daneben standen weitere andere Werke zur Auswahl wie zum Beispiel *L'âtre périlleux* oder *Rigomer*. Diese wurden nicht gewählt, weil es bereits ähnliche Fälle in den oben zitierten Werken gibt und dieser Typ von Entführungen ebenfalls in Werken aus anderen Traditionen zu finden ist.

Dann wurden fünf deutsche Romane ausgewählt, und zwar: *Lanzelet*, Gauriel, *Wigalois*, *Wigamur* und *Diu Crône*. Bei diesen handelt es sich um bekannte Texte der deutschen Artusgattung, die entweder besondere Entführungsfälle oder mehrere Entführungen enthalten. Sie liefern verschiedene intertextuelle Bezüge zur genannten Basis – sowohl strukturell als auch inhaltlich. Auch hier hätten wieder andere Werke gewählt werden können, zum Beispiel *Daniel aus dem blühenden Tal* oder *Garel vom blühenden Tal*. Aber ebenfalls gilt wieder, dass bereits ähnliche Fälle vorliegen, sodass diese Fälle nur zu einer Wiederholung geführt hätten.

Bei den niederländischen Texten wurde *Torec,* ein Roman aus der *Lancelot Compilation* gewählt, ebenso *Roman van Walewein,* der zwar nicht zu dieser Gruppe von Texten gehört, allerdings einer der bekanntesten höfischen

Romane der niederländischen Tradition ist. Beide Romane verschaffen einen Überblick, auch wenn anzumerken bleibt, dass ebenso andere Romane wie *Die Riddere metter Mouwen* hätten herangezogen werden können. Die zwei ausgewählten Romane sind aber insbesondere interessant, weil sie beide mehrere Entführungsfälle enthalten und Intertextualität zu anderen Traditionen herstellen können.

Damit folgt nun der Theorieteil, in dem das Motiv der Entführung im geschichtlichen und soziokulturellen Kontext eingeführt wird und eine Definition der Entführung entwickelt wird.

# I. Theorie

## I.1 Der Begriff der Entführung im historischen und soziokulturellen Kontext

In dieser Arbeit werden mehrere Entführungsszenen aus verschiedenen Ländern untersucht und verglichen. Dafür soll zunächst der Begriff der Entführung genauer erläutert und gefragt werden, was eine Entführung überhaupt ist. Diese Frage kann nicht so einfach beantwortet werden, weil der Begriff der Entführung nicht immer gleich verwendet wird. Vielmehr muss er zunächst in Bezug auf seinen historischen und soziokulturellen Kontext untersucht werden, damit eine präzise Definition entwickelt werden kann. Für die vorliegende Studie wird der Begriff in einem besonderen Kontext betrachtet, nämlich im Hinblick auf seine Bedeutung in den Artusromanen sowie für die Zeitspanne vom 12. bis 13. Jahrhunderts. Eine semantische Untersuchung des Begriffs Entführung ist im späteren Abschnitt zur Lexik dieses Ausdrucks zu finden. Deshalb soll in diesem Kapitel vor allem auf den rechtlichen und geschichtlichen Entstehungskontext des Begriffs eingegangen werden.

Was macht dieses Thema nun so interessant, dass es eine Studie braucht? Um diese Frage zu beantworten, lässt sich eine Aussage von Sylvie Joye heranziehen:

"À sa lecture, le rapt s'avère être un excellent révélateur des rapports de force qui traversent une société: l'importance de l'alliance dans les rapports sociaux, la part d'autonomie exprimée par la femme dans le choix d'un époux, le choix du compromis ou de la vengeance dans la résolution des conflits, la signification donnée au concept d'honneur."[2]

Dieses Zitat zeigt, dass es der Begriff der Entführung ermöglicht, eine Vielzahl an Aussagen über Epochen und die Verhältnisse in Gesellschaften zu ermitteln. Bei der Arbeit handelt es sich aber nicht um eine historische Studie, sondern um eine literarische, da als Quellen fiktionale Texte herangezogen wurden. Dabei gilt es zu beachten, dass diese Texte nicht als vollkommen von der Realität ihrer Epoche getrennt zu betrachten sind, sodass verschiedene Verbindungen zwischen der Fiktion und Lebenswelt dieser Epoche hergestellt werden können.

Der Begriff der Entführung existierte bereits in der Antike und Mythologie und ist kein Begriff einer bestimmten Kultur, sondern etwas Universelles.[3] Genau daraus ergeben sich jedoch Schwierigkeiten. Jede Kultur verwendet den Begriff anders, sodass kulturelle Unterschiede oder Besonderheiten auftreten können.[4] Damit nicht genug, stellt auch die Zeit einen wichtigen Aspekt

---

[2] Joye, Sylvie: "La femme ravie, Le mariage par rapt dans les sociétés occidentales du haut Moyen Âge". Turnhout, 2012, S. 2.

[3] Es wird hier ein Beispiel gegeben, dass die Universalität dieses Begriffs deutlich macht. Damit die Vielfalt an Kulturen klarwird, wird hier eine asiatische, und zwar die indische Kultur gewählt. Im *Râmâyana*, ein der bekannteste mythologische Texte Indiens, der zwischen dem dritten Jahrhundert vor Christus und dem dritten Jahrhundert nach Christus entstanden ist, kann die Entführung Sita untersucht werden.

[4] Zu nennen ist beispielsweise die Tradition des Brautraubs. Ein Brautraub kann auf unterschiedliche Weise erfolgen (durch Gewalt oder auch nur symbolisch) und kommt in mehreren

dar, der betrachtet werden sollte. Denn was unter dem Begriff der Entführung im Mittelalter verstanden wurde, ist nicht dasselbe, was zu Beginn des 20. Jahrhunderts darunter gefasst wurde. Natürlich lassen sich auch große Ähnlichkeiten innerhalb der Kulturen finden, sodass die Unterschiede auf den ersten Blick zunächst nicht hervorstechen. Bei genauerer Betrachtung sind immer feinere Nuancen festzustellen, die vom zeitlichen Kontext abhängen. Im Folgenden soll daher zunächst erläutert werden, was im Mittelalter unter dem Begriff Entführung verstanden wurde.

Die Entführung war im Mittelalter vor allem eine schwere Straftat. Sie wurde im 4. Jahrhundert von Kaiser Konstantin als Verbrechen, das sich von der Vergewaltigung unterscheidet, anerkannt und gilt seitdem als solches.[5] Bis zu dieser Zeit waren die Begriffe der Entführung und Vergewaltigung vermischt verwendet worden.[6] Das Wort *Raptus* mit seinen vielen Bedeutung wurde aber weiter bis ins hohe Mittelalter für Entführungen genutzt, wobei es dafür nicht wirklich passend war.[7] Caroline Dunn erklärt, dass zu dieser Zeit mit dem gleichen Begriff verschiedene Taten bezeichnet wurden, nämlich *abduction*,

---

Ländern vor. Es handelt sich um eine kulturelle Besonderheit, da diese nicht überall gleich stattfindet. Diese Tradition findet man sogar im Alten Testament: Beriger, Andreas, Ehlers, Widu-Wolfgang, Fieger, Michael (Hrsg.): „Vulgata". Sammlung Tusculum, 5 Bde, Berlin, Boston, 2018, Buch der Richter, 21:22.

[5] Joye, Sylvie: "Le rapt de l'antiquité tardive au Moyen Âge. Crime privé, crime public, sacrilège". In: "Rapts, Réalités et imaginaires du moyen Âge aux Lumières". Vickermann-Ribémont, Gabriele und White-Le Goff, Myriam(Hrsg.). Paris, 2014, S. 20.

[6] Das Wort *Raptus* wurde als ein sexuelles Verbrechen betrachtet. Ebd., S. 20.

[7] "Le vocabulaire utilisé pour évoquer le rapt pose problème et montre la grande diversité des actes réprimés en tant que « rapts » durant l'Antiquité tardive et le haut Moyen Âge." Joye, Sylvie: "La femme ravie, Le mariage par rapt dans les sociétés occidentales du haut Moyen Âge". Turnhout, 2012, S. 4.

*rape*, *elopement* und *adultery*[8], sodass dieser Begriff in seiner Bedeutung viel zu breit gefasst und somit für eine Definition von Entführung ungeeignet erscheint.

Bei einer Entführung handelt es sich nicht in erster Linie um ein sexuelles Verbrechen, sondern vielmehr auch um ein soziales.[9] Es gilt zu bedenken, dass viele Frauen zu dieser Zeit unter dem Schutz von Männern standen.[10] Eine Entführung bedeutete in diesem Kontext, dass der Mann versagt hatte, die Frau in seiner Obhut vor der Gefahr zu bewahren. Es handelt sich demzufolge bei einer solchen Entführung um einen persönlichen Angriff gegen den Mann, der die Frau beschützen sollte. Andererseits handelt es sich aber auch um einen Angriff auf die Ordnung der Gesellschaft, die den Schutz der Frauen als ihre Pflicht betrachtet.[11]

Diese Definition der Entführung als ein soziales Verbrechen passt sehr gut zu den Artusromanen, in denen mehrere Damen, wie zum Beispiel Ginover, unter dem Schutz von Rittern stehen. Wenn eine dieser Frauen entführt wird, bedeutet dies für den zuständigen Ritter Ehrverlust und es entsteht eine

---

[8] Dunn, Caroline: "Stolen Women in medieval England, Rape, Abduction and Adultery". Cambridge, 2013, S. 18.
[9] Ebd., S. 20.
[10] Familienväter, Ehemänner u. a. kontrollierten das Leben der Frauen und sollten sie beschützen. Die Männer größte Eigenschaften sind ihre Kraft und Gewaltpotential. Frauen besitzen diese Eigenschaft nicht, deshalb gibt es einen großen Unterschied zwischen die Rolle der zwei Geschlechter in den Romanen. Wenn man sich diesen Unterschied zwischen Männern und Frauen anschaut, wird klar, Frauen brauchen den Schutz von Männern und werden daher von diesen kontrolliert.
[11] Dunn, Caroline: "Stolen Women in medieval England, Rape, Abduction and Adultery". Cambridge, 2013, S. 19.

Unordnung. Aus diesem Grund muss er alles in seiner Macht Stehende unternehmen, um die Dame zu befreien. Die Ehre stellt einen der wichtigsten Werte
für den Ritter dar, weil sie zentral für sein Leben als höfischer Mann ist.[12] Die
Ritter streben nach Ruhm und Ehre, indem sie viele gefährliche Prüfungen
und Kämpfe durchstehen.[13] Bei der Ehre handelt es sich um ein flüchtiges Gut,
das leicht verloren werden kann und deshalb als besonders wertvoll gilt. Eine
Entführung kann daher in manchen Fällen zum Motor der Handlung werden,
weil ein Ritter seine verlorene Ehre wiedererlangen möchte – oder muss.

Es lässt sich aber auch feststellen, dass nicht alle Entführungen die gleiche
Bedeutung haben, weil manche mit einer besonderen Absicht begangen werden, während andere einfachere und oberflächliche Gründe aufweisen. Sylvie
Joye unterscheidet in Bezug auf Vergewaltigungen zwischen einfachen und
strategischen Gründen, was sich auch auf die Motive für Entführungen

---

[12] In folgenden Werken kann zum Thema Ehre nachgeschlagen werden: Schreiner, Klaus,
Schwerhoff, Gerd (Hrsg.): „Verletzte *Ehre. Ehrkonflikte in Gesellschaften des Mittelalters
und der Frühen Neuzeit"* . Köln, 1995. Gvozdeva, Katja, Velten, Hans Rudolf (Hrsg.):
„Scham und Schamlosigkeit, Grenzverletzungen in Literatur und Kultur der Vormoderne".
Berlin, Boston, 2012. Insbesondere die Aufsätze von Gerd Althoff (Kulturen der Ehre- Kulturen der Scham, S. 47-60) und von Jan-Dirk Müller (Scham und Ehre. Zu einem asymmet-
rischen Verhältnis in der höfischen Epik, S. 61-96). Dinzelbacher, Peter: „„stîtes êre" – über
die Verflechtung von Ehre, Schande, Scham und Aggressivität in der mittelalterlichen Men-
talität". Mediaevistik, Vol 28 (2015), S. 99-140.
[13] Man kann hier die Definition von Aventiure des Kalogrenants am Anfang vom *Iwein* (Verse
534-537) nennen. Auch wenn die Definition Kalogrenants nicht vollkommen richtig oder
vollständig ist, enthält sie dennoch wichtige Informationen. Er sagt: „daz prîset in unde sleht
er mich/ gesige aber ich im an,/ sô hât man michvür einen man,/ unde wirde werder danne ich
sî." Hier scheinen die Ehre und der Ruhm so wichtig zu sein, dass er bereit ist, viel dafür
einzusetzen. Es wird aber auch schon deutlich, wie vergänglich Ehre ist. Sie kann ebenso
schnell gewonnen wie verloren werden. Dies hat zur Folge, dass die Ehrverletzten immer
versuchen, einerseits die bereits angesammelte Ehre zu bewahren und andererseits neue zu
erlangen versuchen.

übertragen lässt. Tatsächlich ist festzustellen, dass es Entführungen gibt, die schlicht motiviert sind, wie zum Beispiel die Entführung einer jungen Dame durch einen Riesen im *Wigalois*, während bei anderen der Entführer eine besondere Strategie verfolgt.[14] Im ersten Fall beabsichtigt der Entführer, etwas vom Opfer zu erhalten, während der Täter im zweiten Fall etwas durch die Entführung erreichen oder erhalten will, was aber eher der Kontrolle des Umfelds des Opfers unterliegt.

Dieser Kontrast zeigt sich auch in der Gesellschaft des Mittelalters, wo sich viele Entführungen finden lassen. Manche sind schlicht motiviert durch zum Beispiel sexuelle Begierde oder emotionale Verhalten, andere sind durchaus strategisch motiviert, wie z. B. bei dem *Lösegeld-System* festgestellt werden kann. Das bekannteste Beispiel hierfür ist die Entführung von Richard Löwenherz, der bei seiner Rückkehr von den Kreuzzügen kurz vor Weihnachten 1192 von Herzog Leopold V. von Österreich und seinen Männern festgenommen wurde.[15] Kaiser Henrich VI. hatte daraufhin den Herzog aufgefordert, ihm seine Geisel auszuliefern, was zu komplexen Verhandlungen führte.[16] Das Ergebnis dieser Verhandlungen bestand darin, dass Herzog Leopold dem Kaiser seine Geisel gegen eine Zahlung von 50.000 Mark auslieferte.[17] Der Kaiser verhandelte darauf mit England, um Richard Löwenherz gegen

---

[14] Man kann hier die Entführung der Botin im *Gauriel* als Beispiel heranziehen. Für mehr Details kann im Kapitel III zu den Entführern nachgeschlagen werden.

[15] Reither, Hand und Seebach, Helmut: "Der englische König Richard I. Löwenherz als Gefangener auf Burg Trifels". Mainz Gonsenheim, 1996, Heft 1, S. 22.

[16] Ebd., S. 23.

[17] Schubert, Alexander (Hrsg.): "Richard Löwenherz, König-Ritter-Gefangener". Regensburg, 2017, S. 245.

100.000 Mark freizulassen[18], woran man sehen kann, dass die Entführung bzw. Gefangennahme hier eindeutig politisch und strategisch motiviert war.

Damit noch zum System des Lösegeldes, das bemerkenswert ist, weil es beweist, dass es eine strategische und politische Dimension gegeben sein kann, die parallel zu den Entführungen im familiären Umfeld stattfindet.

Es lässt sich weiter ein Unterschied zwischen einer Entführung und einer Gefangennahme feststellen, der zwar sehr wichtig ist, aber nicht ausreichend beachtet wird. Die Trennung zwischen Entführung und Vergewaltigung ist, wie zuvor erwähnt, deutlich zu sehen, aber eine Abgrenzung von Entführung und Gefangennahme ist sowohl in den Texten als auch in der Forschung unklar.[19] Ein Beispiel dafür ist im *Wigalois* zu finden, wenn Gawein von Joram besiegt wird. Dieser Fall ist problematisch, weil er sowohl Komponenten einer Gefangennahme als auch solche einer Entführung beinhaltet. Eine Gefangennahme kann im höfischen Roman erfolgen, wenn ein Ritter einen Kampf gegen einen anderen Ritter verliert, weil er durch seine Niederlage zum Gefangenen des Siegers wird. Dabei ist es besonders wichtig, dass sich die Figur, die gefangen wird, verteidigen konnte, was aber nicht gelungen ist. In diesem Fall gibt es einen Kampf und Gawein wird in der Erzählung als

---

[18] Ebd., S. 245.
[19] Entführungen und Gefangennahme stehen zusammen im Werk Stith Thompsons außer bei den Fällen, die durch Täuschung erfolgen: Thompson, Stith: „Motif-Index of folk literature: a classification of narrative elements in folktales, ballads, myths, fables, mediaeval romances, exempla, fabliaux, jest-books und local legends". Bloomington [u.a.], 1989, 6 Bde. Fälle, die durch Täuschung stattfinden, sind im Band 4 bei K 700 zu K 799 vorhanden. Die weiteren Entführungen, die mit der Gefangennahme verbunden sind, können dem Band 5 bei R0 zu R99 entnommen werden.

Gefangener dargestellt.[20] Doch soll auch berücksichtigt werden, dass dieser Kampf nicht fair verlief, weil Joram über die Macht des verzauberten Gürtels verfügte, sodass er nicht verlieren konnte. Wenn Gawein nichts unternehmen konnte, um die Niederlage zu vermeiden, kann in Betracht gezogen werden, dass er ein Entführungsopfer ist. Tatsächlich können sich die Opfer von Entführungen nicht gegen die Täter verteidigen, wie es bei fast allen Fällen dieses Korpus feststellbar ist. Daran wird deutlich, dass diese Entführung weder als eine reine Gefangennahme noch als eine reine Entführung verstanden werden kann, deshalb ist von einem Grenzfall zu sprechen. Die Schwierigkeit, diesen Fall einzuordnen, ist ein Argument dafür, die Definition der Entführung deutlich von dem der Gefangennahme zu trennen, damit keine Missverständnisse entstehen.

Gefangennahmen werden aber in dieser Studie wegen des zuvor genannten Unterschieds nicht untersucht, allerdings wurden sie hier erläutert, um eine umfassende Kontextualisierung des Entführungsbegriffs zu ermöglichen.

Außerdem lässt sich feststellen, dass die Entführung als ein Mittel betrachtet wurde, um die Regeln der Hochzeit zu umgehen.[21] Hierbei kann es sich erneut sowohl um eine einfache als auch eine strategische Entführung handeln. Wenn ein Mann nicht die Erlaubnis der Eltern einer Frau bekommen hatte, so

---

[20] Wigalois, Vers 579-580, „dô reit der gevangen man/ mit dem herren durch den walt.". Übersetzung: der gefangene Mann ritt mit dem Herrn durch den Wald.
[21] Joye, Sylvie: "Le rapt de l'antiquité tardive au Moyen Âge. Crime privé, crime public, sacrilège". In: "Rapts, Réalités et imaginaires du moyen âge aux Lumières". Vickermann-Ribémont, Gabriele und White-Le Goff, Myriam (Hrsg.), Paris, 2014, S. 19.

bestand für ihn die Möglichkeit, sie zu entführen, um sie heiraten zu können.[22] Auch daran lässt sich ersehen, dass es die Option gibt, diese Entführung aus strategischen Gründen durchzuführen, weil so der Täter vielleicht wohlhabender wird oder einen besseren sozialen Status erreicht.[23] Dies zeigt, dass das Motiv der Entführung unter verschiedene Formen in der Gesellschaft des Mittelalters zu finden ist und sich daher auch erwartungsgemäß in der damaligen Literatur widerspiegelt, allerdings mit einigen Veränderungen, weil die Literatur nicht ganz der Wirklichkeit entspricht, sondern eine eigene Realität besitzt.

Es ist offensichtlich, dass die Entführung als eine gewaltsame Tat betrachtet werden kann, da es sich hier nicht um Fluchtgeschichten wie in den Texten der Aitheda handelt, sondern um Fälle, in denen die Opfer ihren Familien und ihrem Umfeld entrissen werden. Diese Gewalt ist häufig in der Kunst dargestellt worden, wobei diese nicht unbedingt als negativ betrachtet wurde, da der Krieger so seine Stärke und Heldenhaftigkeit zeigen konnte.[24] An dieser Stelle gilt es aber zu beachten, dass diese positive Bewertung von Gewalt bei Entführungsfällen in der Artusgattung nicht zu finden ist. Dies lässt sich dadurch erklären, dass die Ordnung am Artushof einerseits durch Werte der Ritterschaft und der Minnedichtung idealisiert und andererseits kodifiziert und

---

[22] Ebd., S. 20.
[23] Dunn, Caroline: "Stolen Women in medieval England, Rape, Abduction and Adultery". Cambridge, 2013, S. 82.
[24] Joye, Sylvie: "La femme ravie, Le mariage par rapt dans les sociétés occidentales du haut Moyen Âge". Turnhout, 2012, S. 6.

geregelt wird, sodass Gewalt ohne gerechtfertigten Grund einzig als negativ und Störung der Ordnung betrachtet wird.

Insgesamt ist der Begriff der *Entführung* also komplex und es lässt sich feststellen, dass sich seine Bedeutung nicht nur aus der Definition als Verbrechen oder den Unterschied zwischen schlichter und strategischer Entführung ergibt. Diese verschiedenen Facetten sollen berücksichtigt werden, um eine eigene Definition zu entwerfen. Hier gilt es noch zu beachten, dass Facetten wie die Motivation der Entführungen später in der Textstudie untersucht werden. Das heißt, es soll hier eine Definition vorgeschlagen werden, die nicht gleich ins Detail geht und vieles einschließt, damit auch viele Vergleiche möglich werden. In diesem Sinne nun zum ersten Entwurf der Definition: **Eine Entführung entspricht einer Tat, bei der eine Figur eine andere Figur gegen ihren Willen von einem Punkt A zu einem Punkt B bringt.** Diese Definition muss aber noch vervollständigt werden, in dieser Form ist sie noch lückenhaft. So erlebt das Opfer zum Beispiel nicht bei jeder Entführung einen Ortwechsel. Für solche Fälle braucht es eine Alternative: Eine Entführung wäre in diesen Fällen eine Tat, bei der eine Figur gegen ihren Willen einer anderen Figur unterworfen wurde.

Dazu muss beachtet werden, dass die Unterwerfung des Opfers auf eine bestimmte Art erfolgen muss. So sollte gelten, dass eine Figur sich nicht auf faire Weise verteidigen konnte, damit es sich um eine Entführung handelt. Für Fälle, bei denen dieses Merkmal nicht zutrifft, sollten der Begriff der Gefangennahme verwendet werden.

Diese kurze Einführung hat das Ziel, den Begriff vorzustellen und knapp zu erläutern, doch der Fokus der Studie liegt auf der Literaturwissenschaft. Deshalb wird hier nicht versucht, eine ausführliche historische Studie zum Begriff der Entführung zu schreiben. Es werden auch keine Fakten untersucht, sondern Fiktionen, die in einem besonderen Kontext niedergeschrieben wurden, und zwar in dem des 12. und 13. Jahrhunderts. Aus diesem Grund wird die Untersuchung des Begriffs hier abgeschlossen, um nun das Augenmerk auf das literarische Motiv zu konzentrieren. Als Erstes geht es um die Frage, warum dieses Motiv überhaupt in diesen Romanen zu finden ist. Es lässt sich feststellen, dass Entführungen in der Artusgattung nicht nur historische Fakten widerspiegeln, da es das Motiv der Entführung in vielen früheren literarischen Traditionen schon gab. Im nächsten Kapitel soll es um eine kurze Einordnung dieser Traditionen gehen, ohne aber ins Detail zu gehen, da dieses Thema ebenfalls komplex genug für eine eigene Studie wäre.

# I.2 Motiv und Lexik der Entführung in der Literaturgeschichte

Wie oben hergleitet werden konnte, reicht eine einfache Definition des Begriffs "Entführung" als Verbrechen nicht aus. In dieser Studie soll es außerdem um Entführungen in einem konkreten Rahmen gehen, nämlich um solche, die in einem besonderen historischen und literarischen Kontext verankert sind: den Artusromanen des XII. und XIII. Jahrhunderts. Daraus ergibt sich, dass der Begriff der Entführung auch im Rahmen der Literaturgeschichte erläutert werden sollte. In diesem Sinne muss die Bezeichnung „Begriff" als zu generell bewertet werden, da dieser die Handlung ohne besonderen Kontext meint. Stattdessen soll der präzisere Begriff „Motiv" verwendet werden, der notwendigerweise Kontext und Tradition aufgreift. Dies ist wichtig, weil ein Werk nie ohne äußeren Einfluss entsteht. So beinhalten die Artusromane zweifellos einige Merkmale aus früheren Zeiten, obwohl sie zu einem neuen Genre gehören. Im Folgenden soll nun die Tradition dieses Motivs erläutert werden. In einem späteren Abschnitt wird ebenfalls eine Lexik der Entführung vorgeschlagen, damit auch der sprachliche Aspekt dieses Motivs besprochen werden kann. Tatsächlich sind die auch verschiedenen Arten, eine Entführung zu bezeichnen, ein wichtiges Element des Kontexts, weil eine Entführung nicht in allen Epochen gleich bezeichnet worden ist.

## I.2.1 Die Entführungen in der Literatur der Antike

Dieses literarische Motiv findet seinen Ursprung in der umfangsreichen griechischen Mythologie. In den vielen Mythen lassen sich mehrere Entführungen ausmachen. Beispiele dafür wären die Entführung Europas durch Zeus[25], der Raub des Ganymeds[26] oder der Raub der Persephone durch Hades.[27] Ähnliche Fälle sind in der römischen Mythologie anzutreffen, wie zum Beispiel der Raub der Proserpina[28], der dem Raub der Persephone im griechischen Mythos entspricht. Diese Entführungen werden durch Götter ausgeführt, die meistens aus sexuellen Gründen handeln, obwohl man auch gelegentlich komplexere Motivationen finden kann.

Bei der Mythologie handelt es sich nicht um die einzige literarische Gattung der Antike, in der Entführungen thematisiert werden, auch in weiteren Textarten wie z. B. dem Epos, ist dies der Fall. Ein Beispiel findet sich in der Ilias von Homer[29], in der eher die fiktional-geschichtliche Handlung bevorzugt

---

[25] Ovidius Naso, Publius: „P. Ovidi Metamorphoses". Tarrant, Richard J. (Hrsg.), Oxford [u. a.], 2004, Buch II, 833-875. Für einen Einblick in diese Entführung kann folgendes Werk nachgeschlagen werden: Poignaut, R, Wattel–de Croizant (Hrsg.): „D'Europe à l'Europe, le mythe d'Europe dans l'art et la culture de l'antiquité au XVIIIe s.". Colloque de Paris, ENS, Ulm vom 24. bis zum 26. April 1997, Kollektion Caesarodunum XXXI Tours, 1998.

[26] Apollodorus, Grammaticus: „The library: in two volumes". Hrsg. und übersetzt von Frazer, James George, Cambridge, Mass [u. a.], 1976, III, 12, 2.

[27] Allen, Thomas William (Hrsg.): „The Homeric Hymns". 2 Aufl., London, 1936. Nachdruck: Amsterdam, 1980, II, To Demeter.

[28] Ovidius Naso, Publius: „P. Ovidi Metamorphoses". Tarrant, Richard J. (Hrsg.), Oxford [u. a.], 2004, Buch 5, 341-571.

[29] Homerus: „Die Gedichte Homers bearbeitet von Oskar Henke", Teil 2, die Ilias; Text, 1.Bd. Buch 1-13. Siefer, Georg (Hrsg.) und Henke, Oskar (Bearb.), 6. Aufl., Leipzig, 1928. Homerus: „Die Gedichte Homers bearbeitet von Oskar Henke", Teil 2, die Ilias; Text, 2.Bd. Buch 4-24. Siefer, Georg (Hrsg.) und Henke, Oskar (Bearb.), 5. Aufl., Leipzig, 1929.

wird, obwohl auch mythologische Bestandteile im Laufe der Erzählung zu erkennen sind.

Ein weiteres Beispiel findet sich im Genre der historischen Erzählung, die ebenfalls zur römischen Literatur gehört. Am geeignetsten erscheint der Raub der Sabinerinnen.[30] Es handelt sich um ein historisches Ereignis, das von verschiedenen antiken Schriftstellern wie Titus Livius und Plutarch erzählt wurde. Die antike Literatur liefert also eine Vielzahl an Beispielen für Entführungen innerhalb verschiedener Gattungen.


## I.2.2 Die Entrückung im biblischen Sinne

Dann gibt es noch eine andere Art von Entführung, die ebenfalls aus der griechischen Literatur stammt und von der Bibel übernommen wurde, nämlich die Entrückung, die sich im Französischen mit dem Begriff von *enlèvement de l'église* oder *ravissement* übersetzen lässt. Ursprünglich gab es in der griechischen Mythologie eine Insel namens Elysion, auf die alle von den Göttern geliebten Menschen und Helden geschickt und so unsterblich wurden. Es lassen sich hier zwei wichtige Punkte finden, nämlich erstens wird die entrückte Figur von einem Gott geliebt und zweitens wird sie unsterblich. Diese zwei Aspekte zeigen, dass ein Gläubiger viel gewinnen kann, wenn er sehr an Gott

---

[30] Plutarch: „vitae parallelae". Ziegler, Konrat (Hrsg.), Stuttgart/Leipzig, Band 1 Fasc. 1, 3. Auflage, 1960. Der Raub der Sabinerinnen ist im Kapitel zur Leben Romulus zu finden. T.Livi:" ab urbe condita, Bd. 1 (Bücher 1–5)". Seymour Conway, Robert und Flamstead Walters, Carl (Hrsg.), Oxford, 1914. Der Abschnitt zum Raub der Sabinerinnen ist im Buch 1 zu finden.

glaubt und sich seiner Liebe versichert. Dies erklärt, wieso dieses Motiv in der christlichen Religion und im Alten und Neuen Testament auftauchen. In der christlich-jüdischen Tradition geht es nicht mehr um eine Insel oder um Helden, sondern Entrückung bedeutet hier, dass eine Figur, die auf der Erde lebt, aufgrund ihres starken Glaubens in den Himmel an Gottes Seite versetzt werden kann.

Dieses Konzept von Entrückung ist bemerkenswert, weil es in diesem Fall zwar um eine göttliche Entführung geht, sich diese aber stark von den anderen in der Literatur der Antike unterscheidet. Denn die Entrückung wird als eine große Belohnung oder sogar eine Rettung betrachtet, da sie es den Menschen erlaubt, den Tod zu überwinden und ewig im Paradies an Gottes Seite zu bleiben. Diese Art der Entführung hat Gemeinsamkeiten mit den Entführungen durch Feen, die im Korpus dieser Studie zu finden sind, da die Figur des Entführers hier als Retter fungiert.

## I.2.3 Die Entführungen in der keltischen Literatur des Mittelalters: Die *Aitheda*

Die Tradition von Entführungen in der Literatur ist nicht nur in der Antike zu finden. Auch aus dem Mittelalter stammen Texte, die von Entführungen berichten. Von besonderem Interesse für diese Studie sind Texte keltischer

Tradition, weil diese auch zum Teil als Ursprünge der Artusliteratur gelten.[31] In diesen Texten existiert das Motiv der Entführung ebenfalls, und zwar unter dem Begriff der *Aitheda*. Dieser steht jetzt nicht mehr nur für Entführungen, sondern auch für die Flucht von Liebenden.

Beispiele für diese Gattung wären *The Pursuit of Diarmaid and Grainne*[32] oder *The Exile of the Sons of Uisliu*.[33] Bei dem Motiv der *Aitheda* handelt es sich um eine besondere Tradition, die in diese Studie aufgenommen werden soll, obwohl sie keiner gewöhnlichen Entführung entspricht. Die Liebenden fliehen wegen einer dritten Figur, bei der es sich in allen Fällen um einen weiteren Mann handelt, der die weibliche Figur begehrt. In den meisten Texten ist die Frau mit dieser Flucht sogar einverstanden. Daher stellt sich die Frage, inwiefern sich hier überhaupt von Entführungen sprechen lässt. Wenn die *Aitheda* als Entführung verstanden werden soll, so ist festzustellen, dass der unglückliche Liebhaber immer mächtiger ist als der glückliche. Der unglückliche Liebhaber ist derjenige, dem die Frau ursprünglich zugesprochen werden sollte. Weil er sie nicht erhält, fühlt er sich in seiner Ehre verletzt und versucht sich zu rächen. Daraus ergibt sich, dass ihm aus seiner Perspektive sein Vorrecht auf die Frau geraubt wurde und er sich deshalb berechtigt fühlt, diese zu entführen.

---

[31] Martin, B.K.: „Medieval Irish aitheda and Todorov's „Narratologie"". Studia Celtica, Jan 1, 1975. S. 139 "the Irish Stories are often taken as forerunners of it (arthurian romance)".
[32] „Tóruigheacht Dhiarmada agus Gráinne: The Pursuit of Diarmaid and Gráinne". Übersetzt und herausgegeben von Nessa Ni Shéaghda, Irish Texts Society 48, Dublin: Irish Texts Society, 1967.
[33] Hull, Vernam(Hrsg.): "Longes Mac N–Uislenn: The Exile of the Sons of Uisliu". Modern Language Association of America 16, New York, 1949.

## I.2.4 Die Brautwerbungsdichtung

Eine weitere Tradition ist bei der Brautwerbungsdichtung zu finden. Beispiele für diese Tradition wären Ortnit oder das Kudrunepos.[34] Hinrich Siefken definiert in „Über individuelle Formen und der Aufbau des Kundrunepos"[35], wie „die idealtypische Struktur einer vollständigen Brautwerbungshandlung"[36] aussehen soll. Siefken nennt fünf Etappen[37], aus denen die Brautwerbungshandlung besteht. Schmid-Cadalbert hat diesen Ansatz in seiner Studie zum Ortnit weitergeführt und hat zehn verschiedene Stufen in der Handlungsstruktur identifiziert.[38] Dazu hat er Handlungsrollen und Handlungsträger identifiziert, sodass ein guter Überblick darüber möglich wurde, wie eine Brautwerbung funktioniert. Dabei ist besonders die siebte Stufe relevant, weil sie die Entführung der Braut betrifft. Hier ist zu betonen, dass die Entführung durch die Werbung vorbereitet wurde, sodass die Entführung als eine Konsequenz und nicht als ein Ziel zu verstehen ist. Siefken zeigte, dass die Brautwerbung nicht immer gleich erfolgt, und nennt vier verschiedene Typen von Brautwerbungen, die in zwei Gruppen zu unterscheiden sind: die einfache und die

---

[34] „Otnit, Wolf Dietrich. Frühneuhochdeutsch, Neuhochdeutsch". Jolie, Stephan, Millet, Victor und Peschel, Dietmar (Hrsg. und Übers.), Stuttart, 2013. „Kudrun: Mittelhochdeutsch/Neuhochdeutsch". Uta Störmer-Caysa (Hrsg., Übers. und kommentiert). Stuttgart, 2010.

[35] Siefken, Hinrich: „Über individuelle Formen und der Aufbau des Kundrunepos". In: Ohly, Friedrich, Ruh, Kurt und Schröder, Werner (Hrsg): Medium Aevum. Philologische Studie, Bd.11. München, 1967.

[36] Vg., ebd., S. 22.

[37] „I. Erster Schauplatz: Auslösung und Vorbereitung./ II. Die Reise./ III. Zweiter Schauplatz: Ankunft, Aufnahme, Werbung./ IV - Die Rückreise: Heimführung oder Entführung./ V. Erster Schauplatz: Abschließendes Fest. ". Vgl. ebd., S. 22.

[38] Schmid-Cadalbert; Christian: Der Ortnit AW als Brautwerbungsdichtung. Francke, Bern 1985.

schwierige Werbung.[39] Die Gruppe der einfachen Werbung bezeichnet alle Fälle, bei denen eine Werbung ohne große Probleme erfolgt. In dieser Gruppe gibt zwei Wege der Werbung: die einfache Werbung und der Werbung durch Taten.[40] Die einfache Werbung zeigt, dass eine Werbung ohne Schwierigkeiten ablaufen kann, während bei der Werbung durch Taten der Werber Aufgaben oder Prüfungen schaffen muss, damit er die Frau gewinnt.[41] Die Gruppe der schwierigen Werbung belegt, dass eine Werbung nicht immer ohne Probleme erfolgt. Diese Gruppe besteht aus zwei Typen von Entführungen: einer mit und einer ohne Einverständnis, was Siefken ebenfalls als „Brautraub"[42] bezeichnet.[43] Diese zwei Typen von Werbungen zeigen, dass eine Entführung notwendig ist, obwohl die Bedeutung dieser Tat nicht die gleiche ist wie in den bereits besprochenen Fällen. Im ersten Fall ist die Frau einverstanden, deshalb ist die Entführung als „Befreiung und Rückführungshandlung"[44] zu verstehen, während die Entführung ohne Einverständnis als Verbrechen gilt. Die Entführungen, die als Verbrechen gelten, sind für die Artusgattung besonders relevant, weil die Handlungen sich häufig um das falsche Verhalten bestimmten Ritter drehen. Manche Ritter handeln bösartig, während andere sich verirren und falsche Entscheidungen treffen, was zur Folge hat, dass es zu

---

[39] Siefken, Hinrich: „Über individuelle Formen und der Aufbau des Kundrunepos". (Medium Aevum. Philologische Studie, Bd.11. Ohly, Friedrich, Ruh, Kurt und Schröder, Werner (Hrsg.). München, 1967, S. 22.
[40] Vgl. ebd., S. 22.
[41] Vgl. ebd., S. 22-27.
[42] Ebd., S. 32.
[43] Vgl. ebd., S. 27-35.
[44] Ebd., S. 27.

einem *Avantiure* kommt und dass die Möglichkeit besteht, seine Ehre zurück-zugewinnen.

Diese Tradition ist besonders wichtig, weil hier deutlich zu sehen ist, dass eine Entführung nicht nur auf eine Art verstanden werden kann. Zusätzlich ist zu betonen, dass die Entführung nicht als eine einfache Handlung betrachtet wird, sondern vielmehr als die Konsequenz früherer Ereignisse. Diese Tradition ist außerdem problematisch, weil sie zwangsläufig die Entführungen mit dem Ziel zusammenbringt, eine Frau zu gewinnen.

Es lässt sich feststellen, dass für das Motiv der Entführung schon vor der Ent-stehung der Artusgattung viele verschiedene Modelle entwickelt wurden.[45] Sowohl in der Literatur der Antike als auch in der Bibel, in den keltischen Texten der *Aitheda* oder in der Brautwerbungsdichtung findet sich das Motiv der Entführung. Es ist also zu erwarten, dass ein gewisser Einfluss dieser Mo-delle in den Artustexten zu erkennen ist. Wie groß dieser Einfluss ist, ist aller-dings schwer zu beantworten, da bei einer neuen Gattung, hier dem Artusro-man, wahrscheinlich auch mit einer neuartigen Umsetzung des Motivs gerechnet werden kann. Zur Klärung dieses Einflusses bräuchte es eine eigene Studie, deshalb wird diese Frage in der folgenden Arbeit nicht beantwortet. Es

---

[45] Die Suche nach verschiedenen Einflüssen würde zweifellos eine eigene Studie benötigen, weil noch weitere Einflüsse gefunden werden können. Es wurde aber versucht, einen kleinen Überblick zu geben, bei dem die häufigsten Einflüsse erwähnt werden. Für mehr Informatio-nen über weitere Einflüsse kann im Werk von Stith Thompson nachgeschlagen werden: Thompson, Stith: „Motif-Index of folk literature: a classification of narrative elements in folk-tales, ballads, myths, fables, mediaeval romances, exempla, fabliaux, jest-books und local le-gends". Bloomington[u. a.], 1989, 6 Bde.

soll aber einen Überblick gegeben, der verschiedene Einflussmöglichkeiten erläutert, damit deutlich wird, dass das Motiv der Entführung nicht neu ist.


## I.2.5 Zur Lexik der Entführung

Im folgenden Abschnitt geht es um den sprachlichen Aspekt. Es lässt sich feststellen, dass in den Texten verschiedene Begriffe verwendet werden, um die Entführung zu beschreiben. Diese sind ebenfalls bedeutsam und sollten untersucht werden. In dieser Arbeit wird deshalb kurz darauf eingegangen, sodass eine Idee entsteht, welche häufig verwendet werden. Eine ausführliche Lexik der Entführung wird aber nicht durchgeführt, weil auch dieses Thema eine ausführlichere und längere Studie bräuchte.

Den Anfang mache ich mit den geläufigsten Begriffen. Im Deutschen gibt es zunächst das Wort *Entführen*. Es besteht aus zwei Gliedern. Das erste Glied ist das Präfix *ent* und das zweite die Wurzel des Verbs *führen*. Das Präfix *ent* kann eine Negation oder eine Entfernung ausdrücken. Das Verb *führen* bedeutet, dass jemand von einem Ort A zu einem Ort B geleitet wird. Wenn man diese zwei Glieder zusammenbringt, bedeutet das also, dass man eine Figur einem bestimmten Umfeld, Ort oder Kontext entreißt und sie irgendwo anders hinbringt.

Im Niederländischen wird dafür der Begriff *ontvoeren* verwendet. Das Wort wird wie im Deutschen aus einem Präfix *ont* und einem Verb *voeren* gebildet. Das Verb *voeren* entspricht dem im Deutschen, während das Präfix *ont* ebenfalls eine Negation oder eine Entfernung ausdrücken kann. Dieses Präfix kann aber auch dazu verwendet werden, den Anfang von etwas auszudrücken.

Im Französischen wird der gleiche Begriff mit dem Wort *enlever* bezeichnet. Hier besteht das Wort ebenfalls aus zwei Gliedern (dem Präfix en und dem Verb *lever*). Das Präfix en hat genauso wie im Deutschen die Bedeutung einer Entfernung, aber das Verb unterscheidet sich von der Bedeutung des deutschen Verbes, da *lever* heben meint. Das heißt, im Französischen wird jemand weggehoben, anstatt entfernt. Das ist interessant, weil sich diese Formulierung stark von den deutschen und niederländischen Formulierungen unterscheidet. Hier wird nicht horizontal gedacht, sondern vielmehr vertikal.

Damit sollen nun die Wörter untersucht werdenm die den Begriff von Entführen allgemein bezeichnen. Ich werde zeigen, welche Begriffe in den jeweiligen Texten verwendet wurden, um die Entführungen zu bezeichnen, weil das Wort *entführen* selbst kaum in ihnen zu finden ist – obwohl genau über diese Handlung gesprochen wird. So wird deutlich, wie Schriftsteller diese Tat beschreiben und welche Nuancen sie durch die Verwendung welcher Begriffe einbringen.

In den französischen Texten wurden viele Aktionsverben verwendet, wie zum Beispiel: prendre (nehmen)[46], emmener (mitnehmen)[47], emporter

---

[46] Lancelot en Prose, Galehaut, Absatz 392: „Er Meliagans prent la röine, si l'en mainne as chevaliers qui l'attendoient". Ebenfalls: Yvain, Vers 3861: „Ses a tous. vi. li gaians prins". Roman de Jaufré, Vers 5802:"E pres mi per mout mal talan".

[47] Yvain, Verse 3702-3703: „Mais la roÿne en a menee/ un chevalier, che me dist l'en". Ebenfalls:Roman de Jaufré, Vers 2255: „mena la.n oltra son grat". Première continuation Perceval, Vers 13097: „Quant il en son conduit enmaine".

(wegbringen)[48], lever (heben)[49], tenir (halten)[50], porter (tragen)[51], sauter (springen)[52]. Die meisten der Verben deuten auf eine Handlung hin, die eine Bewegung meint. Es gibt aber auch Texte, die sich nicht auf ein Verb begrenzen, sondern vielmehr mehrere Verse verwenden, um eine Handlung und eine Bewegung zu beschreiben, wie zum Beispiel bei der Entführung der Königin im *Chevalier de la charrette*.[53]

Es lässt sich bei den deutschen Texten feststellen, dass viele Aktionsverben genutzt werden, die eine Bewegung ausdrücken, zum Beispiel führen[54],nehmen[55], bringen[56], zücken[57], leiten[58], fangen[59].

---

[48] Hunbaut, Verse 414-415: „Adonc li chevaliers en part,/ Si l'en porte tot a delivre". Ebenfalls: Première continuation Perceval, Verse 19472-19473: „Mais ne savoume ù endroit;/ Ensi en ont porté l'enfant".

[49] Roman de Jaufré, Vers 2272: „*levat*" :

[50] Roman de Jaufré, Vers 9952: „Volet, e tenc lo rei estreitz". Ebenfalls: Lancelot en Prose, La marche de Gaule, Absatz 28: „tenoit entre ses bras".

[51] Roman de Jaufré, Vers 5680: „portava de sotz s'aisella".

[52] Lancelot en Prose, La marche de Gaule, Absatz 28: „si saut ens el lac".

[53] Chevalier de la charrette, Verse 176-179: „la reine que je voi ci/m'avez otroiee a baillir,/ s'irons après le chevalier/ qui nos atant an la forest".

[54] Iwein, Verse 4586-4587: „daz er müese vüeren dan/ sin wip die Küneginne". Ebenfalls: Lanzelet, Vers 183: „und fuort ez mit ir in ir lant".

[55] Iwein, Vers 5680: „het genomen". Ebenfalls: Parzival, Buch 3, Verse 121,18-19: „zwên ritter heten im genomm/ eine frouwen in sîm lande". Lanzelet, Vers 182: „siu nam der künigîn daz kint" und Vers 6740: „mîn vrowe diu künegîn ist genomen".

[56] Diu Crône, Vers 11121: „braehte" und Vers 11123: „braht".

[57] Wigalois, Vers 579: „gezücket".

[58] Diu Crône, Vers 11308: „leit".

[59] Wigamur, Vers 117: „fing".

Hier sind auch einige Ausnahmen zu berücksichtigen, die mit besonderen Situationen in Verbindung stehen[60], dennoch sind die Aktionsverben in der Mehrheit zu finden. Diese Tendenz lässt sich auch bei den niederländischen Texten feststellen, dort sind ebenfalls die Verben nehmen[61], fangen[62], greifen[63] zu finden.

Insgesamt werden nur wenige verschiedene Begriffe für die Beschreibung der hier betrachteten Entführungen verwendet, diese aber umso häufiger. Meistens werden Aktionsverben benutzt wie das Verb *nehmen*. Dabei ist festzustellen, dass auch Verben vorkommen können, die auf eine Bewegung hindeuten. Aber auch wenn die Verben nicht konkret auf eine Bewegung verweisen, so deuten die restlichen Bestandteile der Verse darauf hin. Natürlich haben die verschiedenen Sprachen ihre Besonderheiten, dennoch zeigt sich ein ähnliches Ergebnis. Zwar sind die Wörter verschieden, aber es werden in allen Sprachen sehr häufig Aktionsverben genutzt, die Hinweise auf eine Bewegung geben. Nur in manchen Fällen trifft das nicht zu, das hat dann aber nichts mit der Sprache zu tun, sondern es geht dabei um Einzelfälle, die sich auch in der eigentlichen Handlung stark von den anderen Fällen unterscheiden.

---

[60] Ein Beispiel dafür wäre der Raub der Sinne Gaweins durch Amurfina in Diu Crône. Diu Crône, Verse 8663-8666: „da von er die sinne dâ/ als endelîch verlôs,/ daz er viel gar sinnelôs/ sich selben niht bekande".
[61] Torec, Verse 1291-1292: „Ende nam die joncfrouwe sonder sparen/ Ende settese vor hem op sijn part" und Vers 3471: "namse ende settese op".
[62] Torec, Vers 285: „gevaen".
[63] Roman van Walewein, Verse 9710-9711: „ende ghegreepse metter vaert/ ende swancse up sijn pard voren".

Wie aber lässt sich erklären, dass so wenige unterschiedliche Verben und Bezeichnungen für die Beschreibung von Entführungen herangezogen werden?
Für lange Zeit war der lateinische Begriff *Raptus* umstritten, weil er nicht nur
Entführung, sondern auch Vergewaltigung meinte. Eine mögliche Antwort
lautet, dass Entführungen im 12. und 13 Jahrhundert noch nicht als Einzel-
handlungen betrachtet wurden, die durch einen klar abgegrenzten Begriff definiert werden konnten. Zu diesem Zeitpunkt werden dafür die Wörter *Entfüh-*
*ren*, *Enlever* oder *ontvoeren* noch nicht benutzt, sondern man beschreibt die
Handlungen der Figuren und verwendet dabei häufig dieselben Wörter. Es
geht um das Ergreifen des Opfers und das Mitnehmen bzw. Fortbringen des
Entführten von einem Punkt A zu einem Punkt B. Diese Hypothese sollte aber
in semantischen und lexikalischen Forschungen tiefer untersucht werden, weil
hier nur ein kurzer Überblick gegeben wurde.


Diese Überblicke, auch wenn sie nicht ausführlich besprochen wurden, erlauben es, die Vielfalt und Komplexität dieses Motivs zu verstehen. Entführungen werden auf jeweils andere Weise in verschiedenen Typen von Literatur
dargestellt. Somit sollte klar sein, dass der literaturgeschichtliche Kontext eines Werks nicht nur aus der Lebensart der Epoche entsteht, in welcher der
Text verfasst wurde, sondern sich auch aus früheren Traditionen dieses Motivs
ergibt. So ist zu betonen, dass die Intertextualität schon hier eine Rolle spielt,
weil diese Einflüsse als Beziehungen zwischen Texten gelten können. Es wird
in einem späteren Kapitel auf die Definition des Begriffs von Intertextualität
zurückgegriffen. Die verschiedenen Bezeichnungen, die für eine Entführung

verwendet werden, zeigen ebenfalls, dass Entführungen sprachlichnicht immer gleich betrachtet oder beschrieben werden. Die Vielfalt von Aktionsverben, die mit einer Bewegung verbunden wird, ist besonders interessant, dennoch ist es schwierig, bei einem kurzen Blick zu definitiven Ergebnissen zu kommen. Diese zwei Ansätze sollten daher in anderen Studien weiterverfolgt und vertieft werden, um ein vollständigeres Bild des Motivs der Entführung zu bekommen. Im nächsten Kapitel wird das Motiv der Entführung in Bezug auf die Erzähltheorie untersucht.

# I.3 Entführung im Kontext der

# Erzähltheorie

Wie bereits geklärt, entspricht das Motiv der Entführung einer literarischen Tradition. Daraus ergibt sich generell die Herausforderung, dass sich eine solche Tradition nicht unbedingt linear entwickelt. Vielmehr lässt sich feststellen, dass verschiedene Teile dieser Tradition im Laufe der Zeit und abhängig vom geographischen Raum unterschiedlich beeinflusst sind. Es gilt also, diese Unterschiede zu isolieren, um ein generelles Schema für Entführungen entwickeln zu können. Auf diesem Weg wird deutlich, woraus eine Entführung auf der strukturellen Ebene besteht und wie dieses Schema verwendet werden kann, um unterschiedlichste Entführungsfälle zu untersuchen. Im folgenden Abschnitt werden also die Entführungen im Kontext der Erzähltheorie untersucht, um im Rahmen der Studie eine Grundlage für das Schema einer generellen Struktur zu entwerfen. Zuvor sollen jedoch noch die Erzähltheorie definiert und die Forschung zur Erzähltheorie zusammengefasst werden, um genau zu erklären, warum dieser Ansatz gewählt wurde.

Die Erzähltheorie ist eine Disziplin der Literaturwissenschaft, die Modelle oder Muster entwickelt, um Texte analysieren oder beschreiben zu können. Die Erzähltheorie wird in dieser Arbeit gebraucht, weil hier genau untersucht wird, wie Entführungen funktionieren. Der narratologische Ansatz hilft, die verschiedenen Funktionen einer Entführung zu erkennen und eine gemeinsame Basis für die verschiedenen Entführungsfälle festzulegen.

## I.3.1 Zum Stand der Forschung

Der Versuch, strukturelle Gemeinsamkeiten und Muster im höfischen Roman zu finden, ist schon häufig und auf verschiedene Art untersucht worden, deshalb wird zuerst der Stand der Forschung besprochen. Allen voran kann der Versuch von Hugo Kuhn zitiert werden, der das bekannte Modell der Doppelwegstruktur im *Erec* entworfen hat.[64] Die Doppelwegstruktur besteht aus zwei Teilen: Die erste bezieht sich auf den Anfang des Romans bis zur Ehe *Erecs* und zum *Verligen*, während sich die zweite der Rückgewinnung der Ehre widmet. Dieses Modell ist interessant, aber auch problematisch, weil es nicht für alle Romane verwendet werden kann. So machen erstens nicht alle Helden eine Krise durch oder begehen einen Fehltritt. Gleichsam ist anzumerken, dass die Fehlverhalten nicht immer wegen der Minne und des Rittertums begangen werden, wie man es zum Beispiel im *Parzival* sehen kann. Und eine weitere Kritik wäre, dass es nicht in allen Texten eine einzige Hauptfigur gibt.

Unter Berücksichtigung dieser Kritiken scheint die Doppelwegstruktur von Hugo Kuhn lückenhaft zu sein und weil sich diese Studie nicht auf die Verfassung des Helden bezieht, kann sie nur schwer adaptiert werden. Zumal Kuhns Modell abhängig ist vom Zustand des Helden, seinen Erfolgen und

---

[64] Kuhn, Hugo: „Erec" [1948]. In: ders.: Dichtung und Welt im Mittelalter. Kleine Schriften 1, 2. Aufl., Stuttgart, 1969, S. 126 - 140.

seiner Tiefe, was zu einem großen Problem führt. Erleben die unterschiedlichen Helden eine Art Krise, wäre dies zu beweisen, sofern es nicht bei den einzelnen Entführungsfällen jedes Mal deutlich wird, denn es werden in der vorliegenden Studie nur die Entführungen untersucht und nicht die vollständigen Erzählungen. Das bedeutet, dass dieses Modell nicht vollständig umgesetzt werden könnte. Hinzu käme, dass die Systematik auf den Helden eingegrenzt ist, auch deshalb kommt dieses Modell nicht in Frage.

Wegen den bereits oben genannten Kritikpunkten hat Walter Haug versucht ein weiteres Strukturmodell zu entwickeln, das bei den „klassischen Artusromanen" anwendbar ist. Dieses Modell ist mit der Struktur von Kuhn verwandt, da es sich ebenfalls auf die ritterlichen Taten und die Minne stützt, jedoch ist die Symbolstruktur Haugs etwas genereller formuliert, sodass sie für verschiedene Romane anwendbar ist. Ein Merkmal dieser Theorie betrifft die Einteilung zwischen den Begriffen *vröude* und *avanture*. Vröude findet man am Artushof am Anfang und Ende der Erzählung, was auch zeigt, dass der Artushof mit der Idee von Fest verbunden ist. Die *avanture* bringt den Protagonisten in eine Gegenwelt voller Gefahren, die er bewältigen muss, damit er wieder die *vröude* am Artushof herstellen kann. Die *avanture* erfolgt zweimal im Handlungsverlauf und jedes Mal wird eine andere Absicht verfolgt. Das erste Mal antwortet der Held als Provokation der Gegenwelt und soll als Vertreter des Artushofs die Krise lösen. Er erringt dabei Ruhm und Belohnungen. Das zweite Mal entsteht durch einen Fehltritt oder eine innere Krise, die den Helden dazu zwingt, den Hof zu verlassen und sich in Frage zu stellen. Durch seine Reise in die Gegenwelt gelingt es ihm, seine innere Krise zu lösen sowie seine verlorene Ehre zurückzuerlangen, was eine Rückkehr in die *vröude* erlaubt.

Armin Schulz kritisiert auch dieses Modell, weil auch diese Struktur noch zu lückenhaft bleibt.[65] Genauso wie bei der Doppelstruktur von Kuhn merkt man, dass es auf den Helden zentriert ist. Die Dichotomie zwischen vröude und avanture ist jedoch interessant, da sie Wandel zwischen zwei Zuständen beschreibt, was bei Entführungen auch häufig zu finden ist. Trotzdem bleibt die Herangehensweise, alles mit Bezug zum Helden zu untersuchen. Es wird entweder die Reaktion des Helden auf ein Ereignis erwartet oder seine abenteuerliche Reise, um eine Krise zu lösen. Diese Fixierung auf die Figur des Helden ist – insbesondere für diese Arbeit – problematisch, weil eine Entführung nicht nur wegen die Retterfigur von Interesse sein kann. Dazu sind nicht immer Retterfiguren vorhanden, sodass auch diese Theorie nur schwer für diese Studie adaptiert werden kann.

Ein weiterer Versuch, die Erzähltheorie auf die höfischen Romane anzuwenden, erfolgte mit der Studie Propps zu den russischen Zaubermärchen. Diese Studie untersucht zwar ein anderes Feld der Literatur, nämlich Märchen, ist aber hilfreich, weil die entwickelten Muster teilweise wieder auf andere Kontexte angewendet werden können. Dieser Übergang von einem Kontext zu

---

[65] „Was hier zu kurz kommt, ist der Umstand, daß die Krisenmomente schon dem Hof selbst eingeschrieben sind, das Agieren des Helden im Außerhalb des Hofs also stets etwas Kompensatorisches an sich hat – und daß auch die ‚Gegenwelt' nicht grundsätzlich anti-höfisch, sondern in ihren relevantesten Ausprägungen gerade *auch* höfisch ist." Schulz, Armin: „Erzähltheorie in mediävistischer Perspektive, 2. Auflage". Braun, Manuel, Dunkel, Alexandra und Müller, Jan-Dirk (Hrsg.), Berlin, München, Boston, 2015. S. 251.

einem anderen soll besprochen werden, nachdem die Studie von Propp etwas besser erläutert wurde.

Vladimir Propp hat in seinem Werk "Morphologie des Märchens"[66] systematisch die Struktur russischer Zaubermärchen untersucht. In seiner Studie hat Propp ein Schema entwickelt, das aus den verschiedenen Funktionen eines Märchens besteht und das besonders interessant ist, weil es auch für andere Texte übernommen werden kann, wie dieses beispielhafte Zitat deutlich macht: „Die konstanten und unveränderlichen Elemente des Märchens sind die Funktionen der handelnden Figuren, unabhängig davon, von wem oder wie sie ausgeführt werden. Sie bilden die wesentlichen Bestandteile des Märchens."[67] Propp meint hier, dass man sich nicht auf den Charakter der Figuren des Märchens konzentrieren soll, sondern auf die Handlungen der Figuren. Aus diesem Grund werden Studien, die sich für andere Texte interessieren, ebenfalls möglich, solange diese sich an eine Reihe von Funktionen halten.

Was wird hier genau unter „Funktionen der handelnden Figuren" verstanden? Man stellt fest, dass verschiedene Figuren in einer gleichen Situation ähnlich reagieren, wodurch sich ein Muster skizzieren lässt. Diese verschiedenen Muster entsprechen den Funktionen der handelnden Figuren, die für eine Klassifizierung wichtig sind, weil sie ein systematisches Vorgehen erlauben.

---

[66] Propp, Vladimir: „Morphologie des Märchens". Eimermacher, Karl (Hrsg.), Wendt, Christel (Übers.) Suhrkamp Taschenbuch Wissenschaft 131, Frankfurt, 1975. Zuerst: „Morfologija skazki", Leningrad, 1928.
[67] Ebd., S. 27.

Eine weitere interessante Bemerkung Propps lautet, dass es nur eine begrenzte Anzahl von Funktionen im Zaubermärchen gibt.[68] Diese Aussage ist auch interessant, weil sie deutlich macht, dass ein Korpus, der aus begrenzten Funktionen besteht, in einer gleichen Art studiert werden könnte. Im Fall des höfischen Romans lässt sich argumentieren, dass es sich genauso wie bei dem Märchen um ein spezielles Genre handelt, das aus einer begrenzten Anzahl Funktionen besteht. Tatsächlich bestehen die höfischen Romane meistens aus ähnlichen Funktionen und haben eine starke gemeinsame Basis, obwohl es jedes Mal Abweichungen gibt.

Propp behauptet auch, dass die Funktionen der handelnden Figuren in den verschiedenen Märchen in einer Reihenfolge stattfinden, die quasi immer die gleiche ist. Da die Funktionen begrenzt sind, muss man beachten, dass es logisch ist, dass eine Aktion oft die gleiche Reaktion auslöst. Nehmen wir zum Beispiel einen Entführer, der eine junge Frau raubt. Die häufigste Reaktion ist das Auftreten eines Retters, der sich auf die Suche nach dem Täter macht, sodass in vielen Fällen die gleiche Reihenfolge nachfolgender Handlungen entsteht.

Die Theorie Propps ist in zwei Abschnitten etwas problematisch, wie Stephan Fuchs-Jolie in seiner Dissertation erläutert.[69] Zum Ersten wird auf die Trennung von Funktion und Handlung hingewiesen, da Propp für seinen Korpus annimmt, „dass die Gefühle und Absichten der handelnden Figuren sich in

---

[68] Vgl. ebd., S. 27.
[69] Fuchs, Stephan: „Hybride Helden: Gwigalois und Willehalm. Beiträge zum Heldenbild und zur Poetik des Romans im früheren 13. Jahrhundert". Heidelberg, 1997, S. 20-26.

keinem Fall auf den Gang der Handlung auswirken"[70]. Diese Behauptung ist für einfache Erzählungen zumutbar, weil die Rollenverteilung klar und deutlich ist, aber sie ist für komplexere Erzählungen schwieriger anzunehmen. Die Beziehung zwischen Funktion und Figuren ist bei diesem Werk nicht auf einen Blick zu etablieren, deshalb kommt man hier zu einer Lücke, die gefüllt werden sollte.

Der zweite problematische Aspekt liegt bei den handelnden Figuren und ihren Handlungskreisen. Propp hat sieben verschiedene Rollen definiert, die von den handelnden Figuren übernommen werden können. Ein System, das auf komplexer gestaltete Erzählungen nur bedingt anwendbar ist, wenn überhaupt, weil ein Handlungskreis die Tiefe des Textes nicht vollkommen wiedergeben kann. Die Figuren bestimmen zum Teil auch die Bedeutung der Funktionen in der Erzählung, woraus sich ein weiterer Mangel in der Studie Propps ergibt. Darauf soll im späteren Kapitel zu den Funktionen der handelnden Figuren eingegangen werden.

Damit nun zu der Anwendung von Propps Theorie auf die Artusromane. Bereits 1974 hatte Ilse Nolting-Hauff die Idee, Propps Theorie auch auf die Artusgattung anzuwenden[71], sodass diese Vorgehensweise inzwischen schon vielfach besprochen wurde. Die Anwendung dieser Theorie wurde jedoch zum Teil mehrfach kritisiert. Cristoph Cormeau kritisierte besonders, dass Nolting-

---

[70] Propp, Vladimir: „Morphologie des Märchens". Eimermacher, Karl (Hrsg.), Wendt, Christel (Übers.) Suhrkamp Taschenbuch Wissenschaft 131, Frankfurt, 1975, S. 78.
[71] Nolting Hauff, Ilse: „Märchen und Märchenroman. Zur Beziehung zwischen einfacher Form und narrativer Großform in der Literatur". Poetica 6 (1974), S. 129-178.

Hauff die höfischen Romane als Märchenromane behandelt hat. Er behauptet, diese Annahme würde die feudale Semantik der Artusromane vollkommen ausblenden. Natascha Wieshofer kritisierte ebenfalls die Methode Nolting-Hauffs, indem sie sagte, die Funktionen der handelnden Figuren seien von der Bedeutung dieser Funktionen getrennt.[72] Das heißt, dass dieselbe Funktion je nach Situation vollkommen unterschiedlich gedeutet werden kann, was auch bei der Entwicklung dieser Schemata zu sehen ist. Brémond äußert ebenfalls in seiner *Logique du récit*, dass die Funktionen in Verbindung mit den Figuren stehen sollten, damit sie Sinn ergeben.[73] Diese Kritiken weisen auf eine Schwäche der Theorie hin, und zwar die Trennung der Struktur von den anderen Komponenten der Erzählung.

Eine zweite Kritik in Bezug auf die Studie von Ilse Nolting-Hauff betrifft die Anzahl der Funktionen, die sie beiseiteließ, die jedoch den Kontext der Erzählung ausmachen. Damit verlieren diese also an Bedeutung.[74] Tatsächlich sollten Funktionen spezifisch für die Artusgattung entwickelt werden mit Blick darauf, dass Propp seine für eine andere Gattung entwickelte. Die Schwierigkeit bei der Artusgattung besteht darin, dass sie sehr vielfältig und nicht so homogen ist wie die Sammlung russischer Zaubermärchen aus Propps Studie. Es wäre somit eine gewaltige Herausforderung, alle einzelnen Funktionen in der Artusgattung zu betrachten. Und es wäre fraglich, ob das überhaupt

---

[72] Wieshofer, Natascha: „Fee und Zauberin, Analysen zur Figurensymbolik der mittelhochdeutschen Artusepik bis 1210". Wien, 1995, S. 31.
[73] Brémond, Claude: „Logique du récit". Paris, 1973, S. 132-133.
[74] Wieshofer, Natascha: „Fee und Zauberin, Analysen zur Figurensymbolik der mittelhochdeutschen Artusepik bis 1210". Wien, 1995, S. 31.

erstrebenswert ist, da die Studie dann wahrscheinlich sehr unübersichtlich werden würde.

Die Kritiken an der Studie Nolting-Hauffs zeigen aber nicht, dass die Studie Propps bei den Artusromanen nicht angewendet werden kann. Die Schlussfolgerung lautet vielmehr, ihre Umsetzung auf eine andere Art verfolgen. Aus diesem Grund hat Ralf Simon erneut versucht die Methode Propps anzuwenden, um eine Struktur der Artusromane zu Stande zu bringen. Er liefert ein Modell, das große Vorteile aufweist, weil es klar die Struktur der Artusromane schildert. Trotz der guten Eigenschaften dieser Studie ist zu bedauern, dass sich Simon nur halbwegs von Nolting-Hauff abgrenzt, was den Märchenroman angeht. Tatsächlich spricht er nicht mehr von Märchenromanen, aber nimmt doch an, die wichtigsten Bestandteile der Artusromane „seien aus dem Zaubermärchen ableitbar"[75]. Simon will zeigen, dass der Artusroman „ein zwar noch vom Zaubermärchen abhängiges, aber doch auch schon eigenstrukturiertes Gattungsprogramm"[76] ist.

In dieser Studie wird trotz der bereits genannten Kritikpunkte erneut versucht, die Struktur Propps anzuwenden. Bevor es um die Methodologie geht, soll diese Wahl näher erläutert werden. Die Kritiken gegenüber diesem Modell sind berechtigt und es sollen Lösungen gefunden werden, damit diese Theorie an der Artusgattung und an dem Begriff der Entführung angepasst werden kann. Denn trotz der aufgeführten Kritik erscheint Propps Theorie die beste

---

[75] Simon, Ralf: „Einführung in die strukturalistische Poetik des mittelalterlichen Romans. Analysen zu deutschen Romanen der matière de Bretagne". Würzburg, 1990, S. 3.
[76] Vgl. ebd., S. 19.

Methode zu sein, um ein Gesamtbild von der Struktur der Entführung zu bekommen. Eine Entführung wird als eine Reihe von Funktionen eingeteilt, die mit verschiedenen Figuren in Verbindung stehen. Somit wird es möglich, die verschiedenen Funktionen einer Entführung in einem objektiven Licht zu sehen. Es wird hier auch nicht nur auf eine besondere Figur wie den Helden Bezug genommen, sondern es werden vielmehr die Interaktionen zwischen den verschiedenen handelnden Figuren untersucht. Eine zusätzliche Begrenzung auf ein Motiv erlaubt eine spezifische und zielstrebige Abarbeitung aller relevanten Komponenten.

Dabei ist es wichtig, die früheren Kritiken bei der Umsetzung des Modells zu beachten. Eine erste Richtlinie für diese Arbeit lautet, dass hier nicht der Bezug von Märchen und Artusromanen erforscht wird. Die Studie Simons, der die Abhängigkeit zum Genre des Märchens und die Eigenartigkeit der Artusromane auf struktureller Ebene untersuchte, soll nicht wiederholt werden. Es geht hier stattdessen um die Konzentration auf die Struktur eines Motivs in den Artusromanen. Nun ließe sich fragen, inwiefern die Studie Propps dafür relevant ist, wenn kein Bezug zu Märchen hergestellt werden soll. Hier die Antwort: Die Artusgattung stellt genau wie Zaubermärchen ein einzigartiges Genre dar, das seine eigenen Regeln und Besonderheiten hat, was auch bedeutet, dass sie isoliert sind und einzeln betrachtet werden dürfen. Hier ist erneut zu betonen, dass in dieser Arbeit ausschließlich um das Motiv der Entführungen geht, was das Spektrum zusätzlich reduziert.

Ein weiterer Einwand könnte nun sein, dass die Original-Studie von Propp sich eben nur auf eine Gattung bezieht, die Zaubermärchen, und, dass im vorliegenden Fall nur mit einem Motiv gearbeitet wird, was diese Studie unpassend macht. Diese Kritik darf jedoch ignoriert werden, weil es eine Idee gibt, wie eine Anpassung ans Genre der Artusgattung möglich ist. Es sollte möglich sein, systematisch vorkommende Funktionen für die Artusgattung zu definieren. Da die Idee einer geschlossenen Gattung auch eine abgeschlossene Reihe an Funktionen erlaubt, könnte also ein Versuch unternommen werden, auch wenn es zwangsläufig zu Anpassungen kommen würde. Und wenn nun die gesamte Gattung theoretisch auf diese Art studiert werden kann, kann eines ihrer Motive im Einzelnen ebenfalls mit dieser Methode untersucht werden. In diesem Fall heißt das also, dass nur eine begrenzte Anzahl von Funktionen in den Entführungen unseres Korpus zu finden ist, was auch eine Voraussetzung für Propps Studie war.

Des Weiteren könnte befürchtet werden, dass diese strukturelle Untersuchung genauso wie bei Nolting-Hauff die Funktionen von ihren Bedeutungen trennt. Dieses Problem wird aber in dieser Studie keine Rolle spielen. Die strukturelle Betrachtung wird aus diesem Grund im Laufe der Studie durch andere Kapitel zu den Figuren, Orten und Motivationen der Täter sowie Motivationen des Erzählens vervollständigt.

## I.3.2 Die dreizehn Funktionen einer Entführungsnarration

Genauso wie bei Propp wird versucht, die häufigsten Funktionen in Bezug auf die Entführungen in der Artusgattung zu sortieren, damit ein Schema entwickelt werden kann, das die Kernstruktur der Fälle deutlich macht und

Vergleiche zwischen den Texten erlaubt. Das Schema, das hier entwickelt wird, besteht aus dreizehn Funktionen. Diese Funktionen sind auch in der Studie Propps zu finden und wurden hier übernommen, dennoch wurde der Sinn der Funktionen an das Thema der Entführungen angepasst.

Zur Schöpfung dieses Schemas wurde die Entführung der Königin im *Chevalier de la Charrette* verwendet, weil es sich erstens um die gewählte Ur-Szene in dieser Studie handelt und diese zweitens am meisten Funktionen enthält. Davon wird aber noch einmal in einem späteren Kapitel, das sich diesem Entführungsfall widmet, genauer die Rede sein. Zuerst geht es darum, sich einen Überblick über die verschiedenen Funktionen zu verschaffen.

## 1. Anfangssituation der entführten Figur

Die erste Funktion ist die Initiallage, die vor der Entführung geschildert wird. Diese Lage ist wichtig, weil sie Informationen über das Opfer und seine Umgebung liefert. Auf diese Weise ist es auch möglich, zu erfahren, ob das Umfeld des Opfers ein Ort der Ordnung oder der Unordnung war. Ein Beispiel dafür könnte man im *Roman de Jaufré* finden, wo der Hof und König Artus besonders positiv dargestellt werden. Diese Anfangsbeschreibung[77] soll dazu

---

[77] Le roman de Jaufré, Verse 1-222.

dienen, den Kontrast zu der späteren Episode (die Entführung des Königs Artus durch ein wildes Tier[78]) deutlich zu machen. Die Vorstellung des Hofes und der Ritter erlaubt es ebenfalls, dass der Leser die Größe des späteren Unglücks besser einordnen kann. Die Entführung wird in diesem Fall als besonders problematisch dargestellt, weil alle Ritter am Artushof im Prolog als heldenhaft und erfahren beschrieben werden.

Beim Vergleich der Fälle und Anfangssituationen ist erkennbar, dass es viele oder quasi keine Details zum Charakter des Opfers geben kann, dennoch sollte man erfahren, woher das Opfer kommt oder wo die Entführung später stattfindet, um diese besser erklären zu können. Tatsächlich fällt die Deutung unterschiedlich aus, abhängig davon, ob die Anfangslage der höfischen Ordnung entspricht oder durch Unordnung geprägt ist. Trotz der verschiedenen Deutungsmöglichkeiten ist festzustellen, dass die Initiallage in den meisten Texten zu finden ist – in Bezug auf dieses Korpus in 29 von 31 Fällen. Das heißt, dass es nur zwei Fälle gibt, bei denen diese Funktion nicht vorhanden ist, und zwar den Entführungsfall einer jungen Dame durch Diebe im *Torec* und die Entführung einer jungen Dame durch den roten Ritter im *Roman van Walewein*.

Diese Häufigkeit zeigt, dass die verschiedenen Dichter die Entführungen zu Beginn einordnen wollten. Leser beziehungsweise Hörer sollten schnell einige Informationen erhalten, die deutlich machen, wie diese Entführungen zu verstehen sind. Diese werden zwar nicht genau eingeordnet, aber es unterscheiden sich die traditionellen Entführungen, bei denen es sich um Verbrechen

---

[78] Ebd., Verse 222-458.

handelt, von den Entführungen, die (auch) als Rettungen betrachtet werden können. Außerdem verraten diese Informationen, ob die Entführung im höfischen Raum oder in der Wildnis stattgefunden hat, sodass man hier eine solide Informationsgrundlage hat.

Wie lässt sich aber erklären, dass diese erste Funktion in zwei Fällen nicht vorkommt? Einmal ist es so, dass sowohl im *Torec* als auch im *Roman van Walewein* der Held das Opfer erst trifft, als es schon entführt worden war. Außerdem konzentriert sich die Handlung hier nicht auf das Opfer, sondern vielmehr auf andere Figuren (auf Torec als aufsteigenden Ritter, den roten Ritter und Walewein), sodass man diese Informationen, die normalerweise durch die erste Funktion vermittelt werden, hier nicht braucht. Die Opfer sind in diesen zwei Fällen nur ein Mittel zum Zweck und der Mangel an Informationen der ersten und zwei weiteren Funktionen erlaubt es den Erzählungen, sich auf andere Bestandteile zu konzentrieren.

2. Das Auftreten eines Gegenspielers

Eine weitere Funktion wäre das Auftreten eines Gegenspielers.[79] Dieser beendet die Anfangslage allein durch sein Auftreten, indem er eine Art Störung mit sich bringt, bevor er überhaupt handelt. Hier ließe sich Meleagant aus *Le chevalier de la charrette* als Beispiel nennen, der Artus demütigt, indem er ihm

---

[79] Propp, Vladimir: „Morphologie des Märchens". Eimermacher, Karl (Hrsg.), Wendt, Christel (Übers.) Suhrkamp Taschenbuch Wissenschaft 131, Frankfurt, 1975, S. 33-34.

sagt, er sei nicht mutig und mächtig genug, um gegen ihn antreten zu können.[80] Das Auftreten des Antagonisten geschieht häufig auf eine Art und Weise, die deutlich darstellt, dass diese Figur das vorhandene Gleichgewicht zerstören und etwas tun wird, das *Aventiure* bringt. Diese Figur kann hier aber auch noch weitere Aufgaben erfüllen: eine Herausforderung darstellen, Informationen sammeln oder ein Ziel erläutern. Der Gegenspieler kann direkt als Antagonist dargestellt werden oder zunächst als neutrale Figur, solange er noch nicht gehandelt hat.

Es lässt sich feststellen, dass diese Funktion in genau den gleichen Texten vorkommt, in denen die erste Funktion zu finden ist. Das heißt, dass die Entführung durch einen Antagonisten 29-mal erfolgt und nur in zwei Fällen nicht. Diese zwei Fälle sind dementsprechend die gleichen wie im ersten Fall, was logisch erscheint, da die erste Funktion dieser zwei Entführungen der vierten Funktion bei den anderen 29 Entführungen entspricht.


3. „Eine Figur fällt einem Betrug zum Opfer und hilft dem Gegenspieler unfreiwillig"[81]

Die dritte Funktion unterscheidet sich von den zwei ersten dadurch, dass sie deutlich weniger bei den einzelnen Texten vertreten ist. Sie beinhaltet den

---

[80] Chrétien de Troyes: „Lancelot ou le chevalier de la charrette". Aubailly, Jean Claude (Hrsg.), Paris, 1991, Verse 50-60.

[81] Propp, Vladimir: „Morphologie des Märchens". Eimermacher, Karl (Hrsg.), Wendt, Christel (Übers.) Suhrkamp Taschenbuch Wissenschaft 131, Frankfurt, 1975, S. 35.

Betrug einer Figur, sodass diese dem Gegenspieler, auch wenn das unfreiwillig geschieht, Hilfe leistet.[82] Diese unfreiwillige Hilfe kann aus verschiedenen Gründen erfolgen – durch eine Lücke im System wie zum Beispiel problematische Traditionen oder einen individuellen Fehler – und ist insofern wichtig, als dass sie jeweils ein neues Element oder eine neue Figur in die Erzählung einbringt, die einen Teil der Verantwortung für die Entführungen übernimmt. Das heißt, dass die Schuldverteilung des Raubs hier komplexer gestaltet ist als in den anderen Fällen. Andererseits zeigt diese Funktion auch, dass es hier nicht so einfach ist, eine Entführung durchzuführen, weil der Entführer die Hilfe einer anderen Figur braucht, damit es zu einem erfolgreichen Raub kommt. In den Fällen, bei denen diese Funktion vorkommt, ist festzustellen, dass die Entführung dadurch quasi schon vollzogen wird, obwohl die Handlung selbst noch nicht stattfand. Das liegt daran, dass diese Hilfe die Schwierigkeiten der Entführung beseitigt und sie zu einer einfachen Handlung für den Entführer macht.

Diese Funktion kommt nur in 14 der 31 Entführungsfälle vor. Sie wird also nicht so häufig verwendet, dennoch ist sie wichtig, weil sie die Schwäche eines Individuums oder eines Systems verrät. Meistens finden die Entführungen, bei denen diese Funktion auftaucht, an einem Hof statt. Tatsächlich ist die Figur, die dem Täter unfreiwillig hilft, immer eine höfische Figur, damit der Kontrast zwischen der höfischen Persönlichkeit und der bösen Tat deutlich wird. Auf diese Weise übt die Narration eine konstruktive Kritik am höfischen

---

[82] Vgl. ebd.

System. Beispiele dafür wären bei der Entführung der Königin im *Chevalier de la charrette*, im *Lancelot en Prose*, im *Iwein* oder bei dem Raub der Sinne Gaweins durch Amurfina in *Diu Crône* zu finden. Neben diesen höfischen Entführungen lassen sich auch Fälle finden, bei denen der Raub in der Wildnis passiert. Ein Beispiel dafür findet sich im *Hunbaut*, als Gawain unfreiwillig zur Entführung seiner Schwester beiträgt.[83]


4. „Der Gegenspieler fügt einer Figur Schaden oder Verlust zu"[84]: Er begeht eine Entführung

Die vierte Funktion entspricht der Entführung selbst. Hier wird dafür gesorgt, dass es zu einem Mangel kommt, der später behoben werden muss.[85] Es handelt sich um die wichtigste Phase bei einer Entführung, da der Prozess der Entführung sichtbar wird und weil sie die Handlung voranbringt. Diese Entwicklung beschränkt sich aber nicht nur auf die Erzählung, sondern gilt auch für das Opfer, das von einem Ort zu einem anderen oder von einer Ordnung oder Unordnung zu einer anderen Ordnung oder Unordnung gebracht wird.

---

[83] Gauvain überlässt seine Schwester dem Zufall, als er sie an der Kreuzung zurücklässt. In dieser Hinsicht trägt er auch Verantwortung für ihre Entführung und hat, ohne es zu wollen, dem Entführer Hilfe geleistet. Hunbaut, Verse 309-405.
[84] Propp, Vladimir: „Morphologie des Märchens". Eimermacher, Karl(Hrsg.),Wendt, Christel (Übers.) Suhrkamp Taschenbuch Wissenschaft 131, Frankfurt, 1975, S. 36.
[85] Vgl. ebd.

Das Verbrechen wird meistens zum Motor der Handlung und seine Behebung zur obersten Priorität innerhalb der Erzählung.[86]

Darauf wurde die Erzählung in den drei früheren Funktionen dieser Handlung vorbereitet, sodass man hier von einer Art Höhepunkt sprechen kann. Diese Funktion ist also sehr wichtig, weil sie einen Abschnitt abschließt und *Aventiure* für einen zweiten Abschnitt heraufbeschwört. Aus diesem Grund ist diese Funktion im Korpus der Arbeit mit 30 verschiedenen Fällen am häufigsten vertreten.

Nur in einem einzigen Fall wurde diese Funktion nicht übernommen, weil sich diese Ausnahme bewusst einer vermiedenen Entführung widmet – die vermiedene Entführung Ysabeles durch den Sohn des Herzogs im *Roman van Walewein*. Hier ließe sich argumentieren, dass es in diesem Fall zu einer vierten Funktion kommt, nämlich durch die Folgen, die diese vermiedene Entführung nach sich zieht, unter anderem jener, dass Walewein und Ysabele vom Vater des toten Entführers eingesperrt werden, als der Herzog das Gastrecht bricht. Diese Folge könnte als eine Art Entführung gelten, allerdings sollte sie getrennt von dem fehlgeschlagenen Entführungsversuch untersucht werden, weil sie erst später und mit anderen Figuren stattfindet. Deshalb könnte man hier von einer Art Erweiterung sprechen, die erst nach dem Ende der vermiedenen Entführung beginnt und sich mit den Folgen dieser befasst. Viel wichtiger ist

---

[86] Diese Feststellung gilt aber nicht absolut, da die Entführung in manchen Fällen auch eher hintergründig bleibt. Ein Beispiel wäre die Entführung der Königin im *Yvain* von Chrétien de Troyes, die als Binnenerzählung aufgebaut ist. In diesem Roman stellt man fest, dass der Motor der Handlung die Geschichte Yvains bleibt, während die Entführung der Königin diese nur unterstützt.

aber, dass das Thema der Entführung bei dem fehlgeschlagenen Entführungsversuch vorhanden ist, obwohl es zu keiner erfolgreichen Entführung kommt. Die Entführungshandlung wird hier auf eine andere Weise behandelt, deshalb kann man diese als eine interessante Variante verstehen, die dieser Funktion eine Besonderheit hinzufügt.

Diese vierte Funktion ist somit als zentral zu werten und sollte deshalb auf jeden Fall besprochen werden. Tatsächlich kommt sie in fast allen Texten vor, während sie auch im restlichen Text Thema ist, obwohl keine erfolgreiche Entführung vorhanden ist oder nur in Form einer Erweiterung des Schemas, die sich aber mit den Folgen der verhinderten Entführung befasst.

5. „Einem Familienmitglied oder einem Mitglied desselben Hofes fehlt etwas"[87]

Die fünfte Funktion des Schemas entspricht dem Mangel, der von einem Familienmitglied oder von einem Mitglied des gleichen Hofes empfunden wird.[88] Diese Funktion ist die erste nach der Entführung, deshalb geht es hier nicht um eine direkte Handlung, sondern um eine Art Bilanz in Bezug auf die erfolgte Entführung. Schließlich muss man zuerst den genauen Mangel feststellen, damit man später eine vernünftige Rettungsaktion planen kann. Diese Funktion ist also sowohl als eine Art Bilanz der vorherigen Funktionen als

---

[87] Propp, Vladimir: „Morphologie des Märchens". Eimermacher, Karl(Hrsg.),Wendt, Christel (Übers.) Suhrkamp Taschenbuch Wissenschaft 131, Frankfurt, 1975, S. 39.
[88] Vgl. ebd.

auch als Basis für die nächste Funktion zu betrachten. Aufgrund dieser Flexibilität ist sie in 24 aller Fälle zu finden, während sie bei acht anderen nicht vorkommt. Was könnte ihre Abwesenheit erklären?

Zunächst einmal gibt es die Fälle, in denen keine Verwandten oder Mitglieder des gleichen Hofes auftauchen oder dies erst nach der Rettung tun. In diesen Fällen wird die fünfte Funktion in der Erzählung übersprungen, obwohl es trotzdem zu einem Mangel kommt. Die Retterfigur trifft zufällig das Opfer und rettet es, obwohl der Retter keine Ahnung von dem Mangel hatte. Er rettet die entführte Figur allein aus Pflichtgefühl, weil es das Richtige ist.

In anderen Fällen stellt man fest, dass der Mangel fehlt, weil die Figuren des gleichen Hofes nichts von der Entführung wissen. Es kommt also gar nicht zu einem Mangel, der behoben werden muss.


6. „Dem Helden oder Sucher wird eine Bitte oder ein Befehl übermittelt"[89]

Bei der sechsten Funktion geht es darum, dass dem „Held[en] eine Bitte beziehungsweise ein Befehl übermittelt"[90] wird, der ihn zur Rettung auffordern soll. Diese Funktion markiert den Beginn einer Reaktion auf die erfolgte Entführung. Einer passenden Figur wird der Auftrag gegeben, den Mangel zu beheben, also das Opfer zu befreien. Diese Funktion weist aber eine Schwäche auf, da sie nur erfolgen kann, wenn sich die Retterfigur zur Zeit der

---

[89] Ebd., S. 40.
[90] Ebd., S. 41.

Entführung auch am passenden Ort befindet. Bei diesem Ort handelt es sich meistens um einen Hof, weil dort häufig Rettungsaktionen unternommen werden, wenn einem seiner Mitglieder etwas zugestoßen ist. Entführungen in der Wildnis werden eher durch Zufall und spontane Treffen aufgelöst, es also nicht dazu kommt, dass die Retterfigur einen Befehl oder eine Bitte erhält.

Wegen dieser Einschränkungen ist die sechste Funktion in nur 16 Fällen des Korpus zu finden. Das heißt, dass es 15 Fälle gibt, in denen diese Funktion nicht vorkommt. Man kann verschiedene Gründe für die Abwesenheit aufhören, zum Beispiel dass für gewöhnlich niemand etwas von einer Entführung aus Gelegenheit in der Wildnis wahrnimmt. Schließlich kann niemand eine Retterfigur mit einer Rettung beauftragen, wenn er von der Entführung gar nichts weiß. Ein anderer Grund wäre, dass sich die Retterfigur nicht am Hof befindet, wenn die Tat geschieht, sodass keine Möglichkeit besteht, ihr diese Bitte oder diesen Befehl zu übermitteln.

7. „Der Held oder Sucher ist bereit und entschließt sich zur Gegenhandlung"[91]

Der Held oder Sucher hat sich auf sein Ziel vorbereitet und kann nun seine Suche oder seine Rettungsaktion beginnen. Diese Funktion zeigt einen Helden, der von einer passiven zu einer aktiven Haltung wechselt, da er sich dazu entschieden hat, die Rettung zu unternehmen, und sich dafür auf den Weg macht.

---

[91] Ebd., S. 42.

Die siebte Funktion stellt den Abschnitt dar, in dem der Held sich „zur Gegenhandlung entschließt"[92] und sich auf diese vorbereitet. Sie ist also die erste Funktion der Rettungsmission. Dabei bildet sie einen Kontrast zu den früheren Funktionen (5 und 6), die keine Handlungen enthielten und daher eher als eine Art Übergang waren, um von der Entführung zur Rettung zu gelangen.

Es lässt sich feststellen, dass man diese Funktion in 22 Fällen des Korpus finden kann. Die Abwesenheit dieser Funktion in neun Fällen lässt sich auf verschiedene Weise erklären. Ein Grund wäre, dass sich der Retter nicht immer am Entführungsort zur Zeit des Raubes aufhielt, sodass er nur zufällig die Rettung unternimmt. Es handelt sich in diesen Fällen meistens nicht um eine Entscheidung, die als eine Reaktion auf eine Bitte oder einen Befehl betrachtet werden kann, sondern um spontanes Handeln, das durch das Pflichtgefühl des Retters zustande kommt, außer wenn das Opfer selbst die Retterfigur um Hilfe gebeten hat.

Ein anderer Grund, dass es zu keiner Rettung kommt, wäre, dass diese Funktion einfach entfällt. Das kann passieren, wenn niemand von der Entführung Kenntnis hat oder wenn dem Entführer zu viele Informationen fehlen, sodass niemand genau weiß, wo und nach wem gesucht werden soll.

Trotz dieser Ausnahmen übernehmen doch insgesamt 22 Fälle diese Funktion, sie kommt also häufig vor. Das lässt sich zunächst dadurch erklären, dass die meisten Fälle, in denen die sechste Funktion auftaucht, ebenfalls die siebte enthalten. Da die Befehle oder Bitten der sechsten Funktion immer ausgeführt

---

[92] Ebd., S. 42.

und angenommen werden[93], kommt es in allen diesen Fällen dazu, dass der Held anschließend eine Gegenhandlung durchführt.

Daneben gibt es auch Fälle, in denen dem Helden gegenüber keine Befehle oder Bitten geäußert werden und in denen der Retter sich selbst zu einer Gegenhandlung entscheiden muss, wie zum Beispiel im *Torec* bei der Entführung Miraudes durch Ypander. Hier muss der Held sich selbst dazu entschließen, den Entführer zu verfolgen und sich auf die Rettung vorbereiten.


8. „Der Held wird auf die Probe gestellt"[94]

Die achte Funktion entspricht den Prüfungen, denen der Held auf seiner Reise zur Befreiung der entführten Figur begegnet. Es lässt sich feststellen, dass sich der Retter nicht immer in der Nähe des Opfers befindet, wenn die Entführung stattfindet, sodass er nicht direkt die Rettung unternehmen kann. Er muss sich daher erst auf den Weg machen und kann dazu gebracht werden, verschiedene *Aventiuren* zu bestehen, bevor es zur Rettung kommt. Ein gutes Beispiel dafür wären die vielen Prüfungen, die Lancelot im *Chevalier de la charrette* erst bestehen muss, bevor er gegen Meleagant kämpfen und die Königin befreien kann.

---

[93] Eine Ausnahme ist in der Première continuation Perceval zu finden, da Gauvain nicht selbst die Rettung seines Sohnes unternimmt. Dennoch wird die Rettung von einer anderen Figur ausgeführt, nämlich von Bran de Lys, bei dem es sich um den Onkel des entführten Kindes handelt. Die siebte Funktion ist also in diesem Fall auch vorzufinden.
[94] Propp, Vladimir: „Morphologie des Märchens". Eimermacher, Karl (Hrsg.), Wendt, Christel (Übers.) Suhrkamp Taschenbuch Wissenschaft 131, Frankfurt, 1975, S. 43.

Prüfungen stellen eine Extension der Handlung dar, weil sie die Zeit zwischen der Entführung und der Rettung dehnen. Sie können verwendet werden, damit man als Leser bzw. Hörer den Helden besser kennenlernt oder um ihn Erfahrungen sammeln zu lassen, damit er besser auf die schwierige Rettung vorbereitet wird. Es lässt sich aber feststellen, dass diese Funktion nur in acht Fällen vorkommt, sodass man sich fragen muss, warum diese Funktion so selten angewendet wird.

Zuerst ist zu betonen, dass die Entführungsfälle meistens schnell gelöst werden. Tatsächlich sieht man, dass die Rettungen nicht lange nach den Entführungen passiert, sodass es nicht genug Zeit dazwischen gibt, um weitere Prüfungen einzufügen. In diesen Fällen übernimmt die Rettung die Rolle der Prüfung, sodass dem Retter durch seinen Sieg über den Entführer größerer Ruhm und eine größere Stärke zugeschrieben werden.

Ein anderer Grund betrifft die Rolle eines Entführungsfalls in der Gesamthandlung. Ein Fall wie der im *Chevalier de la charrette*, in dem die Entführung zur Haupthandlung wird, ist selten, was auch bedeutet, dass die Entführungen in den anderen Romanen meistens nur eine kurze Episode innerhalb der Gesamthandlung sind. In diesen Fällen wäre eine zusätzliche Prüfung problematisch, weil die Entführung lediglich als ein kurzes Element gedacht ist. Man sollte den Fokus deshalb nicht zu lange darauf richten, wenn man die Entführung nicht zu einer wichtigen Aventiure machen möchte. Die Wahl, eine Entführung als eine kurze Episode oder als eine Zwischenstation für den Helden zu gestalten, zeigt, wie häufig das Motiv der Entführung in dieser Gattung vorkommt und wie wichtig es hier ist; nämlich so wichtig, dass es selten vollkommen ausgeblendet wird, auch wenn es oft nur verkürzt auftaucht, um die anderen Teile der Handlung in den Vordergrund zu stellen.

Der Held hat sich also auf den Weg gemacht, aber das bedeutet nicht, dass er den Antagonisten direkt treffen und bekämpfen kann. Tatsächlich kann es auf seinem Weg noch eine oder einige Prüfung geben, die er bestehen muss, bevor er seine Reise fortführen und die Rettung unternehmen kann. Diese Prüfungen erlauben es einerseits, das höfische Verhalten des Helden auf die Probe zu stellen, und außerdem zu erkennen, ob der Held stark genug ist, um die spätere Rettung erfolgreich durchzuführen.

## 9. „Die Reaktion des Helden"[95]

Die neunte Funktion meint die „Reaktion des Helden" auf die Prüfung aus der achten Funktion, was auch bedeutet, dass es in diesem Fall die achte Funktion gegeben haben muss. Die neunte Funktion ist insofern bemerkenswert, als dass sie genau zeigt, inwiefern sich der Held einer gefährlichen Situation anpasst und ein Problem oder eine Krise löst. Der Held wird hier in einem positiven Licht dargestellt, damit man davon ausgehen kann, dass er fähig ist, die Rettung der entführten Figur erfolgreich zu unternehmen. Diese Funktion stellt auch eine Möglichkeit dar, das *Aventiure* innerhalb der *Aventiure* abzuschließen, um somit wieder zur Rettung, also zur Haupthandlung, zu gelangen.

---

[95] Ebd., S. 46.

Wie bereits gesagt wurde, weist diese Funktion eine Schwäche auf, nämlich dass sie nur in den Fällen auftreten kann, in denen es die achte Funktion gibt. Das heißt, dass sie lediglich in acht Fällen des Korpus zu finden ist. Die Gründe für die Abwesenheit dieser Funktion sind somit die gleichen wie die, die bei der achten Funktion genannt wurden.

## 10. „Der Held und sein Gegner treten in einen direkten Zweikampf"[96]

Die zehnte Funktion entspricht einem Zweikampf zwischen dem Helden und dem Antagonisten. Diese Funktion ist insofern wichtig, als dass sie alle wichtigen beteiligten Figuren zusammenbringt. Es handelt sich um einen Höhepunkt dieses Abschnittes der Rettung. Der Kampf ist aber auch noch aus anderen Gründen wichtig. Zunächst einmal entscheidet er über das Schicksal der entführten Figur, da der Retter gewinnen muss, um das Opfer befreien zu können. Ein anderer Grund ist der, dass man bei einem Kampf sehen kann, wie die Retterfigur handelt und ihre Stärke einsetzt. Auf diese Weise kann der Held seinen Ruhm steigern und eine Entwicklung durchmachen, die es ihm erlaubt, weitere und schwierigere *Aventiuren* zu versuchen.

Diese Funktion ist aber nicht nur in Bezug auf die Retterfigur interessant, sie muss auch hinsichtlich des Entführers betrachtet werden. An dieser Stelle lässt sich nämlich auch mehr über diese Figur erfahren, zum Beispiel ob diese auch höfisch oder nur hinterlistig und bösartig handeln kann. Das heißt, dass hier

---

[96] Ebd., S. 53.

auch darüber entschieden wird, ob diese Figur eine zweite Chance erhält oder ob sie für das Wohl der höfischen Gesellschaft getötet werden sollte.

Man sieht, dass die zehnte Funktion in 18 der 31 Fälle vertreten ist. Das lässt sich zunächst dadurch erklären, dass nicht alle Entführungsfälle eine Rettung aufweisen. Eine Rettung findet zum Beispiel nicht statt, wenn es für das Opfer keine Bedrohung mehr gibt oder wenn das Opfer eine Chance auf eine neue Zukunft bekommt. Beispiele dafür wären im Fall der Entführung Lancelots durch die Dame du Lac im *Lancelot en Prose* oder im Fall der Entführung Wigamurs durch das Meerwesen im *Wigamur* zu finden. Es lässt sich aber feststellen, dass es noch andere Gründe gibt, die dafür sorgen, dass es zu keiner Retung kommt. Tatsächlich kann keine Rettung erfolgen, wenn die Entführung ungelöst bleibt – wie die Entführung von Gauvains Sohn in der *Première continuation Perceval* – oder wenn man von keiner Rettung erfährt, wie es zum Beispiel bei der Entführung dreier junger Damen durch fünf Ritter im *Conte du graal* der Fall ist. Es kann auch sein, dass es zu keinem Kampf kommt, weil der Retter nicht zum Entführer gelangt, wie bei der Entführung der Königin durch Valerin im *Lanzelet*, oder weil kein Kampf benötigt wird, damit eine Rettung erfolgt, wie es zum Beispiel bei dem Raub der Sinne Gaweins durch Amurfina in *Diu Crône* der Fall ist.

Die Funktion des Kampfes wird trotz dieser Fälle häufig verwendet, was wieder zu Besonderheiten führt. Es ist festzuhalten, dass es in zwei verschiedenen Fällen zu mehreren Kämpfen kommt. Im *Gauriel* können die vielen Kämpfe gegen die Mitglieder des Artushofes als Befreiungskämpfe betrachtet werden, sodass die gleiche Funktion viele Male vorkommt.[97] Eine ähnliche Vorgehensweise ist auch im Falle der Leprakranken im *Roman de Jaufré* zu finden, wo der Held zwei Kämpfe nacheinander gegen die zwei Leprakranken führt.[98] Diese Wiederholung ist im *Roman de Jaufré* jedoch etwas weniger bedeutsam, weil die Leprakranken nicht zur höfischen Gesellschaft gehören. Dennoch ist sie interessant, weil es genau zeigt, dass es verschiedene Opfer und Gründe für die Entführungen gibt. Im Falle des Textes *Gauriel von Muntabel* ist diese Wiederholung sehr wichtig, weil sie deutlich zeigt, dass Ritter höfisch kämpfen müssen, damit sie Ehre gewinnen können. Die Ritter des Hofes könnten Gauriel alle gleichzeitig angreifen, doch das würde Schande über sie bringen, weil ihr Vorteil dann zu groß wäre. Jeder Ritter muss also versuchen, Gauriel allein zu schlagen, damit der Kampf fair verläuft und der Ritter so an Ehre und Ruhm gewinnen kann.

## 11. „Der Gegenspieler wird besiegt"[99]

Die elfte Funktion entspricht dem Sieg des Helden über den Antagonisten. Diese Funktion ist die letzte aktive Funktion der Rettung, weil sie das Ende des Kampfes beinhaltet. Der Gegner, der die Entführung begangen hat, wird hier besiegt und muss das Opfer befreien. Diese Funktion ist in 22 Fällen vorhanden, was zeigt, dass es sich hier um eine wichtige Funktion handelt, die

---

[97] Gauriel von Muntabel, Verse 729-2203.
[98] Roman de Jaufré, Verse 2354-2722.
[99] Propp Propp, Vladimir: „Morphologie des Märchens". Eimermacher, Karl (Hrsg.), Wendt, Christel (Übers.) Suhrkamp Taschenbuch Wissenschaft 131, Frankfurt, 1975, S. 54.

auch als ein Abschluss der aktiven Handlung in der Erzählung betrachtet werden kann.

Diese Funktion ist meistens abhängig von der zehnten Funktion, weil es in der Regel einen Kampf geben muss, damit der Entführer besiegt werden kann. Das heißt, die Fälle, in denen es bereits zu einem Kampf beziehungsweise Kämpfen kam, besitzen alle diese Funktion. Man könnte also sagen, dass diese zwei Funktionen miteinander verbunden sind, dennoch stellt man fest, dass die elfte Funktion häufiger vertreten ist als die zehnte. Wie lassen sich diese Fälle erklären, in denen zwar die zehnte Funktion fehlt, die elfte jedoch vorkommt?

Insgesamt sind von dieser Ausnahme drei Fälle unseres Korpus betroffen, weshalb ich diese hier besprechen werde. Bei ihnen handelt es sich um die Entführung vieler junger Frauen durch einen Oger im *Torec*, die Entführung der Königin durch Valerin im *Lanzelet* und den Raub der Sinne Gaweins durch Amurfina in *Diu Crône*. Bei dem Entführungsfall im *Torec* kommt es zu keinem wirklichen Kampf, da der Oger schläft, als Melions ihn ersticht, ohne dass er ihm dabei die Chance ließ, aufzuwachen und sich zu verteidigen. Dieser Mord entspricht der elften Funktion und zeigt, dass kein Zweikampf notwendig ist. Ein ähnlicher Fall ist auch im *Lanzelet* zu finden, da Valerin und seine Gefolgsleute ebenfalls im Schlaf von den Rittern erschlagen werden, nachdem der Zauberer Malduc alle Schlossbewohner in einen tiefen Schlaf versetzt hat. In *Diu Crône* kommt es bei dieser Funktion zu keinem Mord, sondern es geht vielmehr um das Zerschlagen der Illusion Amurfinas. Gawein befreit sich von der Macht des Zaubertrankes, sodass er nicht mehr unter dem

Einfluss von Amurfina steht und sie ihn nicht mehr an ihrer Seite halten kann. Gawein hat in diesem Fall keinen echten Kampf gegen Amurfina geleistet, weil sie kein Ritter ist, sondern eine Dame. Dennoch hat ein Zerbrechen der Illusion die gleiche Bedeutung wie ein Sieg gegen sie. Daran lässt sich erkennen, dass es auch Methoden gibt, den Kampf und somit die zehnte und elfte Funktion zu überspringen. In zwei Fällen wird dafür die Zauberei angewendet, während sich der Entführer im dritten Fall nicht im richtigen Zustand befindet, um zu kämpfen.

## 12. „Der Mangel wird behoben"[100]

Die zwölfte Funktion entspricht dem Beheben des Mangels, der bei der fünften Funktion entstanden war, indem das Opfer dem Einfluss des Entführers entzogen ist und sich unter dem des Retters befindet. Das heißt, dass hier nun die Gewissheit besteht, dass das Opfer in seine frühere Umgebung zurückgebracht wird. Man könnte über diese Funktion sagen, dass sie sich stark von der elften unterscheidet, weil sie nicht wirklich einer Handlung entspricht. Stattdessen geht es hier um etwas, was lediglich die Rettung abschließt, ohne dass es zu weiteren Ereignissen führt, weshalb sie auch als eine Art Abschluss der Rettung betrachtet werden könnte.

Diese Funktion lässt sich häufig feststellen, sie ist in 23 Fällen des Korpus zu finden. Das erklärt sich dadurch, dass das Umfeld vieler Opfer bekannt ist,

---

[100] Ebd., S. 55.

sodass der Mangel sofort offensichtlich wird, genauso wie die Tatsache, dass dieser am Ende behoben sein muss. Doch gibt es auch Texte, in denen diese Funktion ausgelassen wird. Das erklärt sich wie folgt:

Zunächst einmal soll es um die Fälle gehen, in denen keine Rettung gebraucht wird, oder um die, in denen keine Rettung zustande kommt. Es kann zwar ein Mangel existieren, da eine Entführung stattgefunden hat, dennoch gibt es nicht bei allen Fällen eine Rettung. In diesen Fällen wird der Mangel dann nicht anhand dieser Funktion behoben, weil die zwölfte Funktion zum Rettungsprozess gehört. Ein Beispiel dafür wäre die Entführung Gaweins durch Joram im *Wigalois*. Gawein wurde zwar vom Artushof entführt, dennoch wird keine Rettung unternommen, weil alle ihn für tot halten, was ein Beheben des Mangels unmöglich macht. Der Mangel wird von Gawein selbst zwar viel später beseitigt, wenn er die Erlaubnis bekommt, aus dem Land Jorams wegreiten zu dürfen. Damit ist diese Behebung des Mangels aber nicht durch eine Rettung erfolgt, dieser Abschnitt kann also nicht als umgesetzte 12. Funktion gelten. Bei diesem Entführungsfall handelt es sich um keinen Einzelfall, es gibt noch andere Texte, die die gleiche Struktur aufweisen – die Entführung Lancelots durch die Dame du Lac im *Lancelot en Prose*, die Entführung Lanzelets durch die Meeresfee im *Lanzelet*, die Entführung Wigamurs durch das Meerwesen im *Wigamur*, die Entführung von Gauvains Sohn in der *Première continuation Perceval* und die Entführung drei junger Frauen durch fünf Ritter im *Conte du graal*.

Die 12. Funktion soll aber nicht nur den entstandenen Mangel beheben, vielmehr es geht auch um die Wiederherstellung der Ordnung, die zuvor, nämlich im Moment der vierten Funktion, zerstört wurde. Da die Ordnung in den meisten Fällen zuvor durch die stattgefundene Entführung als ein Verbrechen verletzt wurde, wird sie nun mit der 12. Funktion wiederhergestellt. Der Retter ist als ein Vertreter der Ordnung zu verstehen, der er durch seine Tat Ordnung verbreitet und Unordnung eliminiert. Es ist interessant, diesen Aspekt auch auf die Fälle anzuwenden, in denen diese Funktion nicht zum Tragen kommt, weil es ihre Abwesenheit noch deutlicher werden lässt. Drei der zuvor zitierten Beispiele sind Kindesentführungen mit der Besonderheit, dass sie als Rettungen gelten können – die Entführungen im *Lancelot en Prose*, im *Lanzelet* und im *Wigamur*. Bei diesen Fällen wird deutlich, dass die Ordnung durch die Entführungen wiederhergestellt worden ist, sodass die 12. Funktion nicht gebraucht wird. Im *Wigalois* wird gezeigt, dass Joram höfisch handelt, sodass es zu keinem Bruch der Ordnung kommt. Er handelte nicht unrecht, als er am Artushof war, und brachte Gawein dann in seine Anderswelt, die ebenfalls höfisch ist und über eine Parallelordnung verfügt. Aus diesem Grund wird die 12. Funktion auch hier nicht benötigt. Im *Conte du graal* wäre sie aber durchaus passend, weil die Entführung die Ordnung verletzt hat, doch stattdessen konzentriert sich die Handlung auf die Figur Perceval und sein Treffen mit den Rittern. Daher ist die Rettung für die Gesamthandlung nicht sonderlich relevant, dennoch spielt sie eine Rolle, macht sie doch deutlich, dass Perceval nur sieht und versteht, was er sehen und verstehen will. Er ist nicht fähig zu begreifen oder es interessiert ihn schlicht nicht, warum es wichtig ist, die fünf anderen Ritter zu verfolgen und zu finden, sodass er einen wichtigen Aspekt dessen, was Ritterschaft bedeutet, einfach ignoriert. Die fehlende Rettung verstärkt diese Idee noch, dass Perceval die Ritterschaft hier nicht vollkommen begreift und teilweise sogar missversteht. Dieses Missverständnis sorgt dafür, dass Perceval Fehler begeht, deren Höhepunkt sein Versagen in der Graalburg bildet. Die Entführung des Sohnes Gauvains in der *Première continuation Perceval* ist der einzige Fall, der sich nicht auf diese Weise erklären lässt, weil es zu wenig Informationen gibt und unklar bleibt, was nach der Entführung des Kindes passiert ist.

## 13. „Der Held kehrt zurück"[101]

Die 13. Funktion entspricht der Rückkehr des Helden mit der entführten Figur. Sie stellt den Moment dar, in dem die Figuren an ihren rechtmäßigen Platz zurückkehren. Die entführte Figur wird zurück in ihre ursprüngliche Umgebung oder eventuell an einen höfischen Ort gebracht, wo sie wieder beschützt wird. Der Retter erlangt Ruhm und Ehre, weil alle von seiner Tat erfahren.

Es lässt sich feststellen, dass diese Funktion in 20 Fällen des Korpus vorhanden ist, dennoch wird sie nicht jedes Mal auf die gleiche Art ausgeführt. Es sind zwei verschiedene Vorgehensweisen vorhanden. Die erste und einfachste ist, dass der Held mit dem Opfer zurück an den Hof kommt und gefeiert wird, wie es zum Beispiel bei der Entführung der Königin durch Gasoein in *Diu Crône*.[102] oder bei der Entführung der Schwester Gauvains im *Hunbaut* der

---

[101] Ebd., S. 57.
[102] Diu Crône, Verse 11314-12626.

Fall ist.[103] Eine andere Vorgehensweise besteht darin, dass der Held einen der besiegten Täter beauftragt, die Opfer zurück an den Hof zu bringen, sodass er selbst seine Suche nach *Aventiure* fortsetzen kann. Beispiele dafür finden sich in vielen Fällen, wie bei der Entführung einer jungen Dame durch zwei Riesen im *Wigalois*[104], der Entführung einer jungen Dame und vieler Kinder durch Leprakranke im *Roman de Jaufré*[105] oder der Entführung von vier jungen Damen durch den roten Ritter und seine drei Gesellen im *Roman van Walewein*.[106]

Bei den verschiedenen Ausführungen dieser Funktion sind auch Besonderheiten zu bemerken, die von Bedeutung sind. Ein solcher Fall ist der *Chevalier de la charrette*, weil es eine narrative Ellipse zwischen der 12. und der 13. Funktion gibt. Das heißt, dass sich die Königin eine Zeit lang in einem Zustand des Wartens befindet, bevor sie an den Artushof zurückgebracht wird, was es Meleagant erlaubt, zwischenzeitlich für neue Probleme zu sorgen und einen zweiten Kampf gegen Lancelot zu fechten. Im Falle der entführten jungen Frau durch Diebe im *Torec* wird eine andere Besonderheit erkennbar, und zwar dass die junge Dame nicht darum bittet, in ihre ursprüngliche Umgebung zurückgebracht zu werden, sondern einfach ihren Retter so lange begleitet, bis sie sich an einem sicheren Ort befinden. Diese Besonderheit führt dann zu einer weiteren *Aventiure*, da der Ritter für die junge Dame einen Übernachtungsort suchen soll. Er findet zwar einen geeigneten Ort, aber muss zuerst

---

[103] Hunbaut, Verse 309-405.
[104] Wigalois, Verse 2014-2203.
[105] Roman de Jaufré, Verse 2190-3026.
[106] Roman van Walewein, Verse 3655-4391.

den Gastgeber im Kampf schlagen, was eine schwierigere Aventiure darstellt als die Rettung der jungen Dame. Diese Besonderheit kann also als Beschaffungsmaßnahme von weiteren *Aventiure* gesehen werden.

Natürlich muss hier auch gefragt werden, warum diese Funktion in elf Fällen nicht vorkommt. Um das beantworten zu können, sind zunächst die Fälle auszuschließen, in denen überhaupt keine Rettung erfolgt, da bei diesen natürlicherweise die Funktionen sechs bis dreizehn fehlen. Es gibt auch Fälle, bei denen zwei Entführungen direkt nacheinander stattfinden, sodass es bei der Ersten der beiden Entführungen gar nicht zur dreizehnten Funktion kommen kann. Die Entführung Wigamurs durch Lespia im *Wigamur* oder die Entführung der Königin durch Gotegrin in *Diu Crône* sind dafür Beispiele, da das Opfer jedes Mal irgendwo anders hingebracht wird, anstatt in ihre frühere Umgebung zurückgebracht zu werden.

## I.3.3 Zur Aufteilung der dreizehn Funktionen

Die vorliegende Arbeit hat sich mit den verschiedenen Funktionen einer Entführung beschäftigt und diese in Blöcke eingeteilt, wodurch sich deutlicher erkennen lässt, dass eine Entführung aus mehreren Phasen besteht.

Der erste Block setzt sich aus den vier ersten Funktionen zusammen, da diese alle zur Entführung beitragen. Dabei wird die Entführung in den drei ersten Funktionen vorbereitet, indem man Informationen über das Opfer und seine Umgebung und den Entführer erhält. An dieser Stelle wird deutlich, dass der

Entführer nicht immer alleine handelt, sondern auch die unfreiwillige Hilfe einer anderen Figur nutzen kann, um an sein Ziel zu gelangen. Schließlich beginnt bei der vierten Funktion die Handlung selbst, also das Verbrechen der Entführung. Dieser erste Block ist derjenige, der am häufigsten vertreten ist, weil sich die Thematik der Entführung nicht weiterentwickeln kann, wenn die Entführungen selbst nicht erfolgreich durchgeführt wurden (mit der Ausnahme des vermiedenen Raubs Ysabeles im *Roman van Walewein*).

Ein zweiter Block umfasst die Übergangszeit zwischen der Entführung und Rettung und setzt sich aus zwei Funktionen zusammen. Er beginnt mit der fünften Funktion, in der ein durch die Entführung entstandener Mangel deutlich wird. Diese Funktion stellt sowohl eine Bilanz des ersten Blocks als auch den Ruf nach einem zweiten Block dar, da der Mangel behoben werden muss. Die sechste Funktion entspricht der Bitte oder dem Befehl, die oder der an den Sucher gerichtet wird, sodass eine Rettungsaktion zustande kommt. In den Fällen, in denen diese Funktion bereits zur Rettung beiträgt, handelt es sich um keine konkrete Handlung. Es lässt sich also feststellen, dass diese Funktion zwischen der Entführung und der Rettung steht.

Ein dritter Block umfasst die Funktionen sieben bis elf. In diesem Block geht es um die Rettung des Opfers. Er fängt mit der 7. Funktion an, der Entscheidung des Retters, die Rettung zu übernehmen, sowie seinen Vorbereitung. Hier ließe sich zwar einwenden, dass es noch keine richtige Rettungshandlung gibt, weil der Held nicht losgeritten ist und seine Suche begonnen hat. Aber allein seine Entscheidung zeigt, dass eine Gegenhandlung beschlossen wurde, sodass eine Rettung ermöglicht wird. Es handelt sich daher um den tatsächlichen Anfang einer Rettung. Die 9. Funktion umfasst die möglichen Prüfungen, denen der Retter auf seinem Weg zur Rettung begegnet. Er betrachtet diese Prüfungen als notwendige *Aventiuren*, da sein Pflichtgefühl es ihm verbietet, Menschen in Not nicht zu helfen oder ritterliche Herausforderungen zu umgehen. Es ist eine gute Gelegenheit für den Retter, seine Stärke und seinen Ruhm zu steigern, damit er später besser in der Lage ist, die Rettung zu leisten. Die 10. Funktion entspricht der Antwort des Helden auf diese Prüfungen. Schließlich reicht es nicht aus, nur eine Gelegenheit zu bekommen, sondern sie muss auch genutzt werden, damit das geplante Ziel erreicht werden kann. Nach dieser Funktion kann die Vorbereitung des Helden nicht weitergeführt werden, sodass es zur konkreten Handlung der Rettung kommen muss. Aus diesem Grund besteht die 11. Funktion aus dem Zweikampf zwischen dem Retter und dem Antagonisten. Diese Funktion ist als der Höhepunkt der Entführung zu sehen, da alle relevanten Figuren aufein0andertreffen, der Kampf für die Rettung spannend ist und hohe Einsätze von den Kämpfern verlangt. Die 12. Funktion ist die letzte dieses Blocks, sie beinhaltet den Sieg des Helden über die Entführer, sodass die entführte Figur befreit und die Ordnung wiederhergestellt wird. Diese Funktion ist wichtig, weil sie Auswirkungen auf alle beteiligten Figuren hat – den Entführer, das Opfer und den Retter. Deshalb handelt es sich hier um die letzte Funktion, in der eine Handlung stattfindet. Der dritte Block wird mit der erfolgreichen Rettung abgeschlossen und darauf folgt nur noch ein kurzer vierter Block.

Der vierte und letzte Block besteht lediglich aus zwei Funktionen und ähnelt dem zweiten Block, da er eine ähnliche Rolle als Übergang spielt. Die 12.

Funktion betrifft das Beheben des Mangels, was als eine Art Bilanz des vorherigen Blockes betrachtet werden kann, aber auch als eine Antwort auf die 5. Funktion, in welcher der Mangel festgestellt wurde. Hinzu kommt, dass es bei dieser Funktion keine konkrete Handlung mehr gibt, es handelt sich also eher um eine analytische Funktion, die einen Kontrast zu den vorherigen Funktionen der Rettung bildet. Die letzte 13. Funktion widmet sich der Rückkehr des Helden und des Opfers an einen Hof, womit die entführte Figur wieder in ein sicheres Umfeld gelangt, wo der Held ausgiebig gefeiert werden kann. Diese Funktion kann als eine Methode gesehen werden, die Entführungsepisode abzuschließen und in die Gesamthandlung zu integrieren, indem der Held erneut an einen Ort kommt, an dem er eine neue Aventiure erleben oder einen neuen Auftrag erhalten kann. Daraus ergibt sich, dass es sich hier nicht nur um einen Abschluss handelt, sondern auch um eine Vorbereitung auf eine zukünftige Handlung.

Diese Aufteilung in vier Blöcke zeigt, dass eine Entführung nicht immer nur aus Handlungen, sondern auch aus Übergangsphasen besteht. So wird auch deutlich, dass diese 13 Funktionen nicht willkürlich sind, weil sie auf verschiedene Art betrachtet werden können. Erst die Ermittlung der einzelnen Funktionen einer Entführung und die Aufteilung dieser Funktionen in Blöcke machen die Struktur einer Entführung deutlich. Da die Funktionen aber nicht für sich selbst stehen können, sondern stets eng mit den handelnden Figuren verbunden sind, sollen im Folgenden auch sie untersucht werden.

## I.3.4 Die Funktionen der handelnden Figuren

Die Studie Propp wurde verwendet, um 13 Funktionen zu entwerfen, die für Entführungen geeignet sind. Diese Funktionen sind aber nicht der einzige wichtige Aspekt, den es zu berücksichtigen gilt. Tatsächlich sind sie eng mit den handelnden Figuren verbunden. Erst sie erwecken die Funktionen zum Leben, deshalb sollen sie im folgenden Kapitel untersucht werden. Es stellt sich heraus, dass verschiedene Figuren, die bei einer Entführung beteiligt sind, ähnliche Rollen besetzen, sodass es sinnvoll erscheint, nach einer Systematisierung zu suchen. Diese Suche nach Gemeinsamkeiten beginnt mit einem Blick in die Forschung, um so eine Basis für die Studie zu entwickeln.

## I.3.4.1 Zum Stand der Forschung

Bei Propp sind sieben Handlungskreise zu finden (Gegenspieler, Schenker, Helfer, Zarentochter oder gesuchte Gestalt, Sender, Held und falscher Held).[107] Propp nimmt an, dass diese Handlungskreise auf drei verschiedene Arten funktionieren können. Der erste Fall entspricht einer vollkommenen Übernahme der Handlungskreise mit einer klaren Verteilung. Im zweiten Fall ist zu sehen, wie eine handelnde Figur in verschiedenen Handlungskreisen agieren kann, während im dritten Fall ein Handlungskreis auf mehrere Figuren verteilt wird. Diese Handlungskreise sind bei einfachen Erzählungen anwendbar, können aber problematisch werden, wenn es um komplexere Erzählungen geht. Hier ist zu beachten, worauf Stephan Fuchs-Jolie hinweist, nämlich dass

---

[107] Propp, Vladimir: „Morphologie des Märchens". Eimermacher, Karl(Hrsg.),Wendt, Christel (Übers.) Suhrkamp Taschenbuch Wissenschaft 131, Frankfurt, 1975, S. 79-80.

die handelnden Figuren auch einen Einfluss auf den Funktionen haben.[108] Wenn also zwei Figuren die gleiche Handlung ausführen, hat diese nicht unbedingt die gleiche Bedeutung für die Konstruktion der Erzählung, weil jede der Figuren Besonderheiten und einzigartige Eigenschaften aufweist. Dieser Mangel der Studie Propps hinsichtlich der Figuren sollte ausgeglichen werden, zum Beispiel indem andere Modelle wie das von Claude Brémond oder das von Algirdas Julien Greimas ebenfalls verwendet werden:

Claude Brémond hat im Anschluss an Propp in seiner *Logique du récit* auch daran gearbeitet, Funktionen für die Figuren zu entwerfen.[109] Brémond hat vor der Anwendung einer deduzierten Erzählgrammatik verschiedene Gattungen herangezogen, was bedeutet, dass auch er hier nach einer Art Universalität suchte. Bevor die genauen Rollen der Figuren besprochen wird, sollten aber die Elementarsequenzen Bremonds erwähnt werden. Dieses Modell soll die Funktion bei Propp ersetzen und ihre Schwäche beheben. Die Elementarsequenzen stehen nicht wie bei Propp für eine Reihe von Funktionen, weil die Sequenz bei Brémond „gleichsam die Anknüpfung und Einbettung ihrer Funktionalität mitbeschreibt"[110]. Eine Elementarsequenz besteht aus drei Phasen, und zwar der *éventualité* (Möglichkeit), der *passage à l'acte* oder *non passage à l'acte* (Umsetzung in die Tat oder Nicht-Umsetzung in die Tat) und l'*achèvement* oder *inachèvement* (Erfolg oder Misserfolg). Diese Sequenzen

---

[108] Fuchs, Stephan: „Hybride Helden: Gwigalois und Willehalm. Beiträge zum Heldenbild und zur Poetik des Romans im früheren 13. Jahrhundert". Heidelberg, 1997, S. 20-26.
[109] Brémond, Claude: „Logique du récit". Paris, 1973.
[110] Fuchs, Stephan: „Hybride Helden: Gwigalois und Willehalm. Beiträge zum Heldenbild und zur Poetik des Romans im früheren 13. Jahrhundert". Heidelberg, 1997, S. 28.

können sich „überlagern, verknüpfen, kreuzen, verästeln"[111], was zeigt, dass eine Erzählung nicht als eine Reihe von Funktionen betrachtet werden soll, die eine nach der anderen vorkommen, sondern vielmehr als etwas Lebendiges, das nicht nur in einer Form existiert. Die Schwierigkeiten dieses Modells liegen zuerst darin, dass die drei Phasen noch als Handlungen zu verstehen sind, sodass die Figuren nur in direkter Verbindung zu diesen Handlungen untersucht werden. Das heißt, es werden hier wichtige Merkmale der Figuren beiseitegelassen. Aber auch die Identifikation der Elementarsequenzen und des Ausschlussverfahrens für Elemente sind problematisch. Die Komplexität der Handlungselemente kann auch durch dieses Modell nicht vollkommen dargestellt werden, deshalb führt Brémond einen neuen Begriff ein, und zwar „rôle narratif", der die Funktionen der an der Handlung beteiligten Figuren definieren soll. Diese Rollen erlauben es, Bewusstseinsinhalte in Betracht zu ziehen, was bei Propp nicht der Fall war. Dabei ist aber zu betonen, dass es hier erneut zu Problemen kommt, die insbesondere die Auswahl der Rollen und der Bewusstseinsinhalte betreffen.[112] Dieses System ist zwar interessant, leidet aber darunter, dass es viele Entscheidungen braucht, die Fragen aufwerfen oder Raum für Interpretationen lassen.

---

[111] Brémond, Claude: „Le message narratif". Paris, 1964. Zitiert nach: „Die Erzählnachricht". In: J., Ihwe: „Literaturwissenschaft und Linguistik. Bd.III", Frankfurt, 1972, S. 197.
[112] Zu den Problemen, die die Studie Brémonds anführt, kann folgender Artikel nachgeschlagen werden: Scheerer, Thomas M., Winkler, Markus: „Zum Versuch einer universalen Erzählgrammatik bei Claude Bremond. Darstellung, Anwendungsprobleme und Modellkritik". Poetica 8 (1976), S. 1-24.

Greimas schreibt, genauso wie Brémond im Anschluss an Propp, in seiner „Grammaire sémantique stucturale"[113] über Aktanten und das aktantielle Schema. Er will damit die verschiedenen Rollen, die er *Aktanten* nennt, und Beziehungen, die zum Erzählen beitragen, zusammenbringen. Besonders wichtig ist hier der Begriff *actant* (*Aktant*)[114], der nicht mit dem Begriff *acteur* verwechselt werden sollte. Die *acteurs* sind einfache Figuren, die sich innerhalb der Struktur bewegen, während *Aktanten* thematischen Rollen wie Helfer und Gegenspieler entsprechen, die innerhalb einer Struktur existieren und sich durch ihre Beziehungen definieren. Greimas aktantielles Schema besteht aus *aktantiellen Kategorien*[115], und zwar zuerst dem *Subjekt* und *Objekt*.[116] Das *Subjekt* entspricht meistens dem Helden der Erzählung, während das *Objekt* das darstellt, was begehrt oder gesucht wird. Eine weitere *aktantielle Kategorie*, die im Schema an das *Objekt* gebunden ist, besteht aus *destinateur* und *destinataire*.[117] Der *destinateur* ist derjenige, der eine Bitte, einen Befehl oder eine Mission an den Helden übermittelt, während der *destinataire* die Figur darstellt, die das begehrte Objekt bekommt. Eine letzte aktantielle Kategorie, die mit dem Subjekt zusammengebracht wird, liegt bei den *adjuvants* und *opposants*.[118] Die *adjuvants* entsprechen den Figuren, die dem Subjekt bei seiner Suche nach dem Objekt helfen. Die *opposants* oder Gegenspieler hingegen

---

[113] Greimas, Algirdas Julien: „Semantique structurale: recherche de methode". Paris, 1986.
[114] Vgl. ebd., Insbesondere, S .173–192.
[115] Greimas, Algirdas Julien: „Semantique structurale: recherche de methode". Paris, 1986, S. 176-180.
[116] Ebd., S. 176.
[117] Vgl. ebd., S. 177
[118] Vgl. ebd.,S. 178 ff.

wollen verhindern, dass der Held sein Ziel erreicht. Mithilfe dieser Kategorien lässt sich feststellen, dass Greimas die Aktanten ständig durch Oppositionen definiert. Die Idee der Opposition ist zentral bei Greimas, weil er davon ausgeht, dass Erzählungen aus Konflikten in einem System oder zwischen mehreren Systemen bestehen. Greimas entwickelt aus der narrativen Grundlage des Konflikts ein Handlungsmodell der *Performanz*, das drei Funktionen enthält und von zwei Subjekten und einem Objekt belegt wird. Die drei Funktionen sind die Konfrontation, Domination und Attribution.[119] Mithilfe dieses Modells wird deutlich, dass die narrative Aussage als Relation zwischen den verschiedenen Aktanten verstanden wird. Dieses Schema kann aber auch problematisch sein[120], weil das axiologische System des Schemas seine Wirkung begrenzt. Wenn dieses Schema nicht axiologisch belegt ist, wird es schwierig zu sagen, welcher Aktant eine Funktion einleitet oder beendet. Ein weiteres Problem der Studie Greimas liegt darin, dass die Anwendung der Aktanten nicht erlaubt, die Komplexität einer Situation vollkommen zu begreifen. Deshalb sollten bei der Anwendung dieses Begriffes andere Aspekte ergänzt werden.

Diese drei Modelle zeigen eine Art Entwicklung der Verbindung von Funktionen und Figuren. Der Begriff der Aktanten aus Greimas Studie, der dieser

---

[119] Greimas, Algirdas Julien: „Elements d'une grammaire narrative.". L 'homme 1969. Deutsche Version: „Elemente einer narrativen Grammatik". I. und J. Rehbein (Hrsg. und Übers.). In: Blumensath, H. (Hrsg.): „Strukturalismus in der Literaturwissenschaft". Köln, 1972, S. 59.

[120] Ein kritischer Versuch der Anwendung von Greimas Theorie im höfischen Roman kann im folgenden Artikel nachgeschlagen werden: Warning, Rainer: „Formen narrativer Identitätskonstitution im höfischen Roman". In: Hans Robert Jauß und Erich Köhler (Hrsg.): GRLM IV/1, Heidelberg, 1978, S. 25-59.

Entwicklung entstammt, ist sehr interessant, weil er Rollen mit Figuren verbindet und es gleichzeitig erlaubt, dass eine Figur mehrere Rollen innerhalb einer Erzählung übernimmt. Es handelt sich um einen flexiblen Begriff, der die Komplexität der Erzählungen widerspiegeln kann, wenn passende Ergänzungen wie die Motivationen dieser Figuren und die Motivationen des Erzählens vorgenommen werden.

Dem folgend sollen die verschiedenen Rollen der Aktanten für den besonderen Kontext der Entführungen im höfischen Roman entwickelt werden, sodass sie später untersucht werden können. Es lässt sich feststellen, dass drei Aktanten sehr häufig vorkommen, deshalb widmet sich diese Arbeit diesen besonders: der Entführer, die entführte Figur und der Retter. Mit der Begrenzung auf diese drei ausgewählten Aktanten sollen die intertextuellen und komparatistischen Ansätze gestärkt werden. Es soll betont werden, dass die Namen dieser Aktanten die Handlung programmieren. Aus diesem Grund sollte es nicht gleich um die Handlung gehen, sondern um die verschiedenen Aspekte, die nicht von dieser Bezeichnung abgedeckt sind. Es stellt sich die Frage, welche Aspekte berücksichtigt werden können, damit die Vielfalt innerhalb dieser Aktantenrollen sichtbar wird. Das Problem dabei ist, dass nicht für jede Aktantenrolle die gleichen Aspekte gelten, weil diese nicht auf die gleiche Art dargestellt werden. Die relevanten Aspekte werden bei jeder Aktantenrolle spezifisch ausgewählt, damit mehr Informationen über diese Figuren gesammelt werden können.

## I.3.4.2 Entführer

Der erste wichtige Aktant ist der Entführer, weil er derjenige ist, der die Handlung zum Laufen bringt. Die Herkunft der Entführer ist jeweils ein wichtiger Aspekt, der betrachtet werden muss, weil diese auch zeigt, warum die Entführer handeln und was ihr Ziel ist. Ein Beispiel ist bei der Entführung der Königin im *Chevalier de la charrette* zu finden, wo Meleagant von weither und mit bösen Absichten auftaucht. Der Entführer kommt hier also aus einem weit entfernten Land, um dem Hof Schaden zuzufügen, was ihn zu einer bösartigen Figur macht. Dieses Beispiel entspricht einer der drei Möglichkeiten, die man häufig vorfindet: Ein Entführer kommt aus der Außenwelt mit bösen Absichten, ein Entführer kommt von außen ohne böse Absichten, ein Entführer kommt von innen ohne böse Absichten.

Die erste Möglichkeit, die schon durch das Beispiel der Entführung der Königin im *Chevalier de la charrette* erläutert wurde, ist insofern interessant, als dass der Antagonist zu einer starken und wichtigen Figur wird. Die Figuren, die an einen bestimmten Ort kommen, um Unordnung zu verbreiten, sind willensstarke Figuren, die entweder bösartig sind oder sich an jemandem rächen wollen. Meleagant im *Chevalier de la Charrette* ist hierfür das perfekte Beispiel, da er wegen seiner Entschlossenheit und Bösartigkeit zum größten Antagonisten im Roman wird und da er ausführlicher beschrieben wird als andere Entführer. Andere Fälle zeigen ebenfalls, dass der Entführer zu einer wichtigeren Figur wird, wenn er böse Absichten hegt. Beispiele dafür sind Valerin im *Lanzelet*, Gotegrin in *Diu Crône*, Harpin *im Yvain* oder Ypander im *Torec*.

Die zweite Möglichkeit entspricht ebenfalls einer Figur, die von außen kommt, doch verfolgt diese keine böse Absichten. Das heißt, sie entführt aus Gelegenheit und ist nicht extra an diesen Ort gekommen, um ein Verbrechen beziehungsweise eine Entführung zu begehen. Viele dieser Entführer aus Gelegenheit handeln aus einfachen Gründen wie zum Beispiel sexueller Lust, deshalb werden diese Figuren weniger detailliert beschrieben als im ersten Modell. Dennoch gibt es auch hier Fälle, in denen die Entführer zu wichtigen Figuren werden, wenn sie eine etwas komplexere Motivation aufweisen, wie zum Beispiel Alaardin bei der *Première continuation Perceval*[121], Gasoein in *Diu Crône*[122] oder Gorvain Cadrus im *Hunbaut*.[123]

Die dritte und letzte Möglichkeit sind Entführer, die von innen kommen und keine bösen Absichten hegen. Diese Fälle widmen sich den Figuren, die im Umfeld der Opfer leben und diese entführen, wie es zum Beispiel bei Keu im *Chevalier de la charrette* der Fall ist. Man bemerkt, dass die Entführer in diesen Fällen ihre Opfer nicht aus bösartigen Gründen entführen. Keu will die Königin weder vergewaltigen noch töten, sondern nur vom Hof wegbringen, um gegen Meleagant antreten zu können.[124] Der Zauberer im *Roman de Jaufré* handelt vor allem, um den Hof zu unterhalten, was zeigt, dass es sich hier um keine bösartigen Entführer handelt.[125]

---

[121] Première continuation Perceval, Verse 12954-13288.
[122] Diu Crône, Verse 11314-12626.
[123] Hunbaut, Verse 309 bis 405.
[124] Le chevalier de la charrette, Verse 171-179.
[125] Le Roman de Jaufré, Verse 449-458.

Nachdem diese verschiedenen Möglichkeiten der Herkunft von Entführern betrachtet wurden, sollte noch geklärt werden, was für Entführertypen es gibt. Dabei lässt sich feststellen, dass es keine Musterentführer gibt, vielmehr können viele verschiedene Figuren zu Entführern werden, sodass man eher kleine Gruppen bilden kann, die im Laufe der Studie behandelt werden.

Eine erste Gruppe besteht aus den höfischen Rittern, die den Weg der höfischen und ritterlichen Gesellschaft zu einem Zeitpunkt in ihrem Leben verlassen und falsch gehandelt haben. Dabei kann dieses falsche Verhalten erst mit der Entführung auftreten (Gotegrin und Gasoein in *Diu Crône*[126]) oder auch schon viel früher (der rote Ritter und seine Gesellen im *Torec*[127]).

Eine zweite Gruppe bilden die Menschen, die nie zur höfischen Gesellschaft gehört haben und sich auch nie Hoffnung machen konnten, in diese aufgenommen zu werden. Beispiele dafür sind die Leprakranken im *Roman de Jaufré*[128] oder die Diebe im *Torec*.[129]

Eine dritte Gruppe besteht aus Ungeheuern (Riesen und Oger), die meistens aufgrund sexueller Motivation entführen. Ein Beispiel dafür findet sich im *Wigalois*, als zwei Riesen eine junge Dame entführen, um sie zu vergewaltigen.[130] Im *Torec* ist es im Fall des Ogers noch offensichtlicher, weil er vierzig junge Frauen entführt hat.[131] Trotz der häufig vorkommenden sexuellen

---

[126] Diu Crône, Verse Verse 11037–11313 und 11314-12626.
[127] Roman van Walewein, Verse 3655-4931.
[128] Roman de Jaufré, Verse 2190-3026.
[129] Torec, Verse 273-294.
[130] Wigalois Verse 2014-2203
[131] Torec, Verse 1289-1307 und 1620-1905.

Motivation ist festzustellen, dass es auch Fälle gibt, in denen andere Gründe eine Rolle spielen. Ein Beispiel dafür ist im *Yvain* zu finden, als der Riese Harpin zwar die Tochter des Burgherrn begehrt, aber mit seiner Tat hauptsächlich nach Macht strebt.

Eine vierte Gruppe besteht aus weiblichen Entführerinnen. Die weiblichen Gestalten entführen meistens Kinder (die Dame du Lac im *Lancelot en Prose*[132], die Meeresfee im *Lanzelet*[133] und Lespia im *Wigamur*[134]) und behalten sie lange Zeit in ihrer Macht, zum Beispiel bis das Kind alt genug ist, um ein Ritter zu werden. Sie verfolgen dabei keine bösen Absichten, sondern wollen dem Kind helfen, sich zu einem guten Menschen und Ritter zu entwickeln, obwohl man hier mit der Figur Lespias auch eine Ausnahme findet, da sie mit der Entführung ihre eigenen Interessen verfolgt.[135] Es lässt sich aber feststellen, dass die weiblichen Entführerinnen nicht nur Kinder entführen. So findet sich in *Diu Crône* ein Fall, bei dem eine Frau einen erwachsenen Mann entführt. Dabei handelt es sich jedoch um eine besondere Form der Entführung, da es um einen Raub der Sinne geht.[136]

---

[132] Lancelot en Prose, La marche de Gaule, Absätze 27 und 28, S. 29-32.
[133] Lanzelet Verse 41-388.
[134] Wigamur, Verse 111-299.
[135] Ebd., Verse 138-141.
[136] Diu Crône., Verse 8042-9128.

### I.4.3.3 Entführte Figuren

Als Nächstes werden die entführten Figuren untersucht. Was die entführten Figuren betrifft, ist ihre Herkunft kein wichtiger Aspekt, weil diese häufig gleich ist. Interessanter ist die Frage, ob die entführten Figuren eine wichtige Rolle in der Handlung spielen oder kaum relevant sind. Dabei lassen sich zwei verschiedene Möglichkeiten unterscheiden.

Die erste Möglichkeit entspricht den Entführungsfällen, in denen die entführten Figuren eine Rolle in der Handlung spielen. Das heißt, dass diese Figur noch eine weitere Funktion besitzt jenseits der, gerettet zu werden. Das beste Beispiel dafür ist die Königin Guenièvre im *Chevalier de la charrette*, sie spielt in diesem Roman eine zentrale Rolle.

Die zweite Möglichkeit richtet sich auf die Figuren, die für die Handlung nicht relevant sind, weil sie keine weitere Rolle spielen außer der, gerettet zu werden. Man bemerkt, dass diese Figuren häufig namenlos bleiben und dass man quasi nichts über sie erfährt. Beispiele für diese Möglichkeit sind die Entführung von drei jungen Damen im *Conte du graal*, von einer Jungfrau im *Parzival* und einer Jungfrau im *Wigalois*.

Genauso wie im Abschnitt zu den Entführern soll es nun auch um die Frage gehen, welche Art von entführten Figuren auftauchen. Durch die Bildung kleiner Gruppen ist erneut festzustellen, dass die entführten Figuren ein breites Spektrum abbilden, obwohl dieses etwas kleiner ist als bei den Entführern. Schließlich handelt es sich hier nur um Menschen, doch es ist zu bemerken, dass beide Geschlechter betroffen sind und dass auch Kinder zu Opfern werden.

Eine erste Gruppe besteht aus Frauen, viele entführte Figuren sind weiblich. Es erscheint logisch, dass Frauen häufig entführt werden, weil sie nicht in der Lage sind, sich selbst zu verteidigen. Frauen haben in den Artusromanen nur begrenzte Funktionen, da diese Schriften ein Spiegel der patriarchalen Gesellschaft der damaligen Zeit sind. Auch stärkere Frauen wie zum Beispiel Laudine im Iwein bleiben von Männern abhängig, weil sie selbst nicht kämpfen können. Das heißt, dass Frauen in der Artusgattung ein Symbol für Schutz sind im passiven Sinne von *beschützt werden zu müssen*, anstatt *aktiv andere zu beschützen*. Aufgrund ihrer Hilflosigkeit wegen mangelnder körperlicher Kraft sind Frauen leichte Opfer für Entführer.

Es gibt aber noch einen anderen Grund, warum Damen entführt werden, und zwar ihre Schönheit und ihre Anziehungskraft. Die weiblichen Figuren, die in den verschiedenen Artusromanen vorkommen, werden sehr oft für ihre Schönheit oder ihren guten Charakter gelobt. Sie werden so vorgestellt, dass es unmöglich erscheint, sie nicht zu mögen. Daher ist es logisch, dass diese Frauen zu Objekten der Begierde für die Männer werden. Dieses Begehren wird jedoch nicht immer erwidert, was zu Konflikten wie Entführungen führen kann.

Eine zweite Gruppe der entführten Figuren bilden Kinder. So stellen wir in mehreren Texten fest, dass auch Kinder ab und zu entführt werden.[137] Ebenso

---

[137] Im *Wigamur* und im *Lancelot en Prose* werden die Helden entführt, als sie noch kleine Kinder sind.

wie Frauen sind auch Kinder eine leichte Beute für Entführer, weil sie sich ebenfalls nicht selbst verteidigen können. Man merkt aber, dass es einen großen Unterschied zwischen den entführten Kindern und den anderen Opfern gibt. Er besteht darin, dass der Entführer hier überhaupt nicht vorhat, die Kinder schlecht zu behandeln. Es geht jedes Mal bei den Kindesentführungen um den Sohn eines Königs, der meistens ohne böse Absichten entführt wird (die Entführung Wigamurs durch Lespia im *Wigamur* ist eine Ausnahme, während die Entführung von Gauvains Sohn in der *Première continuation Perceval*[138] zu viele offene Fragen lässt, um wirklich gedeutet werden zu können). In manchen Fällen kann die Entführungen sogar als Rettungen vor einer großen Gefahr betrachten kann (Lanzelet im *Lanzelet* und Lancelot im *Lancelot en Prose*). Der Entführer kümmert sich um die Erziehung des Kindes und erlaubt ihm, den Weg der Ritterschaft zu betreten.

Den beiden zuvor beschriebenen Gruppen – Frauen und Kinder – entspricht die überwiegende Mehrheit der Entführungsopfer. Bei den wenigen übrigen Opfern, welche die dritte Gruppe bilden, handelt es sich um Männer. Männer werden selten entführt, weil sie wehrhafter als andere Entführungsopfer sind. Ein Mann steht in der Artusgattung für Macht und Ritterschaft. Das heißt, dass er sich gegen eine Entführung zu verteidigen wissen sollte, was meistens auch der Fall ist. Häufig kämpfen zwei Ritter gegeneinander, bis einer der Kämpfer aufgibt. Der Verlierer wird vom Sieger gefangengenommen. Eine Gefangennahme ist aber keine Entführung und wird daher hier nicht untersucht.

---

[138] Première continuation Perceval, Verse 19460-19540 und 20382-20840.

Somit sind die Entführungen von Männern selten, aber besonders interessant. Die entführten Männer können in zwei verschiedene Kategorien differenziert werden. Die erste umfasst Männer, die sich nicht gegen körperliche Kraft wehren können. Ein Beispiel dafür ist die Entführung der Söhne des Wirtes im *Yvain* durch den Riesen Harpin.[139] Die zweite Kategorie unterscheidet sich von der ersten, da ihr Problem nicht in der körperlichen, sondern geistigen Stärke liegt. Die geistige Stärke eines Ritters kann durch Zauberei geschwächt oder ihm sogar ganz genommen werden, was dann als "Raub der Sinne" gelten kann. Ein Beispiel dafür ist der Raub der Sinne Gaweins durch Amurfina in *Diu Crône*.

## I.3.4.4 Retter

Es lässt sich feststellen, dass Retter nicht durch ihre Herkunft oder ihre Relevanz in der Handlung definiert werden können. Hier soll berücksichtigt werden, ob der Retter für diese Handlung vorgesehen war oder aus Gelegenheit handelt.

Die erste Möglichkeit besteht aus den Rettern, die vorgesehen waren, eine bestimmte Rettung durchzuführen. Das heißt, dass der Retter dem gleichen Hof angehört oder ein Verwandter des Opfers ist, sodass es in seiner Verantwortung liegt, diese Rettung zu unternehmen. Ein Beispiel dafür lässt sich im

---

[139] Yvain, Verse 3847-4291.

*Hunbaut* finden, wo Gauvain der vorgesehene Retter ist, da seine Schwester entführt wurde.

Die zweite Möglichkeit beschäftigt sich mit den Rettern, die nicht vorgesehen waren, aber dennoch erfolgreich die Rettung übernommen haben. Es handelt sich hier um Gelegenheitsretter, die sich einfach zur richtigen Zeit am richtigen Ort befanden und die Rettung aufgrund ihrer höfischen Erziehung übernahmen. Beispiele dafür sind die Rettung einer jungen Dame, die durch einen Riesen im *Wigalois* entführt wurde[140], oder die Rettung Guimers, die von Alaardin in der *Première continuation Perceval* entführt wurde.[141]

Als Nächstes muss untersucht werden, welche Figuren zu Rettern werden. Dabei ist zu erkennen, dass es sich bei der überwiegenden Mehrheit der Retter um höfische Ritter handelt, weshalb diese die erste Gruppe bilden. Sie spielen eine wichtige Rolle, da sie als Vertreter der Ordnung dienen und durch diese Rettungen die höfischen und ritterlichen Werte verbreiten. Beispiele für diese Gruppe finden sich bei der Entführung der Königin im *Chevalier de la charrette* oder bei den drei Entführungsfällen im *Roman van Walewein*.[142]

Eine zweite Gruppe besteht aus nichthöfischen Rettern. Diese Retter handeln aus unterschiedlichen Gründen und stammen aus verschiedenen Umfeldern, dennoch ist allen gemeinsam, dass sie nicht zur höfischen Gesellschaft

---

[140] Wigalois Verse 2014-2203.
[141] Première continuation Perceval, Verse 12954-13288.
[142] Roman van Walewein, Verse 3655–4931, 8466-9406 und 9612-10165.

gehören. Zwei Beispiele für diese Gruppe sind Malduc im *Lanzelet*[143] und das Meerwesen im *Wigamur*.[144]

Eine dritte Gruppe zeigt, dass es auch Fälle gibt, bei denen es zu keiner Rettung kommt, sondern vielmehr zu einer Freilassung. Der Entführer hat in diesen Fällen die Kontrolle über sein Opfer behalten und entscheidet sich dafür, es gehen zu lassen, sodass er zum Teil dann auch die Rolle des Retters übernimmt. Beispiele dafür kann man im *Gauriel*[145] oder bei den Entführungen Arthurs im *Roman de Jaufré* finden.[146]

Es lässt sich feststellen, dass die Aktantenrolle zwar die Handlungen einer Figur programmiert, aber viele Freiheiten bei der Gestaltung der Figuren lässt. Tatsächlich sind sowohl die Herkunft, die Absichten als auch die Natur des Entführers wichtige Kriterien, die Einfluss auf die Handlung haben können. In späteren Kapiteln der Studie wird mithilfe der Texte des Korpus auf die drei früher genannten Aktantenrollen zurückgegriffen.

---

[143] Lanzelet, Verse 6975-7444.
[144] Wigamur, Verse 300-412.
[145] Gauriel, Verse 523-2203.
[146] Roman de Jaufré, Verse 222-458 und 9855-10040.

# I.4 Raumsemantik

Ein weiterer Aspekt, der für diese Studie berücksichtigt werden soll, betrifft die Raumsemantik oder einfacher formuliert die Frage: Wo finden die Entführungen und die Rettungen statt? Denn auch Orte können Einfluss auf die Handlung eines Romans nehmen. So macht es einen Unterschied, ob sich eine Entführung am Artushof oder in einem Wald ereignet. Und das bedeutet, dass diese Orte wichtig sind, weil sie nicht zufällig gewählt wurden, sondern aus einem besonderen Grund.

Für die Betrachtung dieses Aspekts sollte zuerst der Begriff der Raumsemantik erläutert werden, um deutlich zu machen, wie er im Folgenden verwendet wird. Die Raumsemantik ist mit dem Begriff *spatial turn* verbunden, der seit den 1980er-Jahren diskutiert wird. Der *spatial turn* entspricht einer Wende oder einem Paradigmenwechsel in den Kulturwissenschaften, die den Raum als soziale und kulturelle Größe versteht. Edward Soja, der diesen Begriff eingeleitet hat, äußert, dass der *spatial turn* als „a response to a lonstanding ontological and epistemological bia that privileged time over space in all the human sciences, including spatial disciplines like geography and architecture"[147] betrachtet werden soll. Der *spatial turn* ist eine Antwort auf das, was Paul Virilio das „Verschwinden des Raumes"[148] nennt, und auf die Raumtheorien,

---

[147] Soja, Edward: „Taking Space Personally". In: Santa Aria und Warf, Barbara (Hrsg.): "The Spatial Turn: Interdisciplinary Perspectives", London, 2008, S. 12.
[148] Virilio, Paul: „Das dritte Intervall. Ein kritischer Übergang". In: Decker, Edith und Weibel, Peter (Hrsg..): „Vom Verschwinden der Ferne. Telekommunikarion und Kunst, Köln, 1990, S. 348.

die mit dem Begriff von Zeit verbunden sind. Durch den *spatial turn* wird deutlich, dass der Raum nicht mehr als ein Art Schachtel betrachtet werden soll, in die Figuren oder Kulturen gelegt werden. Vielmehr wird der Raum zum „Produkt menschlicher Handlung und Wahrnehmung"[149]. Die Schwierigkeit, die mit dem Begriff *spatial turn* entstehen kann, liegt in seiner Breite. Es gibt schließlich sehr viele Arten von Räumen, wie zum Beispiel der geographische Raum, geopolitische Raum, der künstlerische Raum, der soziologische Raum. Der Raum kann auf viele Weisen betrachtet und verstanden werden, wobei zuvor allein der geographische Aspekt berücksichtigt wurde. Diese Erweiterung zeigt, dass ein Ort nicht nur auf eine Art verstanden werden soll und dass die Wahl eines Ortes für eine Handlung wichtig sein kann. Wenn ein Ort Hinweise auf ein Zivilisationsmodell oder über eine Gesellschaft liefern kann, hat dieser Ort einen bedeutenden Einfluss auf den Leser und sein Verständnis der Ereignisse.

In der Tat existiert eine so große Vielfalt an Räumen, dass sie nicht in einer Studie erfasst werden kann.[150] Dieser Befund lässt sich aber relativieren, weil sich die Vielfalt auf zahlreiche Geistes- und Sozialwissenschaften verteilt, die nebeneinanderstehen. Die Anwendung vom *spatial turn* macht deutlich, dass der Raum ebenfalls ein wichtiges Element in Texten ist, deshalb sollte dieser ebenfalls in der vorliegenden Studie untersucht werden. Damit stellt sich die

---

[149] Wulff, Hans Jürgen: „Lexikon der Filmbegriffe: Spatial Turn".
https://filmlexikon.unikiel.de/index.php?action=lexikon&tag=det&id=6162 (besucht am 15.05.2021 um 13 Uhr).
[150] Dazu kann folgendes Werk nachgeschlagen werden: Döring, Jörg, Tristan Thielmann (Hrsg.): „Spatial Turn, Das Raumparadigma in den Kultur- und Sozialwissenschaften". Bielefeld, 2009.

Frage, wie der Begriff von Raum hier verwendet werden soll. Die Studie widmet sich nicht nur dem Ort, deshalb können hier nicht viele verschiedene Ansätze verfolgt werden. Es wird ein Ansatz gewählt, der die intertextuellen Beziehungen und Vergleiche gut zum Ausdruck bringt, damit die verschiedenen Varianten deutlich werden. Die Spezifizität, die der *spatial turn* zum Ausdruck bringt, darf aber nicht unbeachtet bleiben. Darauf wird noch in einem späteren Kapitel zu den Orten der Entführungen eingegangen.

Im nächsten Abschnitt wird sich diese Arbeit mit der spezifischen Forschung beschäftigen, und zwar jener, die sich der mittelalterlichen Literatur und dem höfischen Roman widmet. Jeder Roman baut ein Modell der Welt, das auf eine eigene Art bearbeitet wird, daher ist wichtig, zuerst eine Methode zu finden, um die Welt als Ort zu deuten. Das am häufigsten verwendete Handlungsschema für die mittelalterliche Literatur wurde von Juri Lotman entworfen.[151] Dieses funktioniert mithilfe einer Weltaufteilung zwischen Diesseits und Jenseits.[152] Diese Begriffe sind religiös konnotiert, deshalb erfolgt hier ein Definitionsversuch: Das Diesseits entspricht einem Raum, der als höfisch und christlich bezeichnet werden kann, während das Jenseits sowohl nichthöfisch als auch wild und nichtchristlich zu betrachten ist.[153] Diese Dichotomie

---

[151] Lotman, Yurij: „Die Struktur literarischer Texte". Keil, Rolf-Dietrich (Hrsg. und Übers.), 3. Aufl, München, 1989 (UTB 103), S. 311–329.
[152] Schulz, Armin: „Erzähltheorie in mediävistischer Perspektive, 2 Auflage". Braun, Manuel, Dunkel, Alexandra und Müller, Jan-Dirk (Hrsg.), Berlin, München, Boston, 2015. S. 292.
[153] Vgl. ebd., S.292. Warning übernimmt wieder diese Trennung zweier Welten in seinem Aufsatz „Die narrative Lust an der List. Norm und Transgression im *Tristan*", indem er sagt, es existieren „stabile Grenzen zwischen höfischer und nichthöfischer Welt". Es sei dann die Rolle des Helden, diese Trennung zwischen den zwei Welten in Schach zu halten, damit die höfische Welt gut funktionieren kann. Warning, Rainer: „Die narrative Lust an der List. Norm

zwischen höfischer und nichthöfischer Welt ist besonders interessant, dennoch sind Zweifel daran berechtigt, weil das Höfische und das Nicht-Höfische nicht immer einfach zu trennen sind. Daneben bringt die religiöse Konnotation der Begriffe ein weiteres Problem mit sich: Es wird nicht nur der Raum allein untersucht. Dieses Problem kann aber reduziert werden, indem diese Konnotation nicht nur für Orte verwendet wird, sondern auch für weitere Bestandteile wie die Strukturen und Figuren. Somit werden die verschiedenen Bestandteile der Arbeit vernetzt, damit die Studie einheitlich funktioniert.

Als ein weiteres Modell ist das von Bachtin zu nennen, der den Begriff von Chronotopos eingeführt hat.[154] Ein Chronotopos verbindet Zeitverlauf und Ort innerhalb einer Erzählung und bezieht sich auf die Beziehung zwischen den zwei Komponenten. Bachtin hat früh erkannt, dass Orte in einer Erzählung nicht zufällig gewählt werden, sondern auch eine Symbolik haben können. Die Beziehung zwischen Ort und Zeit erzeugt eine Synergie, „indem der Raum die chronologische Bewegung der Erzählung gliedert und dimensioniert und umgekehrt die Zeit den Raum mit Sinn erfüllt."[155] Genau aus diesem Grund kann aber auch dieses Modell kritisiert werden, eben weil es sich nicht nur auf den Raum konzentriert.

---

und Transgression im „Tristan". In: Warning, Rainer und Neumann, Gerhard (Hrsg.): „Transgressionen. Literatur als Etnographie", Freiburg am Breisgau, 2003, S. 184.
[154] Bachtin, Michail M: „Formen der Zeit im Roman. Untersuchungen zur historischen Poetik". Kowalski, Edward und Wegner, Michael (Hrsg.), Dewey Michael (Übers.), Frankfurt am Main, 1989.
[155] Das Lexikon der Filmbegriffe der Universität Kiel. Absatz zum Begriff des Chronotopos. https://filmlexikon.uni-kiel.de/doku.php/c:chronotopos-7417

Es wurden schon mehrere Kategorien zur Raumorganisation entwickelt. Schulz fasst diese zusammen in „oben vs. unten, rechts vs. links, vorn vs. hinten, offen vs. geschlossen, Punkt vs. Linie, linear vs. flächig, flächig vs. dreidimensional, kontinuierlich vs. diskontinuierlich, nah vs. fern, Diesseits vs. Jenseits, horizontal vs. vertikal, abgegrenzt vs. nichtabgegrenzt"[156]. In späteren Kapiteln zu den Orten von Entführungen und Rettungen wird auf einige dieser Kategorien zurückgegriffen, wenn sie für die ausgewählten Beispiele relevant sind.

Dazu sollten weitere Begriffe genannt werden, die für den Umgang mit dem Korpus von Nutzen sein können, wie zum Beispiel Aggregat- und Systemräume. Diese Begriffe stammen aus einer Studie von Erwin Panofsky aus den 1920er-Jahren.[157] Uta Störmer-Caysa formuliert die Definition dieser Begriffe wie folgt:

---

[156] Schulz, Armin: „Erzähltheorie in mediävistischer Perspektive, 2. Auflage". Braun, Manuel, Dunkel, Alexandra und Müller, Jan-Dirk (Hrsg.), Berlin, München, Boston, 2015. S. 293.

[157] Panofsky, Erwin: „Die Perspektive: Erwin Panofsky: Die Perspektive als symbolische Form". In: ders.: „Aufsätze zu Grundfragen der Kunstwissenschaft". Hariolf Oberer und Egon Verheyen (Hrsg.). Berlin 1998, S. 99–167. Zum ersten Mal ist dieses Werk im 1927 entstanden: Panofsky, Erwin: „Die Perspektive als „symbolische Form". Vorträge der Bibliothek Warburg 1924/1925. Leipzig, Berlin, 1927.

*„Ein Aggregatraum wird nach Panofsky durch die Dinge bestimmt, ganz so, wie Aristoteles den Raum vom Ort her verstanden hatte, gleichsam aus dem Inneren eines Körpers. Ein Systemraum dagegen ist im Bild den Dingen vorgängig, die sich in ihm und dadurch einander nach wiederkehrenden und gemeingültigen Regeln relational zuordnen.“*[158]

Diese Definition zeigt, dass der Aggregatraum auch im Sinne von spatial turn verstanden werden kann. Meistens begegnet man Aggregaträumen und nicht Systemräumen, weil Räume in den Texten des Mittelalters nur sehr selten als kontinuierlich betrachtet werden können. Der Aggregatraum hingegen erlaubt es, dass der Ort durch die Interaktionen der Figuren an Komplexität gewinnt.

Andrea Glaser hat im Anschluss an Panofsky drei Arten von Räumen entwickelt, und zwar die Ordnungsräume, Bewegungsräume und Schwellenräume.[159] Der Ordnungsraum ist eine Art Systemraum, was besagt: „Raum wird strukturiert durch räumliche Beziehungen und durch Richtungen.“[160] Die Bewegungsräume beziehen sich auf die Figuren, außer wenn diese durch Schwellen erfolgen. Schließlich sind Grenzüberschreitungen bei den Schwellenräumen zu erkennen.

---

[158] Störmer-Caysa, Uta: „Grundstrukturen mittelalterlicher Erzählungen, Raum und Zeit im höfischen Roman“. Berlin, New York, 2007, S. 36.
[159] Glaser, Andrea: „Der Held und sein Raum. Die Konstruktion der erzählten Welt im mittelhochdeutschen Artusroman des 12. und 13. Jahrhunderts“. Frankfurt am Main [u. a.], 2004 (Europäische Hochschulschriften 1/1888).
[160] Ebd., S. 20.

Diese kurze Diskussion zur Raumsemantik zeigte, was eine Studie der Räume bringen kann und welche Modelle zu berücksichtigen sind. Nun soll geklärt werden, wie die Raumsemantik in dieser Arbeit eingesetzt wird. Das Modell des *Chronotopos* von Bachtin wird hier nicht verwendet, da sich die vorliegende Arbeit nicht mit der Beziehung zwischen Raum und Zeit, sondern mit dem Raum beschäftigt. Das Modell von Lotman konzentriert sich ebenfalls nicht nur auf den Raum, hat aber mehrere Vorteile, die für diese Studie relevant sind. So sind die religiös konnotierten Begriffe nützlich in dem Sinne, dass sie gut mit den Begriffen des höfischen Raums und der Wildnis vereinbar sind und somit eine klare Aufteilung des Raums ermöglichen. Es entsteht eine Dichotomie zwischen höfischer Welt und Wildnis, die Vergleiche und intertextuelle Beziehungen aufschlussreich darzustellen vermag. Diese Trennung ist auch interessant für die vorliegende Studie, weil sie nicht nur die Orte betrifft, sondern ebenso auf andere Bestandteile wie die Struktur der Romane und die Figuren ausgeweitet werden kann.

Es stellt sich allerdings die Frage, ob die Grenze zwischen höfischer Welt und Wildnis immer klar ist. Sollte dies der Fall sein, sollten Zwischenräume geschaffen werden, worauf ich im Kapitel IV, der sich den Orten der Entführungen und Rettungen widmet, eingehen werde. Die spezifischen Begriffe zur Raumorganisation sollen ebenfalls in diesem Kapitel betrachtet werden, wenn sie bei den Beispielen zu finden sind.

Wie bereits gesagt, ist der Unterschied zwischen höfischer und nicht höfischer Welt die Basis für intertextuelle Beziehungen und Vergleiche. Aus diesem

Grund werden jetzt die Begriffe der Intertextualität und der Komparatistik untersucht, damit deutlich wird, wie diese in der Studie verwendet werden.

# I.5 Intertextualität und Komparatistik

Die Begriffe Intertextualität und Komparatistik sind zentral für diese Arbeit, weil mit verschiedenen Texten gearbeitet wird, die der gleichen Gattung zuzuordnen sind. Dazu soll betont werden, dass sich diese Studie ausschließlich mit dem Motiv der Entführung auseinandersetzt, deshalb gibt es trotz einzigartiger Eigenschaften bei den jeweiligen Fällen auch viele Gemeinsamkeiten. Diese Gemeinsamkeiten sollen im Sinn der Intertextualität und der Komparatistik untersucht werden, sodass deutlich wird, wie die Texte und insbesondere die Entführungsfälle in einem gleichen Rahmen miteinander korrespondieren und so verglichen werden können.

Zuerst müssen aber die Begriffe Intertextualität und Komparatistik erklärt werden, damit deutlich wird, wie sie hier verwendet werden. Zuerst soll es um der Begriff der Intertextualität gehen. Die Theorie der Intertextualität setzte in den 1920er-Jahren mit der Idee Bachtins von der Dialogizität ein, die später von Julia Kristeva wiederaufgenommen wurde. Die Dialogizität beinhaltet die Idee, „dass es sprachliche Äußerungen gibt, die nicht nur auf ein Objekt in der Welt referieren (also etwas über etwas sagen), sondern sich auch auf andere vergangene oder zukünftige Äußerungen beziehen (also etwas auf etwas anderes antworten, etwas bestätigen, jemandem widersprechen oder Antworten antizipieren)."[161] Bachtin geht davon aus, dass diese Dialogizität aus drei verschiedenen Aspekten besteht: der Semiotik, der Rezeptionsästhetik und der

---

[161] Berndt, Frauke und Tonger-Erk, Lily: „Intertextualität, Eine Einführung". Berling, 2013, S.18.

Produktionsästhetik. Die Semiotik untersucht der Beziehung zwischen dem Objekt und dem Wort, das dafür verwendet wird. Ein Wort trägt mehr Bedeutung in sich, als innerhalb eines Satzes zu sehen ist, weil es auch durch seine Anwendung in anderen Texten und damit auch durch andere Kontexte geprägt ist. Diese Bedeutungen und die eventuelle Symbolik, die mit dem Wort verbunden ist, sollten also inbegriffen werden, sodass ein Wort ständig mehr zu sagen hat als das, was auf den ersten Blick zu sehen ist. Die Rezeptionsästhetik entspricht der Idee, dass ein Wort dialogisch ist und auf eine Antwort wartet. Bachtin stellt fest, das Wort „provoziert die Antwort, nimmt sie vorweg und formt sich auf sie hin"[162], was deutlich macht, dass ein Wort ebenfalls durch die Interaktion mit anderen Menschen erfolgt. Dies führt zur Produktionsästhetik, was die Beziehung zwischen einem Wort und fremden Wörtern meint. Hier wird die Rolle des Autors untersucht, da er in der Lage ist zu bestimmen, ob er diese Dialogizität einsetzt oder sie vermeiden möchte. Wörter sind schon von anderen Autoren in verschiedenen Kontexten verwendet worden und mit fremden Intentionen aufgeladen. Der Autor muss also das Wort so einsetzen, dass es seiner Sichtweise entspricht, sodass es mit seiner Intention aufgeladen wird.

Im Anschluss an Bachtin hat Julia Kristeva in den 1960er-Jahren eine Basis für den Begriff der Intertextualität geschaffen. In ihrem Aufsatz „Bachtin, le mot, le dialogue et le roman" formuliert sie Folgendes:

---

[162] Bachtin, Michail: „Das Wort im Roman". In: Ders.,: „Die Ästhetik des Wortes". Grübel, Rainer und Reese, Sabine (Hrsg.), Frankfurt am Main, 1979, S. 172.

„Bachtin gehört zu den ersten, die die statische Zerlegung der Texte durch ein Modell ersetzen, in dem die literarische Struktur nicht *ist*, sondern sich erst aus der Beziehung zu einer *anderen* Struktur *herstellt*. Diese Dynamisierung des Strukturalismus wird erst durch eine Auffassung möglich, nach der das ‚literarische Wort‘ nicht ein *Punkt* (nicht ein feststehender Sinn) ist, sondern eine *Überlagerung von Text-Ebenen*, ein Dialog verschiedener Schreibweisen: der des Schriftstellers [sic!], der des Adressaten (oder auch der Person), der des gegenwärtigen oder vorangegangenen Kontextes.“[163]

Dieser Satz ist besonders interessant, weil er erstens Bachtins Auffassung gut zusammenfasst und zweitens die Basis für die Theorie der Intertextualität von Kristeva darstellt, indem verdeutlicht wird, dass die Struktur eines literarischen Textes nicht einfach da sein kann, sondern als „die Summe der Beziehungen zwischen den Elementen eines Textes“[164] betrachtet werden muss. Kristeva versucht dann „ein Modell der Architektur der poetischen Sprache“[165] zu entwerfen, um deutlich zu zeigen, wie diese funktioniert. Diese Studie stellt heraus, dass ein Raum geschaffen wird, in dem für jeden Leser eine eigene Bedeutung entstehen kann. Der Leser oder die Leserin können aufgrund von Kenntnissen, Interessen, persönlichen Erlebnissen und anderer Faktoren ein Wort auf ihre eigene besondere Weise verstehen – und empfinden –, deshalb kann ein Text nicht alleine stehen, sondern ist mit einer endlosen Anzahl von anderen Texten und kulturellen Phänomenen verbunden. Dies bringt Kristeva zu folgender Aussage: „Jeder Text baut sich als Mosaik von

---

[163] Kristeva, Julia: „Wort, Dialog und Roman bei Bachtin“. Korinman, Michel und Stück, Heiner (Übers.). In: Ihwe, Jens (Hrsg.): „Literaturwissenschaft und Linguistik, Bd. 3“. Frankfurt am Main, 1972, S. 346.
[164] Berndt, Frauke und Tonger-Erk, Lily: „Intertextualität, eine Einführung“. Berlin, 2013, S. 35.
[165] Kristeva, Julia: „Wort, Dialog und Roman bei Bachtin“. Korinman, Michel und Stück, Heiner (Übers.) In: Ihwe, Jens (Hrsg.): „Literaturwissenschaft und Linguistik, Bd.3“. Frankfurt am Main, 1972, S. 345.

Zitaten auf, jeder Text ist Absorption und Transformation eines anderen Textes. An die Stelle des Begriffs der Intersubjektivität tritt der Begriff der Intertextualität, und die poetische Sprache lässt sich zumindest als eine doppelte lesen."[166] Dieser Satz von Kristeva zeigt, dass ein Text auf zwei mögliche Arten gelesen werden kann, und zwar auf eine einfache und direkte Lesart und eine intertextuelle Lesart. Hier soll aber nicht nur der Begriff der Intertextualität besprochen werden, sondern auch seine Anwendung.

Gérard Genette hat eine Typologie zur Anwendung der Intertextualität geschaffen, die er in seiner Studie Transtextualität nennt.[167] Genette kategorisiert die Formen der Transtextualität in fünf verschiedene Kategorien, und zwar die Intertextualität, die Paratextualität, die Metatextualität, die Hypertextualität und die Architextualität.[168] Die erste Kategorie, die Intertextualität, übernimmt er von Kristeva, obwohl er diese in einem restriktiveren Sinn versteht. Für Genette erforscht die Intertextualität die Beziehung zwischen zwei oder mehreren Texten, was am häufigsten durch die Anwesenheit eines Textes in einem anderen ausgedrückt wird.[169] Diese Intertextualität kann in verschiedenen Arten zum Beispiel als Zitat, Plagiat oder Anspielung erfolgen.[170]

Die zweite Kategorie der Typologie Genettes betrifft die Paratextualität. Diese erforscht die Beziehung zwischen einem literarischen Werk mit Elementen,

---

[166] Ebd., S. 348.
[167] Genette, Gérard: „Palimpseste. La Littérature au second degré". Paris, 1982, S. 7.
[168] Vgl. ebd., S. 7-16.
[169] Vgl. ebd., S. 8.
[170] Vgl. ebd., S. 8.

die Genette unter den Begriff „paratexte" zusammenfasst. Beispiele für diese Elemente sind:

„Titel, Untertitel, Zwischentitel, Vorworte, Nachworte, Hinweise an den Leser, Einleitungen usw.; Marginalien, Fußnoten, Anmerkungen; Mottos; Illustrationen; Waschzettel, Schleifen, Umschlag und viele andere Arten zusätzlicher, auto- oder allographer Signale, die den Text mit einer (variablen) Umgebung ausstatten und manchmal mit einem offiziellen oder offiziösen Kommentar versehen, dem sich auch der puristischste und äußeren Informationen gegenüber skeptische Leser nicht so leicht entziehen kann, wie er möchte und es zu tun behauptet."[171]

Diese Elemente der Paratextualität sind besonders wichtig, weil man hier deutlich einen Einfluss auf den Leser sehen kann, weshalb Genette auch von einer pragmatischen Dimension bei dieser Kategorie spricht.[172] Tatsächlich versorgen diese Elemente die Leser mit zusätzlichen Informationen, damit der Text besser verstanden oder gelesen werden kann. Allerdings wirken sie nicht immer, da der Leser sie nicht immer bemerkt oder verstehen kann.

Als dritte Kategorie spricht Genette von Metatextualität oder anders formuliert von der kritischen Beziehung.[173] Damit ist gemeint, dass in einem Text über einen weiteren Text gesprochen werden kann, ohne diesen unbedingt zu zitieren oder zu nennen.

Eine weitere Kategorie ist die Hypertextualität. Sie erforscht die Beziehung von einem Text (Hypertext) zu einem früheren Text (Hypotext), wenn der Hypertext Bezug auf den Hypotext nimmt auf eine Art, die nicht der des

---

[171] Genette, Gérard: „Palimpseste: Die Literatur auf zweiter Stufe". Frankfurt am Main, 2008, S. 11. Es entspricht die Seite 10 in der französischen Fassung.
[172] Genette, Gérard: „Palimpseste. La Littérature au second degré". Paris, 1982, S. 10.
[173] Vgl. ebd., S. 11.

Kommentars entspricht.[174] Hier findet man nicht wie bei der Intertextualität feste Elemente wie ein Zitat, eine Anspielung oder ein Plagiat, obwohl sie dazugehören können. Tatsächlich ist mit Hypertextualität gemeint, dass der Hypertext ohne den Hypotext nicht hergestellt werden kann. Genette nimmt an, dass sich ein Hypertext „nur auf einen einziges Hypotext bezieht"[175] und dass dieser zwingend chronologisch betrachtet früher geschrieben wurde. Dazu unterscheidet Genette zwei Arten von Hypertextualität, und zwar die Transformation und die Imitation. Die Transformation entspricht einer deutlichen und einfachen Beziehung zwischen Hypertext und Hypotext. Der Kontext des Hypertextes kann sich zwar verändern, doch bleibt der Inhalt überwiegend gleich. Bei der Imitation oder Nachahmung hingegen liegt eine komplexe Beziehung zwischen Hypertext und Hypotext vor. Im Fall einer Imitation verwendet der Hypertext die gleiche Methode wie der Hypotext, doch der Inhalt ist verändert.

Die Architextualität als fünfte Kategorie dieses Modells definiert Genette wie folgt: „Hier handelt es sich um eine unausgesprochene Beziehung, die bestenfalls in einem paratextuellen Hinweis auf die taxonomische Zugehörigkeit des Textes zum Ausdruck kommt."[176] Anders formuliert wird hier die Zugehörigkeit oder die Schreibweise eines Textes besprochen, ohne dass man paratextuelle Elemente findet, die diese deutlich machen würden.

---

[174] Vgl. ebd., S. 13.
[175] Genette, Gérard: „Palimpseste: Die Literatur auf zweiter Stufe". Frankfurt am Main, 2008, S. 14. Es entspricht der Seite 13 in der französischen Fassung.
[176] Ebd. S. 13. Es entspricht der Seite 12 in der französischen Fassung.

Diese Typologie ist besonders nützlich, weil sich die Definition der Intertextualität damit verfeinert. Es gibt für Genette nicht eine einzige Art der Intertextualität, sondern mehrere, die je nach Situation anwendbar sind. Diese verschiedenen Kategorien erlauben eine breitere Definition des Begriffs sowie eine präzisere Erklärung des jeweiligen Phänomens.

Damit nun zum Stand der Forschung über die Intertextualität in Bezug auf die Mediävistik und den Artusroman, um die Umsetzung dieses Begriffs nachvollziehbar und kohärent durchzuführen. Jan Dirk Müller schrieb in seinem Aufsatz „Texte aus Texten", dass die Intertextualität als die „Ermittlung von Zitaten, Quellen, Einflüssen, Anspielungen"[177] verstanden werden soll. Diese Aussage setzt voraus, dass sich ein Text in einen größeren Rahmen einschreibt, und zwar absichtlich oder unbewusst. Somit ist die Suche besonders interessant, weil sie die *markierte Intertextualität*[178], aber auch die unabsichtliche Intertextualität zur Geltung bringen kann. Verschiedene Studien zum Artusroman haben sich mit dem Begriff der Intertextualität auseinandergesetzt.[179] Der wichtigste Befund dieser Studien liegt darin, dass Einzeltextreferenzen nicht ausreichend sind, um die Intertextualität bei diesen

---

[177] Müller, Jan-Dirk: „Texte aus Texten. Zu intertextuellen Verfahren in frühneuzeitlicher Literatur, am Beispiel von Fischarts Ehzuchtbüchlein und Geschichtklitterung". In: Wilhelm Kühlmann u. Wolfgang Neuber (Hrsg.): „Intertextualität in der Frühen Neuzeit", (Frühneuzeit-Studien 2), Frankfurt 1994, S. 67.
[178] Emmelius, Cornelius: „Intertextualität". In: Ackermann, Christiane, Egerding, Michael (Hrsg.): „Literatur und Kulturtheorien in der germanistischen Mediävistik, ein Handbuch". Berling und Boston, 2015, S. 285.
[179] Ein Beispiel für ein solches Vorgehen ist bei Ralf Simon zu finden: Simon, Ralf: „Einführung in die strukturalistische Poetik des mittelalterlichen Romans. Analysen zu deutschen Romanen der matière de Bretagne". Würzburg, 1990 (Epistemata 66).

Texten zu umfassen. Tatsächlich wird „die Kategorie der Systemreferenz (als) notwendig"[180] betrachtet. Wie kann das erklärt werden? Die Artusromane haben eine gemeinsame Basis und verwenden häufig ähnliche Motive oder Komponente in den jeweiligen Romanen, obwohl diese Gemeinsamkeiten nicht unbedingt aus Absicht erfolgen. Das heißt, ein Dichter muss kein besonderes Werk kennen, um etwas Ähnliches zu entwerfen, weil er ein Verständnis hinsichtlich der Basis der Artusgattung und ihrer Tendenzen hat. Die Schwierigkeit der Systemreferenz liegt darin, dass es nicht einfach ist zu ermitteln, zu welchem Zeitpunkt oder wie diese Systeme anfangen, beziehungsweise wie sie überhaupt entstehen. Diese Frage ist also sehr komplex und sollte in einer eigenen Studie weiterverfolgt werden, um sie weiter zu klären. In dieser Studie wird der Ursprung der Systeme deshalb im weiteren Verlauf nicht erläutert.

Ich komme damit zum Begriff der Komparatistik. Die Theorie der Komparatistik ist für diese Studie interessant, weil sie Vergleiche zwischen verschiedenen Entführungsfällen ermöglichen kann. Bevor aber Intertextualität und Komparatistik verknüpft werden, soll erläutert werden, was Komparatistik ist und wie sich dieses Forschungsfeld bis heute entwickelt hat.

Bei der Komparatistik oder vergleichenden Literaturwissenschaft handelt es sich um eine Disziplin, die langsam gewachsen ist, da sehr lange über

---

[180] Emmelius, Cornelius: „Intertextualität". In: Ackermann, Christiane, Egerding, Michael (Hrsg.): „Literatur und Kulturtheorien in der germanistischen Mediävistik, ein Handbuch". Berling und Boston, 2015, S. 291.

Nationalliteraturen gesprochen wurde. Mit der Globalisierung, der steigenden Menge an Übersetzungen und dem zunehmend einfacheren Zugang zu ausländischen Werken gewann die Komparatistik an Einfluss und eröffnete so neue Perspektiven.

Dieter Lamping identifiziert drei Kategorien, die für die internationale Intertextualität besonders wichtig sind, und zwar „die Übersetzung, die Vermittlung und die Verarbeitung fremdsprachiger Literatur"[181]. Tatsächlich ist die literarische Übersetzung eines fremden Textes höchst bedeutsam, da viele bekannte Schriftsteller Werke aus anderen Sprachen übersetzt haben, um diese zu verbreiten und das Spektrum der Literatur zu erweitern. Diese zahlreichen Übersetzungen sind laut Lamping „eine zweite deutsche Literatur"[182], die „seit dem 18. Jahrhundert zu den bedeutendsten in Europa [gehört]"[183]. Die zweite Kategorie, die genannt wurde, ist die Vermittlung. Sie besteht aus Kritiken, Essays, Porträts über Autoren, fremden Literaturen und kann ebenfalls versteckte Selbstauskünfte beinhalten.[184] Die dritte und letzte Kategorie ist die Rezeption der fremdsprachigen Werke. Es lässt sich feststellen, dass fremdsprachige Texte einen großen Einfluss auf die eigene Literatur ausüben können. Beispiele dafür sind der *Sturm und Drang*, der von der

---

[181] Lamping, Dieter: „Internationale Literatur: eine Einführung in das Arbeitsgebiet der Komparatistik". Göttingen, 2013, S. 57.
[182] Ebd., S. 58.
[183] Ebd., S. 58.
[184] Vgl. ebd., S. 58.

englischsprachigen Literatur beeinflusst wurde, oder die *deutsche Klassik,* die sich auf die griechische Antike bezieht.[185]

Diese Kategorien sind wichtig, weil sie genau zeigen, wie ein Text in einem anderen Land angenommen wird und dort einen besonderen Einfluss entfalten kann. Es handelt sich hier um einen Kulturtransfer oder besser formuliert um eine Art Kulturtransfer, da dieser Begriff sehr viel umfasst.[186] Michael Werner sagt, ein Kulturtransfer sei überall, jederzeit und in vielen Formen zu finden. Alle Formen von Wissen und Denken können übertragen werden, deshalb ist der Transfer „ein Grundbaustein kultureller Entwicklung"[187]. Der Begriff von Kulturtransfer ist aber auch problematisch, weil er verschiedene Formen annehmen kann. Es kann sich um etwas Konkretes wie ein Objekt oder eine Technologie handeln, die von einem Ort zu einem anderen Ort gebracht wird. Dieser Typ von Kulturtransfer erfolgt an einem bestimmten Zeitpunkt durch bestimmte Figuren. Das heißt, er kann gut nachgewiesen werden und ist konkret. Es kann aber auch andere Kulturtransfers geben, die abstrakter funktionieren wie Kulturtransfers von Kenntnissen und Denkweisen.

---

[185] Vgl. ebd., S. 60.

[186] Zu den Kulturtransfer in der deutsch-französischen Literatur kann folgendes Werk nachgeschlagen werden: Krings, Marcel, Luckscheiter, Roman (Hrsg.): „Deutsch-französische Literaturbeziehungen, Stationen und Aspekte dichterischer Nachbarschaft vom Mittelalter bis zur Gegenwart". Würzburg, 2007. Insbesondere das Kapitel von Johannes Frey „Wer die Geschichte erzählt. Figuren und Erzähler in Chrétiens *Yvain* und Hartmann *Iwein*", S. 39-50.

[187] Werner, Michael: „Zum theoretischen Rahmen und historischen Ort der Kulturtransferforschung". In: North, Michael (Hrsg.): „Kultureller Austausch: Bilanz und Perspektiven der Frühneuzeitforschung, Vorträge der 7. Arbeitstagung der Arbeitsgemeinschaft Frühe Neuzeit im Verband der Historikerinnen und Historiker Deutschlands". Köln, Weimar, Wien, 2009, S.15.

Als ein Beispiel kann die Übersetzung genommen werden. Sie kann als ein Kulturtransfer betrachtet werden, da sie dem Rezipienten Kenntnisse vermittelt, die ihm nicht bekannt waren. Dafür gibt es zahlreiche Beispiele sowohl in den Natur- als auch den Geisteswissenschaften (ein Beispiel sind die Übersetzungen griechischer Texte der Antike ins Arabische in Andalusien, die dann später vom Arabischen ins Lateinische übersetzt wurden)[188]. Das Wissen oder Denken, das durch diese Übersetzungen vermittelt wurde, hat das mittelalterliche Europa geprägt, sodass wir hier von einem Import literarischer und kultureller Modelle sprechen können.[189] Diese können übersetzt oder als Teil der Rezeption verarbeitet sein und nehmen Einfluss auf die eigene Literatur. Als ein Beispiel kann die deutsche Epik genannt werden, die von Komponenten aus der *Matière de Bretagne* beeinflusst wurde.[190] Die Kulturtransfers, die Kenntnisse oder Wissen vermitteln, sind viel abstrakter als Transfers konkreter Dinge, vor allem da sie über eine längere Zeit wirken und viel mehr Menschen brauchen, die an ihnen mitwirken. Sie sind auch nicht immer linear und auch nicht scharf abgegrenzt, sodass sie viel schwieriger nachzuweisen sind.

Diese unterschiedlichen Kulturtransfers zeigen, dass die Komparatistik mit einer Vielfalt aufwartet, die auf mehrere Arten eingesetzt werden kann. Diese Vielfalt bietet viel Potential, weil sie nicht nur kritisiert oder vermittelt, sondern auch neue Perspektiven wie zum Beispiel Vergleiche möglich macht.

---

[188] May, Markus: „Internationalität: Literarisches Übersetzen". In: Zemanek, Evi, Nebrig, Alexander (Hrsg.): „Komparatistik". Berlin, 2012, S. 116.
[189] Vgl. Ebd., S. 117
[190] Vgl. Ebd., S. 117

Vergleiche sind etwas, was in der Literatur schon seit der Antike existiert und bis heute in verschiedenen Formen weitergeführt wurde.[191] Es lässt sich feststellen, dass sie nicht auf einen einzigen Aspekt begrenzt sind. Jedes Element eines Werkes kann verglichen werden, deshalb ist die Komparatistik ein äußerst breites Feld, das viele Möglichkeiten eröffnet. Sie bringt aber ebenfalls Herausforderungen mit sich, weil die Anzahl dieser Optionen so groß ist, dass eine einheitliche Methode auszuschließen ist. Studien müssen sich dem folgend an die jeweiligen Materialien, Kontexte und Themen anpassen, damit sie nicht oberflächlich bleiben.

Aus diesem Grund geht es nun um die Frage, wie Komparatistik bei den höfischen Romanen eingesetzt werden kann. Zunächst lässt sich feststellen, dass sich dieses Genre gut für die Komparatistik eignet. Ein erster Grund besteht darin, dass es verschiedene Übersetzungen von Romanen in andere Sprachen gibt. Bekannte Beispiele dafür sind *Erec et Enide* oder *Yvain ou le chevalier au lion* von Chrétien de Troyes, die von Hartmann von Aue ins Deutsche übersetzt und überarbeitet wurden. Wegen dieser jeweiligen Übersetzungen haben

---

[191] Alexander Nebrig schreibt in seinem Artikel „Die Tradition des literarischen Vergleichens", dass die Vergleiche zuerst als Wettstreite in der Antike verwendet wurden. Später wurden die Werke der Antike als Autoritäten anerkannt und mit den neueren Werken verglichen. Schließlich wurde ab Ende des 18. Jahrhunderts der Begriff des Vergleichs geändert, weil früher stets versucht wurde, wertende Vergleiche zu etablieren. Das heißt, es sollte bei diesen Vergleichen immer etwas Besseres und etwas Schlechteres hervortreten. Das ändert sich aber, sodass es nicht zu wertenden Vergleichen kommt, sondern vielmehr zu Vergleichen, die es erlauben, die Vielfalt der Kulturen und Traditionen zu untersuchen. Dabei geht es nicht darum, dass eine Kultur besser als die andere ist, sondern etwas vorschlägt, was zu einer Vielfalt und einem Erweitern des eigenen Horizonts beiträgt. Nebrig, Alexander: „Die Tradition des literarischen Vergleichens". In: Zemanek, Evi, Nebrig, Alexander (Hrsg.): „Komparatistik". Berlin, 2012, S. 21-34.

verschiedene Forscher, zum Beispiel René Perennec, Studien durchgeführt, die zwei Traditionen oder die Adaption von Werken von einer Sprache in eine andere vergleichen.[192]

Ein zweiter Grund ergibt sich daraus, dass dieses Genre in verschiedenen Ländern in einem ähnlichen Zeitraum entstanden ist, sodass sich trotz der Unterschiede eine gemeinsame Basis erkennen lässt. Die Homogenität der Gattung ist besonders interessant, wenn es darum geht, Varianz oder Unterschiede zu untersuchen, weil man sich an einer gemeinsamen Tradition ausrichten kann. Chinca und Young sagen dazu, dass sich ein Erzähler in Konkurrenz zu anderen Erzählern stellt und dass man etwas Ähnliches bezogen auf den Inhalt schreiben kann, es aber dennoch anders erzählt.[193] Dieser Aspekt ist besonders wichtig für diese Studie, weil drei verschiedene Traditionen untersucht werden und sich die Studie auf ein einziges Motiv beschränkt, nämlich das Motiv der Entführung. Es findet sich in den drei Traditionen und auch in vielen Werken der Artusgattung überhaupt, was zeigt, dass die verschiedenen Verfasser nichts Neues erzählen, sondern vielmehr etwas Bestehendes auf ihre eigene Art erzählen.

Damit nun zu der Frage, wie Intertextualität und Komparistik in diese Studie integriert werden können. Hier gilt es im ersten Schritt, die gemeinsame Basis

---

[192] René Pérennec ist ein gutes Beispiel, wie anhand seiner Studie zur Nachdichtung deutlich wird: „Recherches sur le roman Arthurien en vers en Allemagne aux XII. et XIII. siècles". Göppingen, 1984, 2 Bde.
[193] Chinca, Mark, Young, Christopher: „Literary theory and literary field in the German romance c. 1200". In: Peters, Ursula (Hrsg.): „Text und Kultur. Mittelalterliche Literatur 1150-1450". Germanistische Symposien-Berichtsbände 23, Stuttgart und Weimar, 2001, S. 612-644.

festzulegen. Dies geschieht anhand eines Beispiels, das intertextuell reich oder besonders wichtig ist. Dazu wurde ein narratologischer Ansatz gewählt, der es ebenfalls erlaubt Vergleiche anzustellen. Wenn ein Beispiel ausführlich untersucht wird, dann können weitere Beispiele mit dem ersten Beispiel verglichen werden. So wird sichtbar, wo Unterschiede und Varianzen auftreten, sodass diese analysiert und interpretiert werden können. Und es können die verschiedenen Beziehungen zwischen den Texten bzw. zwischen den Fällen untersucht werden. In diesem Sinne widmet sich das nächste Kapitel dem prototypischen Narrativ der Entführung, und zwar der Entführung der Königin im *Chevalier de la charrette*.

In der nun folgenden Textstudie wird in jedem Kapitel auf die Begriffe von Intertextualität und Komparatistik zurückgegriffen. Später werden die Beobachtungen aus der Textstudie in einem Kapitel zur Intertextualität und zur Komparatistik (X.1 und X.2) zusammengefasst und analysiert. So wird es möglich, die verschiedenen intertextuellen Beziehungen und Vergleiche in Bezug auf das Motiv der Entführung zu sehen und zu verstehen.

# I.6 Hypothese, Ziel der Arbeit und Methodologie

Es wurden in den vergangenen Kapiteln konstitutive Komponenten entwickelt, die bei einer Entführung berücksichtigt werden sollen. Diese können als eine sichere Basis für Vergleiche und Intertextualität verstanden werden, dennoch soll präzisiert werden, wie diese zu verwenden sind und was durch diese Studie bewiesen und erreicht werden soll.

## 1.6.1 Hypothese und Ziel der Arbeit

Wie schon im ersten Kapitel erwähnt, existierte der Begriff von Entführungen bereits im Mittelalter, obwohl es zu dieser Zeit noch keine klare Abgrenzung zu anderen ähnlichen Begriffen gab. Deshalb ist es kein Wunder, dass viele Entführungen in der mittelalterlichen und in der Artusliteratur zu finden sind. Es gab bereits verschiedene Studien, die eine Entführung oder mehrere Entführungen eines gleichen Romans im Kontext der Artusromane untersucht haben, dennoch konnte keine Studie einen Überblick über dieses Motiv in der Artusgattung vermitteln. Hier soll nun ein Paradigmenwechsel eingeleitet werden, der es erlaubt, verschiedene Romane simultan zu vergleichen und auf dieser Basis einen fundierten Überblick zu liefern. Um das zu ermöglichen, wurden die Ansätze der Narratologie, der Komparatistik und der Intertextualität eingeführt.

Wobei auch eine Erforschung dieser Ansätze keinen vollständigen Überblick über das Motiv der Entführungen ergeben wird, da dieses einfach zu vielfältig ist. Ein solcher Überblick kann auch nicht das Ziel der Studie sein, weil sie dann zwangsläufig zu oberflächlich bliebe und keinen genauen Ergebnissen erzielt werden könnten. Dieses Problem wird mit einer Hypothese gelöst, die ein genaueres Ziel verfolgt. Sie soll mit dieser Studie untersucht werden und lautet wie folgt:

„Die Häufigkeit des Entführungsmotiv in der Artusgattung hat ihren Ursprung in der Vielfalt der möglichen Varianten."

Diese Hypothese und insbesondere das Wort *Varianz* soll kurz erläutert werden. Wenn viele Texte das Entführungsmotiv verwenden, darf erwartet werden, dass alle Gemeinsamkeiten teilen. Die vorherigen Kapitel des Theorieteils zeigten, dass diese Gemeinsamkeiten nicht ignoriert werden können, da sie nützlich sind, um Gruppen zu bilden und Vergleiche anzustellen. Diese Gemeinsamkeiten sollen deshalb als Ausgangspunkt betrachtet werden, um die Varianzen sehen und verstehen zu können. Je mehr die Gemeinsamkeiten im Vordergrund stehen, desto einfacher wird es, die Unterschiede zwischen den Fällen zu finden. Darauf aufbauend können die Gründe für diese Unterschiede untersucht werden. Dazu ergeben sich zahlreiche Fragen: Was hat die Autoren dazu gebracht, diese Gestaltung zu wählen, diese Varianz in einem häufigen Motiv einzufügen? Inwiefern trägt diese Varianz zur Häufigkeit des Motivs in der Artusgattung bei?

Die vorliegende Hypothese sorgt für ein klares Ziel der Studie. Die Varianz und die Flexibilität des Motivs der Entführung werden untersucht mithilfe der Anwendung der verschiedenen konstitutiven Bestandteile bezüglich der Figuren, Orte und Motivationen.


## 1.6.2. Methodologie

Bevor die Textstudie beginnt, soll genauer gezeigt werden, wie die zwei Hauptteile der Arbeit verbunden sind. Als Erstes soll der Begriff *Actants* von Greimas, der im Kapitel zur Erzähltheorie erarbeitet wurde, zitiert werden. Er findet Einsatz in den Kapiteln zu den Figuren und der Motivationen, um die Varianz bei den bei der Entführung beteiligten Figuren deutlich zu zeigen.

In den Kapiteln zu den Orten der Entführungen und Rettungen wird die Trennung zwischen höfischem Raum und Wildnis von Lotman verwendet, weil diese Dichotomie hier besonders nützlich ist. Sie erzeugt Kontraste, durch die Varianzen besser zu erkennen sind.

Die Narratologie, die mithilfe der Studie Propp entworfen wurde, wird in den verschiedenen Kapiteln der Studie benötigt, um die Strukturen der Entführungen zu studieren. Ebenso greift die Studie auf die Intertextualität und die Komparatistik im Verlauf immer wieder zurück, um die Texte zu verbinden oder zu vergleichen. Sowohl Narratologie als auch Intertextualität und Komparatistik werden am Ende der Studie noch etwas ausführlicher betrachtet, sodass die unterschiedlichen Beobachtungen aus der Studie besprochen und zusammengefasst werden können.

# II.  Der Prototyp des Narrativs im *Chevalier de la Charrette*

Die Entführung der Königin durch Meleagant mit Keus Hilfe im *Chevalier de la charrette* von Chrétien de Troyes soll in dieser Studie als Prototyp für die weitere Studie gelten. Deshalb wird zunächst dieser Entführungsfall untersucht. Auf dieser Grundlage werde ich ein Muster entwickeln, das mit den anderen späteren Entführungsfällen verglichen werden kann, sodass die verschiedenen Varianten in Bezug auf die wichtigsten Komponenten – die beteiligten Figuren, die Orte, die Gründe für die Entführung oder die Struktur – erläutern werden können.

Zuerst soll aber dargelegt werden, warum dieser Fall als Prototyp des Narrativs gewählt wird. Die Entführung der Königin im *Chevalier de la charrette* ist nicht die allererste Entführung in der Artusgattung, schon im *Erec et Enite* ist eine zu finden war[194]. Es handelt sich auch nicht um eine typische Entführung, da hier das Motiv von *Don contraignant* mit dem Motiv der Entführung zusammengeführt wird. Allerdings gibt es entscheidende Argumente, die dafür sprechen, diesen Fall als Prototyp des Narrativs auszuwählen. So ist zu allererst die Entführung der Königin Guenièvre höchst bedeutsam, sowohl für die Handlung und Struktur des Romans als auch für die Identität des Opfers. Eine Besonderheit dieses Raubs besteht darin, dass die Entführung der

---

[194] Die Entführung Cadoc durch zwei Riesen in *Erec und Enite* von Hartmann von Aue, Verse 5276-5726.

Königin ein großes Ereignis ist, was mit Blick auf die spätere Handlung keinesfalls ignoriert werden kann. Eine Rettung muss gleich unternommen werden, weil die Ordnung des Hofes ohne ihre Rückkehr nicht gewährleistet ist. Natürlich werden andere Opfer auch gerettet, sofern es möglich ist, doch haben diese Rettungen nicht unbedingt einen linearen Verlauf. Damit ist gemeint, dass es in der Erzählung der Rettung Unterbrechungen geben kann oder dass die Rettung nicht zum großen Ziel, sondern vielmehr zu einer Zwischenstation der Handlung wird. Das zeigt, dass diese Rettungen eine andere Bedeutung als die Entführung der Königin haben. Guenièvres Funktion als Königin ist höchst symbolisch für die Ordnung des Hofes. Die Struktur des Textes muss sich entsprechend anpassen und auf ihre Rettung fokussieren. Das heißt, hier ergibt sich zwingend ein Aventiure auf dem Weg zur Rettung, damit diese nicht zu schnell erfolgt. Ein weiterer Grund ist die Tatsache, dass diese Szene den vielfach verwendeten Prätext darstellt und verschiedene Male neu erzählt wurde. Das belegt, dass das narrative Muster „Entführung und Rückholung der Königin" als eine Art Verbildlichung und Zuspitzung der Erzählidee des arthurischen Romans gelten kann.

Genau diese Entführung könnte als eine Art „Urszene" für die Studie betrachtet werden. Hiermit ist der chronologische Aspekt nicht gemeint, weil es schon früher Entführungen gab, wie es im „Erec et Enide" zu sehen ist. Drittens ist es so, dass diese Szene durch ihre Komplexität und intertextuellen Bezüge zu Texten wie der *Lancelot en Prose, Yvain ou le Chevalier de la charrette* oder *Iwein*) ein guter Ausgangspunkt ist. Sie entfaltet narratives Potential und zeigt viele verschiedene Facetten. So trägt sie auch verschiedenen Ebenen dazu bei, eine Typologie zu entwickeln.

## II.1 Die Figuren, die am Raub beteiligt sind

Die Frage nach den Figuren, die an einer Entführung beteiligt sind, ist wichtig, weil eine Entführung nicht ohne Protagonisten – einen Entführer, eine entführte Figur und eventuell einen Retter – stattfinden kann. Es muss aber auch berücksichtigt werden, dass sich Figuren verändern oder einige Besonderheiten aufweisen können, daher ist es sinnvoll, am Anfang der Studie eine Referenz zu etablieren, damit verschiedene Varianten darauf bezogen und miteinander verglichen werden können.

## II.1.1 Der Entführer

Der Entführungsfall im *Chevalier de la charrette* besitzt mit der Figur Meleagant einen starken Entführer, da dieser im Laufe der gesamten Handlung des Romans der größte Antagonist des Artushofes bleibt. Man muss aber beachten, dass auch Keu eine Rolle bei der Entführung spielt und dass er daher ebenfalls in seiner Rolle als Entführer untersucht werden muss.

## II.1.1.1 Meleagant

Meleagant ist der Sohn des Königs von Gorre[195] und dadurch eine Figur aus der höfischen Gesellschaft, was einen starken Kontrast zu seinen Handlungen darstellt. Er kommt aus einem fernen Land bis an den Artushof gereist und verfolgt dabei ein bestimmtes Ziel. Meleagant fordert Artus und seinen Hof heraus, indem er den König dazu auffordert, seine Frau einem der Artusritter zu überlassen, damit dieser den Hof verlässt und Meleagant bekämpfen kann. Sollte der Ritter des Hofes Meleagant besiegen, so wird Meleagant seine Gefangene freilassen, aber falls Meleagant gewinnt, wird er die Königin einfach mitnehmen können:

> „Rois, s'a ta cort chevalier a
> nes un an cui tu te fïasses
> que la reïne li osasses
> baillier por mener an ce bois
> aprés moi la ou ge m'an vois,
> par un covant l'i atandrai
> que les prisons toz te randrai
> qui sont an prison an ma terre
> se il la puet vers moi conquerre
> et tant face qu'il l'an ramaint."[196]

Nun ist es so, dass der Hof durch Mealagants Forderung viel gewinnen könnte, nämlich die Königin ihrem König und dem Hof zurückzubringen, falls eines

---

[195] Lancelot ou le chevalier de la charrette, Verse 637–643.
[196] Ebd., Verse 70-79. Übersetzung: Roi, s'il y a en ta cour un chevalier, ne serait-ce qu'un seul, en qui tu aies totale confiance au point d'oser lui confier la reine pour la conduire après moi dance ce bois où je me rends, je l'y attendrai et te fais le serment solennel de te rendre tous les captifs emprisonnés sur mes terres s'il peut la conquérir sur moi de haute lutte et prvenir à la ramener." Übersetzung von Jean-Claude Aubailly in: Chrétien de Troyes „Lancelot ou le chevalier de la charrette". GF Flammarion, Paris, 1991.

der Mitglieder des Hofes ihn besiegen kann. Dieser Affront bietet also die Chance auf einen großen Gewinn, weshalb einige Ritter dieses *Aventiure* natürlich gern übernehmen würden, obwohl der König selbst es ablehnt. Keu zwingt den König jedoch dazu, ihm eine Bitte zu gewähren, ein *don contraignant*[197]), und zwar die Königin fortbringen zu dürfen, um gegen Meleagant zu kämpfen. Keu ist aber nicht in der Lage, den Kampf zu gewinnen, und muss die Königin daher Meleagant überlassen, der sie in sein Land mitnimmt.

Meleagant ist jedoch nicht nur ein bedeutender Antagonist, weil er für den Hof eine besondere Herausforderung darstellt, auch andere Entführer könnten ähnlich handeln, sondern auch, weil sein bösartiges Verhalten hervorsticht. Diese Bösartigkeit wird viel deutlicher als in anderen Fällen beschrieben. Das geschieht durch die Hervorhebung verschiedener Aspekte wie seiner Stärke, seine unkontrollierte Wut und seiner Liebe zu Guenièvre.

---

[197] Der *don contraignant* hat seinen Ursprung in der keltischen Tradition, in gallischen und irischen Erzählungen, wobei er dort unter dem Begriff *Potlatch* bekannt ist. Jean Frappier gibt eine Definition des *don contraignant* anhand eines Beispiels aus „Le bel inconnu" von Renaut de Beaujeu: „Un jeune chevalier arrive à la cour d'Arthur, il demande un don au roi sans préciser l'objet ou la faveur qu'il désire obtenir. Le roi accorde le don […] Dès lors, le roi Arthur est lié par cette promesse en blanc. Il est contraint d'octroyer ensuite l'objet de la demande, quel qu'Il puisse être. Son honneur est engagé dans l'affaire". Frappier, Jean: „Amour courtois et Table ronde". Genève, 1973, S. 225-226. Es kann ebenfalls im Aufsatz Ménards zu diesem Motiv nachgeschlagen werden: Ménard, Philippe: „Le don en blanc qui lie le donateur. Réflexions sur un motif de conte". In: Varty, Kenneth (Hrsg.): „*An Arthurian Tapestry. Essays in honor of Lewis Thorpe*". Glasgow, 1981, p. 37-53.

Meleagant fühlt sich den anderen Rittern überlegen, weshalb er auch glaubt, sie alle besiegen zu können. Und er ist tatsächlich ein starker Kämpfer[198], denn er besiegt Keu schnell und verletzt ihn scheinbar schwer, da sein Pferd ohne ihn, aber übersät mit Blutflecken zurückkehrt.

> „le cheval Kex, sel reconurent
> et virent que les regnes furent
> del frain ronpues anbedeus.
> Li chevax venoit trestoz seus,
> s'ot de sanc tainte l'estriviere
> et de la sele fu derriere
> li arcon frez et percoie."[199]

Im Laufe der Gesamthandlung beweist er seine Stärke durch mehrere Kämpfe gegen Lancelot, obwohl er diese alle verliert. Insgesamt zeigt das, dass Meleagant eine der wichtigsten Eigenschaften eines Ritters besitzt, nämlich *Fortitudo*.[200] Er stellt seine Forderung daher nicht nur, weil er Guenièvre für sich haben will, sondern auch, damit er alle Ritter des Hofes bekämpfen und besiegen kann. Es geht ihm darum, die Autorität von König Artus und die Stärke seines Hofes in Frage zu stellen, um sich selbst zum besten Ritter erklären zu können. Dieses Anliegen wird bereits deutlich, als er sich vorstellt

---

[198] "Meliagant is a superb warrior who fears no man, no matter how strong and formidable". Soudek, Ernst: „The tragic qualities of Guenièvre and Meliagant in 'Le chevalier de la charrette'". Romance Notes, Vol. 13, No. 2 (Winter, 1971), S. 365-366.

[199] Chevalier de la charrette, Verse 259-265. Übersetzung: le cheval de Keu, facilement reconnaissable, dont les rênes reliées au mors, étaient rompues toutes les deux. Le cheval n'avait plus de cavalier; son étrivière était maculée de sang et l'arçon arrière de la selle était brisé et éclaté." Übersetzung von Jean-Claude Aubailly in: Chrétien de Troyes „Lancelot ou le chevalier de la charrette". GF Flammarion, 1991, Paris.

[200] Curtius, Robert Ernst: „Europäische Literatur und Lateinisches Mittelalter". Bern, 1953, S. 181. *Fortitudo* meint körperliche Stärke und ist oft mit *Sapientia* verbunden, was geistige Stärke bedeutet.

und behauptet, dass er schon viele Gefangene aus Artus' Ländern in seiner Macht hatte. Aber es wird erst nach seiner Forderung klar, dass Meleagant den Hof wirklich demütigen und dessen Ordnung stören möchte.

Es lässt sich feststellen, dass Meleagant nicht sehr rational denkt und handelt, sondern sich von seiner Wut, die an Wahnsinn grenzt, leiten lässt.[201] Später wird auch deutlich, dass er die höfischen Regeln oft verletzt, weil er sich und seine Emotionen nicht gut kontrollieren kann, obwohl er sich als Sohn eines Königs eigentlich besonders gut beherrschen können sollte.[202] Man könnte sein Verhalten auch durch seine Beziehung zu seinem Vater, dem König Bademagu, erklären, die für Meleagant von Eifersucht und Enttäuschung geprägt ist. Wenn Meleagant erlebt, wie sein Vater andere Ritter statt ihn lobt, bringt ihn das dazu, die Kontrolle über sich und sein Handeln zu verlieren.[203] Tatsächlich will Meleagant mit dieser Aktion auch seinen Vater beeindrucken und sich dessen Respekt verdienen, aber er wählt dafür einen Weg, auf dem er seinen Vater nur noch mehr enttäuscht.[204]

---

[201] "Thus Lancelot's success at the swordbridge causes Meliagant to break into a rage that becomes intensified to the degree of madness when his father praises the accomplishments of the strange knight." Soudek, Ernst: „The tragic qualities of Guenièvre and Meliagant in 'Le chevalier de la charrette'". Romance Notes, Vol. 13, No. 2 (Winter, 1971), S. 366.

[202] "His handsome appearance stands in stark contrast to a personality that makes him the exact opposite of both Lancelot and his father Baudemagu." Ebd., S. 366.

[203] "It appears as though Meliagant wants to prove to his father even more to himself that he is a better knight than Lancelot. One cannot help but feel the intense pain which accompanies Meliagant's invidious outpourings whenever Baudemagu praises Lancelot. From an a posteriori point of view, it becomes quite apparent that Meliagant's ulterior reason for challenging the Round Table is to engender in his father a greater respect for his physical prowess." Ebd., S. 367.

[204] "Instead of praising his son, the king rejects his boastfulness and condemns his foolishness (Vss. 6311 ff.). " Ebd., S. 366.

Der Grund für sein Verhalten bei der Entführung und für die Herausforderung werden im *Chevalier de la charrette* nicht direkt erläutert, um Meleagant als eine unberechenbare und gefährliche Figur erscheinen zu lassen. Dies stellt einen Kontrast zu seiner Darstellung im späteren *Lancelot en Prose* dar, da Meleagant in diesem Werk eine Niederlage gegen Lancelot erleidet, die er nicht überwinden kann. Man findet aber auch hier Hinweise im Laufe der Handlung auf das irrationale Verhalten Meleagants. Lancelot versucht nach der Entführung zum *Land de Gorre* zu gelangen, um die Königin zu befreien, und liefert sich einen Kampf mit Meleagant. Durch den Abbruch des Kampfes bekommt Meleagant zwar das Recht, nach einem Jahr erneut gegen Lancelot zu kämpfen,[205] allerdings will er nicht so lange warten. Er sucht schon vorher nach einer Gelegenheit, um die Königin erneut zu rauben. Das liegt einerseits daran, dass er sie liebt, wie später noch erkennbar wird, und andererseits kennt er auch ihren symbolischen Wert für den Hof. Deshalb erfindet er einen Skandal zwischen Keu und Guenièvre[206] und stellt sie als Ehebrecherin dar, was zu einem zweiten Kampf zwischen Lancelot und Meleagant führt, der dazu dienen soll, die Ehre der Königin zu retten. Dieser wird jedoch ebenfalls abgebrochen.[207] Später nimmt Meleagant Lancelot gefangen, damit dieser nicht zum zuvor vereinbarten Duell – zum dritten Kampf – erscheinen kann.[208] Lancelot kann sich jedoch befreien und erscheint zum Duell, was zum Tod von Meleagant führt.[209] Meleagant besitzt zwar eine wichtige ritterliche

---

[205] Chevalier de la charrette, Verse 3875-3884.
[206] Vgl. ebd., Verse 4744-4767.
[207] Vgl. ebd., Verse 5026-5043.
[208] Vgl. ebd., Verse 5423-5431.
[209] Vgl. ebd., Verse 7081-7097.

Eigenschaft, nämlich *Fortitudo*, aber ihm fehlt *Sapientia*[210], daher erreicht er am Ende nichts außer einen schmerzhaften Tod, der in vielerlei Hinsicht vermeidbar gewesen wäre.

Schließlich könnte man sein Verhalten und seinen Kontrollverlust auch mit seiner Liebe zu Guenièvre erklären, die zwar nur sehr knapp erwähnt wird[211], aber doch von Bedeutung ist, weil er auch hier eine große Enttäuschung erfährt. An dieser Stelle wird Meleagant in einem anderen Licht betrachtet, nämlich nicht nur als ein wahnsinniger Entführer, sondern auch als ein verzweifelter Mann, dessen Liebe zur Königin unerwidert bleibt. Es gibt jedoch keinen einzigen Hinweis darauf, dass die Königin seine Liebe erwidert. Anhand seines späteren Versuches, Guenièvre als Ehebrecherin darzustellen, wird deutlich, dass er sich an ihr rächen will und nicht möchte, dass jemand sie bekommt, wenn er sie nicht für sich haben kann. Es ist bereit, alles zu zerstören, und er landet in einer Spirale aus Wahnsinn und Vernichtung, die schließlich mit seinem Tod endet.

Mit all dem wird deutlich, dass Meleagant körperliche Stärke und Kampfkraft besitzt und außerdem leidenschaftlich ist, was ihn zu einem gefährlichen Entführer macht. Er ist aber auch deshalb ein interessanter Gegner, weil er die Ordnung auf verschiedene Arten angreift. Natürlich nutzt er Gewalt und

---

[210] Curtius, Robert Ernst: „Europäische Literatur und Lateinisches Mittelalter". Bern, 1953, S. 181.

[211] Le chevalier de la charrette, Verse 3276-3279: „je ne sui mie si hermites,/ si prodon ne si charitables,/ ne tant ne voel estre enorables/ que la rien que plus aim li doigne" Übersetzung von Jean-Claude Abailly: „Je n'ai pas l'âme d'un ermite ou d'un moraliste et je n'ai pas assez grand cœur ni assez de vertu pour lui donner celle que j'aime plus que tout." Chrétien de Troyes „Lancelot ou le chevalier de la charrette". GF Flammarion, 1991, Paris.

unternimmt die meisten Handlungen selbst, allerdings gelingt es ihm auch, andere dazu zu bringen, ihn bei der Verwirklichung seiner Pläne zu unterstützen. Beispielsweise stiftet er durch seine Herausforderung Uneinigkeit am Hof, indem er seinem Gegner einen großen Gewinn verspricht.[212] Das Ziel dieser Herausforderung besteht darin, nur einen einzigen Ritter davon überzeugen zu können, die Königin aus dem Hof zu führen, weil sich Meleagant zutraut, jeden Ritter dank seiner außergewöhnlichen Stärke und ritterlichen Fähigkeiten schlagen zu können. Keu lässt sich durch die Aussicht auf diesen Gewinn blenden und handelt ganz im Sinne Meleagants, als er die Königin zu ihm bringt. Er wird also zu einer Art Marionette Meleagants, der die Situation viel besser einschätzen kann als Keu.

Es lässt sich ebenfalls feststellen, dass Meleagant zwar Unordnung am Hof provoziert, aber er entführt die Königin nicht direkt (außer im *Iwein*), sondern benutzt Keu. Das kann dadurch erklärt werden, dass Meleagant nicht nur Interesse daran hat, die Königin zu entführen, sondern auch daran, dem Artushof Schaden zuzufügen. Diese Methode findet im *Iwein* keine Anwendung, weil Hartmann den *Chevalier de la charrette* nicht kannte und daher nicht Meleagant in den Mittelpunkt der Erzählung stellen, sondern vielmehr das Versagen des Hofes betonen wollte.

---

[212] Meleagant erwähnt seine Geiseln vom Artushof, die er in seinem Land gefangen hält, und macht dem Artushof klar, dass er die einmalige Chance bekommt, sie alle zu befreien, wenn einer der Ritter Méléagant besiegen kann. Durch die Aussicht auf diesen Gewinn erhofft sich Méléagant, dass die Ritter des Hofes seine Herausforderung trotz aller Risiken und Schwierigkeiten annehmen.

Wie man zuvor erkennen konnte, hat Meleagant keine bösen Absichten gegenüber der Königin als Figur und liebt sie sogar, aber er nutzt ihren symbolischen Wert, um dem Hof Schaden zuzufügen. Daher wird die Königin, als sie sich in seiner Gewalt befindet, auch nicht von Meleagant misshandelt, sondern befindet sich bis zu ihrer Rettung nur in einem Zustand des Wartens. Man könnte also sagen, dass Meleagant nicht nur ein starker Ritter ist, sondern auch ein kluger Manipulator, da er genau weiß, wie er andere Menschen dazu bringen kann, so zu handeln, dass es ihm nützt.

Schließlich ist Meleagant noch eine besondere Figur, weil er aus einer anderen Welt stammt. Tatsächlich ist das *Land de Gorre*, in dem sein Vater König ist, wie eine andere Welt zu betrachten (die Anderwelt der Kelten), da es nur durch besonders gefährliche und seltsame Prüfungen erreicht werden kann (die Brücke des Schwertes oder die Brücke unter dem Wasser). Diese Welt ist sozusagen getrennt von der Welt des Artushofs. Deswegen muss Meleagant mit anderen Maßstäben gemessen werden, denn das bedeutet, dass er aus dem Außen kommt und nicht die gleichen Regeln respektieren muss wie jene, die im höfischen Raum leben. Es könnte zwar auch in seiner Welt eine parallele Ordnung geben, die durch den König Bademagu vertreten wird, aber Meleagant zerstört diese Möglichkeit mit seinem bösartigen und leicht wahnsinnigen Charakter. Dadurch wird noch deutlicher, dass er eine starke Figur der Unordnung ist.[213] Hinzu kommt, dass seine Herkunft aus einer anderen

---

[213] Walter Haug nennt in seiner Monographie „Das Land, von welchem niedemand wiederkehrt" und etabliert eine Parallele mit der Entführung Persephones. Die Königin „muß im Jahreszeitlichen Wechsel aus dem Totenreich zurückgeholt werden". Somit wird die Trennung zwischen den zwei Welten (eine der Ordnung und eine der Unordnung) besonders

Welt bei Lesern oder Hörern der Erzählung den Eindruck einer Art Berechtigung entstehen lässt – weil er aus einer anderen Welt kommt, ist er anders und verhält sich anders als die Menschen vom Artushof.

Wie wird Meleagant in den anderen Texten betrachtet, die von der gleichen Entführung berichten und daher als innere Varianten betrachtet werden können? Die drei anderen Fälle, die man als innere Varianten bezeichnen kann, sind die Entführungen der Königin durch Meleagant im *Lancelot en Prose* und im *Yvain* sowie im *Iwein*, in dem der Entführer Meljakanc heißt. In allen drei Texten trägt er genauso wie im *Chevalier de la charrette* die größte Schuld an der Entführung, wobei im *Yvain* auch Keu einen erheblichen Teil der Schuld zugesprochen bekommt. So ist festzustellen, dass die Figur Meleagant innerhalb der Artusgattung eine wichtige Rolle spielt, da sie häufig vorkommt und viele *Aventiuren* für den Artushof mit sich bringt. Wo lassen sich Unterschiede bei dieser Figur in den drei Fällen finden?

Der *Lancelot en Prose* ist der Entführungsfall, der dem im *Chevalier de la charrette* am ähnlichsten ist, wobei auch hier ein Unterschied zu finden ist. Im *Lancelot en Prose* wird noch hinzugefügt, dass Meleagant einen Vorwand gefunden hat, um den Hof am Anfang des Romans herauszufordern: seinen Groll gegen Lancelot. Dieser hatte nämlich behauptet, dass Meleagant aufgrund

---

deutlich. Haug, Walter: „Das Land, von welchem niedemand wiederkehrt, Mythos, Fiktion und Wahrheit in Chrétiens „Chevalier de la charrette", im „Lanzelet" Ulrichs von Zatzikhoven und im „Lancelot"-Prosaroman". Tübingen, 1978. S. 7. Dieser Vergleich mit dem Mythos der Persephone wurde schon viel früher hergestellt, obwohl dabei zuerst auf walisische Texte hingewiesen wird, die sich auf diesen Mythos der Antike stützen: Loomis, Roger Sherman: *„Arthurian Tradition and Chrétien de Troyes"*. New York Chichester, West Sussex, 1949.

seines eigenen hinterlistigen Angriffs verletzt worden wäre, während Meleagant jedoch versichert, richtig gehandelt zu haben, weshalb er Lancelot zu einem Kampf herausfordert, um seinen Namen reinzuwaschen. Allerdings wird noch deutlich, dass Meleagant nicht die Wahrheit gesagt hat, sondern tatsächlich unehrlich und hinterlistig gehandelt hatte:

„Lors s'adrece Meliagans a Lanselot, si peçoient lor lances, si fu Meliagans portés a terre et il et ses chevaus aussi com li rois avoit esté. Et de ce mut la haïne qu'il ot puis tous jours a Lanselot tant qu'il vesqui. Lors resailli sus Meliagans, car il n'estoit mie bleciés, si demanda une grosse lance, fort et roide, et le fist bien aguisier devant, puis laisse courre a Lanselot et avise moult bien ou il le ferra ne il ne failli mie, car il li envoia la lance parmi la senestre quisse d'outre en outre et parmi la couverture de la sele, si qu'il le hurta a l'arçon deriere et ele volen em pieces. Et Lancelot emporte le tronçon en la quisse qui a de lonc plus de demie toise, si l'en avale li sans vermaus tout contreval la quisse, si que l'er[d]be vers en est tainte."[214]

Meleagant hatte einen scharfen Speer benutzt, obwohl man beim Tjosten Waffen verwendet, die den Gegner nicht ernsthaft verletzen können. Das bedeutet, dass Meleagant schon bei ihrer ersten Begegnung böse Absichten gegenüber Lancelot hatte. Und auch hier wird wieder deutlich, wieso diese Figur die Ordnung bedroht und aufgehalten werden muss. Außerdem gibt es den Unterschied, dass im *Lancelot en Prose* explizit gesagt wird, dass Meleagant mit

---

[214] Lancelot en Prose, Galehaut, Absatz 77. Übersetzung von Mireille Demaules: „puis il (Méléagant) s'élança à bride abattue sur Lancelot et visa bien l'endroit où il le frapperait : il ne manqua pas son coups, car il lui plongea la lance en pleine cuisse gauche, la transperça de part en part, traversa ka couverture de la selle et alla heurter l'arçon arrière, faisant voler sa lance en éclats. Lancelot, quant à lui, emporta dans sa cuisse le tronçon long de plus d'une demi-toise. Le sang vermeil ruisselait le long de sa cuisse, rougissant l'herbe verte." Lancelot en Prose: „Le livre du Graal, Tome 2, Galehaut". Demaules, Mireille Hrsg.), NRF, Gallimard, 2003. In: „Le livre du graal, Tome 2, Lancelot, De „La marche de Gaule" à „La Première partie de la quête de Lancelot"". Poirion, Daniel et al (Hrsg.), Collection de la pléiade, Gallimard, 2003.

der Königin schlafen wolle[215], was unter das Ergebnis der *costume von Logres* fiel[216], aber von Bademagu verhindert wurde, der moralisch handelt und einen starken Kontrast zu seinem Sohn bildet.[217] Insgesamt betrachtet werden hier die Gefühle von Meleagant und sein Begehren nach der Königin noch stärker zum Ausdruck gebracht.

Im *Yvain* wird nicht viel über Meleagant erzählt[218], weil Keu hier eine größere Schuld an der Entführung trägt und man von dieser auch nur indirekt durch den Bericht des Burgherrn erfährt, der mit Gauvain verwandt ist. Der Burgherr interessiert sich nicht so sehr für die Entführung der Königin, weil er gerade Probleme mit dem Riesen Harpin hat. Er wollte, dass Gauvain zu ihm kommt und seiner Familie hilft, was durch die Einmischung Keus bei der Entführung verhindert wurde. Deshalb fällt die Schuld Meleagants hier etwas geringer aus, während die von Keu deutlicher wird. Der Entführungsfall im *Yvain* ist auch deshalb bemerkenswert, weil er sich von dem im *Chevalier de la charrette* und dem im *Lancelot en Prose* stark unterscheidet. Dieser Unterschied

---

[215] Ebd. Absatz 452.

[216] "Like the cart, this archaic custom [custom of Logres] requires explanation: a woman riding alone was inviolate, but if a knight escorted her, anyone who vainqushed him could rape her with impunity (1307-28)". Newman, Barbara: „Medieval Crossover: Reading the secular against the sacred". University of Notre Dame Press, 2013, S. 59.

[217] Dieser Kontrast wird im *Lancelot en Prose* noch stärker herausgearbeitet als im *Chevalier de la charrette*, wie man in den Absätzen 443 bis 446 sehen kann.

[218] Es lässt sich feststellen, dass Chrétien de Troyes an dieser Stelle versucht, die Handlungen vom *Chevalier de la charrette* und *Yvain* zu verbinden. Tatsächlich befinden sich beide im selben Chronotopos, wie alle anderen Romane dieser Gattung, und die gleichen Figuren kommen vor. Im *Yvain* sieht man, dass die Entführung der Königin, die im *Chevalier de la charrette* der Haupthandlung entspricht, in diesem Roman zur unterstützenden Handlung wird, um Yvain eine Aventiure zu ermöglichen. Wenn der Leser oder Hörer Kenntnis vom *Chevalier de la charrette* hat, ist er in der Lage, diese zwei Texte zu verbinden und in eine Art Zeitachse einzuordnen.

besteht darin, dass die Entführung der Königin hier nur knapp erzählt wird und nicht die ganze Handlung des Romans strukturiert. Sie ist nur ein Vorwand, um Gauvain von der Haupthandlung – der Rettung Lunetes und der Verwandten Gauvains – abzuhalten.

Im *Iwein* wird die Entführung etwas ausführlicher beschrieben als im *Yvain*, sie ist aber doch deutlich weniger wichtig als im *Chevalier de la charrette* oder im *Lancelot en Prose*. In diesem Text ist klar zu erkennen, dass Meljakanc ganz bewusst diese Art von Herausforderung wählt, da sie dem Hof die größte Schande bereiten könnte und auch eine gute Möglichkeit bietet, seine Überlegenheit gegenüber allen Rittern des Hofes zu beweisen. Es werden hier keine anderen möglichen Motive erwähnt und er ist –anders als in den anderen Romanen – der einzige Entführer. Wobei ihm hier das Artuskollektiv unbeabsichtigt geholfen hat, indem es ihm ein *don contraignant* gewährt hat. Man kann also sagen, dass Meljakanc hier als ebenso starke Figur auftritt wie im *Chevalier de la charrette*, allerdings wird nicht erwähnt, dass er sein Opfer lieben würde, sodass auch kein Grund für eine mögliche Empathie mit seiner Figur geschaffen wird. Er wird in diesem Roman ausschließlich als eine bösartige und hinterlistige Persönlichkeit dargestellt.

## II.1.1.2 Keu

Die Figur Keu wird in den verschiedenen Texten auf unterschiedliche Weise dargestellt, ebenso ihre Beteiligung an der Entführung. Zuerst soll dargelegt werden, wie er im *Chevalier de la charrette* dargestellt wird. Später werden die Unterschiede zwischen den verschiedenen Werken hinsichtlich seiner Figur untersucht.

Im *Chevalier de la charrette* ist davon auszugehen, dass Keus Handeln maßgeblich zu der Entführung der Königin beiträgt, obwohl seine Forderung gegenüber dem König kein Unrecht war. Chrétien liefert hier keine Hinweise, inwiefern diese Handlung zu bewerten ist, daher kann die Beteiligung Keus an dieser Entführung relativ neutral bewertet werden. Doch gerät der Hof wegen seiner Handlungsweise in Schwierigkeiten, aber es wird nicht gesagt, dass Keus Entscheidung falsch oder töricht gewesen wäre. So wird deutlich, dass Keu nicht die richtige Figur für den Kampf gegen Meleagant war, aber das heißt nicht, dass es schlecht war, die Herausforderung anzunehmen. Er hätte viel gewinnen können, wenn er Erfolg gehabt hätte, sodass man seine Wahl zwar kritisieren, aber auch nachvollziehen kann.

Wir dürfen aber nicht nur die Einzelheiten betrachten, die Figur Keu muss auch in einem größeren Kontext gestellt werden, um zu eruieren, inwiefern er eine problematische Figur ist und wie er zum Entführer werden konnte. Keu ist eine Figur der Widersprüche, da er einerseits Ordnung fördert und andererseits Unruhe stiftet. Er ist der Seneschall des Artushofes[219], also einer der wichtigsten Amtsträger und eine der wichtigsten Figuren dieser Gattung, die in sehr vielen Artus-Romanen vorkommt (Keu ist eine Art Vize-König oder der nicht höfische Doppelgänger des Königs. Er ersetzt den König bei der Entführung des Königs Arthur durch die falsche Guenièvre im *Lancelot en Prose*). Sein Amt als Seneschall macht ihn zu einer Figur der Ordnung und Stabilität des Hofes. Dennoch fällt auf, dass er in den Romanen Chrétiens[220] eine andere Rolle annimmt, und zwar die des „Provokateur par excellence, de[s] scharfzüngige[n] Spötter[s]"[221]. Manchmal wirkt Keu, besonders aufgrund seiner scharfen Zunge, bösartig.[222] Es lässt sich aber feststellen, dass er

---

[219] Die Rolle als Seneschall oder Truchsess wurde von J. Marx auf die folgende Art definiert: „Le seneschal et économe royal défend la Table (ronde) contre les prodégalités ruineuses". Marx, Jean: „La Légende arthurienne et le graal". Paris, 1952, S. 100. Jürgen Haupt äußert sich auch zur besonderen Rolle Keies am Artushof: „Keie ist der einzige Artus-Ritter mit einer definierten Hof-Funktion: Er ist der Truchsess des Königs Artus. In Keie wird sichtbar, dass hinter dem idealisierten Märchenkönigtum des Artus eine politische Machtstruktur, zumindest in Restformen [sic!] steht, die der ‚Artus-Roman' freilich nur schattenhaft andeutet. Auf Keie fällt als Vertreter der königlichen Macht ein Abglanz der Artusidealität." Haupt, Jürgen: „Der Truchsess Keie im Artusroman". Berlin, 1971, S. 60.

[220] Andreas Hammer schreibt in seinem *Aufsatz Motiviertes Handeln oder fixe Rollenzuteilung, die Figur des Keie in der kontinentalen und der inselkeltischen Artustradition* von der Figur Cei aus der früheren walisischen Tradition. Die Figur Cei entspricht der Figur Keu bei den Romanen Chrétien, dennoch wird er vollkommen anders dargestellt. Er wird überwiegend positiv beschrieben und ist keine Figur der Widersprüche wie Keu. Hammer, Andreas: „Aufsatz Motiviertes Handeln oder fixe Rollenzuteilung, die Figur des Keie in der kontinentalen und der inselkeltischen Artustradition". In: Dietl, Cora, Schanze, Cristoph, Wolfzettel, Friedrich und Zudrell, Lena (Hrsg.): „Emotion und Handlung im Artusroman". Berlin, Boston, 2017. S. 271-295.

[221] Röcke, Werner: „Provokation und Ritual, Das Spiel mit der Gewalt und die soziale Funktion des Seneschall Keie im arthurischen Roman". In: Peter von Moos (Hrsg.): „Der Fehltritt, Vergehen und Versehen in der Vormoderne". Köln, Weimar, Wien, 2001. S. 344.

[222] Yvain, Verse 69-85. Hier spottet Keu über Kalogrenant. Er behält diese Rolle des Spottenden auch in anderen Romanen der Gattung bei, wie z. B. in *Diu Crône* von Heinrich von dem Türlin, wo er bei der Becher- und Handschuhprobe alle verspottet, die versagen.

meistens, ebenso wie die anderen Ritter, den Hof respektiert und unterstützt. Vielleicht sollte er sich aber aufgrund seiner besonderen Rolle am Hof noch mehr als andere dafür einsetzen, die Traditionen, die Ordnung und Sitten am Hof zu bewahren. In dieser Hinsicht fällt jedoch auf, dass er die Traditionen eher zu seinen Gunsten missbraucht, obwohl er damit dem ganzen Kollektiv schadet. Seine hinterlistige Methode, zum *don contraignant* zu gelangen, verletzt die Ordnung erheblich, weil er damit gegen alles verstößt, was er eigentlich beschützen sollte. Werner Röcke sagte dazu, die Fehltritte Keus seien wohl kalkuliert und sogar notwendig, um den Hof voranzutreiben.[223] Er übernimmt „die Rolle des Sündenbocks, der provoziert, spottet und verhöhnt, um auf diese Weise die drohende Gewalt zu bannen"[224].

In diesem Fall sorgt er für Unordnung am Hof, weil er die Traditionen des Hofes benutzt, um die Königin fortführen zu dürfen. Erfolgreich bringt er die Königin dazu, ihren Mann davon zu überzeugen, ihm eine Bitte zu gewähren.[225] Diese Stelle im Roman wirkt besonders ironisch, da er zunächst die Hilfe der Königin benötigt, um sie mit sich zu nehmen, also aus dem Hof zu führen und zu Meleagant bringen zu können, der sie entführt, womit die Königin letztendlich zu ihrer eigenen Entführung beiträgt. Außerdem handelt es sich bei seiner Bitte, die Königin mitnehmen zu dürfen, um gegen Meleagant antreten zu können, um einen Verrat gegenüber dem Artushof und seinem

---

[223] Röcke, Werner: „Provokation und Ritual, Das Spiel mit der Gewalt und die soziale Funktion des Seneschall Keie im arthurischen Roman". In: Peter von Moos (Hrsg.): „Der Fehltritt, Vergehen und Versehen in der Vormoderne". Köln, Weimar, Wien, 2001. Besonders S. 346-351.
[224] Ebd. S. 349.
[225] Chevalier de la charrette, Verse 154-179.

Herrscher, weil Artus allen Rittern verboten hatte, diese Herausforderung anzunehmen. Trotz dieser Tatsache muss aber auch betont werden, dass die Absicht Keus, „die Ehre des Hofes wiederherzustellen"[226], lobenswert ist. Während alle nur daran denken, die Königin nicht zu verlieren, denkt er auch daran, alle anderen Gefangenen zu retten. Keu hat eine freie und besondere Denkweise, die ihn vom Artuskollektiv abhebt. Er ist gleichzeitig Teil des Systems und der einzige freie Geist, der nicht nach der Entscheidung des Königs handelt. Die Entscheidung Keus darf aber nicht als Lob, sondern muss vielmehr als Kritik am Kollektiv gesehen werden, das auf jedes mögliche Risiko verzichten möchte. Die Einstellung eines Ritters ist es, alle Herausforderungen anzunehmen, um Ruhm zu gewinnen und nicht seinen Ruhm zu verlieren. Keu macht hier also einen Widerspruch der höfischen Gesellschaft deutlich, in dem er als Einziger die ritterliche Einstellung vertritt.

Ein weiterer Widerspruch in der Figur Keu zeigt sich darin, dass er stets bereit ist, seine Stärke im Rahmen von Kämpfen zu beweisen. Seine Kampfeslust ist am Anfang vom *Yvain* und *Iwein* sowie während der Entführungen der Königin im *Chevalier de la charrette* deutlich zu erkennen. Er will beständig seinen Ruhm mehren und allen zeigen, wie stark er ist, obwohl sich seine körperliche Kraft als eher begrenzt und ungenügend erweist.[227] Beim Brunnenkampf wird beschrieben, wie er jeweils von Yvain im *Yvain* und Iwein im *Iwein*

---

[226] Hammer, Andreas: „Aufsatz Motiviertes Handeln oder fixe Rollenzuteilung, die Figur des Keie in der kontinentalen und der inselkeltischen Artustradition". In: Dietl, Cora, Schanze, Cristoph, Wolfzettel, Friedrich und Zudrell, Lena (Hrsg.): „Emotion und Handlung im Artusroman". Berlin, Boston, 2017. S. 287.

[227] Er ist der erste Ritter, der gegen Meljakanc antritt. Er wird gedemütigt und schnell geschlagen, sodass man sehen kann, dass er schwächer als der Entführer ist. Iwein, Verse 4666-4682.

geschlagen wird, obwohl er vorher so sehr von seinem Sieg überzeugt war.[228] Ebenso kann festgestellt werden, dass er im Kampf gegen Meleagant sehr schnell besiegt wird, woraufhin er ihm die Königin überlassen muss. Keu ist also eine Figur, die das Kämpfen sehr genießt, obwohl er sich darin nicht unbedingt als fähig erweist. Er verhält sich arrogant und überschätzt seine Fähigkeiten, während er die seines Gegners unterschätzt. Diese Kombination führt zu großen Problemen für ihn und den Hof.

Schließlich kann man fragen, ob Keu überhaupt als eine selbstständige Figur betrachtet werden kann oder nur als Meleagants Marionette. Zunächst fällt auf, dass er die Herausforderung freiwillig annimmt und sich große Mühe gibt, die Königin aus dem Hof zu führen und Meleagant bekämpfen zu können, was darauf hindeutet, dass Keu in dieser Situation seine eigenen Interessen verfolgt und entsprechend handelt. Man könnte aber auch behaupten, dass das nicht der Fall ist, sondern dass Keu nur eine Art Marionette für Meleagant ist, weil er genau so handelt, wie Meleagant es beabsichtigt hat. Meleagants Ziel ist es nämlich, auch nur einen einzigen Ritter dazu zu bringen, seine Herausforderung anzunehmen, obwohl er genau weiß, dass die große Mehrheit dies ablehnen wird. Aber es genügt dieser eine Ritter, damit er sein Vorhaben in die Tat umsetzen kann. Dieser eine Ritter ist Keu, der von der Aussicht auf einen Kampf und möglichen Gewinn geblendet wird, weshalb er den Hof verrät und die Königin zu Meleagant bringt, um gegen diesen antreten zu können. Und

---

[228] Yvain, Verse 2238-2266; Iwein, Verse 2575-2594.

Meleagant nutzt die Naivität und die Dummheit Keus aus, um die Königin ohne große Mühe zu entführen.

Das ist jedoch nicht der einzige Fall, bei dem Keu von Meleagant als Marionette missbraucht wird. Auch das Gerücht über eine Affäre zwischen Guenièvre und Keu, das von Meleagant in die Welt gesetzt wird, kann als eine Art Missbrauch verstanden werden. Guenièvre verbrachte die Nacht mit Lancelot, der sich geschnitten hatte und Blutflecken im Bett der Königin hinterließ. Meleagant sieht die Blutflecken und interpretiert diese so, dass Guenièvre die Nacht mit Keu verbracht hat, da dieser nicht weit entfernt von der Königin schlief und heimlich zu ihr kommen konnte. Keu hat in diesem Fall zwar nichts getan, aber Meleagant benutzt ihn als Vorwand, um zu einem Kampf auffordern zu können, indem er ihn dieser Tat beschuldigt, was impliziert, dass die Ehre der Königin angegriffen wurde. Meleagant setzt Keu wie eine Spielfigur ein, um seine Ziele zu erreichen, daher kann Keu hier durchaus als eine Art Marionette von Meleagant betrachtet werden.

Keu ist eine Figur, die oftmals Unordnung verbreitet, teilweise unbewusst und teilweise bewusst. Er ist zwar nicht bösartig, aber fügt der Ordnung dennoch Schaden zu. Diese Charakterisierung zeigt, dass es sich bei ihm um eine der komplexesten, weil widersprüchlichsten Figuren der Artusgattung handelt. Und wie wird er in den drei Varianten der Entführung im *Chevalier de la charrette* dargestellt?

Im *Lancelot en prose* gibt es eine komplexere Schuldzuweisung, bei der Meleagant der größte Anteil der Schuld zufällt, Keu zeichnet für einen kleineren verantwortlich, der aber ebenfalls entscheidend ist. Mit ihm wurde die Entführung erst möglich, dennoch lässt sich behaupten, dass er mit seinem Handeln eigentlich etwas Gutes hatte erreichen wollen.[229] Man kann also feststellen, dass dieser Fall sehr viele Ähnlichkeiten mit dem Entführungsfall im *Chevalier de la charrette* aufweist.

Im Werk *Yvain* wird Keus Beteiligung an der Entführung wesentlich strenger bewertet. Die Entführung wird von einem Burgherrn geschildert, der diese Begebenheit aus seiner sehr subjektiven Sicht erzählt und es vermeidet, Gründe zu finden, die die Schuld Keus mindern könnten.

> „Ne pour che ja ne l'en eüst
> Menee pour riens que il seüst,
> Ne fust Keus qui embriconna
> Le roy tant quë il la bailla
> Le roÿne et mist en se garde.
> Chil fu faus et chele musarde
> Qui en son conduit se fïa."[230]

---

[229] Lancelot en prose, Galehaut, Absatz 386. „Il est voirs qu'en la terre min père a moult de gent qui sont de cest païs en servage et en essill, ne onques delivrer ne les peüstes, mais ore en seroient il delivré legierement s'il estoit qui l'osast faire, car se vous osés baillier la roïne a un de vos chevaliers a mener jusques a cele forest aprés moi, je me combatroie a lui" Übersetzung von Mireille Demaules: „Il est vrai quem sur les terres de mon père, il y a beaucoup de gens de ce pays qui sont en servage et en exil. Vous n'avez jamais pu les libérer, mais à présent, ils serait facilement délivrés, s'il y avait quelqu'un d'assez audacieux pour le faire, car si vous osez remettre la reine entre les mains de l'un de vos chevaliers pour qu'il la mêne jusqu'à cette forêt à ma suite, je me battrait contre lui" Lancelot en Prose: „Le livre du Graal, Tome 2, Galehaut". Demaules, Mireille Hrsg.), NRF, Gallimard, 2003. In: „Le livre du graal, Tome 2, Lancelot, De „La marche de Gaule" à „La Première partie de la quête de Lancelot"". Poirion, Daniel et al (Hrsg.), Collection de la pléiade, Gallimard, 2003.

[230] Yvain, Verse 3917-3923. Übersetzung von David F.Hult: „Mais il ne l'aurait pas pour autant emmenée,/ en dépit de tous ses efforts,/ sans l'entremise de Keu, qui dupa/ le roi tant et si bien que celui-ci lui confia/ la reine et la mit sous sa protection." Chrétien de Troyes: „Le chevalier au lion ou le roman d'Yvain". Hult, David F. (Hrsg. und Übers.), Paris, 1994.

Keu wird hier durch das Wort „*embriconna*" als ein Verräter und schlechter Ritter dargestellt. Es deutet darauf hin, dass er das Vertrauen des Königs missbraucht hat, um etwas zu bekommen, das er hätte nicht erbitten sollen. Der Vavasseur erzählt nichts über den möglichen Gewinn des Hofes bei der Herausforderung, weil er nur das Ergebnis, also die Entführung der Königin, betrachtet, was ihm selbst auch Schaden zufügt, da Gawein ihm dadurch nicht helfen kann. Gawein muss nämlich die Rettung der Königin unternehmen und kann daher nicht seine Verwandte vor Harpin retten, weshalb Yvain diese Rolle übernehmen muss.

Im Werk *Iwein* von Hartmann von Aue gibt es wiederum eine ganz andere Schuldzuweisung, da Keie gar nicht an der Entführung beteiligt ist. Die Königin wird ebenfalls durch ein *don contraignant* entführt, aber diesmal direkt durch Meljakanc und die Hilfe aller Ritter des Hofes, die den König darum gebeten hatten, dem unbekannten Ritter seine Bitte zu gewähren.[231] Hier übernimmt Keie keine Entführerrolle, weil Hartmann betonen möchte, dass die ganze Gemeinschaft die Schuld an der Entführung trägt. Keie tritt dann als der erste Ritter, der die Königin befreien will und gegen Meljakanc kämpft, in Erscheinung. Genauso wie in den anderen Entführungsfällen versagt er dabei jedoch. An dieser Stelle ist auch zu betonen, dass die Niederlage und Demütigung Keies noch ausführlicher als in den anderen Romanen beschrieben werden. Das lässt sich dadurch erklären, dass die Königin erst später von Gawein gerettet werden kann, da Iwein sonst keine *Aventiure* erleben könnte, aber

---

[231] Iwein, Verse 4566-4578.

auch weil Keie hier das Symbol des fehlerhaften Artushofes ist. Es ist der Eifer, mit dem er sich in den Kampf stürzt, ohne Genaueres über seinen Gegner zu wissen, der ihm letztendlich seine Niederlage beschert. Sein Verhalten lässt sich mit der Bitte des Kollektivs an den König, das *don contraignant* anzunehmen, vergleichen, obwohl dieses *don contraignant* unbekannt bleibt und viel Schaden anrichten kann. Dennoch ist Keie viel mehr ein symbolischer Protagonist als ein Antagonist oder Entführer.

Es ist von besonderem Interesse, dass diese Figur unterschiedlich behandelt wird, vor allem bei Yvain und Iwein. Daniel Poirion behauptet, dass die *Réécriture* dazu verwendet wird, einer Geschichte eine größere Tiefe zu verleihen, dabei kann diese auf verschiedene Art erreicht werden.[232] Die Komponenten aus dem ersten Text können vermieden oder verstärkt werden, sodass der zweite Text mit dem ersten verwandt bleibt, aber nicht unbedingt als eine Kopie des ersten Textes zu betrachten ist.

Im Fall vom *Yvain* sehen wir die Konsequenz des Wiedererzählens[233] bezogen auf die Figur Keu, die hier nicht wie beim *Chevalier de la charrette* als widersprüchlich geschildert wird, sondern als eine bösartige Figur. Der subjektive Bericht des Burgherrn lässt viele Details über die Entführung (wie man sie im Chevalier de la charrette kennt) außer Acht, sodass Keu an Komplexität verliert. Wie lässt sich das erklären? Zum Ersten soll daran erinnert werden, dass

---

[232] Poirion, Daniel: „Ecriture poétique et composition romanesque". Orléans, 1994, S. 462.
[233] Zum Begriff des Wiedererzählens kann auf den Aufsatz von Franz-Josef Worstbrock „Wiedererzählen und übersetzen" zurückgegriffen werden. Worstbrock, Franz-Josef: „Wiedererzählen und übersetzen". In: Haug Walter (Hrsg.): Mittelalter und frühe Neuzeit, Übergänge, Umbrüche und Neuansätze. Tübingen, 1985, S. 128-142.

die Handlungen des *Chevalier de la charrette* und des *Yvain* bei dieser Episode stark miteinander gebunden sind. Chrétien vereint durch die Entführung der Königin die zwei Romane in einer Zeitachse und öffnet einen intertextuellen Raum, der für den Leser und Zuhörer der zwei Werke besonders interessant ist. Dabei wird klar, dass Chrétien nicht ins Detail gehen möchte und den Leser oder Hörer dazu bringen will, die Verbindung zwischen den zwei Romanen zu sehen. Das lässt sich dadurch erklären, dass der Fokus auf der *Aventiure* Yvains liegt, der nicht an der Entführung und Rettung der Königin beteiligt ist. Die Figur Keu und ihre Rolle sind zwar erwähnt, aber werden nicht ausführlich beschrieben, deshalb kann Keu nicht die gleiche Tiefe wie im ersten Text erreichen.

Im *Iwein* von Hartmann von Aue ist das Wiedererzählen noch deutlicher, d. h., dass Keie nicht an der Entführung direkt beteiligt ist. Es existiert hier kein Bezug zum *Chevalier de la charrette*, da Hartmann diese Vorlage nicht hatte[234]. Hartmann hätte ein Problem gehabt, wenn er den Text Chrétiens wortwörtlich übernommen hätte, weil er nicht diesen intertextuellen Raum zur Verfügung hatte. Aus diesem Grund hat Hartmann diesen Abschnitt vollkommen verändert, indem der Hof als Gemeinschaft die Schuld für die Entführung

---

[234] Schmid, Elisabeth: „Chrétiens „Yvain" und Hartmanns „Iwein"". In: Pérennec, René und Schmid, Elisabeth (Hrsg.): „Germania Litteraria Mediaevalis Francigena, Bd.5, Höfischer Roman in Vers und Prosa". Berlin, New York, 2010, S. 135-136. Ebenfalls: Haug, Walter: „Das Land, von welchem niedemand wiederkehrt, Mythos, Fiktion und Wahrheit in Chrétiens „Chevalier de la charrette", im „Lanzelet" Ulrichs von Zatzikhoven und im „Lancelot"-Prosaroman". Tübingen, 1978, S. 8.

trägt. Der Text wird also angepasst, um den unklaren Abschnitt zu ersetzen, damit ein Leser oder Hörer keinen Bezug zu anderen Werken braucht.

## II.1.2 Die entführte Figur: Die Königin Ginover

Bei dem Entführungsopfer im *Chevalier de la charrette* und in den anderen Entführungsfällen handelt es sich um die gleiche Figur, obwohl sie je nach Text einen anderen Namen tragen kann. Es geht immer um Königin Guenièvre (Ginover im *Iwein*), die Gemahlin von König Artus. Sie ist eine zentrale Figur dieser Gattung, die in fast allen Romanen zu finden und ein unersetzbarer Teil des Artushofes ist. Dennoch erfährt man in keinem der Werke viel über ihre Persönlichkeit, da sie meistens nicht als Figur, sondern als Königin handelt. Das heißt, dass ihre Position und damit ihre Funktion in der höfischen Gesellschaft wichtiger ist als die Figur selbst.[235] Wir können hier allerdings feststellen, dass die Königin in den verschiedenen Romanen nicht immer auf die gleiche Art dargestellt wird. Im *Yvain* und *Iwein* sind die Figuren Guenièvre und Ginover nicht besonders vielschichtig, weil die Handlung nur selten am Hof stattfindet, sie also kaum in der Erzählung vorkommen und auch nichts über ihre Vorgeschichte oder Beziehung zu Lancelot erzählt wird.

---

[235] "Because she is then queen, she has to subddue her personal feelings, has to subordinate her innermost yearnings to the dictates of her social position." Soudek, Ernst: „The tragic qualities of Guenièvre and Meliagant in 'Le chevalier de la charrette'". Romance Notes, Vol. 13, No. 2 (Winter, 1971), S. 364.

Im *Chevalier de la charrette* und *Lancelot en Prose* hingegen ist Guenievre eine komplexere Figur, die auf unterschiedliche Weise zu betrachten ist. Zwar sind ihr Platz in der höfischen Gesellschaft und ihre Funktion als Königin untrennbare Teile ihrer Identität, aber auch ihre besondere Beziehung zu Lancelot kann als ein wichtiger Persönlichkeitsanteil gesehen werden.

Die Königin ist eine der wichtigsten Figuren des Artushofes, da sie als die Ehegattin von König Artus häufig vorkommt und durch ihre Anwesenheit die Stabilität des Hofes gewährleistet. Sie bildet mit dem König den repräsentativen Mittelpunkt des Hofes und fungiert wie Artus als Fixpunkt der Gattung. Ihre Handlungsmöglichkeiten sind zwar insofern begrenzt, da sie nicht wie die Ritter kämpfen und nach *Aventiure* suchen kann, dennoch muss sie wichtige Aufgaben erfüllen. So wird sie z. B. als eine Art Vermittlerin tätig, wenn es zu Problemen zwischen dem König und den Rittern des Hofes kommt. Daher wird sie auch zu Keu geschickt, um diesen zu besänftigen[236], nachdem der König dessen Bitte, gegen Meleagant antreten zu dürfen, abgelehnt hat.[237] Keu nutzt das allerdings schamlos aus, um ein *don contraignant* zu erreichen. Somit trägt Guenièvre mit ihrem Verhalten, obwohl sie nur ihre Aufgabe erfüllt, auch zu ihrer Entführung bei, ohne das zu wissen oder zu wollen. Gegen Keu, der sie dann entführt, kann sie sich nicht wehren. Die Königin ist es auch, die Artus helfen kann, wenn dieser schwere Entscheidungen treffen muss, wie

---

[236] "The queen is introduced into the poem as Artus' obedient wife who tries to dissuade Kex from leaving the fellowship of the Round Table (vss. 116 ff.)." Ebd., S. 364.
[237] Le chevalier de la charrette, Verse 114-129; Lancelot en Prose, Galehaut, Absatz 388.

z. B. im *Erec* zu sehen ist[238], sodass sie vielleicht nicht sehr aktiv handelt, aber dennoch eine wichtige Rolle erfüllt.

Die Entführung der Königin fügt dem Artushof in besonderem Maße Schaden zu, denn sie ist eine der wichtigsten Figuren am Hof. Das dürfte eigentlich nicht passieren, da es den Ruf und die Ehre des Hofes und insbesondere des Königs schwer beschädigt. Die Königin, die dem König am nächsten steht, ist nämlich nicht nur ein Mitglied des Hofes, sondern auch ein Symbol seiner Macht. Sie ist daher als ein unverzichtbarer Bestandteil „ordentlicher" Feudalherrschaft zu betrachten.[239] Es lässt sich feststellen, dass die Autorität des Königs und seine Herrschaft in Frage gestellt werden, wenn die Königin entführt wird. Nun ist zu bemerken, dass der Artushof in dieser Situation nicht in der Lage ist, als eine organisierte und effiziente Einheit zu reagieren, und dass der König diese Ordnung nicht selbst wiederherstellen kann. Seine Autorität kann aber nur vollkommen wiederhergestellt werden, wenn die Königin

---

[238] Nachdem die Jagd auf den weißen Hirsch zu Ende ist, soll der König, der bei dieser Jagd als Sieger hervorging, die schönste Frau am Artushof auswählen, um ihr einen Kuss zu geben. Er muss dabei aber sehr umsichtig vorgehen, da Schönheit etwas Subjektives ist und deswegen alle Ritter davon überzeugt sind, dass jeweils ihre Freundin die schönste sei. Die Königin Ginover empfiehlt ihm daher, sich nicht voreilig zu entscheiden und lieber ein wenig abzuwarten, weil sich vielleicht etwas später eine bessere Möglichkeit bietet. Der König folgt ihrem Rat und findet mit der Ankunft Enites am Hof eine Lösung, indem er ihr den Kuss gewährt.

[239] Jacques Ribard sagt dazu: „Car ce couple-témoin est en même temps l'image de l'humanité tout entière qui peut se perdre avec lui, ou se sauver". Ribard, Jacques: „Chrétien de Troyes, Le chevalier de la charrette, Essai d'interprétation symbolique". Paris, 1972, S. 36. Dieses Zitat kann zu Diskussionen führen, weil Ribard die Artusgattung in einer allegorischen Art studiert. Dieser Ansatz kann zu interessanten, aber auch kritisierbaren Ergebnissen führen. Hier ist aber besonders interessant, dass Ribard die Symbolik des königlichen Paares so hoch setzt und gleichzeitig das fragile Gleichgewicht der höfischen Ordnung und dieses Paares beschreibt.

gerettet und an seine Seite zurückgebracht wird. Es ist bemerkenswert, dass nicht der König derjenige ist, der die Rettung seiner Frau unternimmt, sodass auch nach der Rettung seine Autorität weiterhin in Frage steht.

Dann ist zu beachten, dass die Königin einen Erben zu gebären hat und sich jederzeit vorbildlich verhalten muss, damit der Hof an Ansehen gewinnt. Im Moment ihrer Entführung verliert der Hof also die Hoffnung auf einen Erben und auf mehr Ansehen. Hier darf Walter Haug zitiert werden, der sagte: „Mit der Königin verliert das Land seine Fruchtbarkeit".[240] Haug begrenzt also die Fruchtbarkeit nicht nur auf den Erben Arthurs, sondern weitet sie auf das ganze Reich aus. So wird deutlich, der Hof kann ohne die Königin nicht funktionieren. Guenièvre stellt eine Art Verkörperung der weiblichen Seite des Hofes dar, genauso wie ihr Mann die Ritterschaft repräsentiert. Wenn sie entführt wird, ist es so, als wäre die eine Hälfte des Hofes von der anderen fortgerissen worden. Aus diesen Gründen ist die Situation eine Katastrophe für den Hof und darf nicht von Dauer sein, weshalb die Königin um jeden Preis sofort gerettet werden muss. Andererseits kann man auch sehen, wie Jillings und Samples, behaupten, dass ihre Verletzlichkeit dazu dient, die Ritter am Hof zu Heldentaten zu inspirieren.[241] Das heißt, dass dieses Problem der

---

[240] Walter Haug: "Das Land, von welchem niemand wiederkehrt": Mythos, Fiktion und Wahrheit in Chrétiens "Chevalier de la Charrette", im "Lanzelet" Ulrichs von Zatzikhoven und im "Lancelot"-Prosaroman, Tübingen 1978, S. 7.

[241] Samples, Susann: „Guinevere: A Germanic Heroine". Quondam et Futurus, Vol. 1, No. 4 (Winter 1991), S. 9; Jillings, Lewis: „The Abduction of Arthur's Queen in Diu Crône": Nottingham Medieval Studies 19 (1975), S. 22. "It is common in courtly romances for the lady, who is both source and goal of chivalric endeavor, to fulfill the narrative function of instigating the action."

entführten Königin vielleicht ebenso dazu da ist, das System weiter funktionieren zu lassen. Hier ist noch zu betonen, dass die Ordnung, wie sie zur Zeit der Entführung am Hof existierte, Grenzen hatte, weshalb die Königin eigentlich nicht ausreichend beschützt wird, was ihr bewusst ist und weshalb sie sich nicht wirklich sicher fühlt.[242] Dennoch hält sie an ihrer Rolle als Gattin des Königs fest, bis sie entführt wird, wobei sie später eine andere Rolle einnimmt, und zwar die der Liebenden. Die Entführung ist daher vielleicht auch eine Erklärung für die einzigartige Beziehung zwischen Guenièvre und Lancelot, da sich die Königin dann für eine Weile außerhalb des Hofes befindet.[243]

Schließlich sollte gezeigt werden, dass die Königin kein gewöhnliches Opfer ist, sondern dem höchsten Gut eines Entführers entspricht. Bei ihr handelt es sich um das perfekte Opfer, weil ihre Entführung viel mehr als alle anderen Opfer die Artuswelt ins Wanken bringt. Sie ist sowohl die schönste als auch die wichtigste Frau, deshalb ist die Königin als Entführungsopfer besonders wertvoll. Es wird deutlich, dass die Ordnung und Stabilität des Hofes ohne sie nicht existieren. Deshalb ist die Entführung der Königin kein gewöhnlicher Raub, sondern ein Zeichen der extremen Unordnung in der Artusgattung. Die

---

[242] "As Artus's loyal wife she wishes to obey his command; as an individual, however, she desires the presence of a man more concerned with her safety than with his word of honor." Soudek, Ernst: „The tragic qualities of Guenièvre and Meliagant in "Le chevalier de la charrette"". Romance Notes, Vol.13, No.2 (Winter, 1971), S. 364.
[243] "Ironically, Guinevere's captivity in Gorre actually offers her far greater freedom of thought and action than her position in Arthur's court, which in contrast, is determined more by her status as wife rather than as queen. As has been seen, Guinevere is extremely susceptible to the whims of her husband and those of his court. In Guinevere's captivity, however, her very role as Arthur's wife and queen permits her greater freedom: She is able to choose Lancelot as her lover." Samples, Susann: "Guinevere, A Re-Appraisal". In: "Lancelot and Guinevere, A Casebook". Walters, Lori J. (Hrsg.), New York and London, 1996, S. 222.

Königin und ihr Gatte sind die einzigen Figuren, die unbedingt vor großer Gefahr beschützt werden müssen, weil es keine Ersatzfiguren gibt und sie durch ihre Anwesenheit die Regeln der höfischen Welt überhaupt erst definieren. Mit der Gefährdung der Königin gelingt es dem Entführer, die höfische Ordnung des Hofes zu stürzen und den Helden ihre Ehre zu rauben, sodass nichts mehr funktioniert. Ohne die Königin ist der Artushof kein höfischer Raum mehr, weil sein Kern nicht mehr vollständig ist. Das wird im *Yvain* und *Iwein* noch einmal verdeutlicht, wenn Gauvain oder Gawein die Rettung unternehmen müssen, obwohl sie schon von den Problemen seiner Familie mit Harpin gehört haben. Die Rettung der Königin muss direkt unternommen werden, weil sonst kein höfisches System existieren kann.

Der *Chevalier de la charrette* von Chrétien ist der erste Roman, in dem die Königin Guenièvre und der Ritter Lancelot als Liebende bezeichnet werden.[244] Die Erzählung präsentiert hier mit der Königin also eine komplexe Figur, die nicht nur eine Rolle erfüllt, sondern mehrere gleichzeitig. Neben ihrer Rolle als Ehegattin des Königs ist sie auch eine leidenschaftliche Frau, die sich manchmal von ihren Gefühlen leiten lässt und nicht immer vernünftig handelt, wie kurz nach ihrer Rettung anhand ihrer Reaktion auf den kalten Empfang Lancelots zu erkennen ist. Sie zeigt auch ihre Verzweiflung, als sie vom angeblichen Tod Lancelots erfährt, was deutlich macht, dass er ihr nicht gleichgültig war. Der Höhepunkt dieser besonderen Beziehung findet sich in

---

[244] "Critics generally acknowledge that in Charette, Chrétien was the first to depict Guinevere and Lancelot as lovers". Ebd., S.221. Man zitiert auch häufig das *Lai de Lanval* von Marie de France, in dem Guenièvre noch nicht zur Liebhaberin Lancelots geworden ist. Marie de France: „Le lai de Lanval". Rychner, Jean (Hrsg.), Genève, 1958.

ihrer gemeinsam verbrachten Nacht, während sie noch im *Land de Gorre* sind. Da Lancelot die Königin befreit hat, so behauptet es Matilda Tomaryn Bruckner, sei diese Liebesnacht eine Art Belohnung der *costume de Logres*[245] und sollte nicht als ein Betrug an Artus betrachtet werden.[246] Die Liebesbeziehung zwischen Guenièvre und Lancelot bleibt aber zentral und problematisch, weil sie gegen die Regeln und die gesellschaftliche Etikette verstößt. Hinzu kommt, dass der Schriftsteller keine der möglichen Fragen klärt oder die Situation in irgendeiner Form entschärft. So wird durch ihn auch nicht die Behauptung der Liebesnacht als Belohnung bestätigt, aber es gibt ebenso keinen Hinweis, der auf eine Interpretation als Ehebruch hindeuten würde. Es wird hier also absichtlich viel Interpretationsspielraum gelassen, was noch deutlicher macht, dass Guenièvre auf sehr unterschiedliche Weise betrachtet werden kann.

Durch ihre heimliche Beziehung zu Lancelot kann die Königin nicht mehr rein als Figur der höfischen Ordnung betrachtet werden (so wie vor allem ihr Mann Artus eine ist), weil sie diese durch ihre Untreue verletzt. Die Figur Guenièvre weist aus diesem Grund einige Widersprüche auf[247], was sie

---

[245] Siehe Fußnote Nummer 216. Für mehr Details zu dieser Costume kann ebenfalls das folgende Werk nachgeschlagen werden: Newman, Barbara: „Medieval Crossover: Reading the secular against the sacred". University of Notre Dame Press, 2013, S. 59.

[246] "Their night of love is, according to the custom of Logres, nothing more than Lancelot's just due: having won Guenièvre by force of arms, the knight may do as he pleases 'sanz honte et sanz blasme'. Here is Lancelot's perfect justification, not in the secret value system of courtly love, not in the marvelous realm of the *pays de Gorre*, but in the time honored customs of Arthur's own kingdom!" Bruckner, Mathilda Tomaryn: "An Interpreter's Dilemma: Why are there so many Interpretations of Chrétien's *Chevalier de la Charrette*?". In: Walters, Lori J. (Hrsg.): "Lancelot and Guinevere, A Casebook". New York and London, 1996, S. 61.

[247] "As the object of Lancelot's love, Guenièvre is haughty and capricious. At the same time, however, she is capable of real passion and rueful self-accusation. The contrast between

undurchschaubarer macht. Diese Widersprüche können auch mit der weiblichen Identität im Mittelalter verbunden werden, weil diese traditionell in das Gute und das Böse gespalten ist.[248] Diese Undurchschaubarkeit wird im *Lancelot en Prose* mit der Erscheinung der falschen Guenièvre noch weiter verschärft, sodass man als Leser Schwierigkeiten bekommt, zu wissen, wer die echte Guenièvre ist.[249] Die Geschichte der falsche Guenièvre und ihre Täuschung zeigen, dass Arthur sich hier mit dem ganzen Hof einfach betrügen lässt. Das gleiche Aussehen der zwei Frauen ist wichtig, damit die Komplexität der Figur Guenièvre deutlich wird. Ihr Verhalten und der Blick der anderen auf sie sind bei der Betrachtung dieser Figur nicht zu trennen, deshalb wird Guenièvre nie zu einer eindimensionalen Figur.

Es ließe sich behaupten, dass in diesen zwei Romanen jeweils zwei parallele Ordnungen geschaffen wurden, nämlich einmal die höfische und konventionelle Ordnung und dann die Ordnung der Liebenden, die im Kontrast zur ersten steht.[250] Diese These verdeutlicht auch, wie stark und außergewöhnlich die

---

Guenièvre as a passionate woman and as the mistress of amour courtois is so pronounced that it cannot be accidental." Ebd., S. 364.

[248] Servier, Alicia: "La figure du double: la "fausse Guenièvre", conception et évolution d'une iconographie dans les manuscrits du roman en prose de Lancelot du Lac entre le XIIIe et le XVe siècle . „Bulletin du centre d'études médiévales d'Auxerre (BUCEMA), 22.1, 2018, S. 3

[249] Die Unmöglichkeit, die beiden Frauen zu unterscheiden, gilt auch für den König und den Artushof. Micha, Alexandre: „Etudes sur le Lancelot en Prose. I. Les épisodes du Voyage en Sorelois et de la fausse Guenièvre". Romania, 303, 1955, S. 335

[250] „Chrétien's text stresses quite explicitly the incompability of different value systems. They are often in competition with each other: Reason (and chivalric honor) demands one course of action, Love another." Tomaryn Bruckner, Mathilda "An Interpreter's Dilemma: Why are there so many Interpretations of Chrétien's *Chevalier de la Charrette?*". In: Walters, Lori J. (Hrsg.): "Lancelot and Guinevere, A Casebook". New York and London, 1996, S. 68.

Beziehung zwischen Lancelot und Guenièvre ist. Das Problem bei diesen beiden Ordnungen betrifft jedoch die Unmöglichkeit ihrer Trennung sowie gleichzeitig ihrer Vereinbarkeit. Sie bilden nämlich einen Kontrast und gleichzeitig können sie nicht isoliert voneinander betrachtet werden, da Guenièvre in beiden Ordnungen eine zentrale Stellung innehat. Auch wenn sie Teil dieser Ordnung der Liebenden ist, hat sie immer auch noch ihre Rolle als Artus' Gattin in der höfischen Ordnung und muss diese erfüllen. Daraus ergibt sich, dass sie mit der Förderung bzw. Aufrechterhaltung der einen Ordnung die andere frühere Ordnung stört. Daher ist Guenièvre ebenso als eine Figur der Unordnung zu betrachten.

Die Königin muss verschiedene Rollen erfüllen, nämlich die einer Ehefrau und die einer Königin. Durch diese beiden Rollen ist sie eine Figur, die die grundlegende Spannung der Gattung symbolisiert. Es ist aber auch festzustellen, dass der Fokus im *Chevalier de la charrette* auf ihrer Liebesbeziehung mit Lancelot liegt, was neue zusätzliche Rollen schafft, die sie erfüllen muss, und außerdem zu einer großen Widersprüchlichkeit der Figur Guenièvre führt. Hier ist der Einfluss des Tristans deutlich zu spüren, denn es ist der Schatten des Tristan-Mythos, der auf die Artusgesellschaft projiziert wird: Guenièvre wird zur neuen Yseut. Sie wird dadurch komplexer und noch weniger durchschaubar. So ähnlich wird die Figur der Königin auch im *Chevalier de la charrette en Prose* eingeführt, während sie im *Yvain* und *Iwein* als deutlich weniger komplex dargestellt ist, da sie dort auch eine kleinere Rolle spielt.

## II.1.3 Retterfiguren

Im Folgenden werde ich mich der Retterfigur widmen, indem ich betrachte, wie diese im *Lancelot* beschrieben wird und welche Besonderheiten sie hat. Mit dieser Analyse als Grundlage lassen sich später die internen Varianten vergleichen.

Zunächst einmal lässt sich feststellen, dass es zwischen den verschiedenen Retterfiguren deutlich mehr Unterschiede gibt als zwischen den verschiedenen Entführern oder den entführten Figuren. Im *Chevalier de la charrette* und im *Lancelot en prose* ist Lancelot die Hauptfigur, daher ist es logisch, dass es sich bei ihm um den Retter der Königin handelt. Außerdem spielt hier die besondere Beziehung zwischen ihm und der Königin eine Rolle.[251] Im *Yvain* hingegen wird diese Beziehung gar nicht thematisiert, denn Lancelot selbst wird nur am Rande erwähnt wird, da es in diesem Fall vor allem darum geht, Gauvain von der Rettung Lunetes und seiner Verwandten fernzuhalten. Im *Iwein* wird Lancelot nicht einmal erwähnt, da Gawein seine Rolle als Retterfigur vollkommen übernimmt.

Wie also wird Lancelot als Retter im *Chevalier de la charrette* dargestellt? Lancelot verfügt über einige wichtige Eigenschaften, die ihn zu einer großen Retterfigur machen, er ist nämlich zum einen Teil des ritterlichen und

---

[251] Tatsächlich ist die Liebesbeziehung mit Lancelot ein bekanntes Motiv in der Artusgattung. Dieses findet in zahlreichen Werken Erwähnung und wird in vielen Romanen vom Mittelalter bis heute erneut geschildert. Um Genaueres über diese Beziehung zu erfahren, kann man im folgenden Werk nachlesen: Walters, Lori J. (Hrsg.): „Lancelot und Guinevere, A Casebook". New York and London, 1996.

höfischen Systems, außerdem ist er in die Königin verliebt und auch zu allem bereit, um sie zu retten.

Es ist sicherlich kein Zufall, dass der Retter der Königin, Lancelot, ein höfischer Ritter ist. Das macht deutlich, dass Meleagant von einem Ritter des Artushofes besiegt werden muss, damit die Königin befreit werden kann. Es ist der einzige Weg, um die Ehre des Artushofes wiederherzustellen, da diese durch ihre Entführung stark verletzt wurde. Hinzu kommt, dass Meleagant selbst aus dem höfischen Raum stammt und dessen Regeln und Traditionen daher kennt und versteht. Dennoch handelt er auf keinen Fall höfisch, da er die Ordnung des Hofes gezielt stören und die Königin entführen will. Deshalb braucht es für Meleagant einen Gegner, der ebenfalls aus dem höfischen Raum stammt, aber richtig handelt und Meleagant schlägt, um zu verdeutlichen, dass die höfische und ritterliche Gesellschaft das höchste Ideal darstellen und es niemandem erlaubt ist, den falschen Weg zu betreten, ohne dafür büßen zu müssen. Lancelot kann hier also als eine Art Vertreter der höfischen und ritterlichen Gesellschaft betrachtet werden, da er jedes Mal die höfischen Werte gegen die böse, unhöfische Figur Meleagant verteidigt. Lancelots Rolle als Ritter ist hier entscheidend, da sie es zu seiner Pflicht macht, das Fehlverhalten Meleagants zu bestrafen.

Die Zugehörigkeit zu der höfischen Ordnung und seine Rolle als Repräsentant des Hofes sind aber nicht die einzigen wichtigen Facetten der Figur Lancelot. Es muss auch betont werden, dass er nicht der Ehemann Guenièvres ist. Hier darf die Idee von Kecks wiederaufgenommen werden: „Die Schönste und der

Beste kommen zusammen im Zeichen von dessen Vervollkommnung.“[252] Die Schönste wird vom besten Ritter gerettet, deshalb spielt die Verbindung keine Rolle mehr. Man sollte sich aber fragen, inwiefern Lancelot zum besten Ritter wird. Die Antwort liegt in seinen Gefühlen für die Königin. Es ist offensichtlich, dass Lancelot in Guenièvre verliebt ist, weshalb er für sie auch alle schwierigen *Aventiuren* besteht, die ihm auf dem Weg zu ihrer Rettung begegnen. Lancelot ist bereit, sämtliche Gefahren oder Demütigungen zu ertragen, um die Rettung vollbringen zu können. Er war zum Zeitpunkt der Entführung zwar nicht am Hof, dennoch unternimmt er die schwierige Suche nach der Königin. Dabei akzeptiert er es sogar, dass er teilweise seine Ehre aufgeben muss, z. B. als er in eine Karre steigen muss:

> „Amors le vialt et il i saut-
> Que de la honte ne li chaut
> Puis qu'Amors le comande et vialt. “[253]

Hier wird durch das Wort „comande“ und das Wort „vialt“ verdeutlicht, dass die Liebe etwas entspricht, was ein Mensch nicht kontrollieren kann. Vielmehr werden Menschen von der Liebe kontrolliert und geführt, sodass Lancelot nicht die Rettung vollbringen soll, sondern muss. Er kann einfach nicht anders,

---

[252] Keck, Anna: „Die Liebeskonzeption der mittelalterlichen Tristanromane. Zur Erzähllogik der Werke Berouls, Eilharts, Thomas und Gottfrieds“. Diss, Albert-Ludwigs-Universität, Freiburg im Breisgau, WS 1994-95, München, 1998, S. 41.
[253] Chevalier de la charrette, Verse 375-377. Übersetzung on Jean-Claude Aubailly: „Puisque Amour l'ordonne, le chevalier bondit dans la charrette: que lui importe la honte, puisque tel est le commandement d'Amour“. Chrétien de Troyes „Lancelot ou le chevalier de la charrette“. GF Flammarion, Paris, 1991.
Lancelot steigt ein, um Informationen zu bekommen, wo Guenièvre sein könnte. In eine Karre als Ritter einzusteigen, bedeutet, seine Ehre zu verlieren. Da er die Königin liebt, opfert er seine Ehre und akzeptiert es, in der Karre zu sitzen.

weil er nicht gegen seine Gefühle angehen kann. Sie sind zu mächtig und außerhalb seiner Kontrolle, deshalb wird die Frage der Schande „honte" nicht weitergeführt.

Lancelot bemüht sich, die schwierigsten Herausforderungen zu bestehen, damit er die Königin befreien kann. Er ist zu allem bereit, solange es der Rettung dient. Er wird hier als ein Musterritter dargestellt, der sich vor nichts fürchtet, um sein edles Ziel zu erreichen. Es handelt sich bei ihm auch um den letzten Ritter, der den Hof noch retten kann, weil alle anderen Ritter bereits versagt haben. Keiner von ihnen war in der Lage, Meleagant aufzuhalten und die Königin zu retten. Daher fungiert Lancelot als der große Held, der die Ordnung wiederherstellt.

Gauvain kommt ebenfalls bei der Rettung der Königin im *Chevalier de la charrette* vor, weil er sie genauso wie Lancelot retten will. Dabei versagt er jedoch, denn es gelingt ihm nicht, in das *Land de Gorre* zu gelangen, obwohl er eigentlich sogar einen einfacheren Weg als Lancelot wählt.[254] Es kommt in diesem Roman auch niemals zu einem Kampf zwischen Gauvain und Meleagant, weil Lancelot die Rolle des Retters vollkommen übernimmt. Hier ist Gauvain also eine gescheiterte Retterfigur, was besonders durch die Beschreibung seines Versagens bei der magischen Brücke unter Wasser deutlich wird. Er ist nämlich ins Wasser gefallen und erlebt eine große Demütigung, weil er nicht ohne Hilfe das Ufer erreichen kann, sodass er immer mehr Wasser schlucken muss und schon am Ertrinken ist, als andere Ritter erscheinen,

---

[254] Chevalier de la charrette, Verse 647-699.

um ihn zu retten. Zwar hatte er bereits viele *Aventiuren* bestehen müssen, um diese Brücke überhaupt erreichen zu können, aber sein Versagen bei der Brücke schließt ihn definitiv von der Rolle als Retterfigur aus. Man könnte diese Entwicklung so verstehen, dass Lancelot eine Art auserwählte Figur ist und von Anfang an dazu bestimmt war, die Rettung der Königin zu vollbringen. Dabei muss aber auch berücksichtigt werden, dass sich Lancelot sowieso viel mehr als Gauvain für ihre Rettung eingesetzt hat, was wir z. B. daran sehen, dass er in die Karre gestiegen ist, während Gauvain das abgelehnt hat, und dass Lancelot bei der schwierigsten Prüfung, der Brücke des Schwerts, erfolgreich war, während Gauvain bei der einfacheren Prüfung, der Brücke unter Wasser, versagt hat. Es ist also eine Mischung aus Schicksal, seinen Fähigkeiten, seinen Gefühlen und seinem starken Willen, die es Lancelot erlaubt, die Rolle des Retters zu übernehmen, obwohl am Anfang der Erzählung eher zu vermuten wäre, dass Gauvain diese Rolle übernehmen würde.

Im *Lancelot en Prose* ist bis auf einige Unterschiede die gleiche Konstellation vorzufinden. Im Vergleich zum *Chevalier de la charrette* lernt man Lancelot in diesem Werk schon viel früher kennen, nämlich als Kind, als er von der Dame du Lac entführt wird.[255] Durch diese außergewöhnliche Erziehung und die Anweisungen der Dame du Lac, Guenièvre zu retten, wird der schicksalhafte Aspekt der Rettung noch deutlicher betont. Außerdem wird die Figur

---

[255] Hier soll betont werden, dass die Romane von Chrétien de Troyes einen großen Unterschied zum Lancelot *en Prose* aufweisen. Tatsächlich zeigt ein Roman wie der *Chevalier de la Charrette* den Lebensabschnitt einer Figur, während die Prosaromane eine historische Perspektive übernehmen, indem sie der arthurischen Herrschaft von der Geburt Arthur bis zu seinem Tod folgen. Die Wahl, die Texte in Prosa zu verfassen, ist eng mit diesem Ansatz verbunden.

Lancelot stärker als ein Vertreter der höfischen Gesellschaft empfunden, da seine höfische Erziehung so musterhaft war, dass dies ihn von Anfang an zu einer außergewöhnlichen und heldenhaften Figur macht. Die Liebe zur Königin, die große Mühe Lancelots und die Rolle Gauvains als gescheiterter Retter sind auch in diesem Werk genauso wie im *Chevalier de la charrette* zu finden.

Im *Yvain*, so stellt man fest, gibt es zwei Retterfiguren, nämlich Lancelot und Gauvain. Es muss angenommen werden, dass Lancelot derjenige ist, der die Rettung vollzogen hat, da eine Verbindung zu *Le chevalier de la charrette* hergestellt wird[256], aber weitere Einzelheiten nicht erzählt werden. Es wird nur berichtet, dass die Königin zum Hof zurückgebracht und Lancelot zu dieser Zeit gefangen gehalten wird.[257] Ein Unterschied zum *Chevalier de la charrette* oder dem *Lancelot en Prose* ist hier die Rolle, die Gauvain in diesem Teil der Handlung spielt. In den zwei vorherigen Texten hat er bei der Rettung versagt und war somit eine eher unwichtige Figur. Im *Yvain* sowie im *Iwein* wird die Figur Gauvains, oder Gawein im deutschen Text, etwas wichtiger, weil sie den Handlungsverlauf für Yvain bestimmt. Es ist in diesen beiden Romanen von entscheidender Bedeutung, dass Gauvain/Gawein die Rettungsversuche unternimmt, unabhängig von seinem Erfolg, weil er es so Yvain/Iwein ermöglicht,

---

[256] Chrétien ist der Verfasser des *Chevalier de la charrette* und des *Yvain*, weshalb man die Entführung der Königin im *Yvain* nicht als eine zufällige Aventiure betrachten darf. Stattdessen ist hier zu erkennen, wie der Schriftsteller versucht, Brücken zwischen seinen Romanen zu schlagen. Die Handlung des *Chevalier de la charrettes* wird also hier komprimiert und in die Handlung des *Yvains* eingefügt, sodass die Verbindung zwischen den beiden Werken noch deutlicher wird.

[257] Yvain, Verse 4734-4739. Es handelt sich hierbei um eine Referenz auf Lancelots Gefangenschaft nach dem zweiten Kampf zwischen Lancelot und Meleagant.

eine andere *Aventiure*, die eigentlich für ihn bestimmt war, an seiner Stelle zu bestehen.

Yvain und Iwein treffen nämlich jeweils Lunete und einen Burgherrn, der bei Hartmann mit Gauvain bzw. Gawein verwandt ist. Lunete und der Burgherr stecken in großen Schwierigkeiten und brauchen dringend die Hilfe von Gauvain bzw. Gawein.[258] Aber wenn es diesem tatsächlich gelingen sollte, diese Schwierigkeiten zu lösen, dann würde es keine Aufgaben mehr für Yvain/Iwein geben, die es ihm erlauben würden, seinen Ruhm wiederzuerlangen. Aus diesem Grund muss Gauvain/Gawein anderweitig beschäftigt sein, sodass er die Probleme von Lunete und dem Burgherrn nicht selbst lösen kann und das Yvain/Iwein überlassen muss. Gauvain/Gawein ist daher derjenige, der auf der Suche nach der Königin fortreitet und die Rettungsaktion unternimmt.

Allerdings gibt es einen großen Unterschied zwischen dem *Iwein* und dem *Chevalier de la charrette*, denn im *Iwein* ist Gawein die einzige Retterfigur, während Lancelot in diesem Werk gar nicht erwähnt wird. Das lässt sich möglicherweise dadurch erklären, dass Hartmann den *Chevalier de la charrette* nicht kannte.[259] Gawein ist in diesem Roman eine positive Figur, obwohl man

---

[258] Lunete wird vom bösen Seneschall angeklagt, ihre Herrin Laudine verraten zu haben, indem sie ihr empfahl, Yvain zu heiraten. Die einzige mögliche Rettung besteht in einem Kampf zwischen drei Rittern des Seneschalls und einem Ritter, der sie verteidigt (hier Yvain). Außerdem wurden die Söhne des Wirtes vom Riesen Harpin entführt und Harpin erpresst ihn nun, um seine Tochter im Austausch gegen seine Söhne zu bekommen. Dabei handelt er ohne Rücksicht, um an sein Ziel zu gelangen, und tötet auch zwei der Söhne. Mehr zu der Entführung der Söhne des Wirts durch Harpin ist im Kapitel zu den Ungeheuern zu finden.

[259] Siehe „Der Löwenritter (Yvain) von Christian von Troyes" Förster, Wendelin (Hrsg.). Halle, 1887, S. XVII der Einleitung. Oder: Schmid, Elisabeth: „Chrétiens „Yvain" und Hartmanns „Iwein". In: Borgmann, Nils, Claasens, Geert Henricus Marie, Knapp, Fritz Peter,

ihn für einige seiner Handlungen auch kritisieren könnte (z. B. in Bezug auf den Erbschaftsstreit der zwei Schwestern, bei dem er sich für die falsche Schwester einsetzt und sich dazu bereit erklärt, gegen den Ritter mit dem Löwen zu kämpfen[260]). Er wird also nicht wie im *Chevalier de la charrette* als ein gescheiterter Held betrachtet, weil er hier kein großes Versagen erlebt. Ein weiterer Unterschied liegt in der Erscheinung Keies als gescheiterte Retterfigur, weil Keie diesmal als Individuum keine aktive Rolle bei der Entführung spielte.[261]

Es wird aber auch deutlich, dass, egal wer letztendlich die Königin rettet, das Kollektiv in allen Fällen dabei versagt und nur ein Held diese Aufgabe übernehmen und die Ordnung wiederherstellen kann. Dieser muss das Versagen des Kollektivs und der anderen gescheiterten Retter wiedergutmachen und nach der Rettung streben, bis er sie erreicht hat. Dabei darf es keine Rolle spielen, wie viele Prüfungen er auf dem Weg zu bestehen hat oder wie gefährlich diese sind. Allerdings können diese Herausforderungen die Figuren auch nicht wirklich aufhalten, da sie dazu bestimmt sind, Heldentaten zu vollbringen.

---

Pérennec, René und Schmid, Elisabeth (Hrsg.): „Höfischer Roman in Vers und Prosa" (Germania Litteraria Mediaevalis Francigena Bd. 5). Berlin, 2010. S. 135-136.
[260] Gawein erhört die Frau, die ihn um Hilfe bittet, und versucht nicht in Erfahrung zu bringen, ob sie die Wahrheit sagt. Stattdessen akzeptiert er ihre Behauptungen einfach, ohne diese zu hinterfragen, und vertritt sie in dem Streit. So versichert er jedoch der falschen Schwester seine Unterstützung, da diese im Unrecht ist.
[261] Iwein, Verse 4634-4682.

## II.2 Wo? Orte von Entführung und Rettung

Bei den Orten der Entführungen und Rettungen handelt es sich ebenfalls um einen wichtigen Aspekt, der betrachtet werden sollte, da sie aus bestimmten Gründen ausgewählt wurden und einen Einfluss auf die Handlung nehmen können. Daher werde ich im Folgenden untersuchen, inwiefern die Orte der Entführungen und der Rettungen im *Chevalier de la charrette* und später auch bei seinen Varianten eine wichtige Rolle spielen.

## II.2.1 Orte der Entführung

Sowohl im *Chevalier de la charrette* als auch in seinen drei Varianten finden die Entführungen der Königin am Artushof oder in der Nähe des Hofes statt, da sie jedes Mal durch ein *don contraignant* eingeleitet werden, obwohl sich hier von Werk zu Werk leichte Abwandlungen finden lassen.

Im *Chevalier de la charrette* und im *Lancelot en prose* gibt es jeweils zwei verschiedene Entführungsorte, nämlich einmal den Artushof, von wo Keu durch den *don contraignant* die Königin wegführt[262], und dann noch den Wald in der Nähe des Hofes, wo Keu den Kampf gegen Meleagant verliert und ihm die Königin überlassen muss.[263] Es handelt sich hier jeweils um eine komplexe Entführung, die in mehreren Funktionen erfolgt. Es ist interessant, dass sie an zwei so unterschiedlichen Orten stattfinden: einmal am Artushof, also im

---

[262] Chevalier de la charrette, Verse 188-196; Lancelot en Prose, Galehaut, Absatz 390.
[263] Chevalier de la charrette, Verse 257-265; Lancelot en Prose, Galehaut, Absatz 392.

höfischen Raum, und dann im Wald, also in der Wildnis. Nachdem ich auch die Fälle im *Yvain* und *Iwein* erläutert habe, werde ich auf diese Orte zurückkommen.

Im *Yvain* erfahren wir nur, dass Keu die Königin vom Artushof fortgebracht hat und dass er sie aufgrund seiner Niederlage im Kampf gegen Meleagant diesem überlassen musste. Es werden aber keine weiteren Details genannt, weil die Entführung nur als Gelegenheit verwendet wird, um Gauvain mit der Rettung der Königin zu beschäftigen, sodass Yvain die Möglichkeit hat, seine *Aventiuren* zu übernehmen. Es werden also nicht viele Details gebraucht, um die Lage und deren Einfluss auf die Handlung zu skizzieren. Es kann also angenommen werden, dass es sich bei den Orten um die gleichen wie im *Chevalier de la charrette* oder im *Lancelot en Prose* handelt, dennoch kann man sich besonders im zweiten Fall nicht absolut sicher sein, da nicht alle nötigen Einzelheiten erzählt werden.

Hartmann wählt im *Iwein* eine andere Technik, um die Entführung mit nur wenigen Angaben zu schildern. Dafür lässt er sie an einem Ort passieren, an dem nur Meljakanc als Entführer erscheint, obwohl er Hilfe vom Kollektiv bekommt, das dafür sorgt, dass man ihm das *don contraignant* gewährt. Der Vorfall findet also ausschließlich am Artushof statt, was diesen hier eindeutig zum wichtigsten Ort macht.

„der hof enwart dâ vor noch sît
sô hârte nie beswaeret:
doch wâren unervaeret
die si dâ vüeren sâhen." [264]

Meljakanc betritt das Schloss, nutzt die Traditionen des Hofes in Form eines *don contraignant*, um die Königin zu rauben, und verlässt den Ort mit seinem Opfer. Damit hat er eine Herausforderung gewählt, die größtmögliche Demütigung mit sich bringt. So kann er sich sicher sein kann, dass sie auch ernst genommen wird. Der Ort spielt bei dieser Demütigung eine entscheidende Rolle, weil sie genau hier vor der gesamten Hofgesellschaft stattfindet und es sich damit außerdem um eine Entführung an einem Ort handelt, der eigentlich am sichersten für die Königin sein sollte.

Wir sehen, dass die Orte der Entführungen im *Chevalier de la charrette* und *Lancelot en Prose* genau die gleichen sind. Im *Yvain* ist der erste Ort der gleiche wie in den zwei zuvor genannten Werken, aber es wird nicht genau erläutert, wo der zweite Raub stattfindet. Es ist aber anzunehmen, dass es sich um den gleichen Ort wie im *Chevalier de la charrette* handelt, da die Anspielung auf diesen Roman nicht zu übersehen ist. *Iwein* ist der einzige Roman, der sich in diesem Punkt wirklich von den anderen unterscheidet, weil die Entführung

---

[264] Iwein, Verse 4620-4623. Übersetzung von Volker Mertens: Der Hof wurde nie, weder zuvor noch später,/ in eine solche Notlage gebracht./ Doch obschon man mitansehen mußte,/ wie die Königin fortgeführt wurde, war man nicht mutlos." Hartmann von Aue : „Gregorius, der arme Heinrich, Iwein" . Mertens, Volker (Hrsg. und Übers.), Frankfurt am Main, 2008.

nur am Artushof stattfindet. Aber in allen vier Fällen ist der Hof ein Ort der Entführung, was auch bedeutet, dass der höfische Raum nicht so sicher ist, wie man eigentlich vermuten würde.

Nun stellt sich die Frage, wieso von allen möglichen Orten ausgerechnet dieser in den vier Entführungsfällen ausgewählt wurde. Um diese Frage beantworten zu können, muss man verstehen, wie der Artushof funktioniert und inwiefern dieser Ort ein bedeutsamer Platz für Entführungen sein kann.

Wie zuvor bereits erwähnt wurde, findet die Entführung im *Chevalier de la charrette* am Artushof statt, genau wie in den drei vorhandenen internen Varianten. Das ist keine unwichtige Information, weil der Hof eigentlich als ein Ort der Ordnung gilt, an dem jene Gemeinschaft ihren Sitz hat, die versucht, eine gewisse Ordnung aufrechtzuerhalten, obwohl einige ihrer Mitglieder als Individuen den Erwartungen des Hofes nicht immer entsprechen (hier könnte man z. B. Kalogrenant nennen, der im *Yvain* und *Iwein* in seiner Rolle als Ritter des Hofes Fehler begeht und nicht wirklich zur Aufrechterhaltung der Ordnung beiträgt).

Die Figur des Königs Artus dient als Vorbild für die einzelnen Ritter, weil er die höfischen und ritterlichen Werte vertritt. Er ist die zentrale Figur und der „Fixpunkt"[265] dieser Gattung, obwohl er selten selbst *Aventiuren* besteht, weil er eher die Verkörperung eines Ideals darstellt. Aus diesem Grund versammeln sich um ihn viele tapfere Ritter und schöne Damen, die die gleichen

---

[265] Störmer-Caysa, Uta: „Grundstrukturen mittelalterlicher Erzählungen: Raum und Zeit im höfischen Roman". Berlin und New York, 2007, S. 50.

höfischen und ritterlichen Werte vertreten. Der König führt sie an und weist ihnen einen Platz in dieser Gemeinschaft zu, damit diese effizient funktioniert und die Ordnung stützt. Solange der König als eine Art Fixpunkt existiert, kann die Ordnung nie vollkommen zerstört werden, auch wenn der Hof zahlreiche Schwächen aufweist. Hinzu kommt, dass im Kollektiv auch die Schwächen einzelner Ritter ausgeglichen werden, was bei einzelnen Figuren oder Helden nicht möglich wäre. Daraus folgt, dass der Hof zwar in jedem Fall, wenn die Königin entführt wird, in eine tiefe Krise stürzt und Unordnung entsteht, aber zur Zerstörung des Hofes kann es dadurch nicht kommen. Daher lässt sich die Behauptung aufstellen, dass die Ordnung des Hofes tief verwurzelt ist, was es ihm erlaubt, auch schwere Krisen zu überstehen und danach die Ordnung wiederaufzubauen.

Die Ordnung des Hofes kann sowohl durch individuelle Taten als auch Handlungen des ganzen Kollektivs gestärkt werden. Die individuellen Taten unterstreichen, dass jedes Mitglied seinen Platz am Hof hat und dass es für das Gleichgewicht am Hof auch essenziell ist, dass die Ritter ausziehen, um *Aventiuren* in der Außenwelt zu bestehen. Die gemeinsamen Handlungen sind aber noch wichtiger, weil sie alle Mitglieder des Hofes um den König einen. Der Hof findet seine Balance nur, wenn das Kollektiv dem Ideal des Königs folgt, dabei aber nicht seine individuellen Verantwortungen vergisst. Diese Balance ist aber sehr verletzlich, weil die Werte des Hofes in Bezug auf die Ordnung äußerst hohe Ansprüche stellen, die nicht immer erfüllt werden können, vor allem in Kontakt mit einer grausamen und manchmal irrationalen Außenwelt.

Insgesamt betrachtet ist der Artushof also ein Ort der Ordnung, aber dennoch finden hier auch Entführungen statt. Wie lässt sich das erklären?

Die Entführungen sollten theoretisch an Orten geschehen, die gefährlich sind und von Natur aus bedrohlich erscheinen wie z. B. in Wäldern. Sie sollten aber nicht an Orten vorkommen, die im höfischen Raum liegen, da diese eigentlich die Ordnung unterstützen. Der Umstand, dass die Entführungen dennoch an Orten der höfischen Ordnung stattfinden, kann auf zwei verschiedene Weisen interpretiert werden. Einmal könnte es bedeuten, dass die Höfe ihre Mitglieder nicht ausreichend beschützen, zum anderen könnte es sein, dass die Höfe gerade aufgrund ihrer Ordnung ein besonders gutes Angriffsziel darstellen.

Das Ideal und die Werte des Hofes sind sehr anspruchsvoll.[266] Die Suche der Ritter des Hofes nach *Aventiure* zeigt, dass sie an weit entfernte Orte reisen und den Artushof mit eben diesen Werten und Idealen als vorbildhaftes Modell ansehen, jedoch hat jedes System auch eine Schwächen. In diesem Fall ist es gerade diese vorbildhafte Ordnung mit all ihren Regeln, die sich nur schwer an die ungeregelte und oft auch grausame Außenwelt anpassen lässt. So können sich die hochgesteckten Ideale und Wert im Fall eines Verbrechens auch gegen sie richten. Dies gilt insbesondere dann, wenn ein Entführer mit

---

[266] Dazu können die folgenden Werke und Aufsätze nachgeschlagen werden: Köhler, Erich: „Ideal und Wirklichkeit in der höfischen Epik". Tübingen, 1970, 2. Aufl. und Wolfzettel, Friedrich: „Der Artushof: ideale Mitte oder problematische Idealität". In: Däumer, Matthias, Dietl, Cora und Wolfzettel, Friedrich (Hrsg.): „Artushof und Artusliteratur", Berlin und New York, 2010, S. 3-21.

den höfischen Regeln vertraut ist und sie zu nutzen weiß. Das zeigt sich im Aufeinandertreffen dieser beiden Welten. Der Hof wird zu einer perfekten Zielscheibe für eine besondere Art von Entführern wie Meleagant. Dessen vordergründiges Ziel ist es nicht unbedingt, die Königin zu entführen, sondern dem Hof Schaden zuzufügen, was ihm mit der Entführung gut gelingt, da die Königin großen symbolischen Wert für den Hof hat. Somit dient sie hier als Mittel zum Zweck, obwohl später auch die besonderen Gefühle Meleagants für die Königin sichtbar werden. Meleagant könnte in diesem Zusammenhang zwei mögliche Ziele anstreben. Das erste bestünde darin, zu beweisen, dass er stärker als alle anderen ist, sodass sich sein Ruhm weiter mehrt. Das zweite potenzielle Ziel könnte darin liegen, dass er die Ordnung des Hofes zerstört, weil er sich über alle möglichen Ordnungen stellen und nicht erlauben will, dass noch eine andere Ordnung existiert, da diese dann als Konkurrenz zu seiner Macht betrachtet werden könnte.

Was sein erstes mögliches Ziel betrifft, lässt sich feststellen, dass Meleagant kein besseres Ziel als den Artushof hätte wählen können, denn er gilt als eine der höchsten Gesellschaften, in der viele tapfere Ritter und schöne Damen leben. Darüber hinaus kann der Hof als die Verkörperung einer besonderen Weltanschauung gesehen werden und dadurch wiederrum als Vertreter einer Ordnung, da er viele Figuren mit außerordentlichem Prestige und Ruhm um sich schart. Sollte eine Figur es schaffen, die Ordnung eines solchen Hofes ins Wanken zu bringen, oder sollte es dieser Figur sogar allein gelingen, den Hof zu demütigen, würde das bedeuten, sie wäre deutlich stärker als die gesamte Gemeinschaft und würde mehr Ruhm verdienen als das Kollektiv. So wird der

Hof durch seine Berühmtheit und sein Ansehen zu einem attraktiven Ziel, denn es handelt sich offensichtlich um den besten Weg für einen Ritter, der Ruhm erwerben möchte, einen möglichst starken Gegner zu schlagen. Aus diesem Grund hat Meleagant höchstwahrscheinlich den Artushof auserkoren, ein anderer Grund wird nicht ersichtlich.

Was das zweite potenzielle Ziel betrifft, nämlich den Hof zu demütigen, ist festzuhalten, dass Meleagant dem Hof allein mit seinen Bedingungen bereits Schande bereitet. Denn wenn der er bei seiner Niederlage unter anderem die Freilassung vieler Leute vom Artushof anbietet, zeigt das, dass er den Hof schon viele Male demütigen konnte. Es kann Meleagant bei dieser Herausforderung also eigentlich gar nicht darum gehen, seine Überlegenheit zu demonstrieren, weil er das ja schon viele Male zuvor getan hat, was er durch die Formulierung seiner Bedingungen in diesem Fall auch noch einmal betont. Vielmehr richtet sich Meleagants Angriff diesmal direkt auf die Ordnung des Hofes, die er zerstören und durch seine eigene, verkehrte Ordnung ersetzen will. Er will diesmal also nicht als Ritter größeren Ruhm erwerben, sondern sich als Herrscher und Anführer einer verkehrten Ordnung aufstellen, indem er alles Gute zerstören und durch seinen Wahnsinn ersetzen möchte.

Der Hof ist daher in diesem Fall auch sein bevorzugtes Ziel, weil er sehr mächtig ist und ein großes Ansehen genießt. Sollte es Meleagant gelingen, die Ordnung des Artushofes zu zerstören, so würde das der restlichen Welt die eindeutige Botschaft vermitteln, dass die Ordnung, so wie es sie bis zu diesem Zeitpunkt gab, nicht mehr existiert. Meleagants Wille würde zum Gesetz erklärt werden und er könnte nach seinen Vorstellungen herrschen.

Es lässt sich aber feststellen, dass sich der zweite Ort der Entführung aus dem *Chevalier de la Charette* stark vom ersten unterscheidet, da er sich in einem Wald befindet.[267] Das heißt, dass die Entführung hier nicht im höfischen Raum oder gar am Artushof erfolgt, sondern in der Wildnis. Diese Entführung im Wald ist auch im *Lancelot en Prose* zu finden. Und wie beim vorherigen Fall müssen wir uns fragen, warum der Wald als Ort der Entführung gewählt wurde und inwiefern er die Entführung beeinflusst.

Der Wald ist sicherlich nicht zufällig gewählt worden, da er einen starken symbolischen Wert hat. Schließlich ist der Wald ein Ort, an dem es keine Zivilisation gibt, was auch bedeutet, dass die Regeln der höfischen und ritterlichen Gesellschaft dort nicht gelten. Darüber hinaus ist der Wald als ein gefährlicher Ort zu betrachten, wo böse Figuren oder Ungeheuer ihr Unwesen treiben.[268,269] Einerseits können diese drohenden Gefahren eine positive

---

[267] Zum Wald im höfischen Roman und in der mittelalterlichen Literatur können die folgenden Werke und Aufsätze nachgeschlagen werden: Classen, Albrecht: „The forest in medieval german literature: ecocritical readings from a historical perspective". Lanham, 2015. Keller, Hildegard E.: „Wald, Wälder. Streifzüge durch einen Topos". In: Müller, Ulrich und Wunderlich, Werner (Hrsg.): „Burgen-Länder-Orte", Konstanz, 2008 (Mittelalter-Mythen 5), S.927-944.Nolte, Theodor: „"Wilde und zam". Wildnis und Wildheit in der deutschen Literatur des Hochmittelalters". In: Ecker, Hans-Peter (Hrsg.): „Methodisch reflektiertes Interpretieren. Festschrift für Hartmut Laufhütte zum 60. Geburtstag", Passau. 1997, S. 39-60. Saunders, Corinne. J: „The Forest of Medieval Romance: Avernus, Broceliande, Arden". Woodbridge, Suffolk, 1993.

[268] Beispiele dafür wären: die Riesen im *Wigalois*, die eine junge Dame vergewaltigen möchten, oder die Diebe im *Torec*, die ebenfalls eine junge Frau in den Wald bringen wollen, um ihre Lust zu befriedigen.

[269] Im Französischen gibt es eine Verbindung zwischen Wald und Wildheit. So heißt der wilde Mann im lateinischen *silvaticus*, was als Waldmensch übersetzt werden kann. Siehe: Legros Chapuis, Elizabeth: „Dans la forêt des livres, Essai". Paris, 2016, S. 287.

Wirkung entfalten, nämlich indem sie Ritter auf ihrer Suche nach *Aventiure* anziehen,[270] aber meistens sind die Auswirkungen doch negativer Natur. Selbst dann, wenn man im Wald nicht gleich einer unmittelbaren Gefahr begegnet, bleibt dieser Ort unheimlich und rätselhaft, weil man nicht weit sehen und sich dort auch nicht frei bewegen kann. Außerdem besteht die Möglichkeit, an einem solchen abgelegenen Ort etwas Übernatürlichem, Magischem wie Feen und Zauberern zu begegnen.

Der Wald ist auch insofern interessant, weil er nicht nur ein Ort der Gefahr ist, sondern auch in der Wildnis liegt. Die Wildnis bildet hier einen Kontrast zum höfischen Raum, in dem es feste Regeln gibt. Im Wald, also in der Wildnis, herrscht hingegen das Gesetz des Stärkeren. Die Wildnis ist ein offener Raum, in dem jeder kommt und geht, niemand besitzt sie und jeder kann tun und lassen, was er oder sie will. Daher bestehen in der Wildnis auch viele Gefahren, wie die einer Entführung, da jeder handeln kann, wie er es möchte, und nicht unbedingt höfisch und ritterlich agieren muss. Wie zuvor bereits gesagt, bildet hier die Wildnis einen Kontrast zum höfischen Raum, genauso wie der Artushof und der Wald ein Kontrastpaar bilden. Im *Chevalier de la charrette* fällt auf, dass hier beide Orte bei einem Entführungsfall vorkommen. Im Laufe der Studie werde ich untersuchen, ob dieser Kontrast durchgehend besteht oder ob er nur in diesem Text und einer seiner Varianten (*Lancelot en Prose*) zu finden ist.

---

[270] „(La forêt) est au cœur de l'aventure chevaleresque, ou plutôt celle-ci y trouve son lieu d'élection". Le Goff, Jacques: „Le désert-forêt dans l'Occident médiéval". In: „Un autre Moyen Âge". Paris, 1999, S. 505

## II. 2.2 Orte der Rettung

Nachdem die Entführungsorte betrachtet wurden, müssen auch die Rettungsorte untersucht werden, da auch sie eine bestimmte Bedeutung oder Symbolik
aufweisen können, die für die Handlung relevant sein kann.

In den Werken *Chevalier de la charrette* und *Lancelot en prose* muss die Rettung der Königin relativ schnell erfolgen, da sie der Motor für die restliche
Handlung ist. Die Geschichte der Königin steht hier im Vordergrund, weshalb
auch ihre Rettung dargestellt und erläutert werden muss. In beiden Fällen findet der erste Kampf zwischen Lancelot und Meleagant und damit auch die
Rettung im *Land von Gorre*, am Hof von Bademagu statt, wobei der Antagonist der Sohn des Königs dieses Landes ist. Es erfolgt zwar eine Rettung, doch
die Freiheit der Königin ist damit noch nicht gesichert, den der Kampf zwischen Lancelot und Mealagant wurde nicht beendet, sondern nur unterbrochen. Und obwohl Lancelot Meleagant leicht überlegen war, kam es nicht zu
einem eindeutigen Ergebnis. Deswegen kann Meleagant erneut Lancelot zu
einem Duell herausfordern, bei dem er dann vielleicht als Sieger hervorgehen
und doch noch die Königin an seine Seite holen könnte.[271] Meleagant wartet
aber einen erneuten Kampf nicht ab, sondern beschuldigt stattdessen die Königin, eine Affäre mit Keu gehabt zu haben, als beide im *Land von Gorre* waren, was zu einem zweiten Kampf führt, den Lancelot mühelos gewinnt.[272]
Dennoch lässt Meleagant nicht von seinem Vorhaben ab, die Königin für sich

---

[271] Chevalier de la charrette, Verse 3875-3884; Lancelot en Prose, Galehaut, Absatz 451.
[272] Chevalier de la charrette, Verse 4737-5043; Lancelot en Prose, Galehaut, Absätze 459-
463.

zu gewinnen, und kommt später an den Artushof, um Lancelot zu dem immer noch ausstehenden Duell herauszufordern. Dabei wird er dann von seinem deutlich stärkeren Gegner getötet.[273] Erst danach ist die Gefahr einer Entführung für die Königin durch Mealagant endgültig gebannt.

Es ist festzustellen, dass sich insbesondere eine Rettung im höfischen Raum sehr störend auf die Ordnung dort auswirkt, bedeutet dies doch, dass der Entführer ein Teil dieses höfischen Raums ist. Ebenso ist festzustellen, dass es sich bei den Entführern um Figuren handelt, die eigentlich die höfischen und ritterlichen Werte vertreten und beschützen sollten. Der Hof kann sich zwar einigermaßen auf Angriffe und Probleme von außen vorbereiten, aber er ist wehrlos, wenn eine Figur aus den eigenen Reihen einen Angriff unternimmt. Dies liegt daran, dass diese Figur das System geschickt für ihre Zwecke und ihr Verbrechen nutzt, anstatt damit die Ordnung zu fördern. Meleagant fällt eindeutig in diese Kategorie, weil er als Sohn eines Königs eine höfische Erziehung genossen hat und ständig versucht, die Regeln der höfischen Gesellschaft für seine Interessen zu missbrauchen (die Herausforderung, der Skandal zwischen Keu und der Königin).

Ein Entführer aus dem höfischen Raum bringt aber noch ein weiteres großes Problem mit sich, nämlich dass die Rettung dann auch an einem Hof oder im höfischen Raum stattfindet, also an einem Ort, an dem eigentlich Ordnung herrschen sollte. Hier ist nun zu bemerken, dass diese Orte und die dort herrschenden Systeme nicht nur der Ordnung dienen. In den Systemen werden

---

[273] Chevalier de la charrette, Verse 6707-7113; Lancelot en Prose, Galehaut, Absatz 484.

auch Fehler gemacht. Hinzukommt, dass der Entführer die höfische Ordnung kennt und weiß, wie er sie am besten nutzen kann, um an seine Ziele zu gelangen. Darüber hinaus ist Meleagant der Sohn von König Bademagu und hat daher großen Einfluss im Land seines Vaters, sodass er viele Verbrechen begehen kann, ohne dafür bestraft zu werden. Trotz der Bemühungen Bademagus von Gorre eine parallele Ordnung aufrechtzuerhalten, handelt es sich dabei um keine so reine Ordnung wie die des Artushofes. So toleriert Bademagu zum Beispiel die Handlungen seines Sohnes, obwohl er sie eigentlich falsch findet. Daraus folgt, dass das höfische System dort sehr komplex ist und eine Ordnung am Hof nicht immer so existiert, wie sie es eigentlich sollte oder wie es den Anschein hat. Eine Rettung im höfischen Raum zeigt also, dass die höfische Ordnung nur relativ existiert und nicht so vollständig ist, wie es eigentlich der Fall sein sollte. Man könnte daher sagen, dass der Entführer aus dem höfischen Umfeld zwar das System missbraucht, doch führt sich das System selbst ad absurdum, weil es sich missbrauchen lässt, also keine Abwehrmechanismen gegen einen solchen Missbrauch hat.

Während die Rettungsorte im *Chevalier de la charrette* und im *Lancelot en Prose* beschrieben werden, erhält man im *Yvain* und im *Iwein* keine Informationen in Bezug auf die Orte der Rettungen. Der *Yvain* und der *Iwein* weisen in Bezug auf die Rettung die gleiche Erzählstruktur auf. In beiden Fällen wird nur sehr knapp und nach einer längeren narrativen Ellipse berichtet, dass die Königin gerettet wurde, allerdings werden keine Angaben zu dem damit verbunden Kampf oder dem Ort der Rettung gemacht.[274,275] Der Grund dafür ist, dass der Hauptzweck der Entführung, nämlich Yvain bzw. Iwein die Gelegenheit zu geben, an Gauvains bzw. Gaweins Stelle die Herausforderung anzunehmen, schon erfüllt wurde. Von der Rettung wird nur berichtet, damit diese Episode als abgeschlossen betrachtet werden kann, aber sie trägt nichts mehr zur Haupthandlung bei.


## II.3 Warum? Begründung der Entführungen

In den vorherigen Abschnitten habe ich mich den beteiligten Figuren und Orten der Entführungen und Rettungen gewidmet oder anders formuliert: Es wurden die Fragen *Wer* und *Wo* beantwortet, sodass ich mich jetzt einer anderen wichtigen Frage widmen kann: dem *Warum*. Es ist offensichtlich, dass die Frage nach dem Grund bei einer Entführung zentral ist, weil die Motive dahinter viel Aufschluss geben können über sowohl alle anderen Aspekte der

---

[274] Yvain, Verse 4734-4739. „S'avoit tierz jour que la roïne/ Iert de la prison revenue/Ou Meleagans l'avoit tenue/ Et trestuit li autre prison". Übersetzung von David F. Hult: „Il y avait trois jours que la reine/ était revenue de la captivité/ où Méléagant l'avait retenue/ et, avec elle, tous les autres prisonniers". Chrétien de Troyes: „Le chevalier au lion ou le roman d'Yvain". Hult, David F. (Hrsg. und Übers.), Paris, 1994.

[275] Iwein, Verse 5678-5681. „nû was in den selben tagen/diu küneginne wider komen,/die Meljaganz hete genomen/mit micheler manheit." Übersetzung von Volker Mertens: „Nun war gerade zu der Zeit/ die Königin zurückgekommen, / die Meljakanz mit großer Kühnheit/ entführt hatte." Hartmann von Aue: „Gregorius, der arme Heinrich, Iwein". Mertens, Volker (Hrsg. und Übers.), Frankfurt am Main, 2008.

Entführung als auch die Gesamthandlung und den Aufbau der Narration. Zuerst sollen nun die Motive des Entführers ausführlicher erforscht werden.

## II.3.1 Motivierung im Erzählten

Wie schon in den vorangegangenen Abschnitten wird die Fragestellung ausgehend vom *Chevalier de la charrette* behandelt. Zunächst geht es um die Frage, warum sich Meleagant überhaupt dafür entschieden hat, die Königin zu entführen. Bei der Beantwortung werden die narrativen Gründe zunächst nicht berücksichtigt, sondern nur die Gründe des Entführers.

Meleagants Hauptgrund für diese Entführung ist es, den Artushof herauszufordern. Er erkennt Artus zwar offiziell als Herrscher an, indem er zum Hof reitet und ihm auf höfische Art die Wette vorschlägt, aber er ist davon überzeugt, dass er diese nicht verlieren und Artus erfolgreich schlagen kann. Er fühlt sich überlegen[276], was durch seine überhebliche Aussage gleich zu Beginn in Bezug auf seine Gefangenen vom Artushof deutlich wird. Diese Überzeugung, dass er stärker ist als die Ritter am Artushof, will er sich und den anderen durch die Herausforderung des Königs beweisen. Dabei ist es außerdem sein Ziel, die höfische Gemeinschaft auseinanderzureißen, indem er jeden einzelnen Ritter des Hofes im Kampf schlägt und so demütigt.

---

[276] "After his second trip to Artus' court, he apparently still considers himself superior to Gauvain who in Lancelot's absence has taken up Meliagant's challenge." Soudek, Ernst: „The tragic qualities of Guenièvre and Meliagant in 'Le chevalier de la charrette'". Romance Notes, Vol. 13, No. 2 (Winter, 1971), S. 367.

Ein weiterer Grund für die Entführung liegt darin, dass Meleagant in Königin Guenièvre verliebt ist. Allerdings weiß man nicht, ob er sie schon vor der Entführung geliebt oder ob er sich erst nach der Entführung in sie verliebt hat. In Bezug auf Meleagants Gefühle gibt es nur eine einzige Stelle, an der er selbst seinem Vater erklärt, dass er die Königin nicht an Lancelot übergeben will, weil er sie über alles liebt.[277] Dies wird beim ersten Kampf zwischen Meleagant und Lancelot so erzählt, sodass unklar bleibt, seit wann er Gefühle für die Königin hat. Diese Frage ist jedoch zentral, weil ihre Antwort starken Einfluss auf Meleagants Motivation zur Entführung haben dürfte. Wenn wir annehmen, dass Meleagant schon am Anfang des Romans in die Königin verliebt ist, stellt sich die Frage, ob er die Königin hauptsächlich aus Liebe entführt und dabei seine Gefühle mithilfe der Herausforderung verbirgt oder ob die Liebe nur ein Grund von mehreren ist. Im ersten Fall erscheint Meleagant tiefgründiger, weil es außer seinem bösartigen Charakter einen weiteren – eher nachvollziehbareren – Grund gibt, sodass eventuell mehr Empathie vom Leser oder Hörer zu erwarten ist. Im zweiten Fall bleibt Meleagant eine hauptsächlich bösartige Figur, obwohl seine Liebesgefühle zumindest eine Art Gegengewicht zu seinem ansonsten schlechten Charakter bilden, sodass er auch in diesem Fall nicht mehr nur als eine rein negative Figur gelten kann.

Andererseits lässt sich genauso gut annehmen, dass Meleagant erst nach der Entführung Gefühle für die Königin entwickelt hat, da man nicht weiß, wann er angefangen hat sie zu lieben. Sollte das so sein, bleibt die Liebe dennoch

---

[277] Chevalier de la charrette, Verse 3276-3279, Siehe Fußnote Nummer 211.

ein wichtiges Motiv bei dieser Entführung, weil sie erklären würde, warum Meleagant so sehr um die Königin kämpft und nicht bereit ist sie aufzugeben. Seine Liebe bleibt auch nach der Befreiung der Königin relevant, weil die Chance besteht, dass er sie beim Duell ein Jahr später zurückerobert. Der zweite Kampf ist auch eine Folge seiner Eifersucht und daher auch der Liebe Meleagants zu Guenièvre, immerhin macht er gleich einen Skandal daraus, als er Blutflecken auf dem Bett der Königin sieht und sofort eine heimliche Affäre zwischen Guenièvre und Keu vermutet. Schließlich lässt sich aufgrund seines Versuchs, Lancelot einzusperren, vermuten, dass Meleagant nicht unbedingt beweisen will, dass er der Stärkste ist. Hier will er ja vermeiden, gegen diesen seinen mächtigsten Gegner anzutreten. Vielmehr scheint es, als würde er einfach nur die Königin für sich haben wollen und dafür wählt er den für sich sichersten Weg.

Ein anderer Grund wäre die mentale Verfassung des Entführers. Es lässt sich feststellen, dass Meleagant mehrmals Entscheidungen trifft, die nicht vernünftig sind, sie könnten ihn in eine schwierige Lage bringen.[278] Er könnte diese Probleme vermeiden und wie andere Entführer den Weg der höfischen Ritterschaft erneut betreten, doch er lehnt diese Möglichkeit immer wieder ab. Das lässt sich dadurch erklären, dass Meleagant ein Mann ist, der so viel Wut in sich trägt, dass er dieses mächtige Gefühl nicht kontrollieren kann.[279] Er wird

---

[278] Er könnte die Ergebnisse der Kämpfe oder die Normen und Gebräuche der höfischen Gesellschaft akzeptieren. Das würde zwar dazu führen, dass er auf seine Ansprüche auf die Königin verzichten muss, aber es würde sein Überleben sichern.
[279] "His handsome appearance stands in stark contrast to a personality that makes him the exact opposite of both Lancelot and his father Baudemagu." Soudek, Ernst: „The tragic

von dieser Wut und seiner Verbohrtheit getrieben, sodass er nicht mehr fähig ist, vernünftig zu handeln, und sogar von einer Art Wahnsinn angetrieben wird.[280] Meleagants Verhalten wird bei jeder Krise oder jedem neuen Problem auffälliger, da er jedes Mal Entscheidungen trifft, die ihn auf seinem Weg der Selbstzerstörung voranbringen. Diese Labilität und Neigung zum Wahnsinn haben wahrscheinlich ihren Ursprung in der geringen Wertschätzung durch seinen Vater. So ist Meleagant auch auf Lancelot eifersüchtig, als dieser von König Bademagu, also seinem eigenen Vater, gelobt wird, weil dadurch seine Fähigkeiten und Taten in den Hintergrund treten. Daraufhin trifft Meleagant schlechte Entscheidungen, die ihn noch weiter von seinem Vater entfernen, sodass Bademagu sehr enttäuscht von ihm ist.[281,282]

Was *Yvain* betrifft, so ist anzunehmen, dass Meleagant die gleichen Gründe wie der Entführer im *Chevalier de la charrette* hat. Tatsächlich werden im Text selbst keine Gründe für die Entführung genannt, sodass diese ohne die Erklärungen aus einem anderen Roman unbegründet bleiben würden. Selbst während der Rettung wird die Entführung im eigentlichen Text nicht

---

qualities of Guenièvre and Meliagant in 'Le chevalier de la charrette'". Romance Notes, Vol. 13, No. 2 (Winter, 1971), S. 366.

[280] "Thus Lancelot's success at the swordbridge causes Meliagant to break into a rage that becomes intensified to the degree of madness when his father praises the accomplishments of the strange knight." Ebd., S. 366.

[281] "It appears as though Meliagant wants to prove to his father even more to himself that he is a better knight than Lancelot. One cannot help but feel the intense pain which accompanies Meliagant's invidious outpourings whenever Baudemagu praises Lancelot. From an a posteriori point of view, it becomes quite apparent that Meliagant's ulterior reason for challenging the Round Table is to engender in his father a greater respect for his physical prowess." Ebd., S. 367.

[282] "Instead of praising his son, the king rejects his boastfulness and condemns his foolishness (Vrs. 6311 ff.). " Ebd., S. 366.

begründet, woran deutlich wird, dass die Erzählung diesen Raub als neben-
sächliches Ereignis in der Handlung betrachtet. Die Entführung wird auch deshalb mit so wenigen Details beschrieben, um die Verbindung zum *Chevalier
de la charrette* noch einmal zu stärken. Für diejenigen Leser, die den *Chevalier de la charrette* nicht kennen und daher die Verbindung nicht herstellen
können, verleiht dieser Mangel an Informationen der Handlung jedoch eine
besondere Tiefe, weil er viele Fragen in Bezug auf die Entführung aufwirft
und offenlässt, wodurch vielfältige Spekulationen möglich werden. Die Entführung trägt zwar wesentlich zur Entwicklung der Haupthandlung bei, weil
sie Gauvain von Lunete und seiner Familie fernhält, hat ansonsten aber ohne
Bezug zum *Chevalier de la charrette* nur wenig Bedeutung, weshalb auch
keine anderen Gründe für sie genannt werden.

Im *Iwein* werden zwar auch nicht viele Angaben zu den Motiven des Entführers gemacht, aber es werden noch ein paar andere Gründe als im *Yvain* genannt. Dies kann aus den Änderungen in der Struktur geschlussfolgert werden,
weil es in diesem Fall nur einen Entführer gibt und der Bezug zum *Chevalier
de la charrette* hier fehlt, da Hartmann diesen Roman nicht kannte. Meljakanc
kommt an den Hof und fordert das *don contraignant*, weil er es als die beste
Möglichkeit betrachtet, dem Hof die größtmögliche Schande zu bereiten. Es
handelt sich bei ihm in diesem Werk um eine sehr bösartige, aber keine wahn-
sinnige Figur, sein Handeln ist nicht irrational. Die Tatsache, dass er so wohl-
überlegt handelt, macht ihn jedoch zu einer größeren Gefahr, weshalb die
Krise nur dadurch gelöst werden kann, dass der beste Ritter des Hofes, also
Gawein, gegen ihn kämpft und ihn besiegt. Meljakanc will mit seiner Aktion

seine Überlegenheit demonstrieren und die Ordnung des Artushofes schädigen, was ihm durch die Einmischung der Artus-Gemeinschaft, die ihm dadurch ungewollt hilft, auch gelingt. Man kann ihm kaum andere Intentionen zuschreiben, da die Entführung nur als eine Binnenerzählung erscheint und der Fokus der Erzählung deutlich stärker auf der Reaktion des Hofes als der Motivation des Entführers liegt.

## II.3.2 Motivierung im Erzählen

Es konnte herausgearbeitet werden, dass die Entführer bestimmte Gründe hatten, die sie zu ihrer Tat motivierten. Die Motive der Entführer sind aber nicht das Einzige, was diese Entführungen auslöst. Es lassen sich auch auf der narrativen Ebene noch Gründe finden. Diese sind sogar noch wichtiger als die bisher aufgeführten, da sie überhaupt erst erklären, warum die Entführungen stattfinden. Im Folgenden werde ich diese narrativen Gründe erforschen und vergleichen. Dazu werde ich den *Chevalier de la charrette* und seine inneren Varianten im Hinblick auf diese Aspekte untersuchen.

## a. Die Beschaffung von *Aventiure* und Festlegung der Hauptfiguren

Ein offensichtlicher Grund für die Existenz der Entführungen, der nicht nur für den *Chevalier de la charette* gilt, sondern ebenfalls für die anderen Fälle, bei denen eine Entführung am Anfang des Romans erfolgt, besteht in der Beschaffung von *Aventiure*, weil sich der Hof am Anfang der Romane in einem Zustand des Wartens befindet. Der Hof selbst bringt keine oder nur wenig *Aventiure* hervor, weshalb die Ritter entweder ausziehen oder warten müssen, bis jemand am Hof erscheint, der von außen *Aventiure* hineinträgt. Dieser Grund ist von besonderer Bedeutung, da es sich um den Anfang eines Romans handelt, an dem es noch keinen festgelegten Helden gibt. Die Entführung ist hier als ein störendes Ereignis zu verstehen, das eine Reihe von *Aventiuren* ankündigt, damit der Hof nicht inaktiv bleiben muss.

Im *Chevalier de la charrette* beginnt die Erzählung direkt mit der Herausforderung Meleagants und Lancelot ist noch nicht als Held oder überhaupt in der Handlung anwesend. Es ist erst die Entführung, die das Erscheinen Lancelots ermöglicht, da eine Retterfigur gebraucht wird. Man sieht also, dass die Entführung nicht nur dazu dient, *Aventiure* zu beschaffen, sondern ebenfalls, um einen Helden in die Geschichte einzuführen. Der Held ist aber nicht die einzige Figur, die durch die Entführung in den Vordergrund gerückt wird, sondern auch ein entsprechender Antagonist. In der Tat findet man nur selten einen Gegner in der Artusgattung, der so stark und bösartig ist wie Meleagant, was schon am Hergang der Entführung deutlich wird, da er ständig nicht höfisch und rücksichtslos handelt und auch nicht aufhört damit, bis er im Kampf vom Helden getötet wird.

Mit der Entführung wird eine Art Gleichgewicht geschaffen, da gleichzeitig ein Antagonist und ein Held in die Geschichte eingeführt werden. Der Antagonist erscheint, um eine Krise auszulösen, während der Held diese beheben soll. Die Entführung ist also in diesem Fall ein System, das nicht nur *Aventiure* beschafft, sondern auch ein Problem erzeugt und gleichzeitig dessen Lösung.

### b. Die Entführung als Motor der Handlung

An dieser Stelle bleibt festzuhalten, dass die Entführung im *Chevalier de la charrette* aus zwei verschiedenen Hauptaspekten besteht. Zum einen spielt die Rivalität zwischen Meleagant und Lancelot eine große Rolle, denn Meleagant und Lancelot kämpfen in dieser Erzählung dreimal gegeneinander, bis Lancelot schließlich seinen Gegner töten kann. Das heißt, die Rivalität zwischen den zwei Rittern strukturiert die gesamte Handlung und beschafft die notwendige *Aventiure* bis zum Ende des Romans. Diese Rivalität wird im *Lancelot en Prose* noch verschärft, da Meleagant überhaupt erst an den Hof kommt, um Lancelot herauszufordern, weil er dessen Anschuldigung, er habe ihn hinterhältig angegriffen und verwundet, nicht akzeptieren kann.

„Rois Artus, je vieng ci a ta cout pour faire a savoir a tous ciaus qui ci sont que je sui Meleagans, li fix au roi Bandemagus de Gorre. Si me vieng esloiauter et desfendre en vostre court encontre Lanselot del Lac de la plaie que je li fis l'autre an au bouhourder, pour ce que j'ai oï dire qu'il se plaint que je l'avoie feru en traïson.“[283]

---

[283] Lancelot en Prose, Galehaut, Absatz 385. Übersetzung von Mireille Demaules: „Roi Arthur, je viens ici, à votre cour, pour faire savoir à tous ceux qui sont ici présents que je suis Méléagant, le fils du roi Bademagu de Gorre. Je viens en votre cour pour me justifier et me défendre contre Lancelot du Lac au sujet de la blessure que je lui ai faite l'an dernier au cours d'une joute à la lance, parce que j'ai entendu dire qu'il me reproche de l'avoir frappé par

Diese Anschuldigung ist im *Chevalier de la charrette* von Chrétien nirgendwo zu finden, weil sich die Ankunft Meleagants am Artushof am Anfang des Romans befindet, was auch bedeutet, dass hier viel weniger über diese Figur und ihre Vorgeschichte berichtet wird als im *Lancelot en Prose*. So stellt man fest, dass der Streit zwischen Lancelot und Meleagant im *Lancelot en Prose* deutlicher und stärker zum Ausdruck kommt als im *Chevalier de la charrette*, weil es noch eine weitere Etappe ihrer Konkurrenz gibt. Diese Rivalität der beiden zieht sich durch den gesamten Roman und vertieft sich nach der Befreiung der Königin bis zu Melegants Tod sogar noch. Die Befreiung der Königin stellt also nicht das Ende der Rivalität dar, sondern das Ende einer Phase komplizierter Verstrickungen und Beziehungsgeflechte. Damit macht die Entführung der Königin einen wichtigen Teil dieses Konkurrenzkampfes zwischen Mealagant und Lancelot aus. Im *Yvain* und *Iwein* taucht dieser Aspekt nicht auf, weil man zu wenig über den Entführer erfährt, sodass er nicht zum großen Antagonisten erklärt wird und keine eindeutige Rivalität mit der Retterfigur besteht.

Als zweiter Aspekt wäre die außergewöhnliche Beziehung zwischen Lancelot und Guenièvre zu nennen, die sowohl im *Chevalier de la charrette* als auch

---

traîtrise." Lancelot en Prose: „Le livre du Graal, Tome 2, Galehaut". Demaules, Mireille Hrsg.), NRF, Gallimard, 2003. In: Poirion, Daniel et al (Hrsg.): „Le livre du graal, Tome 2, Lancelot, De „La marche de Gaule" à „La Première partie de la quête de Lancelot"". Collection de la pléiade, Gallimard, 2003. Meleagant behauptet, Lancelot hätte ihn fälschlicherweise beschuldigt, ihm hinterhältig eine Verletzung zugefügt zu haben. Dabei handelt es sich jedoch um eine Lüge, da es Meleagant war, der Lancelot hinterlistig angegriffen hatte. Seine Lüge zeigt, dass er um jeden Preis beweisen will, dass er ein besserer Ritter als Lancelot ist.

im *Lancelot en Prose* existiert. Lancelot sucht nach der Königin, der Frau seines Königs, aber man kann anhand seiner Leidenschaft bei der Suche erkennen, dass diese Rettung für ihn mehr als nur einen Auftrag ist und er emotional verwickelt ist. So bewältigt Lancelot auch zahlreiche Schwierigkeiten, bei denen andere längst aufgegeben hätten.

> „De ce servoit charrete lores
> don li pilori servent ores;
> et en chascune boene vile
> ou en or en a plus de trois mile
> n'en avoit a cel tans que une;
> et cele estoit a ces comune,
> aussi con li pilori sont,
> qui traïson ou murtre font,
> et a ces qui sont chanp cheü,
> et as larrons qui ont eü
> autrui avoir par larrecin
> ou tolu par force an chemin.
> Qui a forfet estoit repris,
> s'estoit sor la charrete mis
> et menez par totes enors perdues,
> ne puis n*estoit a cort oïz
> ne enorez ne conjoïnz.
> Por ce qu'a cel tens furent tex
> les charretes et si cruex,
> fu premiers dit: „Quant tu verras
> charrete et tu l'ancontreras,
> fei croiz sor toi et te sovaigne
> de Deu, que max ne t'an avaigne.""[284]

---

[284] Das Einsteigen in eine Karre im Mittelalter ist ein Symbol der Unehre, da die Karre meistens für Verbrecher oder Verräter verwendet wird. Aus diesem Grund ist Lancelots Einsteigen in die Karre ein Symbol dafür, dass er für diese Rettung alles opfert. Chevalier de la charrette, Verse 321-344. Übersetzung von Jean-Claude Aubailly: A cette époque-là, la charrette était utilisée comme le sont de nos jours les piloris. Dans chaque bonne ville où l'on en compte maintenant de grandes quantités, il n'y en avait alors qu'une seule et celle-ci, comme les piloris, était commune aux traîtres, aux meurtriers, aux vaincus des duels judiciaires, aux

Gauvain hingegen wählt einen leichteren Weg als Lancelot, als er sich für einen Eintritt in das *Land de Gorre* entscheiden muss, und ist dennoch nicht fähig, die Rettung zu vollbringen, weil er sich nicht auf die gleiche Weise engagiert wie Lancelot, der in Guenièvre verliebt ist. Damit ist diese Beziehung einerseits die Quelle seiner besonderen Stärke, die es ihm, dem Helden, erlaubt, sich und seinem Körper viel abzuverlangen und alle Prüfungen, seien sie auch noch so schwer, zu bestehen. So sehr ist er auf sein Ziel, die Rettung seiner geliebten Guenièvre, fixiert. Andererseits handelt es sich um eine verbotene Liebe, da Guenièvre bereits mit Artus vermählt ist. Diese Beziehung ist daher vor allem von Schwierigkeiten und Leid geprägt, da diese Liebesgefühle aus gesellschaftlichen Gründen nicht ausgelebt werden dürfen. Die Tatsache, dass ihre Liebe eine verbotene ist, lässt ihre Gefühle füreinander jedoch nicht verschwinden und es entwickelt sich eine parallele Ordnung, eine Ordnung der Liebenden, weshalb Lancelot zum großen Retter in dieser Geschichte wird. Er liebt die Königin auf eine leidenschaftliche Art und zeigt in seiner Interaktion mit ihr, wie schön und anspruchsvoll die höfische Liebe ist. Tatsächlich gelingt es ihm, viele *Aventiure* erfolgreich zu bestehen, um sie befreien zu können, eben weil seine Liebe so stark ist. Es ist auch zu merken, dass er viel Wert auf die Worte der Königin legt, dies wird unter anderem in

---

voleurs qui avaient dépouillé autrui en chapardant ou en attaquant sur les grands chemins. Celui qui était pris sur le fait était hissé sur la charrette et promené par toutes les rues de la ville. Il était déshonoré et, dans toutes les cours, on refusait dès lors de lui prêter attention et de lui faie bon accueil. C'est la raison pour laquelle à cette époque, les charrettes avaient une aussi sinistre éputation et c'est de là que vient ce dicton : « Si tu croises une charrette, fais le signe de la croix et pense à Dieu pour qu'il ne t'arrive pas malheur.". Chrétien de Troyes „Lancelot ou le chevalier de la charrette". GF Flammarion, 1991, Paris.

einer Szene mit der Reaktion der Königin nach ihrer Rettung deutlich. Hier wird also die Stärke, aber auch die Empfindlichkeit des Helden in den Vordergrund gerückt, um diese Liebesgeschichte hervorzuheben.

Bei der Entführung der Königin geht es nicht nur um die Rivalität zwischen den zwei Rittern oder die Liebe zur Königin, sondern auch um einen unglücklichen Zufall (der nicht im *Chevalier de la charrette*, sondern nur im *Lancelot en Prose* zu finden ist), denn als Meleagant an den Artushof kommt, muss er feststellen, dass Lancelot schon längere Zeit nicht mehr dort weilt. Meleagant will jedoch nicht wahrhaben, dass er diese Reise umsonst gemacht hat, weshalb er versucht, einen Streit mit dem Hof zu provozieren.[285] Das heißt, wenn Lancelot am Hof gewesen wäre, hätte Meleagant gar nicht erst versucht, die Königin zu entführen. Zwar hätte sich Mealagant auch für eine andere Provokation entscheiden können, doch er erkannte das eindeutig zerstörerische Potenzial dieser Herausforderung für den Artushof. Daher sieht er einen großen Vorteil darin, dass Lancelot nicht anwesend ist. Außerdem ist er sich seiner großen Stärke sicher und glaubt, dass er in der Lage ist, alle anderen Ritter des Artushofes zu besiegen, weshalb er es wagt, sich einer solchen Herausforderung zu stellen. Mit diesem Verhalten zeigt Meleagant, dass er nur Lancelot als einen ebenbürtigen Gegner betrachtet, was auf eine schicksalhafte Beziehung insofern hindeutet, als dass sich diese zwei Ritter an einem Punkt der Handlung im Kampf begegnen müssen. Hier muss aber auch betont werden, dass dieser unglückliche Zufall nicht auf der narrativen Ebene begründet

---

[285]Lancelot en Prose, Galehaut, Absatz 386.

werden kann, da die Erzählung des *Lancelot en Prose* die Handlung des *Chevalier de la charrette* wiederaufnimmt. Das heißt, der Text passt sich seiner Vorlage an und ergänzt diese mit Details, die zuvor nicht vorhanden waren. Die Entführung der Königin hat viel größere Auswirkungen, als nur ein einfacher Kampf es hätte. Der unglückliche Zufall dient also vor allem dazu, die Beziehung und Rivalität zwischen Meleagant und Lancelot noch deutlicher zu machen.

Diese verschiedenen Aspekte in Betracht ziehend, lässt sich erkennen, dass die Entführung aufgebaut wurde, um Motor der Handlung zu sein. Damit strukturiert die Entführung den gesamten Roman. Sie bietet sowohl die Möglichkeit, wichtige Charaktere in die Erzählung einzuführen, als auch eine Methode, die besondere Beziehung zwischen Guenièvre und Lancelot zur Geltung zu bringen, die nicht nur bei der Entführung relevant ist, sondern auch in der späteren Handlung. Der unglückliche Zufall im *Lancelot en Prose* zeigt gleichfalls, dass die Beziehung Meleagants zu Lancelot der Dreh- und Angelpunkt der Erzählung ist und weiterhin thematisiert werden wird, bis einer der Protagonisten besiegt wird. Man kann also sagen, dass durch die Entführung viele Grundlagen für die Struktur des gesamten Romans geschaffen wurden.

c. Die Vernetzung der Entführungen im *Yvain* und *Iwein*

Im *Yvain* und *Iwein* kann die Entführung nicht wie zuvor als Motor der Handlung betrachtet werden. Die Strukturen dieser beiden Erzählungen unterscheiden sich auch sehr von den Erzählstrukturen des *Chevalier de la charrette* und des *Lancelot en Prose*. Die Entführungen sind jeweils als Binnenerzählungen vorzufinden. Daher stellt sich die Frage, wieso diese Entführungen in den beiden Werken überhaupt vorkommen, obwohl sie zumindest die zuvor festgestellten Funktionen nicht erfüllen. Es lässt sich festhalten, dass die Entführung im Yvain kein bloßes Wiedererzählen der Entführung im *Chevalier de la charrette* ist, weil zu viele Details fehlen. Vielmehr handelt es sich um eine lückenhafte Anspielung, die die zwei Romane verbindet.

Die Entführungen der Königin im *Yvain* und *Iwein* sind aber auch aus einem anderen Grund von besonderem Interesse, und zwar weil sie mit einer anderen Entführung eng verbunden werden: der Entführung der Söhne des Burgherrn, die gleichzeitig erfolgt und durch die „Fenstertechnik" unterstützt ist.[286]. Dies muss hier hervorgehoben werden. Die Entführung der Königin ist zuerst insofern wichtig, weil sie durch die Abwesenheit Gauvains Freiraum für Yvain schafft. Man könnte auch die Abwesenheit Gauvains und Lancelots als eine Art narrative Entführung betrachten. Tatsächlich spielt ihre Abwesenheit eine

---

[286] Kugler, Hartmut: „Fenster zum Hof". In: „Erzählungen in Erzählungen, Phänomene der Narration in Mittelalter und Früher Neuzeit". Hafeland, Harald und Mecklenburg, Michael (Hrsg.) München, 1999, S. 118. Kugler hat diese Technik beschrieben und auf diesen Fall angewandt: „Die Technik der ‚Windows' erlaubt es, auf dem Computerbildschirm mehrere Arbeitsebenen hintereinander darzustellen, indem für jede Ebene ein Fenster, ein ‚Window' geöffnet wird. Etwas Ähnliches ist im ‚Iwein' geschehen, bereits bei Chrestien und noch extensiver bei Hartmann. Die Erzählung in der Erzählung öffnet auf der Romanoberfläche ein ‚Fenster', durch das man sehen kann, daß hinter der vorderen Handlungsebene noch weitere Ebenen bestehen, auf denen Nebenhandlungen ablaufen." Kugler beschreibt dann drei verschiedene „Fenster", nämlich erstens die Handlung im Brunnenreich, wo Lunete verraten wird und Hilfe braucht, zweitens den Vorfall bei der Burg, bei dem die Verwandten Gaweins wegen der Erpressung durch den Riesen Harpin ebenfalls Hilfe benötigen, und drittens den Artushof, von dem die Königin entführt wurde. Es bestehen also drei verschiedene Probleme gleichzeitig und jede Handlung in einem der „Fenster" hat auch Einfluss auf die anderen. Zum Beispiel unternimmt Gawein die Rettung der Königin, was jedoch gleichzeitig bedeutet, dass er die beiden anderen Krisen nicht lösen kann.

große Rolle, weil andere Figuren in der Not, wie z. B. Lunete oder der Burgherr, nicht wissen, an wen sie sich wenden sollen, um Hilfe zu bekommen. Diese narrative Entführung gibt Yvain die Chance, die er braucht, seine Ehre wiederherzustellen.

Bemerkenswert ist hier auch, dass zwei Entführungen gleichzeitig vorkommen, sodass wir nicht von einem Zufall sprechen können. Hier lässt sich zuerst sagen, dass diese parallelen Entführungen zum Verhältnis zwischen Yvain und Gauvain beitragen, da beide von Anfang an im Roman als große Helden dargestellt werden.

Der Fokus der Erzählung liegt schon am Anfang des Romans auf Yvain und Gauvain (beziehungsweise Iwein und Gawein im deutschen Werk) und es kommt immer wieder zu direkten oder indirekten Vergleichen der beiden Ritter. Gauvain hat zu Beginn der Erzählung einen hohen Status und genießt viel Ansehen am Hof, während Yvain seinen Status durch die *Brunnen-Aventiure* auf ein ähnliches Niveau hebt. Nachdem Yvain sein Versprechen gebrochen hat, verliert er jedoch an Prestige und muss seinen Ruhm erst wieder neu aufbauen. Ab diesem Zeitpunkt könnte man vermuten, dass sich die Handlung nur noch auf Yvain konzentriert und Gauvain nicht mehr so wichtig ist, was aber nicht zutrifft. Durch die Entführung bleibt die Figur Gauvain in der Handlung aktiv und kann als Vorbild für Yvain und den Leser betrachtet werden. Gauvains Stärke und seinen Status zu übertreffen oder ihm zumindest zu gleichen, wird zum großen unausgesprochenen Ziel für Yvain, wie sich im Laufe der Handlung feststellen lässt. Das führt letztendlich auch zu einem Kampf zwischen Yvain und Gauvain im Kontext eines Erbstreites zwischen zwei

Schwestern. (Nach dem Tod ihres Vaters streiten sich zwei Schwestern um das Erbe. Die Älteste will alles für sich, während die Jüngere nur einen Anteil will. Da sie alleine keine Einigung finden können, sollen sich beide Schwestern einen Ritter suchen, der sie in einem Entscheidungskampf vertreten wird. Gauvain wird von der älteren Schwester ausgesucht, während Yvain von der jüngeren Schwester gewählt wird.)

Die Entführung der Königin entspricht dem Anfang der zweiten Phase des Konkurrenzkampfs[287] zwischen Yvain und Gauvain, weil beide Figuren gleichzeitig handeln und man sieht, dass sie beide stärker als alle anderen Mitglieder des Hofes sind. Die Parallelität vertieft sich, als sie beide die Rettung hinsichtlich einer Entführung unternehmen. Im *Yvain* könnte gesagt werden, dass Gauvain keine richtige Retterfigur darstellt, da Lancelot der erfolgreiche Retter ist. Lancelot ist aber nicht direkt genannt, sodass die Zuhörer oder Leser, die den *Chevalier de la charrette* nicht kennen, glauben, Gauvain sei die Retterfigur. Diese fehlenden Details wie die Identität des Retters sind besonders wichtig, weil sie einerseits ein subtiles Spiel der Intertextualität mit dem

---

[287] Die erste Phase des Vergleichs entspricht der Zeit, in der Yvain und Gauvain zusammen reiten und an vielen Turnieren teilnehmen. Es gibt zu diesem Zeitpunkt aber keinen Hinweis darauf, dass der eine besser handelt (oder stärker ist) als der andere. Während der zweiten Phase wird jedoch deutlich, dass sich Yvain mehr anstrengt als Gauvain, aber das lässt sich auch dadurch erklären, dass Gauvain nichts mehr beweisen muss, während sich Yvain seine ganze Anerkennung wieder neu verdienen muss. Sinka, Margit S.: „'Der höfschste man': An analysis of Gawein's role in Hartmann von Aue's Iwein". MLN, Vol. 96, No. 3, German Issue (April 1981), S. 481. Das Kräftemessen zwischen den beiden Rittern endet mit dem Erbstreit zwischen den zwei Schwestern und dem Kampf am Hof zwischen Gauvain und Yvain, allerdings ohne wirklich entschieden zu werden. Gauvain hatte zwar eine schlechte Vorgehensweise gewählt, dennoch wird er von Yvain nicht geschlagen. Stattdessen kommt es zu einem Abbruch des Kampfes, was darauf hinweisen soll, dass die beiden Ritter wieder auf das gleiche Prestigeniveau gesetzt wurden.

belesenen Publikum herstellen. Diese Details werden also nicht gebraucht, weil die Hörer oder Leser sie schon kennen. Eine einfache Anspielung reicht vollkommen, damit sie verstehen, was in dieser Episode passiert. Andererseits wird hier den Zuhörern oder Lesern, die dieses intertextuelle Spiel nicht verstehen, eine unabhängige Interpretation ermöglicht. Diese unabhängige Interpretation ist besonders interessant, weil sie die Konkurrenz zwischen Gauvain und Yvain verstärkt und die weitere Handlung strukturiert.

### d. Die Problematisierung der Traditionen am Hof von König Arthur

Eine weitere Motivation des Erzählens betrifft die Problematisierung der Traditionen am Hof von König Arthur. Es wird deutlich, dass die Entführung der Königin mit dem Motiv des *don contraignant* verbunden ist. Dieser Missbrauch der Tradition spielt eine große Rolle bei der Entführung und stellt die Komplexität des Hofes dar. Er bringt Gefahren mit sich und kann negative Folgen für die höfische Ordnung und die Sicherheit der Königin haben, wie sich sowohl im *Chevalier de la charrette* als auch bei seinen Varianten zeigt. Wie lässt sich also die Existenz und das Bewahren dieser Tradition erklären, bzw. wie wird diese gerechtfertigt? Darüber hinaus soll es im Folgenden um die Frage gehen, wie die Tradition selbst zur Entführung beiträgt.

Im Folgenden geht es um die Traditionen oder *Costume*, wie diese am Königshof auch genannt werden, und im Besonderen um *don contraignant*. Der *don contraignant* entspricht in diesem Fall einem Missbrauch der Tradition des Versprechens des Königs, eine Bitte zu gewähren. Und auch andere

Traditionen bergen Gefahr in sich (ein anderes Beispiel wäre die Jagd nach dem weißen Hirsch im *Erec et Enide*), aber es handelt sich nicht um eine Missbrauchsgefahr, sondern vielmehr um eine systemische Gefahr. Dazu kommt der *don contraignant* im Vergleich zu anderen sehr häufig vor und hat außerordentlich schwerwiegende, negative Folgen für den Hof. Man muss sich also fragen, warum diese Traditionen dennoch beibehalten werden, ob sie eventuell doch mehr Nachteile als Vorteile bieten, ob sie für Ordnung oder Unordnung sorgen. Das Beibehalten dieser Traditionen lässt sich dadurch erklären, dass Artus aus einem Geschlecht von Königen stammt und sich daher in besonderem Maße an deren Traditionen und Sitten gebunden fühlt.[288] Aus diesem Grund sind die *Costume* und ihre Anwendung eine der wichtigsten „Grundlagen des Artuskönigtums".[289] Wenn die Traditionen aufgegeben werden würden, hätte der Hof sehr große Schwierigkeiten zu überleben, weil einer seiner Grundpfeiler fehlen würde. Die *Costume* ist somit etwas, das die Stabilität des Artushofes unterstützt. Daher ist es Artus' Pflicht, diese Traditionen beizubehalten, obwohl er genau weiß, dass diese große Probleme verursachen können. Was die *Costume* betrifft, gibt es für den Hof nur die Wahl zwischen zwei Möglichkeiten, die beide schlecht sind: Entweder der Hof gibt die Traditionen auf, was diesen jedoch in seinen Grundfesten erschüttern würde, oder die Traditionen werden beibehalten, was ebenfalls zu einer Störung des Hofes führen könnte, weil dadurch schwere Konflikte entstehen könnten. Die zweite

---

[288] „Oberstes Gesetz ist für Artus, im Sinne seines Vaters und seines ‚lignage' zu regieren." Köhler, Erich: „Ideal und Wirklichkeit in der höfischen Epik". Tübingen, 1970², S. 7. Ebenfalls zu lesen: Köhler, Erich: „Le rôle de la „coutume" dans les romans de Chrétien de Troyes". Romania, 81, 1960, S. 386-397.
[289] Ebd., S. 92.

Option lässt jedoch etwas mehr Freiraum, weil der Hof seine Basis dabei nicht verliert und Zeit gewinnt, nach Lösungen für die Konflikte zu suchen. Daher kann man nicht sagen, dass Artus hier eine gute Entscheidung trifft, indem er die Herausforderung Meleagants annimmt, sondern die ihm als König einzig mögliche.

Bevor ich zum Begriff des *don contraignant* komme, muss ich zunächst die Idee der Großzügigkeit des Königs und der *Largesse* erklären, weil diese die Grundlage des *don contraignant* darstellt.[290] Bei der *Largesse*[291] handelt es sich um eine der großen Säulen der Artusgesellschaft, weil sie das höfische und ritterliche Verhalten fördert. Man stellt aber fest, dass diese *Largesse* auch Grenzen aufweist, weil manche Bittsteller nicht höfisch oder ritterlich handeln, was zu einem *don contraignant* führen kann.[292] Das ist im *Chevalier de la charrette* der Fall, als Keu die Königin dazu bringt, ihren Mann davon zu überzeugen, ihm eine Bitte zu gewähren, nämlich die Königin fortführen zu dürfen. Diese Bitte ist unhöfisch, da sie gegen die Wünsche des Königs und den Wohlstand des Hofes verstößt, was deutlich zeigt, dass diese

---

[290] "Largesse is in the context of Arthur's vaunted hospitality therefore places a certain obligation upon the king and also encourages the petitioner who appears at his court." Christoph, Siegfried: „Guenevere's Abduction and Arthur's Fame in Hartmann's Iwein". Zeitschrift für deutsches Altertum und deutsche Literatur, Bd. 118., H. 1 (1st Quarter, 1989), S. 20.

[291] „La largesse arthurienne fait…partie d'un système mental qu'elle couronne. Elle est la première condition de l'exercice de la souveraineté." Boutet, Dominique: „Sur l'origine et le sense de la largesse arthurienne". Moyen Âge 89 (1983), S. 401.

[292] "The assumption here is that the request will be appropriate, i.e. that the king will not lose face by having to reject the request." Christoph Siegfried: „Guenevere's Abduction and Arthur's Fame in Hartmann's Iwein". Zeitschrift für deutsches Altertum und deutsche Literatur, 118. Bd., H.1 (1st Quarter, 1989), S. 20. Es lässt sich aber feststellen, dass viele Menschen an den Hof kommen und von der *Largesse* des Königs profitieren, indem sie auf diese Weise eine eigentlich unangebrachte Bitte stellen und sich erfüllen lassen können.

Großzügigkeit zwar einerseits eine Stärke des Hofes darstellt, auf der anderen Seite aber auch eine Verletzlichkeit.

Dabei stellt ein *don contraignant*[293] zugleich einen Beweis für die edle Gesinnung, das Ehrgefühl und die Großzügigkeit des Königs dar, vorausgesetzt, dass er es annimmt, was er aber auch muss, wenn er nicht an Ehre und Prestige verlieren will. Außerdem handelt es sich um ein Zeichen der Ordnung, da derjenige, der die Bitte annimmt, also hier König Artus, sich darauf verlässt, dass die Bitte innerhalb der höfischen Grenzen bleibt. Allerdings stellt man fest, dass dieses Vertrauen nicht immer angemessen ist und der *don contraignant* schnell zu einem Element der Unordnung werden kann. Er gibt bösartigen Figuren nämlich die Chance, eine unhöfische oder problematische Bitte zu stellen und auch erfüllt zu bekommen.[294] Ein *don contraignant* kann zwar auch ganz ohne Probleme verwendet werden, aber sobald es missbraucht wird, kann das schwerwiegende Konsequenzen für den Hof nach sich ziehen. Beim *don contraignant* kann es also zu einem äußerst gefährlichen Missbrauch der Tradition kommen.

Das Versprechen des Königs ist jedoch nicht die einzige Tradition, die dem Hof Probleme bereiten kann. Wie bereits im *Erec* bei der Jagd nach dem weißen Hirsch bemerkt werden konnte, kann auch ein Kuss mit der schönsten

---

[293] Jean Frappier gibt ein Beispiel für dieses Motiv: „Un jeune chevalier arrive à la cour d'Arthur, il demande un don au roi sans préciser l'objet ou la faveur qu'il désire obtenir. Le roi accorde le don… Dès lors, le roi Arthur est lié par cette promesse en blanc." Frappier, Jean: „Amour courtois et table ronde". Genève, 1973, S. 225.

[294] Ebd., S. 225-226: „Il (le roi) est contraint d'octroyer ensuite l'objet de la demande, quel qu'il puisse être. Son honneur est engagé dans l'affaire."

Frau dem Hof große Schwierigkeiten bereiten, da entschieden werden muss, welche Frau die schönste ist, aber eine Wertung nach Schönheit immer subjektiv erfolgt.[295] Dieser Fall bleibt zwar ohne Folgen für den Hof, die Tradition als solche stellt aber potenziell weiterhin eine große Gefahr für ihn dar. Das Verwenden dieser Traditionen ist zwar eigentlich ein Beweis für das Bestehen der Ordnung, aber ihr Missbrauch lässt Unordnung zustande kommen.

Aber wäre es überhaupt möglich, diese Traditionen abzuschaffen, sollten sie einmal eine zu große Gefahr für den Hof bedeuten? Im *Iwein* sieht man, dass die Gemeinschaft darum bemüht ist, die Traditionen zu bewahren, aber sich niemals die Frage stellt, ob diese überhaupt berechtigt sind. Das kann man dadurch erklären, dass die Mitglieder des Hofes diese Traditionen als Basis der Artusgesellschaft und der Ritterschaft betrachten. Sie erkennen zwar auch, dass diese eine Gefahr bedeuten können, sind aber der Überzeugung, dass es wichtiger sei, die Traditionen beizubehalten, weil diese zu einem großen Teil die Identität der Artusgemeinschaft ausmachen und es ihr erlauben, als eine geordnete Gesellschaft zu funktionieren.

Traditionen wie das *don contraignant* sind hier besonders interessant, weil sie eingesetzt werden, um einen Hof darzustellen, der die Perfektion nicht erreichen kann. Die Artusgemeinschaft strebt nach Hohem, dennoch wird durch das *don contraignant* deutlich, dass sie diese Ideale nicht verwirklichen zu können. Es ist somit eine strukturelle Gefahr, die durch die Möglichkeit der

---

[295] Jeder hält seine eigene Partnerin für die schönste von allen. Aus diesem Grund kann ein heftiger Streit zwischen den Rittern ausbrechen, wenn sich diese nicht einig werden, wer des Kusses wirklich würdig ist.

Nichteinhaltung dieser Regeln entsteht und hier von der Narration verwendet wird, um die Entführung zu ermöglichen. Die Entführung wird als Folge des *don contraignant* betrachtet, deshalb muss man von der Schuld des Hofes sprechen. Indem der Hof das Richtige tun will, eröffnet er Entführern eine Chance auf böse Taten. Es handelt sich hier um einen Widerspruch der Artusgattung, der nie gelöst wird. Somit ist ein *don contraignant* auch vielmehr das Ergebnis eines Systems und weniger das seiner Mitglieder.

e. Das intertextuelle Zusammenspiel der Entführungen

Das intertextuelle Spiel lässt hier in verschiedenen Formen finden. Die Entführung der Königin im *Lancelot en Prose* ist eine wiederholte Erzählung der Entführung im *Chevalier de la charrette*. Die Entführung im *Yvain* stellt eine Anspielung auf die Entführung des *Chevalier de la charrette* dar, während man im *Iwein* eine Anlehnung an die Entführung aus dem *Yvain* findet. Es lässt sich feststellen, dass dadurch ein intertextueller Raum geschaffen wird, in dem die Texte dialogisiert werden können. Dieser Dialog ist besonders interessant, weil dadurch gezeigt wird, dass eine gleiche Entführung auf verschiedene Art erzählt werden und diese Episode als wichtig gelten kann. Es ist auch interessant, dass die Entführung im *Chevalier de la charrette* auf zwei verschiedene Arten bearbeitet wird. Eine übernimmt die Erzählung, ohne sehr viel zu verändern, während die andere die Entführung nur erwähnt und auf eine Anspielung reduziert. Dieser Unterschied gilt nicht nur für die jeweilige Deutung, sondern ebenfalls für die Verbreitung dieser Geschichte. Man erkennt bei weiteren Erzählungen wie *Iwein*, dass diese ganz anders gewesen wären, wenn Hartmann den *Lancelot en Prose* gekannt hätte. Er hatte aber nur *Yvain* als Vorlage und arbeitet daher mit dieser Anspielung zum *Chevalier de la charrette*, wobei er diesen Text nicht kannte. Trotz dieses Problems und der Vereinfachung im Vergleich zum originalen Text merkt man, dass Hartmann ähnliche Komponente wie den *don contraignant* verwendet, deshalb ist noch eine Einheitlichkeit bei den Entführungen der Königin zu finden.

Andererseits muss diese Einheitlichkeit aber relativiert werden, weil der Kern der Entführungen, oder anders formuliert ihre Deutung sich sehr ändern kann. Bei den Entführungen im *Chevalier de la charrette* und im *Lancelot en Prose* liegt viel an der Symbolik der Königin, die als Herz des Hofes gilt, und an dem Aufstieg Lancelots zum besten Ritter. Im *Yvain* und *Iwein* merkt man einen Wandel im Fokus der Erzählung auf die Figur Yvain/Iwein, deshalb verliert diese Entführung diese Symbolik. Man könnte zwar sagen, dass die Entführung im *Yvain* mithilfe der Anspielung verstanden werden kann, doch es ist nicht sicher, dass der Leser oder Hörer dies verstehen wird. Im *Iwein* wurde die Artusgesellschaft für die Entführung der Königin beschuldigt, sodass wir hier sehen, dass es vielmehr um die Schuld für die Entführung als um die entführte Figur selbst geht. Auch die Frage der Rettung wird hier mithilfe der Figur Gawein vereinfacht, sodass die Unterschiede nicht zu übersehen sind. Trotz der Einheit der Thematik und verschiedener Gemeinsamkeiten zwischen den Entführungen bleiben genügend Unterschiede, damit nicht eine bloße Wiederholung vorliegt, sondern eine Verdichtung dieses Motivs durch eine Reihe einzigartiger Texte.

## II.4 *Wie?* Die Struktur der Entführung

Als Nächstes werde ich mich mit der Frage beschäftigen, wie diese Entführung im Werk *Chevalier de la charrette* aufgebaut ist.

Es kann nun beobachtet werden, wie die dreizehn Funktionen, auf die ich im Theorieteil Propps Schema reduziert habe, in diesem Text realisiert sind. Die erste Funktion entspricht der Anfangslage, noch bevor etwas passiert ist, und stellt den Prolog bis zu Meleagants Auftritt dar. Das Erscheinen des Antagonisten bildet auch die zweite Funktion, da es die Ruhe der ersten Phase zerstört. Die dritte Funktion beinhaltet den Betrug einer Figur und wie diese unbewusst bzw. unfreiwillig dem Entführer hilft. Diese Rolle wird im Lancelot von Keu übernommen, der durch das *don contraignant* die Königin fortführen darf, was Meleagant entgegenkommt. Die vierte Funktion besteht aus der Entführung selbst. So entsteht bei der Entführung ein Mangel, der behoben werden muss, um die Ordnung wiederherzustellen. Dieser Mangel wird in der fünften Funktion noch stärker betont, damit für den Hof deutlich wird, dass dieser nicht tragbar ist und so schnell es geht kompensiert werden muss. Daraus ergibt sich die sechste Funktion, die aus dem Befehl oder der Bitte an einen Sucher oder Helden besteht, der schnellstmöglich eine Lösung für dieses Problem finden soll. Im *Chevalier de la charrette* wird Gauvain gebeten, die Rettung der Königin zu übernehmen. Die siebte Funktion entspricht der Entscheidung des Suchers, die Bitte oder den Befehl zu akzeptieren, seine Vorbereitung auf die bevorstehenden Abenteuer und den Anfang der Gegenhandlung mit der Abreise des Helden. Im *Chevalier de la charrette* macht sich

Gauvain bereit und verlässt den Artushof, um die Königin zu finden. Die achte Funktion beinhaltet die Prüfungen, denen der Held auf seiner Mission begegnen kann, bevor es zur eigentlichen Rettung kommt. Die neunte Funktion schließt sich der achten an, da diese die Reaktion des Suchers auf die Prüfungen darstellt. Die zehnte Funktion entspricht einem Zweikampf zwischen dem Helden oder Sucher und dem Antagonisten, der den Mangel verursacht hat. Diese Funktion gibt es auch im *Chevalier de la charrette*, da ein Kampf zwischen Lancelot und Meleagant stattfindet, kurz nachdem Lancelot die Brücke des Schwertes überquert hat. Die elfte Funktion besteht aus dem Sieg des Helden, was auch direkt zur zwölften Funktion führt, in der verdeutlicht wird, dass der Mangel dadurch behoben wurde. Schließlich entspricht die dreizehnte Funktion der Rückkehr des Helden zusammen mit dem Opfer in die Heimat der entführten Figur. Diese letzte Funktion ist ebenfalls im *Chevalier de la charrette* vorhanden, obwohl sie erst nach einer zeitlichen Ellipse erfolgt und somit ein wenig getrennt von den anderen Funktionen erscheint.

Es lässt sich zwar feststellen, dass alle Funktionen im *Chevalier de la charrette* vertreten sind, dennoch gibt es hier Besonderheiten. Als Beispiel lassen sich vor allem die Funktionen sechs und sieben heranziehen, in denen der Hof Gauvain beauftragt, nach Meleagant zu suchen. Hier stellt man fest, dass Gauvain gar nicht der Held der Erzählung ist und die Rettung nicht bis zum Ende durchführt, da diese von Lancelot vollbracht wird. Durch seine Suche besitzt Gauvain aber einige Merkmale einer Retterfigur, weshalb auch diese Funktionen der Handlung, in denen er auf der Suche ist, eine Rolle spielen. Das heißt, dass in diesem Text zwar alle Funktionen des Schemas vorkommen, aber durch die Handlung von zwei verschiedenen Figuren, und zwar Lancelot und Gauvain, erfüllt werden. Würde man nur die Taten des erfolgreichen Retters der beiden, nämlich Lancelots, in Betracht ziehen, so würden die Funktionen sechs und sieben fehlen, weil der Artushof nicht Lancelot beauftragt hatte, nach der Königin zu suchen und sie zu retten. Eine weitere Funktion, die von Interesse ist, ist die 13. und letzte, weil diese etwas getrennt von den vorherigen auftritt. Die Rückkehr findet zwar definitiv statt, aber erst nach dem zweiten Kampf zwischen Lancelot und Meleagant. Das heißt, dass es eine narrative Ellipse zwischen der 12. und 13. Funktion gibt.

Der *Lancelot en Prose* weist das gleiche Schema wie der *Chevalier de la charrette* auf. Das bedeutet, dass alle Funktionen des ursprünglichen Schemas auftreten, es aber auf die gleiche Weise zu einer Art Erweiterung kommt. Die Funktionen sechs und sieben sind genauso wie im *Chevalier de la charrette* an Gauvain vergeben, während die anderen Funktionen der Rettung Lancelot zuzuschreiben sind.

Im *Yvain* wird das zuvor entwickelte Schema gut eingehalten, denn es sind alle Funktionen bis auf die achte, neunte und zehnte vertreten. Die Anfangssituation des Opfers, also der Königin, ist bekannt, weil sie bereits früher in der Erzählung vorkam. Meleagants Herausforderung und die unbeabsichtigte Hilfe von Keu lassen ihre Entführung zustande kommen, wodurch ein Mangel am Hof entsteht, der behoben werden muss. Gauvain wird beauftragt, nach der Königin zu suchen und sie zu retten. Danach gibt es jedoch eine Lücke im Schema, was die Handlungen von Gauvain und Lancelot betrifft, denn ab dieser Stelle konzentriert sich die Erzählung auf die Figur Yvain. Es findet sich hier eine zeitliche Ellipse, weshalb man nichts über die Prüfungen und Schwierigkeiten, die Gauvain und Lancelot auf ihrer Suche nach der Königin eventuell bestehen bzw. bewältigen müssen, erfährt. Im *Chevalier de la charrette* hingegen werden auf dem Weg zur Befreiung der Königin mehrere Prüfungen geschildert, um einerseits die Rettung zu verzögern und um andererseits zu zeigen, um was für eine schwierige Unternehmung es sich dabei handelt, die auch nur von einem Helden erfolgreich ausgeführt werden kann. Nach dieser narrativen Ellipse wird nur knapp von der zwischenzeitlich geglückten Rettung berichtet, ohne aber Einzelheiten über den Kampf oder wer die Beteiligten waren zu erfahren. Die Königin wird an den Hof zurückgebracht und der Mangel dadurch behoben. Insgesamt ist zu sagen, dass das Schema relativ gut eingehalten wurde, obwohl eine Lücke entstanden ist. Diese Funktionen fehlen, weil die Entführung der Königin in dieser Erzählung nicht so zentral ist und in Konkurrenz zu der Geschichte von Yvain steht. Hinzu kommt, dass die Erzählung des *Chevalier de la charrette* vom Erzähler als bereits bekannt vorausgesetzt wird, daher muss sie hier nicht ausführlich beschrieben, sondern kann auf das Wichtigste reduziert werden, nämlich dass die Rettung vollbracht und der Mangel behoben wurde.

Man könnte meinen, dass das Schema im *Iwein* hier große Ähnlichkeiten zu demjenigen im *Yvain* aufweist, weil Hartmann als Vorlage für sein Werk dasjenige von Chrétien de Troyes verwendet hat, obwohl er diesen Teil des Romans doch sehr veränderte. Diese Annahme stimmt zum größten Teil, da wir nur einige kleine Unterschiede zu der französischen Vorlage finden, wie z. B. bei der dritten Funktion. Der Unterschied besteht hier darin, dass die Rollen in der dritten Funktion von jeweils unterschiedlichen Figuren besetzt werden. Im *Yvain* war Keu derjenige, der dem Entführer unbeabsichtigt half, während im *Iwein* diese Rolle vom Kollektiv des Artushofes übernommen wird. Es handelt sich dabei jedoch, wie gesagt, nur um einen kleinen Unterschied, sodass Hartmann die Struktur von Chrétien, sogar mit der narrativen Ellipse, zum größten Teil beibehalten und nur einige wenige Details verändert hat (z. B. wer die Retterfigur ist). Außerdem lässt sich feststellen, dass der Kampf zwischen Gawein und Meljakanc hier kurz erwähnt wird, was bedeutet, dass die zehnte Funktion an dieser Stelle vorkommt, was bei Chrétien nicht der Fall ist. Insgesamt haben wir hier die gleiche Struktur wie in *Yvain*. Das heißt, die beiden Werke entfernen sich von der Struktur aus dem *Chevalier de la charrette* im gleichen Bereich, und zwar bei der achten und neunten Funktion. Das lässt sich dadurch erklären, dass die Struktur der beiden Romane *Yvain* und *Iwein* nicht auf der Entführung der Königin basiert, sondern vor allem auf der Geschichte der Hauptfiguren, die nicht an der Rettung beteiligt sind. Abgesehen davon sind die verschiedenen Funktionen aber alle vertreten und das Schema wird trotz der Strukturänderung größtenteils beibehalten.

Im Laufe dieses Kapitels wurden die verschiedenen Aspekte untersucht, die wichtig im Rahmen einer Entführung sind. So konnten Kernvarianten skizziert werden, die später mit den restlichen Texten des Korpus verglichen werden.

Mit Kernvarianten ist nicht gemeint, dass diese Art Varianten wichtiger oder häufiger vertreten sind als andere, sondern dass sie als Anfangspunkt für einen Vergleich gewählt wurden. Die weiteren Varianten werden also mit diesen Varianten aus dem *Chevalier de la charrette* verglichen, um sowohl die Vielfalt als auch die möglichen Gestaltungen des Motivs der Entführung zu verstehen.

Zuerst wurden die drei beteiligten Figuren – der Entführer, die entführte Figur und der Retter – als erste Bestandteil untersucht. Sowohl der Entführer als auch die entführte Figur sind besonders komplex, weil sie sowohl für Ordnung und Unordnung als auch höfische und nicht höfische Aspekte stehen können. Bei den Orten der Entführung und Rettung sehen wir insbesondere bei der Entführung, dass hier ebenfalls eine breite Basis vorliegt, weil es sowohl zu einer Entführung im höfischen Raum kommt als auch zu einer in der Wildnis. Es wurden dann die verschiedenen Motivationen für die Entführung untersucht, sodass sieben verschiedene Bestandteile etabliert werden konnten. Anhand der jeweiligen Beispiele in der späteren Studie wird es interessant zu sehen sein, was sich ändern kann, wenn es eine Varianz in diesen Bestandteilen gibt.

# III. Varianten beim „Wer" und beim „Entführer"

Im vorhergehenden Kapitel der exemplarischen Analyse des *Chevalier de la charrette* und seiner Varianten wurde deutlich, dass die Erzählung einer Entführung von einem hohen Maß an Komplexität geprägt ist und aus vielen Komponenten besteht. Im Folgenden werde ich anhand verschiedener Beispiele diese einzelnen Bestandteile untersuchen und mit den Varianten des *Chevalier de la charrette* vergleichen. Die verschiedenen Texte werden hinsichtlich ihrer auffälligen Aspekte im Vergleich zum zuvor studierten Prototyp des Narrativs untersucht.

Zunächst werden die Varianten der an den Entführungen beteiligten Figuren betrachtet, weil diese eine besonders wichtige Funktion in der Entführungserzählung haben: Ihr Verhalten und ihre Eigenschaften bestimmen wesentlich den Verlauf und die Bewertung der Handlung. So werde ich nacheinander (III.) die Entführer, (IV.) die Entführten und (V.) die Retter untersuchen. Im Anschluss werde ich Bestandteile jenseits der Figuren vergleichend in den Blick nehmen: (VI.) Orte der Entführungen, (VII.) Orte der Rettungen, (VIII.) Motivationen des Erzählten und (IX.) Motivationen des Erzählens. Es werden jeweils eine oder zwei signifikante Vergleichstexte ausführlicher analysiert und besprochen; weitere Textbeispiele werden jeweils kurz erwähnt, um auf die Fülle der möglichen Varianten und Traditionen hinzuweisen.

Beginnen wir mit den Entführerfiguren. Hier werde ich zunächst immer die Gemeinsamkeiten des im vorhergehenden Kapitel untersuchten Entführers Meleagant besprechen. Schon an Meleagant lässt sich erkennen: Er ist derjenige, der die zunächst ruhige Anfangssituation stört, indem er durch die Entführung die Handlung in Gang bringt. Später sollen jeweils die Unterschiede zur Darstellung der Figur Meleagants aus dem *Chevalier de la charrette* skizziert und untersucht werden.

Es handelt sich bei der Figur Meleagant um einen starken Ritter, der aus der Welt des höfischen Raumes stammt und die höfischen Sitten beherrscht. Dennoch verhält er sich im Laufe der Handlung zum Teil bösartig und in diesem Sinne unhöfisch. Diese Mischung aus höfischen und unhöfischen Zügen ist etwas, was auch auf andere Entführer zutrifft, wie etwa Valerin im *Lanzelet*, Alaardin in der *Première continuation Perceval* oder Ypander im *Torec*. Allen Entführern gemein ist ihre Zugehörigkeit zur höfischen Gesellschaft, wobei sie bei der Entführung nicht höfisch, sondern bösartig handeln. Diese prinzipielle Gemeinsamkeit bedeutet aber nicht, dass diese Entführungen auf die gleiche Art und Weise erfolgen und geschildert werden wie die Entführung der Königin im *Chevalier de la charrette*.

## III.1 Höfische Entführer

Im Folgenden werden nun die Entführerfiguren untersucht, die sich etwas stärker von Meleagant unterscheiden, um die Varianten aufzuzeigen, die sich in der Artusliteratur finden lassen. Dieses Kapitel widmet sich zunächst den

Entführern, die aus dem höfischen Raum stammen und sich auch im Laufe der Handlung weiterhin höfisch verhalten. Im vorherigen Kapitel wurde bereits angesprochen, dass Meleagant zwar aus dem höfischen Raum kommt, aber sich nicht den dort herrschenden Sitten entsprechend verhält. Bei dem ausgewählten Beispiel für einen höfischen Entführer handelt es sich um die Figur Gauriel aus dem Werk *Gauriel von Muntabel*, der eine Botin des Artushofes entführt.

## Beispiel: Gauriel von Muntabel entführt die Botin des Artushofes

a. Ein verbrecherischer Held

Der Entführer bei der einzigen Entführung im Roman *Gauriel von Muntabel* ist die Hauptfigur der Erzählung, nämlich Gauriel von Muntabel.[296] Er entführt eine Botin des Artushofes. Es handelt sich bei ihm um eine ungewöhnliche Entführerfigur, da es bei Gauriel zugleich um den Helden der Erzählung geht, was in den Erzählungen innerhalb der Artusgattung nicht häufig vorkommt. Man sieht zwar in anderen Texten, dass auch die besten Ritter und Helden Fehler machen[297]. Gauriel begeht ebenfalls einen Fehler in Bezug auf

---

[296] Konrad von Stoffeln: „German Romance Volume II: Gauriel von Muntabel". Christoph, Siegfried (Hrsg.), Cambridge, 2007. Verse 49-50 „er was genant Gauriel/ und was geborn von Muntabel." Übersetzung: Er wurde Gauriel genannt und war in Muntabel geboren.
[297] Erec verliebt sich in Enite, Iwein bricht sein Versprechen gegenüber Laudine und Parzival stellt keine Frage bei der Graalburg. Erec, Verse 2924-3012. Iwein, Verse 3111-3233. Parzival, Buch V, 254.20 zu 255.30.

seine Freundin[298], doch handelt es sich hier um eine ganz andere Ebene, da er, der Held, keinen Fehler, sondern ein Verbrechen begeht.[299]

Ein verbrecherischer Held kann mit der Vorstellung eines Raubritters in Verbindung gebracht werden. Was ist ein Raubritter? Der Begriff „Raubritter" wurde Anfang des 19. Jahrhunderts geprägt[300]: „Adelige, die angeblich im späten Mittelalter aufgrund des allgemeinen gesellschaftlichen Wandels und der veränderten Kriegstechnik in Not geraten wären und daher versucht hätten ihre Existenz durch Raub und Plünderung zu sichern."[301] Auch wenn es ein veraltetes Konzept ist, Raubrittertum als kollektive Entwicklung des Spätmittelalters anzusehen, scheint mir der Begriff dennoch passend, weil diese Ritterfiguren schon in der hochmittelalterlichen Literatur auftauchen und nicht nur höherständische Figuren in Not sind, sondern sich zugleich jeweils mehr oder weniger von der ritterlichen und höfischen Gesellschaft abwenden. Ein gutes Beispiel wäre „Helmbrecht", in dem der Held ein Bauernsohn ist, der zu einem Raubritter wird.[302] Am Ende der Erzählung wird er wegen seiner vielen

---

[298] "Gauriel is estranged from his wife after he inadvertently reveals her secret to others. She puts him under a disfiguring spell but offers him the opportunity to regain her love by succeeding in an adventure." Konrad von Stoffeln"German Romance Volume II: Gauriel von Muntabel" Christoph, Siegfried (Hrsg.), Cambridge, 2007. S. 11.

[299] "But when Guinevere sends one of her ladies as a messenger and he holds her hostage, he is definitely violating the behavioral code. The lady herself explains this clearly (548 ff.)." Martin, Ann G.: „Shame and Disgrace at King Arthur's Court, A Study in the meaning of Ignominy in German Arthurian Literature to 1300". Göppingen, 1984. S. 162.

[300] Andermann, Kurt: „Raubritter-Raubfürsten-Raubbürger? Zur Kritik eines untauglichen Begriffs". In: ‚Raubritter' oder ‚Rechtschaffene vom Adel'? Aspekte von Politik, Friede und Recht im späten Mittelalter". Andermann, Kurt (Hrsg.), Sigmaringen, 1997, S. 9-29.

[301] Andermann, Kurt: „Definition Raubritter". In: Historisches Lexikon Bayerns. https://www.historisches-lexikon-bayerns.de/Lexikon/Raubritter (08.08.2019, 15:30).

[302] Wernher der Gartenaere: „Helmbrecht". Panzer, Friedrich (Hrsg.). Besorgt von Ruh, Kurt. 9., neubearbeitete Auflage, Tübingen, 1974.

Verbrechen ermordet. Dieser Fall verdeutlicht, dass Raubritterschaft nicht positiv betrachtet werden kann, vielmehr handelt es sich um eine negative Veränderung der Ritterschaft. Ein weiteres Beispiel für einen typischen Raubritter wäre im *Roman van Walewein* zu finden, wo der rote Ritter mit seinen Gesellen von Diebstählen, Entführungen und Morden lebt.[303] Besonders interessant erscheint der Umstand, dass Gauriel diesem Bild überhaupt nicht entspricht, obwohl er ebenfalls ein verbrecherischer Held wird. Er ist aus diesem Grund als eine höchst widersprüchliche Figur zu betrachten.

Wie kann dieser Widerspruch erläutert werden? Zuerst gilt es zu klären, ob Gauriel nur ein einziges Verbrechen begangen hat, während die meisten Raubritter ständig neue Verbrechen verüben. Bei Gauriel handelt es sich auf keinen Fall um einen perfekten Ritter, aber er ist auch kein Raubritter. Er begeht ein einziges Verbrechen, um seinem Ziel näherzukommen. In diesem Zusammenhang fällt auf, dass er keine bösartigen Absichten gegenüber seinem Opfer hegt, er will der jungen Botin nichts antun. Er nimmt sie nur gefangen, damit die Ritter des Hofes ihn herausfordern.

b. Ein höfischer Ritter, der nach Vergebung sucht

Außerdem stellt er keine Figur dar, die jemals hinterlistig oder bösartig gehandelt hat. Er tritt vor den Artushof, um die drei besten Ritter des Hofes im Kampfe zu bezwingen. Auf diese Weise, so glaubt er, kann er für seinen

---

[303] Roman van Walewein, Verse 3960-4003.

Fehler gegenüber seiner Freundin büßen.[304] Allerdings möchte er niemandem von diesem Fehler erzählen[305], weshalb er einen anderen Grund schaffen muss, um zu einem Kampf gegen die Ritter aufgefordert zu werden.[306] Seine Lage erscheint problematisch und er kann nicht wie eine normale Figur handeln, daher muss er sich einen anderen Weg suchen. Der Raub der Botin zwingt die Ritter des Hofes dazu, gegen Gauriel zu kämpfen, weil sie sonst ihre Ehre verlieren würden.[307] Gauriel kann also durch diese Entführung sein Ziel erreichen und Buße für seinen früheren Fehler leisten.[308] Diese Entführung können wir zwar nicht als „höfisch" oder „richtig" betrachten, aber Gauriel bleibt im Laufe der Entführung konstant eine höfische Figur. Er verletzt nicht die Werte der höfischen und ritterlichen Ordnung, weil er ihr gegenüber keine bösen Absichten hegt, auch legt er seinem Opfer bereits zu Beginn seine Absichten dar.

> „und saget, daz ir gevangen sît
> niuwan ûf âaventiure strît"  [309]

---

[304] Gauriel, Verse 297-305.

[305] Thomas, Neil: „The Medieval German Arthuriad: Some Contemporary Revaluations of the Canon". Bern, Frankfurt am Main, 1989. S. 92 "Gauriel's fault is unambiguous. He inadvertenty defies his mistress's prohibition against revealing her identity to a third party.".

[306] Ebd., S. 93 "Gauriel proposes to perform specific penances in order to win back his lady's favour:( 11. 227-46)".

[307] "Gauriel insists that it is the knights who will be disgraced if they refuse to fight him (1015 ff.). The knights have no choice but to attack him in an attempt to rescue the lady;" Martin, Ann G.: „Shame and Disgrace at King Arthur's Court, A Study in the meaning of Ignominy in German Arthurian Literature to 1300". Göppingen, 1984. S. 162.

[308] "He is to capture the three best knights at Arthur's court. He accomplishes the task after defeating a number of "lesser" knights, since Erec and the other preeminent knights are away." Konrad von Stoffeln "German Romance Volume II: Gauriel von Muntabel" Christoph, Siegfried (Hrsg.), Cambridge, 2007. S. 11.

[309] Gauriel, Verse 611-612. Übersetzung von Siegfried Christoph: „He is to report that you are hostage, but only to guarantee adventurous battle"

Gauriel möchte sie bis zu seiner Herausforderung gefangen halten und sie gleich im Anschluss freigeben.

Bei der Befreiung handelt es sich ebenfalls um einen Beweis für das höfische Verhalten Gauriels. Zumal wir feststellen können, dass es keinem der Ritter des Hofes gelingt, Gauriel im Kampf zu besiegen. Er hätte als Entführer entscheiden können, die junge Frau so lange an seiner Seite zu behalten, bis er von einem anderen Ritter besiegt wird. Er hält sich aber an sein Versprechen, die junge Botin freizulassen, sobald der Hof seine Herausforderung annimmt. Es geht bei Gauriel also nicht um einen einfachen Entführer, weil er gleichzeitig das Merkmal einer Retterfigur aufweist. Er entscheidet sich für die Freigabe – oder Befreiung – der jungen Dame und bringt sie zurück, sodass der Mangel behoben und die Ordnung wiederhergestellt wird. Eine Ordnung also, die wegen der Figur des Retters teilweise mit Gauriel in Verbindung gebracht wird. Gauriels Erscheinung als höfische Figur wird dadurch deutlicher.

Diese Entführung erscheint auch insofern interessant, weil sie mit der Idee der Bestrafung eng verbunden ist. Als Erstes gilt es zu fragen, welche Fehler der Held begangen hat, wegen der er bestraft werden kann. Gauriel wurde bestraft, weil er das Geheimnis seiner Freundin verraten hat. Bei der Bestrafung handelt es sich um einen Fluch, der sein Gesicht hässlich werden lässt und ihn dadurch seiner Identität als höfischer Ritter beraubt. Die Bestrafung kann also ebenfalls im übertragenen Sinne als eine Art „Entführung" auf narrativer Ebene betrachtet werden, weil Gauriel infolgedessen seine Identität verliert. Michael Egerding behauptet diesbezüglich in seinem Aufsatz „Konflikt und

Krise im Gauriel von Muntabel des Konrad von Stoffeln": „Im Rahmen einer Gesellschaft, deren Sinnmöglichkeiten für ein Individuum auf den zentralen Werten von ritterlicher Tüchtigkeit und Minne basieren, kann Gauriel seine Existenz nur noch als sinnlos begreifen; derart eingeschränkt, befindet er sich am Tiefpunkt seiner Existenz."[310] Gauriel gelingt es aber nach einer Weile der Verzweiflung, seiner Lage zu entgehen, und er entscheidet sich dafür, nach Vergebung zu suchen und sich seine Schönheit zurückzuholen. Die Fee lässt ihm durch einen Boten eine Nachricht zukommen, die genau besagt, was Gauriel tun muss:

> „der besten von dem hove drî
> bringt ir die gevangen,
> sô ist iuwer leit zergangen.
> verendet irz, iu wirt der lîp
> wider und iuwer schoenez wîp"[311]

Gauriel hat hier die Aufgabe bekommen, die drei besten Ritter des Hofes zu besiegen und zu seiner Freundin die Fee zu bringen, weil er auf diese Art ihre Liebe und seine Schönheit zurückerhält. Die Aufgabe ist somit eine Rückgewinnung, wie wir an dem wort *„wider"* erkennen, die der Rückgewinnung eines Opfers bei einer Entführung entspricht. Es kann hier daher von einer *mise en abyme* die Rede sein. Gauriel ist entschlossen, diese Mission erfolgreich durchzuführen, deshalb macht er sich sogleich auf den Weg zum Artushof und

---

[310] Egerding, Michael: „Konflikt und Krise im „Gauriel von Muntabel" des Konrad von Stoffeln". In: Amsterdamer Beiträge zur älteren Germanistik. Band 34, Ausgabe 1, 1991. S. 112.
[311] Gauriel, Verse 392-397. Übersetzung von Siegfried Christoph: „If you bring back as prisoners/ the best three from that court/then your suffering will end. If you succeed, then both your appearance/ and your beautiful lady will be restored to you. "

sucht dort nach der besten Methode, um den Hof herausfordern zu können. Die Entführung kann in dieser Hinsicht als eine Folge der Bestrafung Gauriels und als ein Schritt der Buße betrachtet werden, weil sie Gauriel seinem Ziel näherbringt, die drei besten Ritter des Hofes zu schlagen. Es lässt sich feststellen, dass seine Bestrafung in der Handlung verbildlicht wird. In diesem Zusammenhang ist die Figur des Ziegenbocks zu erwähnen, der Gauriel auf seinem Weg der Buße begleitet.[312] Nach Sabine Obermaier ist dieses Tier ein Symbol für die Fehler und Sünden Gauriels[313], es bleibt in der Handlung so lange anwesend, bis Gauriel seinen Auftrag erfüllt hat.[314] Man könnte also den Bock als eine Figur der Unordnung betrachten, weil er in direktem Zusammenhang mit dem durch Zauberei veränderten Gesicht Gauriels steht.[315] Durch seine Anwesenheit wird immer wieder deutlich, dass Gauriel einen Fehler begangen hat. Diese Art von Unordnung breitet sich aber nicht aus, sondern dient nur dazu, Gauriel beständig bei seinem Vorhaben, die Ritter des

---

[312] Es heißt, der Bock begleite ihn, seit er von der Fee bestraft wurde bis zu dem Zeitpunkt, als er Iwein und seinen Löwen schlägt, also noch lange, bevor er den Hof herausfordert.

[313] „Der (Ziegen-)Bock, der schon bei Isidor als *animal lascivum* bezeichnet wird und den die Israeliten im Alten Testament als Sündenbock, das heißt symbolisch mit ihren Sünden beladen, in die Wüste schicken, gilt im Mittelalter als ein Sinnbild der *luxuria* oder überhaupt als ein Bild für den Sünder." Obermaier, Sabine: „Löwe, Adler, Bock. Das Tierrittermotiv und seine Verwandlungen im späthöfischen Artusroman". In: „Tierepik und Tierallegorese. Studien zur Poetologie und historischen Anthropologie vormoderner Literatur." Jahn Bernhard und Neudeck, Otto (Hrsg.), Frankfurt am Main, 2004. S. 134.

[314] Der Bock stirbt in einem Kampf mit dem Löwen von Iwein (Verse 1925-2033).

[315] „Vor diesem Hintergrund betrachtet, bildet Gauriels Bock – der im Gegensatz zu Iweins Löwen das eindeutig unedlere Tier ist – eine Entsprechung zu Gauriels vorübergehender Häßlichkeit, die zugleich Ausdruck eines Zustandes der Ungnade wie der Sünde ist." Obermaier, Sabine: „Löwe, Adler, Bock. Das Tierrittermotiv und seine Verwandlungen im späthöfischen Artusroman". In: „Tierepik und Tierallegorese. Studien zur Poetologie und historischen Anthropologie vormoderner Literatur." Jahn Bernhard und Neudeck, Otto (Hrsg.), Frankfurt am Main, 2004. S. 134.

Hofes herauszufordern, zu motivieren, damit er den Fluch brechen kann und sein Gesicht wiederbekommt. Die Figur des Bocks dient daher dem Streben nach Ordnung und verschwindet, sobald diese erreicht wurde, was verdeutlicht, dass der Bock selbst keine Unordnung herbeiführt, sondern nur ein Element der Unordnung darstellt, das kurzzeitig in Erscheinung trat.

Der Kampf zwischen Gauriel und Iwein ist in dieser Hinsicht besonders interessant, weil er nicht nur die beiden Ritter, sondern ebenfalls ihre Tiere betrifft. Der Bock und der Löwe kämpfen gegeneinander und beide sterben, wobei der Kampf mit dem Sieg Gauriels abgeschlossen ist. Der Löwe von Iwein besitzt eine Ähnlichkeit mit dem Bock Gauriels, auch seine Aufgabe besteht darin, Iwein zu motivieren, allerdings erfolgt diese Motivierung völlig anders. Der Löwe kann als ein Vorbild betrachtet werden, der Bock als die Verbildlichung des Fehlers Gauriel. Der Tod des Bocks ist an dieser Stelle besonders symbolisch, weil der Sieg Gauriel über Iwein dem Erfolg Gauriels bei der Herausforderung der drei besten Ritter des Hofes entspricht, da er früher schon Gawein und Erec geschlagen hat. Somit verschwindet die Figur des Bocks, die mit dem Fluch in Verbindung zu sehen ist.

## c. Gauriel und Meleagant im Vergleich

Ein anderer Aspekt der Figur Gauriels besteht darin, dass er durch seine Entführung den Hof zu einem Kampf provozieren möchte, eine Entwicklung, die wir auch im *Chevalier de la charrette* und seinen Variationen sehen können. Es stellt sich hier die Frage, ob Gauriel mit der Figur Meleagant verglichen werden kann. Eine gewisse Ähnlichkeit zwischen ihnen ist durchaus zu erkennen, da beide Entführer zum Hof kommen und eine Entführung begehen, um diesen herauszufordern. Trotz dieser Ähnlichkeit sind aber auch einige Unterschiede bemerkbar, die besonders wichtig sind. Meleagant besucht und fordert den Hof direkt heraus, während Gauriel keinen direkten Kontakt vor der Entführung mit der Artusgesellschaft hat. Gauriel will zwar auch den Hof herausfordern, aber er weiß noch nicht, wie er seinen Plan umsetzen soll. Er hat zu diesem Zeitpunkt der Handlung seine Methode nicht festgelegt, wie es bei Meleagant der Fall ist.

Ein weiterer Unterschied liegt in der Bedeutung des Wortes Herausforderung. Es lässt sich feststellen, dass Meleagant deutlich erkennbar bösartige und hinterlistige Absichten gegenüber dem Hof hegt. Sein Ziel bei dieser Herausforderung besteht darin, die Ordnung am Hof zu zerstören und seine eigene Überlegenheit für alle deutlich zu machen. Er möchte seinen Feinden Leid und Schaden zufügen, während sein eigener Ruhm größer wird.

Gauriel verfolgt aber andere Ziele bei seiner Herausforderung und möchte dem Hof dabei keinen Schaden zufügen.[316] Die Fee teilte ihm mit, dass er die drei besten Ritter des Artushofes besiegen soll, um sein früheres ansehnliches Gesicht wiederzubekommen, das wegen seines Fehlers am Anfang des Romans durch einen Fluch hässlich gemacht wurde. Dieses hässliche Gesicht lässt sich als eine Art Narbe betrachten, die ihn so lange an seine begangenen Fehler erinnern soll, bis er ausreichend dafür gebüßt hat. Also kommt er an den Hof mit dem Ziel, sich von diesem Fluch zu befreien, was nur durch eine Herausforderung des Hofes gelingen kann. Aus diesem Grund unterscheidet er sich von Entführern von der Art Meleagants, da er nicht wegen einer vermeidbaren Provokation an den Hof geht, sondern weil er den Fluch nicht anders aufheben kann.

Ein weiterer Unterschied zeigt sich dahingehend, dass Gauriel keine Gefühle für sein Opfer hat, so wie Meleagant sie für Königin Guenièvre verspürte. Das bedeutet, dass die Entführung nicht nur aufgrund des Status des Opfers (hier

---

[316]Martin meint diesbezüglich, dass „Gauriel is unique in consciously intending to inflict damage on the court for his own end". Martin, Ann. G.: « Shame and Disgrace at King Arthur's Court, A Study in the Meaning of Ignominy in German Arthurian Literature to 1300". Göppingen, 1984, S. 162. Diese Behauptung Martins zeigt, dass sie Gauriel als einen nicht höfischen Ritter betrachtet. Diese Annahme erscheint aber problematisch, weil keine narrative Bemerkung diese absichtliche Schädigung des Hofes unterstützt. Es ist zwar richtig, dass er aus Gründen des Profits handelt, dennoch bleibt er dem Hof gegenüber respektvoll. Tatsächlich verspricht er der jungen Dame ihre Befreiung und verhält sich nie unhöfisch bei einer Reihe von Zweikämpfen. Schließlich akzeptiert er es, dem Hof beizutreten, um den Folgen der Entführung noch weiter auszuweichen. Aus diesen Gründen sollte man Gauriel nicht als eine Figur betrachten, die absichtlich Schaden verursacht. Vielmehr handelt es sich um eine Figur, die nach einer Entwicklung des Hofes strebt. Diese Idee wird in einem späteren Abschnitt ausführlicher besprochen.

nur eine Botin des Hofes anstatt der Königin im *Chevalier de la charrette*) einen schwächeren symbolischen Charakter aufweist, sondern auch weniger emotional motiviert ist wie jene im *Chevalier de la charrette*, was ein weniger blutiges Ende vermuten lässt. Daher bekämpft er die Ritter des Hofes, ohne sie absichtlich zu verletzen oder zu töten, was auch zeigt, dass er die ganze Zeit über ein höfischer Ritter bleibt und nie zu einer Figur der Unordnung wird, was ihn stark von Meleagant unterscheidet. Später erfährt der Leser, dass er sogar großen Respekt vor Artus hat und er als Strafe für seine Tat selbst Mitglied des Hofes werden soll, um das Versagen des Hofes abzumildern[317], indem der Stärkere sich dem Hof anschließt. Gauriel handelt also nur deswegen so, weil eine Herausforderung des Hofes auf klassische Art nicht funktionieren würde. Er zeigt somit auch, dass es Zeit für Veränderungen und Entwicklungen der Regeln und Traditionen des Artushofes wäre.

## d. Die Herausforderung der höfischen Gesellschaft im Vergleich

Die Figur Gauriel ist besonders interessant, weil sie genau verdeutlicht, dass sich die Herausforderer entwickeln und neue Wege finden sollen, weil die traditionellen Wege der Herausforderung begrenzt sind. Die Entführung der Botin stellt das Ergebnis dieser Entwicklung dar. Gauriel kommt an den Artushof, um drei der besten Ritter herauszufordern. Wie aber kann es zu einem Kampf mit diesen Rittern kommen, ohne dass ihnen zuvor Schaden zugefügt

---

[317]Martin, Ann G.: „Shame and Disgrace at King Arthur's Court, A Study in the meaning of Ignominy in German Arthurian Literature to 1300". Göppingen, 1984. S. 163.

wird? In der Artusgattung gibt es dafür prinzipiell nur drei Möglichkeiten. Eine der Methoden hat Meleagant angewendet, der einfach an den Hof kommt, um dort ein Verbrechen zu begehen, womit er die Ordnung des Hofes angreift und die Ritter dazu zwingt, diese Ordnung wiederherzustellen. Eine andere Methode ist die einzige mögliche Herausforderung im Rahmen der höfischen Gesellschaftsordnung: die Beteiligung an einem Turnier. Die dritte Methode bestände darin, einen Gegenstand an den Hof zu bringen, der sehr wertvoll ist und den alle für sich gewinnen wollen. Ein Beispiel für diese letzte Methode findet sich im *Wigalois*, wo Joram einen wundersamen Gürtel, der dem Besitzer übermenschliche Kraft verleiht, zum Artushof bringt, um auf diese Weise alle Ritter zum Kampf herausfordern zu können.

An diesem Punkt stellt sich die Frage, welche dieser Methoden Gauriel verwendet, um den Hof herauszufordern. Gauriel will eigentlich kein Verbrechen begehen, sondern sich mithilfe der Herausforderung nur vom Fluch befreien. Außerdem achtet er die höfischen Werte und hat ansonsten auch keinen Grund, gegen die Ordnung des Hofes zu kämpfen. Als er an den Artushof reist, sind jedoch keine Turniere geplant. Zudem werden keine magischen oder kostbaren Objekte genannt, die ihm zu einer friedlichen Herausforderung verhelfen könnten. Dies hat zur Folge, dass Gauriel bei seiner Ankunft am Hof keine Option hat, die Ritter auf eine höfische Art herauszufordern. Keine der Möglichkeiten, die im Laufe der verschiedenen *Aventiuren* in der Artuswelt entstanden sind, sind für ihn machbar.

Wie kann also Gauriel vorgehen, wenn keine der herkömmlichen Handlungsoptionen passt, aber er dennoch handeln muss? Seine Lösung besteht darin, spontan ein neues Vorgehen zu entwickeln und die höfische Gesellschaft zu zwingen, sich anzupassen und weiterzuentwickeln.[318] Gauriel denkt in diesem Fall pragmatisch und erkennt eine Gelegenheit. Wahrscheinlich hätte er mit mehr Zeit auch eine andere Methode als den Raub der jungen Botin finden können, um den Hof herauszufordern, aber er will keine Zeit verlieren und ergreift die erste Gelegenheit, die sich ihm bietet. Er begreift sofort, dass eine Entführung eine gute Möglichkeit wäre, die Ritter des Hofes dazu zu bringen, gegen ihn kämpfen zu wollen. Gauriel kann hier also als ein Gelegenheitsentführer betrachten. Tatsächlich hat er nichts im Voraus geplant und handelt nur, weil sich eine Gelegenheit ergibt, die er einfach nutzen muss. Wenn er das nicht täte, würde es für ihn schwieriger, sein Ziel zu erreichen. Außerdem sollte an dieser Stelle betont werden, dass Gauriel nicht bis zum Artushof reitet, sondern gleich in der Nähe des Hofes anhält. Damit kann er die Neugier der Hofmitglieder wecken und etwas Zeit gewinnen, um über eine Lösung nachzudenken. Durch dieses Verhalten verschafft er sich eine Chance auf die Herausforderung, denn der Hof muss Kontakt mit ihm aufnehmen, um seine Neugier zu stillen.

Damit bleibt diese Entführung aber nur ein Mittel zum Zweck und weist daher einige Besonderheiten auf. So kündigt Gauriel der jungen Dame direkt nach ihrer Entführung an, dass er sie nur so lange festhalten wird, bis er gegen die drei besten Ritter des Hofes gekämpft hat, um sie dann wieder freizulassen.

---

[318] Isolde Neugart spricht von einem Experiment. Neugart, Isolde: „Beobachtungen zum „Gauriel von Muntabel". In: Johannes Janota (Hrsg.): Festschrift für Walter Haug und Burghart Wachinger, Band 2. Tübingen, 1992, S. 163.

Er hat keine bösen Absichten ihr gegenüber und behandelt sie gut, während sie seine Geisel ist. Man könnte also sagen, dass Gauriels Verhalten gegenüber seinem Opfer den Umständen entsprechend höfisch bleibt. Auch gegenüber den Rittern des Hofes versucht er, sich höfisch zu verhalten, obwohl er weiterhin Bedrohung signalisieren muss, um sein Ziel, die Herausforderung der Ritter, zu erreichen. Somit stellt Gauriel eine neue Art von Entführer dar, der niemandem ernsthaft Schaden zufügen will, sondern die Grenzen der höfischen Gesellschaft umgehen möchte und dabei dennoch eine höfische Figur bleibt. Später, als er seinen Fehler gesteht, erhält er auch nur eine milde Strafe, nämlich dass er für eine Weile am Hof bleiben soll[319], was deutlich eine Entwicklung der höfischen Gesellschaft zeigt. Tatsächlich wird die Entführung durch diese milde Strafe kaum vergolten[320], was in dieser Gattung ungewöhnlich und neu ist. Hier wird akzeptiert, dass die Entführung notwendig war, da diese keine schlechten Folgen für den Hof gebracht und Gauriel erlaubt hat, Buße für seinen Fehler zu tun.

e. Zur narrativen Struktur der Entführung

Zuerst sollte dieser Entführungsfall bezüglich der dreizehn Funktionen untersucht werden. Es lässt sich dabei feststellen, dass im „Gauriel" außer zwei

---

[319] "It is a breach of etiquette, which he makes up for, in a sense, by adding to the court's vreude in later festivities. No serious guilt or self-questioning is involved." Martin, Ann G.: „Shame and Disgrace at King Arthur's Court, A Study in the meaning of Ignominy in German Arthurian Literature to 1300". Göppingen, 1984. S. 163.
[320] "The disgrace of holding Guinevere's lady captive is not really adequately motivated and never properly atoned for, though Gauriel admits its wrongness." Ebd. S. 163.

Funktion alle vorhanden sind – es fehlen nur die achte und neunte Funktion, nämlich „Aventiuren auf dem Weg zur Rettung" und „Bestehen der Weg-Aventiuren". Die Grundstruktur ist also sehr ähnlich der Entführung der Königin im *Chevalier de la charrette*, weil es sich in den beiden Fällen um eine Herausforderung des Artushofes handelt. Genauso wie im Text Chrétiens kommt der fremde Ritter zum Hof und entführt mit ein wenig Hilfe des Hofes ein Mitglied der höfischen Gesellschaft. Ein Mangel kommt zustande, der behoben werden soll, deshalb schickt der Artushof seine Ritter nacheinander los, um Gauriel zu bekämpfen und die junge Dame zu befreien. Der einzige Unterschied liegt in der Abwesenheit der achten und neunten Funktion. Die Retterfiguren müssen keinen langen Weg voller Aventiure beschreiten, wie es im *Chevalier de la charrette* der Fall war, um das Opfer zu befreien. Gauriel ist nämlich in der Nähe des Hofes geblieben, damit die Ritter schnell und ohne Aventiure – und damit auch ohne Zeitverzögerung – zu ihm gelangen. Die zehnte und elfte Funktion hingegen werden mehrfach verwendet, weil nicht nur ein Kampf, sondern viele Kämpfe stattfinden. Gauriel kämpft gegen alle Ritter des Hofes, bis er sein Ziel erreicht hat die drei besten zu schlagen. Und er schafft es jedes Mal, seine Gegner zu besiegen. Schließlich wird der Mangel durch die Befreiung der jungen Dame behoben, die gleich an den Hof zurückkommen kann, wie Gauriel es ihr versprochen hatte. Die Lücke der achten und neunten Funktion und die vielen Kämpfe zeigen eine Intensivierung des Motivs der Herausforderung, bei der der Held nicht vor der Quantität und Qualität der Ritter des Hofes zurückschreckt. Und es gelingt ihm, die Artusgesellschaft zu bezwingen. Dabei verlässt er sich nur auf seine ritterlichen Fähigkeiten, was dazu führt, dass er zum besten Ritter gekrönt wird und die Vergebung seiner Freundin erlangt.

Diese Entführung ist auch strukturell wichtig, weil sie hier viel mehr ist als eine flüchtige Aventiure. Der erste Teil der Handlung, der sich der Entführung und ihren Folgen widmet und mit der Versöhnung mit dem Artushof abschließt, besteht aus 2200 Versen oder anders formuliert: einem Drittel der Gesamthandlung. Diese Entführung strukturiert also den ganzen ersten Teil der Handlung und ist auch deshalb wichtig, weil sie den Fokus der Erzählung auf die höfische Welt lenkt, obwohl der Anfang der Geschichte im Feenreich stattfand. Indem der zweite Teil der Erzählung ebenfalls im Feenreich von Fluratrone erfolgt, wird die Handlung deutlich zwischen der höfischen Welt und der Feenwelt aufgeteilt. Gauriel spielt eine besondere Rolle in dieser Erzählung, weil er dafür zuständig ist, die höfische Welt mit der Feenwelt von Fluratrone zu verbinden. Gauriel von Muntabel kann als ein melusinischer Roman betrachtet werden[321], dennoch soll er in dieser Arbeit ebenfalls als Artusroman bezeichnet werden, weil der erste Teil des Romans am Hof Artus' stattfindet. Und weil Gauriel diese zwei Welten zusammenbringt, bekommt auch die Entführung eine weitere Bedeutung verliehen. Hier ließe sich nämlich argumentieren, dass er die höfischen Regeln nur einhält, weil die Fee es

---

[321] Leander Petzoldt betont in seinem Artikel „Melusine in der populären Tradition" die Folgen des Mythos Melusine auf „Gauriel von Muntabel". Petzholdt, Leander: „Melusine in der populären Tradition". In: Schnyder, André, Mühletahler, Jean-Claude (Hrsg.): „550 Jahre Melusinenroman. Werk - Voraussetzungen - Wirkungen". Beiträge der wissenschaftlichen Tagung der Universitäten Bern und Lausanne vom August 2006. Bern, Berlin, Bruxelles, Frankfurt am Main, New York, Oxford und Wien, 2008. S. 203-217. Es wird im späteren Abschnitt zu den Feen-Entführungen auf die Unterschiede zwischen morganischen und melusinischen Entführungen im Detail zurückgegriffen.

ihm befohlen hat. Deshalb findet sich die Schuld für die Entführung nicht allein bei Gauriel, sondern auch bei der Fee.

Ein weiterer Aspekt, der mit dieser Entführung in Verbindung gebracht wird, ist die veränderte Funktionen der Rückgewinnung und Befreiung des Opfers. Diese Sequenz der Rückgewinnung bedarf meistens eines Kampfes zwischen dem Retter und dem Entführer (zehnte zur dreizehnten Funktion), um die Rückkehr zur Ordnung deutlich zu machen. In diesem Fall kommt es aber nicht nur zu einem einzigen Kampf, sondern zu einer mehrfachen Wiederholung der Zweikampfszenen. Zudem ist die Rettung erfolglos, weil alle Ritter des Hofes im Kampf gegen Gauriel versagen. Diese Wiederholung wird an dieser Stelle bewusst und aus verschiedenen Gründen eingesetzt. Erstens muss Gauriel ein Sieg über die drei besten Ritter des Hofes gelingen, was drei Kämpfe voraussetzt. Tatsächlich sind es vier Kämpfe, weil der Kampf gegen Gawan zweimal erfolgt. Es erscheint unmöglich zu sagen, ob diese Doppelung absichtlich oder aus Versehen verfasst wurde[322], doch wir können, wie Andrea Schott anmerkt, daran den Willen erkennen, Gauriel zum besten Ritter zu

---

[322] Hans Alfred Demtröder vertritt die Idee, dass es sich bei der Doppelung des Kampfes mit Gawan um einen Verständnisfehler des Autors handelt. Demtröder, Hans Alfred: „Untersuchungen zu Stoff und Stil des „Gauriel von Muntabel" des Konrad von Stoffeln". Bonn, 1959, S. 151. Andrea Schott aber behauptet, dass diese zwei Abschnitte stringent bleiben und dass diese beiden „Gawein-Variationen" sogar noch später in der Handlung weiter vorkommen, wenn sie nach Fluratrone geschickt werden. Schott, Andrea: „Ritter, Riesen, Zauberer: Gegnerfiguren in den „nachklassischen" Artusromanen". 2017. https://publications.ub.uni-mainz.de/theses/volltexte/2018/100002446/pdf/100002446.pdf (Webseite besucht am 09.05.2019). S. 269–270. Die Behauptung Schotts erscheint besonders interessant, weil es später Gauriel dazu bewegt, Gawan zweimal zu besiegen. Dennoch kann nicht vollkommen die Möglichkeit eines Verständnisfehlers ausgeräumt werden.

küren.[323] Doch sind diese drei Kämpfe nicht die einzigen, weshalb sie auch nicht der alleinige Grund für die häufige Wiederholung sein können. Die vielen Siege Gauriels über die einzelnen Ritter haben Ähnlichkeiten mit anderen Episoden der Artusgattung wie den Becher- und Handschuhproben in *Diu Crône*. Bei diesen Geschichten lässt sich beobachten, wie die Ritter und Damen des Hofes einer nach dem anderen versagen, ohne dass es in der späteren Handlung Folgen für den Hof gäbe. Trotz dieser Gemeinsamkeit ist im *Gauriel von Muntabel* zu sehen, dass diese Episode im Vergleich zu den anderen leicht abweichend bearbeitet wird. Sowohl die Becher als auch die Handschuhproben werden als Elemente der Komik eingeführt und diese erscheinen wie abgetrennt von der restlichen Handlung des Romans. Die Entführung der Botin lässt sich jedoch nicht vom Rest des Romans isolieren und besitzt weniger komische Elemente, dennoch stellt diese Doppelung eine Art Wiederholungskomik dar, die es erlaubt, einen Katalog der arthurischen Ritter zu schaffen. Es wird durch Anspielungen auf die verschiedenen anderen Romane der Artusgattung wie *Erec* und *Iwein* deutlich, dass hier mit der Tradition gespielt wird.

## f. Intertextualität

Einen letzten Aspekt, der mithilfe der Figur Gauriel besprochen werden kann, bildet die Herstellung eines intertextuellen Raumes zwischen diesem Text und

---

[323] Ebd., S. 270.

anderen Texten der Gattung. Es lässt sich feststellen, dass die Struktur dieses ersten Romanteils mit den Romanen über Erec oder Iwein große Ähnlichkeiten hat. Es kann im Gauriel nicht die Rede von einem Doppelweg im Sinne Kuhns sein, weil im späteren Verlauf der Handlung nicht von einem großen Erfolg des Helden und dessen Anerkennung am Artushof die Rede ist. Doch es wird deutlich, dass der Held hier einen Fehler begeht, der ihn sowohl seiner Ehre als auch seiner Identität als höfischer Ritter beraubt. Im Laufe dieser Entführung wird deutlich auf andere Romane angespielt, wie zum Beispiel *Erec* und *Iwein*. Diese Anspielungen stellen einen Weg dar, sich in die Tradition der Artusgattung einzuschreiben sowie eine Art Spiel mit dieser Tradition, was ebenso bei den späten Artusromanen des 13. Jahrhunderts üblich ist.

Gauriel ist nicht der einzige höfische Entführer. Es lässt sich ein anderes Beispiel in diesem Korpus mit der Figur des Zauberers im okzitanischen *Roman de Jaufré* finden. Dieser tritt als ein großer, schöner und eleganter Ritter in Erscheinung, der prächtig gekleidet ist und Kenntnisse in der Kunst der Zauberei besitzt.[324] Er könnte mit der Figur Merlin verglichen werden, obwohl diese Beziehung im Text nicht explizit hergestellt wird.[325] Eine weitere Besonderheit dieser Figur besteht darin, dass es sich bei ihr um ein angesehenes

---

[324] Roman de Jaufré, Verse 421-425. „Laisa cazer lo rei, que tenc/A sos corns, e ela devenc/Cavaliers grans e bels e jentz;/E fon vestutz mout ricamentz/D'escarlata tro als talons;" Übersetzung: Das Biest ließ der König fallen, der sich an seinen Hörner hielt, und verwandelte sich in einem großen und schönen Ritter, der sehr prächtig gekleidet war. Er war scharlachrot vom Kopf bis zu den Füßen gekleidet.
[325] Huchet, Jean-Charles: „Jaufré, le roman à nu". In: Littérature, n°74, 1989. Le miroir et la lettre. Écrire au Moyen Âge, S. 93.

Mitglied des Hofes handelt.[326] Anhand dieses Beispiels lässt sich erkennen, dass bei dieser Variante verschiedene Gestaltungen möglich sind.

Bevor dieser Abschnitt beendet werden kann, gilt es zu fragen, wofür ein höfischer Entführer in einem Roman gebraucht wird. Was bringt eine Figur wie Gauriel in einer Erzählung? Zunächst scheint es offensichtlich, dass wegen des höfischen Verhaltens Gauriels eine tiefe Krise am Artushof vermieden wird. Die Reihe von Misserfolgen der Artusritter hat keine weiteren Folgen für sie und Gauriel bereitet es keine Schwierigkeiten, sich der Artusgesellschaft anzuschließen, sodass er nicht für die Unordnung am Hof verantwortlich gemacht werden kann. Vielmehr trägt er, wie schon erwähnt, durch die Entführung zur Entwicklung des Hofes bei. Ein höfischer Entführer erscheint aber auch deshalb interessant, weil er im ständigen Kontakt mit dem Hof steht. Der Zauberer im *Roman de Jaufré* ist ein Mitglied des Hofes, während Gauriel bei dieser Episode fortwährend in der Nähe des Hofes bleibt. Bei diesen Entführungen sollte aber nicht nur auf den Entführer geachtet werden, sondern ebenfalls auf die Reaktion des Hofes. Im *Gauriel* merken wir, dass das Verhalten Gauriels Einfluss auf seine Gegner nimmt. Infolgedessen gibt Gawein den Kampf auf und lässt Gauriel sein Ziel erreichen, obwohl er einen längeren und härteren Kampf führen könnte. Auch König Artus hätte Gauriel bekämpfen können, entscheidet sich aber dafür, ihn zu einer Versöhnung mit dem Hof zu bewegen. Es ist zwar möglich, dass es nur darum geht, dass diese zwei wichtigen Figuren ihren Kampf nicht verlieren, weil der Hof diese Niederlage

---

[326] Roman de Jaufré, Verse 436-458.

nicht ertragen könnte, doch diese freundliche und tolerante Einstellung dieser zwei Figuren bleibt auch wichtig. Dieser Umstand zeigt, dass der Hof Gauriel nicht als eine ernste Bedrohung, sondern als einen höfischen Ritter betrachtet.

## III.2 Nicht höfische Entführer

Der vorherige Abschnitt hat sich mit Figuren auseinandergesetzt, die zwar eine Entführung begehen, sich aber trotzdem weiterhin höfisch verhalten. Somit stellen sie einen Unterschied zur Figur Meleagant dar, da dieser zwar aus einem höfischen Raum stammt, sich aber nicht höfisch verhält. Das folgende Kapitel widmet sich den Figuren, die vollkommen außerhalb des höfischen Raumes stehen. Diese Variante soll anhand eines Beispiels untersucht werden, und zwar der Entführung Wigamurs durch Lespia im *Wigamur*.

### Beispiel: Die Entführung Wigamurs durch Lespia im *Wigamur*

Der erste Raub wird von einer Meerjungfrau, die Lespia heißt und als „wilde Frau" bezeichnet wird, begangen. Die Bezeichnung „wilde Person"[327] in

---

[327] Sie wird in dem Text mehrere Male auf verschiedene Art erwähnt. Das erste Mal erscheint sie in der Stelle (Vers 112), wo der Leser über sie erfährt, dass sie als ein "wildes weyb" zu betrachten sei. Später (Vers 134) wird sie als die "mer frawe" bezeichnet. Dies geschieht ebenso wie im Vers 168, der sie ein "das mer weyb" nennt. Es ist unklar, wie sich Lespia wahres Aussehen vorzustellen ist, weil man keine genaue Beschreibung von ihr hat. Sie kann sowohl am Land und als auch am Meer leben, deshalb soll der Begriff der wilden Frau verwendet werden, um sie zu beschreiben.

einem deutschen Roman des Mittelalters ist nicht ungewöhnlich.[328] Das Erscheinen einer wilden Figur ist ein eindeutiges Zeichen dafür, dass diese Unordnung in die Handlung bringen wird, da sie nicht zur höfischen Gesellschaft gehört und als wilder Mensch wahrscheinlich sogar das Gegenteil der höfischen Werte vertritt.[329] Ihre wilde Seite ist anhand ihrer Beschreibung deutlich zu erkennen, dennoch scheint es in diesem Fall viel wichtiger, dass sie nicht zur höfischen Welt gehört. Dies wird durch verschiedene Aspekte unterstützt, die im Folgenden erläutert werden sollen. Zuerst lässt sich feststellen, dass sie in einer Höhle im Meer wohnt. Außerdem wird deutlich, dass Lespia keinen Kontakt zur höfischen Gesellschaft hat. Schließlich ist sie aber diejenige, die sich dafür entscheidet, gegen den Hof anzutreten, indem sie das Kind des Königs entführt.

## Eine komplexe Entführerin

Lespia zeigt durch diese Entführung, dass es sich bei ihr um eine komplexe Figur handelt. Diese Komplexität lässt sich mehrfach begründen. Betrachten wir zuerst ihr Geschlecht, weil Entführerinnen nicht sehr häufig in der Literatur vorkommen. Es gibt natürlich einige weibliche Figuren, die eine wichtige

---

[328] Lecouteux, Claude: „Les monstres dans la littérature allemande du moyen age". Göppingen, 1982. S. 15. Tatsächlich findet man andere Romane wie *Diu Crône, Wolfdietrich* oder das *Eckenlied*, in dem wilde Menschen vorkommen.
[329] Ebd. S. 24 „L'homme sauvage est l'antithèse du chevalier. Par son aspect, sa pilosité, sa taille, ses mœurs et ses armes il s'oppose à toutes les valeurs de l'univers courtois. Il représente l'homme non cultivé, la brute, et laisse entrevoir ce qui arrive à toute personne exclue de la communauté, de la société, de la civilisation."

Rolle in der Artusgattung spielen, aber sie bleiben meistens eher Helferinnen oder im Hintergrund und sind keine handelnden Figuren. Es stellt also keinen Zufall dar, wenn eine weibliche Figur als Entführerin gewählt wird. Das Auftauchen weiblicher Entführerinnen deutet auch auf eine allgemeine Entwicklung innerhalb der Artusgattung hin, nämlich darauf, dass ebenso weibliche Protagonisten eine größere Rolle spielen werden, obwohl ihre Zahl trotzdem insgesamt deutlich geringer bleibt als die der Männer. Im Korpus gibt es vier Fälle von Entführungen durch weibliche Gestalten. Zwei davon werden von Feen begangen, was ebenfalls einen großen Unterschied macht, weil diese mehr als übernatürliche Wesen denn als weibliche Entführerinnen zu betrachten sind. Hinzu kommt, dass die Feenfiguren im *Lancelot en Prose* und *Lanzelet* nicht mit der Figur Lespias zu vergleichen sind, weil diese Entführungen als Rettungen betrachtet werden sollten, während die Entführung im *Wigamur* einfach als Verbrechen gelten kann. Die einzige andere Entführerin ist Amurfina im *Diu Crône*, die die Sinne Gaweins mit einem Zaubertrank raubt.[330] Lespia weist eine Ähnlichkeit mit Amurfina auf, weil beide ihr Opfer entführen, um etwas Konkretes von ihm zu erhalten. Amurfina sehnt sich nach der Liebe und dem Schutz Gaweins, während Lespia plant, Wigamur mit einer ihrer Töchter zu vermählen. Trotz dieser Ähnlichkeit erscheinen diese zwei Figuren grundlegend verschieden, weil Amurfina die Herrin eines Landes und somit eine Vertreterin der höfischen Welt darstellt, während Lespia vollkommen außerhalb dieser höfischen Welt lebt. Insgesamt können also nur sehr

---

[330] Es handelt sich hier um einen Grenzfall, da es nicht um eine körperliche Entführung geht, sondern um einen Raub des Verstands und der Sinne Gaweins. Für mehr Informationen über diesen Raub der Sinne kann im Anhang 2 nachgeschlagen werden.

wenige Entführerinnen ausgemacht werden, die zudem sehr verschieden sind. Lespia soll daher im Folgenden als eine einzigartige Figur betrachtet werden.

Die Komplexität der Figur Lespia lässt sich nicht nur auf ihr Geschlecht zurückführen. In der Tat kann auch ihre Methode der Entführung als besonders bezeichnet werden. Sie entführt das Kind von König Paltriot, während dieser mit anderen Königen verreist ist und seinen Sohn nicht beschützen kann. Dabei ist auffällig, dass Lespia den Raub nicht wie andere Entführer durchführt. Sie ist keine Kämpferin wie Meleagant und kennt nicht die höfische Gesellschaft und ihre Regeln. Ja, sie hat nicht im Entferntesten die Fähigkeiten eines Ritters und ist sich bewusst, dass sie im Kampf unterliegen würde, weshalb sie durch eine genau Planung der Entführung im Voraus Kämpfe vermeidet – eine einzigartige Methode. Sie ist also auch keine Gelegenheitstäterin und es geschieht nicht zufällig, dass sie das Kind entführt, während sein Vater und alle seine Ritter abwesend sind. Diese Besonderheit wird auch daran deutlich, dass Lespia zur Zeit der Entführung bereits plant, Wigamur später mit einer ihrer Töchter zu vermählen.

> „Sie getacht so sy gewachsen sind,
> so solle dieser--kindes paren
> mit ainer—zu hoffe faren"[331]

Die Idee einer Hochzeit Wigamurs mit einer ihrer Töchter ist als besonders wichtig zu bewerten, um diese Figur zu verstehen. Durch diese Vermählung hofft Lespia in Kontakt mit der höfischen Welt zu treten, wie es mit den Worte

---

[331] Wigamur, Verse 138-140. Übersetzung von Joseph M. Sullivan: „ She thought that when tey had grown up,/ this boy would-with one/ of the pair of maiden-go to court."

„*zu hoffe faren*" deutlich wird, und sogar Mitglied der höfischen Gesellschaft zu werden. Die Figur Lespias erscheint hier widersprüchlich, weil sie vollkommen außerhalb der höfischen Gesellschaft lebt und keine höfischen Methoden einsetzt. Dennoch strebt sie danach, sich der höfischen Gesellschaft anzuschließen. Lespia zeigt hier außerdem, dass sie nicht nur etwas im Voraus planen, sondern auch langfristig denken kann. Dieser besondere Charakterzug wird zusätzlich dadurch unterstützt, dass sie ein kleines Kind entführt. Das Kind ist in seinen jungen Jahren zunächst nutzlos für ihr Ziel. Doch kann sie den Jungen dazu erziehen, in ihrem Sinne zu handeln. Solche Entführer, die ihre eigentlichen Pläne verbergen, lassen sich nur selten finden. Meistens signalisieren Entführer ihre Pläne in Bezug auf das Opfer deutlich. In diesem Fall jedoch begreift das Kind Lespias wahre Absichten nicht, weil es noch zu klein ist und weil Lespia diese gut verbirgt. Das macht sie zu einer besonders gefährlichen Figur, da sie ihre Pläne geheim hält und so Unordnung erzeugt.

Ein weiterer Widerspruch dieser Figur besteht darin, dass sie nicht immer in der Lage ist, dieses berechnende Verhalten aufrechtzuerhalten. Die Lage entwickelt sich anders, als von Lespia geplant. Eines Tages fängt sie ein gefährliches Meerwesen und braucht, um es zu bändigen, die Hilfe ihrer Brüder. Während sie auf der Suche nach ihnen ist, wird sie aber von König Paltriot gesehen und gefangen genommen.[332] Sie hat keine andere Wahl, als ihm zu versprechen, Wigamur freizulassen. Als sie zurück zu ihrer Grotte kommt, hat das Meerwesen sich aber längst befreit, Wigamur mitgenommen und Lespias

---

[332] Ebd., Verse 221-231.

beiden Töchter getötet. Als sie ihre beiden toten Töchter findet, nimmt sie sich das Leben.

"durch die layd und den zorn

gab sy ir selber ainen schlag

das sy todt nider lag."[333]

Lespia hat es nicht geschafft, ihre Fähigkeiten, die ihren Erfolg ausmachten, auch hier einzusetzen, weil diese in diese Situation nutzlos sind. Es lässt sich nun mal nicht alles planen. Es lässt sich ja nicht jede Fähigkeit überall einsetzen. Man könnte es als eine Art Warnung formulieren: Egal wie gut du berechnest und planst, das Schicksal kann dich trotzdem erwischen, weil es stärker ist. Das wäre also eine Art Korrektur der Unordnung durch eine andere Unordnung. Nach diesem Ereignis bricht ihre Welt zusammen, was sie dazu bewegt, Selbstmord zu begehen. Dieser Zusammenbruch erfolgt vor allem wegen dem Meerwesen, mit dem sie eine besondere Beziehung verbindet.

Die Beziehung zwischen Lespia und dem Meerwesen ist außergewöhnlich und beeinflusst große Teile der Handlung. Seit Lespias Mann vor langer Zeit von dem Meerwesen ermordet wurde, sind die beiden in eine schreckliche Blutfehde verstrickt.

---

[333] Ebd., Verse 331-333. Übersetzung von Joseph M. Sullivan: "in her suffering and anger/ she gave herself a blow/ such that she lay down dead."

„wan es vor mangen tagen
ir irn man het erschlagenn." [334]

Es werden aber keine Einzelheiten dieses Vorfalls erzählt und das Meerwesen wird durch den Erzähler auch nicht verurteilt, was nahelegt, dass der Kampf nicht ungerecht und die Ermordung somit nicht unrechtmäßig war. Dennoch ist Lespia sehr wütend auf das Meerwesen und will Rache nehmen, weshalb sie es zu ihrem Gefangenen macht. Lespia ist aber nicht in der Lage, das Meerwesen alleine zu töten.

„Sie wolt lauffen tratt
nach ires prueders ratt
dem mer wunder nehmen den leib." [335]

Ihre Unsicherheit oder Unfähigkeit, diese Tat alleine zu vollbringen, zwingt sie, ihre Brüder zu suchen, was dazu führt, dass sie von König Paltriot gefunden wird.

Lespia handelt in dieser Situation nicht so selbstsicher, durchdacht und planend wie bei der Entführung Wigamurs, was ihr bei der Entführung sehr

---

[334] Ebd., Verse 189-190. Übersetzung von Joseph M. Sullivan: „because a long time ago he/ had killde her husband". „Die Feindschaft des Meeresweib und des Meerwunders ist sorgfältig begründet, die Ermordung von Lespias Kindern und die Mitnahme Wigamurs durch das Meerwunder sind genau motiviert." Ebenbauer, Alfred: „Wigamur und die Familie". In: Friedrich Wolfzettel (Hrsg.): „Artusrittertum im späten Mittelalter. Ethos und Ideologie. Vorträge des Symposiums der deutschen Sektion der Internationalen Artusgesellschaft vom 10. bis 13. November 1983 im Schloß Rauischholzhausen". Giessen, 1984, S. 29.
[335] Wigamur, Verse 197-199. Übersetzung von Joseph M. Sullivan: „She wanted to run right away/ and secure her brother's assistance/ in taking the wondrous sea creature's life."

geholfen hatte. Der Grund hierfür könnte aber auch die körperliche Überlegenheit des Meerwesens sein.

> „das mer wunder was so starck
> und mit listen so karck
> das es die riemen zersprach"[336]

Daher will sie in dieser Situation ihre Brüder um Hilfe bitten, obwohl das Meerwesen bereits in ihrer Gewalt ist und sie trotz der Gefahr durchaus die Möglichkeit hätte, es zu töten. Durch dieses Vorgehen gibt Lespia dem Meerwesen die Gelegenheit, sich zu befreien[337], und lässt zu, dass äußere Faktoren Einfluss auf die Situation nehmen[338], was ihr schließlich zum Verhängnis wird. Daran sieht man, dass Lespia nicht so gefährlich ist, wie sie zuerst erscheint. Solange sie Zeit hat, ihre Pläne im Geheimen vorzubereiten, stellt sie eine Bedrohung dar, in anderen Situationen fehlen ihr aber Stärke, Wille, Nervenstärke und Diziplin, ihre Handlungen durchzuführen.

Diese Beziehung zwischen Lespia und dem Meerwesen ist auch deshalb bemerkenswert, weil es eine gewisse Parallele zwischen diesen zwei Figuren gibt. Sowohl Lespia als auch das Meerwesen gehören nicht zur höfischen Gesellschaft und entführen das gleiche Opfer. Doch merken wir, dass diese Entführungen große Unterschiede aufweisen. Das Meerwesen lebt wie Lespia außerhalb des höfischen Raums und will diesem auch nicht beitreten. Es braucht

---

[336] Ebd., Verse 308-310. Übersetzung von Joseph M. Sullivan: „the marvelous sea creature was so strong/ and so clever with ingenious skills/ that he burst his bindings"
[337] Ebd., Vers 307. Übersetzung von Joseph M. Sullivan: „The captive had escaped:"
[338] Sie wird gesehen, gesucht und gefangen von König Paltriot, was nicht vorgekommen wäre, wenn sie nicht versucht hätte, ihre Brüder zu suchen.

die höfische Welt nicht und nähert sich insofern den Feenfiguren an, die höfische Werte und Eigenschaften besitzen, aber doch in einem eigenen Raum leben möchten. Ein weiterer Unterschied liegt darin, dass das Meerwesen das Kind entführt, um es zu retten. Im Gegensatz zu Lespia ist das Meerwesen nicht auf das Kind angewiesen. Hier wird also deutlich gezeigt, dass Lespia als eine Figur der Unordnung betrachtet werden soll.

Die Figur Lespia soll ebenfalls durch ihr Verhältnis zu Wigamur definiert werden. Erstaunlicherweise verhält sie sich ihrer Geisel gegenüber nicht wie eine typische Entführerin, sondern sehr freundlich, wenn nicht sogar mütterlich, was dem Leser oder Hörer einen positiven Eindruck von ihr vermittelt.[339]

> „Mit fleÿsse sie in bewarte
> und pflag sein wol und zartte
> mit iren tochteren, zwaÿ schöne kind"[340]

Die manipulative Seite Lespias kann zwar teilweise dieses Verhalten erklären, dennoch ist hier auch eine emotionale deutlich zu sehen. Sie behandelt ihn genauso wie ihre leiblichen Kinder, was wir am Wort „fleÿsse" erkennen, deshalb kann sie auch nicht als eine ausschließlich bösartige Figur betrachtet werden. Diese emotionale Seite wird noch durch ihren Tod infolge eines Selbstmords verstärkt. Nachdem sie ihre Töchter tot auffindet, versucht sie nichts zu

---

[339] "the poet nevertheless portrays Lespia as a sympathetic and, indeed, surprisingly positive character. Thus the poet makes repeated reference to how carefully and tenderly Lespia looks after Wigamur (e.g. lines 131-66, 1282-90 and 4057-65), feeding him well and ensuring his safety, and how ruefully she mourns the deth of her two daughters (lines 321-8).". „Wigamur". Sullivan, Joseph (Hrsg.), Cambridge 2015. S. XX
[340] Wigamur, Verse 135-137 Übersetzung von Joseph M. Sullivan: „Whith zeal she looked after him/ and cared for him well and tenderly/ along with her daughters, two beautiful maidens."

unternehmen, um sich vor König Paltiot zu schützen. Sie will sich nicht selbst retten, sondern nur sterben, deshalb kann dieser Figur auch ein emotionales Verhalten zugeschrieben werden.

Ein weiterer Aspekt, der mit Lespia in Verbindung steht, ist der Identitätsverlust des Helden. Es lässt sich feststellen, dass die Entführung Wigamur von der höfischen Welt trennt. Wigamur ist noch sehr klein und hat keinen Kontakt zu seiner ursprünglichen Familie, sodass er glaubt, Lespia sei seine leibliche Mutter. Wegen dieser Entführung ist Lespia die einzige Figur, die die Identität Wigamurs kennt. Dies wird zu einem Problem, wenn das Kind erneut vom Meerwesen entführt wird, da nur dieses weiß, dass es sich bei ihm nicht um Lespias leibliches Kind handelt. Das Meereswesen kann zwar erkennen, dass das Kind entführt wurde, doch es kann nicht herausfinden, wer seine ursprüngliche Familie ist. Die Schuld dieses Problems darf aber auf keinem Fall dem Meerwesen zugeschrieben werden, weil es nur versucht hat, das Kind aus der Not zu retten. Die Schuldige ist Lespia, die bewusst Wigamurs Identität verschleiert hat, damit sie ihn zu ihrem Schwiegersohn erziehen kann. Lespia wird dadurch zur Wurzel der Identitätskrise Wigamurs, die die Gesamthandlung strukturiert. Wigamur soll im Laufe seiner Aventiuren nach seiner Identität suchen, um seinen Platz in der höfischen Gesellschaft wieder vollkommen einnehmen zu können. Deshalb ist die Entführung Wigamurs nicht nur als eine körperliche Entführung zu betrachten, sondern ebenfalls als eine Entführung der Identität. Dieser Identitätsverlust erfolgt aber nicht durch Lespia, sondern wird vielmehr auf der narrativen Ebene. Durch die Entführung werden die Identitätskrise und eine Reihe von Aventiuren geschaffen, die nötig sind, um Wigamur an seinen richtigen Platz zurückzubringen.

Alfred Ebenbauer behauptet, die Entführung im *Wigamur* sei ähnlich zu der im *Lanzelet* von Ulrich von Zatzikhoven.[341] Die Konstellation der Figuren besitzt Ähnlichkeiten und es kommt zur Entführung eines Kindes, das seine Identität verliert. Diese Entführungen werden hier als Mittel verwendet, um eine Krise im Helden auszulösen. Diese Krise hat Gemeinsamkeiten mit den Krisen der Helden im *Erec* oder *Iwein*, weil der Held diese nur mit Zeit und verschiedenen Aventiuren lösen kann. Trotz dieser Gemeinsamkeit fällt auf, dass diese sehr unterschiedlich sind, da es sich bei Wigamur und Lanzelet um Kinder handelt und sie selbst keine Fehler begangen haben. Die Kinder müssen hier „nur" die Konsequenzen der Entführung ertragen, um sich einen Weg in die ritterliche Welt zu ermöglichen. Es lässt sich feststellen, dass diese beiden Romane wichtige strukturelle Merkmale teilen, doch werden diese ähnlichen Funktionen vollkommen anders belegt. Die Entführung im *Lanzelet* wird als Rettung durch eine Fee betrachtet, während die Entführung Wigamurs durch Lespia als eine bösartige und manipulative Tat verstanden wird.

Nun soll auch die Struktur dieser Entführungen beachtet werden. Dabei ist es bemerkenswert, dass diese Fälle große Ähnlichkeiten miteinander haben. Es gibt nur einen einzigen Unterschied bei der dritten Funktion (Betrug oder

---

[341] Ebenbauer, Alfred: „Wigamur und die Familie". In: Friedrich Wolfzettel (Hrsg.): „Artusrittertum im späten Mittelalter. Ethos und Ideologie. Vorträge des Symposiums der deutschen Sektion der Internationalen Artusgesellschaft vom 10. bis 13. November 1983 im Schloß Rauischholzhausen". Giessen 1984, S. 29. „Die Entführung des Kindes ähnelt dem „Lanzelet" Ulrichs von Zatzikhoven".

unfreiwillige Hilfe), ansonsten teilen die beiden Entführungen das gleiche Schema. Die zwei ersten Funktionen (Initiallage und Auftreten eines Gegenspielers) sind in beiden Fällen vorhanden. Bei der Entführung Wigamurs durch Lespia merkt man, dass die dritte Funktion (Unfreiwillige Hilfe) verwendet wird, während sie bei der Entführung durch das Meerwesen abwesend ist. Die vierte und fünfte Funktion (Entführung und Feststellen des Mangels) sind ebenfalls in beiden Fällen vorhanden, während die Funktionen zur Rettung bei allen fehlen (sechste bis dreizehnte Funktion). Diese beiden Fälle sind in dieser Hinsicht interessant, weil hier gezeigt wird, dass es keine gewöhnliche Rettung gibt. Es wird nicht von einem Rettungsversuch des Hofes seitens König Paltriot gesprochen, bis dieser die Gelegenheit bekommt, Lespia gefangen zu nehmen. Das Kind wird zwar vom Meerwesen gerettet, aber das passiert nicht durch einen Kampf oder um den Mangel zu beheben, der durch die Entführung des Kindes entstand. Das Meerwesen gehört auch nicht zur höfischen Gesellschaft und weiß nur, dass das Kind nicht Lespias leiblicher Sohn ist, weshalb er entführt worden sein muss. Es weiß auch nicht, von welchem Hof das Kind entführt wurde, und kann es deshalb nicht zurückbringen. Deshalb sind hier keine der Funktionen zu finden, die in Verbindung zu der Rettung stehen. Bei der Entführung Wigamurs durch das Meerwesen ist zudem zu sehen, dass niemand von dieser zweiten Entführung erfährt, sodass keine Rettung unternommen wird. Außerdem wird das Kind vom Meerwesen befreit, sogleich dieses die höfische und ritterliche Welt betreten kann. Das heißt, das Kind wird hier nicht richtig gefangen genommen, sondern vielmehr auf die Gefahren der Außenwelt vorbereitet, deshalb sind die Funktionen zur

Rettung auch hier nicht vorhanden. Insgesamt haben wir es hier mit zwei Varianten zur klassischen Rettung zu tun, die die Kernvariante aus dem *Chevalier de la charrette* ergänzen.

Ein weiterer struktureller Aspekt, der bei der Figur Lespia und der Entführung Wigamurs berücksichtigt werden muss, betrifft die Doppelung der Entführungen desselben Kindes. Diese nacheinander erfolgenden zwei Entführungen bilden eine Einheit, bei der Lespia eine große Rolle spielt. Sie sorgt für eine tiefe Unordnung, die zwar vermindert, aber nicht verhindert werden kann. Das macht die Rettung durch das Meerwesens deutlich – das Kind vor zwar vor Lesbia gerettet, aber bekommt dadurch noch nicht seine Identität zurück. Diese doppelten Entführungen machen insofern Sinn, weil beide zusammenwirken und zur Krise des Helden beitragen. Diese kann allein mit der ersten Entführung in dieser Form nicht herbeigeführt werden, weil Lespia genau weiß, wer Wigamur ist. Sie hat sogar Pläne für seine Zukunft, wegen derer sie Wigamur in eine tiefe Unordnung stößt, sodass er unbedingt gerettet werden muss. Die zweite Entführung vermindert diese Unordnung deutlich und erlaubt eine progressive Rückkehr in die höfische Welt, indem er seinen Identitätsverlust überwindet. Diese zwei Entführungen sind also eng miteinander verbunden, weil der weitere Verlauf der Handlung nicht mit einer einzelnen hätte erreicht werden können. Es brauchte die Synergie dieser beiden Freiheitsberaubungen. Der Begriff Synergie meint in diesem Zusammenhang, dass sich durch die Verbindung zweier Elemente ein neuer Sinn ergibt, der nur zustande kommen kann, indem diese Elemente zusammenhängend betrachtet werden. Mehrere getrennte Elemente bewirken also die Entstehung eines neuen Elementes.

Es gibt noch weitere nicht höfische Entführerfiguren, was deutlich macht, dass es sich bei der Figur Lespia nicht um eine einzigartige, sondern um eine verbreitete und wichtige Variante eines Entführers handelt. Weitere Beispiele für nicht höfische Entführer wären die sieben Diebe im *Torec*, die eine junge Dame entführen, oder der rote Ritter und seine drei Gesellen im *Roman van Walewein*, die gemeinsam vier junge Damen entführen. Die Diebe gehören nicht zur höfischen Gesellschaft und haben wegen ihrer kriminellen Lebensweise auch keine Chance, Teil der höfischen Gesellschaft zu werden. Während der rote Ritter ein Raubritter ist, der selbst entschieden hat, sich von der höfischen Gesellschaft abzuwenden.

Hier lässt sich nun ebenso wie im Abschnitt über die höfischen Entführer die Frage stellen, was eine nicht höfische Figur einer Erzählung bringt. Wieso wird eine solche Figur gebraucht und welche Besonderheiten kann sie zur Handlung beitragen? Eine Figur wie Lespia ist vor allem deshalb interessant, weil sie eine klare Trennung zwischen der höfischen und der nicht höfischen Welt skizziert. Die Werte und Ideale der höfischen und ritterlichen Welt erscheinen viel wertvoller im Vergleich mit einer anderen Welt, die unzivilisiert und voller Gefahren ist. Lespia ist hier als eine Vertreterin der Wildnis zu betrachten. Außerdem kann durch einen nicht höfischen Entführer eine Krise heraufbeschworen oder auf eine Gefahr hingedeutet werden. Im Falle Lespias konnten wir bereits festhalten, dass sie dazu beigetragen hat, eine Krise für den Helden vorzubereiten. Im *Torec* oder im *Roman van Walewein* sehen wir hingegen, dass es zu keiner großen Krise kommt. Vielmehr wird darauf hingewiesen, welche Gefahren außerhalb der höfischen Welt existieren. Diese Gefahr soll dem Protagonisten helfen, sich zu stärken und zu entwickeln, damit er in die Lage versetzt wird, ein höfischer Held zu werden. Anhand dieser drei Fälle wird ersichtlich, dass es jedes Mal einen Wandel in der Unordnung gibt, der aufgehalten werden soll. In dieser Hinsicht ist der nicht höfische Entführer besonders interessant, weil er eine Unordnung schafft, die nicht toleriert werden kann. Die Ordnung muss wiederhergestellt werden, deshalb sterben diese Entführer meistens am Ende der Erzählung.

## III.3 Andere Varianten von Entführern

Nachdem die Kernvariante des *Chevalier de la charette* entwickelt wurde, wurden zwei verschiedene wichtige Varianten erläutert. Die Figur Meleagant zeigte sowohl höfische als auch unhöfische Eigenschaften und Züge, deshalb hat sich das Kapitel zuerst mit einem vollständig höfischen Entführer und dann mit einer nicht höfischen Entführerin beschäftigt. Um dieses Kapitel abzuschließen, sollen im Folgenden die weiteren möglichen Varianten, die in diesem Korpus zu finden sind, kurz dargestellt werden.

## III.3.1 Entführungen durch Ungeheuer

Eine weitere Variante ist die Entführungen durch Ungeheuer. Das macht deutlich, dass nicht alle Entführer menschlich sind. Es lässt sich feststellen, dass viele Ungeheuer in der Artusgattung zu Entführern werden. Das kann dadurch erklärt werden, dass diese vollkommen außerhalb der höfischen Gesellschaft und nicht nach den höfischen und ritterlichen Regeln leben. Sie sind Bewohner der Wildnis, leben also in einer Umgebung, in der der Stärkere sich durchsetzt und somit die Bereitschaft zu einer Entführung und generell zu Verbrechen gefördert wird. Die Tatsache, dass diese Entführer keine Menschen sind, stellt bereits einen großen Unterschied sowohl zu der Figur Meleagant als auch zu den zwei weiteren erläuterten Varianten dar.

Es gibt verschiedene Typen von Ungeheuern, die sich stark voneinander unterscheiden. Der Riese aus dem Roman *de Jaufré*[342] ist ein einfacher Entführer, der sexuelle Motive hat und sich vor allem durch seine Stärke und Grausamkeit auszeichnet. Er kann als eine Art Grundtyp dieser Variante betrachtet werden, dennoch lässt sich feststellen, dass die Schriftsteller der Werke im Korpus Besonderheiten und Veränderungen zu diesem Motiv entwickelt haben. Diese können eher klein wie im *Wigalois* oder im *Torec*, aber auch größer wie im *Yvain* ausfallen. Im *Wigalois*[343] wird zum Beispiel dem Ungeheuer ein menschliches und sogar höfisches Verhalten zugestanden, indem Wigalois ihm die junge Dame nach der Rettung anvertraut. Im Torec[344] gilt die Figur des Ogers nicht nur als ein Wesen von körperlicher Stärke, sondern auch als nahezu unbesiegbar. Diese Stärke ähnelt der Siegfrieds im *Nibelungenlied*. Diese Eigenschaft stellt aber kein wichtiges Element dar, weil es nie zu einem

---

[342] Roman de Jaufré, Verse 5665-5778.
[343] Wigalois, Verse 2014-2203.
[344] Torec, Verse 1620-1906.

Kampf kommt. Dennoch verdeutlicht sie, inwiefern Ungeheuer außergewöhnliche Wesen sein können. Größere Unterschiede sind bei der Figur Harpin im *Yvain* zu finden.[345] Harpin handelt nicht wie ein gewöhnlicher Riese, weil er nicht nur heimlich seine tierischen Triebe befriedigen will, sondern offen gegen Mitglieder der höfischen Gesellschaft kämpft und dabei viel mehr Interesse an Macht als allein an der Befriedigung seiner sexuellen Bedürfnisse hat. In Bezug auf die Herausforderung, die er dem höfischen System bereitet, könnte er mit der Figur Meleagant[346] verglichen werden. Harpin will seine Macht demonstrieren und zeigen, dass er stärker als seine Gegner ist und sich alles nehmen kann, was er haben will.

Trotz dieser Unterschiede fällt auf, dass diese Ungeheuer alle als negative Figuren dargestellt werden, die nur auf eine passende Gelegenheit warten (oder wie im Fall von Yvain sich eine Gelegenheit selbst beschaffen), um ein Verbrechen begehen zu können. Daraus lässt sich folgern, dass Ungeheuer häufig als Entführerfiguren in der Artusgattung dienen, weil sie alle Eigenschaften aufweisen, die für ein solches Verbrechen nützlich sind, insbesondere Stärke und Grausamkeit. Diese Figuren unterscheiden sich von der Figur Meleagant nicht nur aufgrund ihrer Natur als Ungeheuer, sondern ebenfalls durch ihren Mangels an höfischen Eigenschaften und ihre primitiven Entführungsmotive (meistens sexueller Art), obwohl sich hier auch Ausnahmen finden lassen.

---

[345] Yvain, Verse 3847-4291.
[346] Mehr zu dieser Figur erfährt man im Kapitel über die Entführungen im *Chevalier de la charrette* und seine Varianten.

## III.3.2 Feenentführungen

Eine letzte Kategorie von Entführern, die erwähnt werden kann, sind die Feen. Sie sind im Korpus zweimal vertreten, einmal bei der Entführung Lancelots durch die Dame du Lac im *Lancelot en Prose* und dann bei der Entführung Lanzelets durch die Meeresfee im *Lanzelet*.

Laurence Harf-Lancner unterscheidet zwei wichtige Sorten von Feenerzählungen. Die erste ist die melusinische Erzählung, in der sich eine Fee in einen Menschen verliebt, ihm in den menschlichen Lebensraum folgt und ihn heiratet. Dabei wird von ihm die Einhaltung eines Verbots gefordert. Die andere Art Erzählung ist die morganische Erzählung. In diesem Fall verliebt sich eine Fee und bringt ihren Geliebten in eine andere Welt. Sowohl im *Lancelot en Prose* als auch im *Lanzelet* handelt es sich um morganische Erzählungen, weil die Kinder in eine andere Welt gebracht werden.

Zunächst werden die übernatürlichen Kräfte der Feen kurz erwähnt. Laurence Harf-Lancner unterscheidet in ihrer Studie über Feen im Mittelalter zwischen Feenkräften und denen der Zauberer[347], wobei die Feenkräfte für Menschen immer unverständlich und unerreichbar bleiben, während sie die Zauberei durch einen Kontakt zur übernatürlichen Welt zumindest teilweise erkennen können.[348] Hierbei handelt es sich also um Figuren der ersten Kategorie, die

---

[347] Harf-Lancner, Laurence: „Les fées au Moyen Age : Morgane et Mélusine ; la naissance des fées". Genève, 1984, S. 29.
[348] Ebd., S. 29.

zu einem Reich gehören, das die Menschen nicht kennen oder verstehen können.[349] Obwohl sie eigentlich einer fremden Welt entstammen, lassen sich
Feen im Allgemeinen aber häufiger auch in menschlicher Gesellschaft blicken
und werden dabei von den Menschen, denen sie begegnen, entweder als gut
oder böse wahrgenommen. In den beiden vorliegenden Fällen entfalten sich
die Entführerinnen als komplexe und rätselhafte Figuren, die große Macht besitzen.

Da es in beiden Fällen bei den Opfern um entführte Kinder geht, konzentriert
sich das folgende Kapitel für die beiden hier behandelten Fälle vor allem auf
die Funktion der Feen als Patinnen. Die Fürsorge der Feen gegenüber den Kindern hat hier nichts mit romantischer Liebe zu tun, vielmehr nehmen sie die
Rolle einer Mutterfigur[350] ein, die sich um das Kind kümmert und es so lange
erzieht, bis es alt genug ist, Teil der höfischen und ritterlichen Gesellschaft zu
werden. Die Feen widmen sich der Erziehung der entführten Kinder mit großem Engagement und versuchen, diesen möglichst viele Fähigkeiten mitzuge-
ben, damit sie später zu großartigen Rittern und sogar Helden werden können.
Es gelingt den Feen dank ihrer Güte und ihres Engagements größtenteils, die

---

[349] Betrachtet man den Ursprung des Wortes Fee, zeigt sich auch hier, dass Menschen die
magischen Kräfte der Feen weder kontrollieren noch ihr Handeln erahnen können. „Das Wort
Fee kommt aus dem Lateinischen: Es leitet sich vom vulgärlateinischen *fata* (Schicksalgöttin)
ab, das dem lateinischen *fatua* (Weissagerin) entspricht. *Fatua* ist eine motivierte Form von
*fatuus* (Weissager), die wiederum aus *fatum* (Schicksal, Schicksalsspruch) und *fari* (sprechen)
entstand." Wieshofer, Natscha: „Fee und Zauberin, Analysen zur Figurensymbolik der mittelhochdeutschen Artusepik bis 1210". Wien, 1995, S. 105.
[350] Boivin, Jeanne-Marie: „La dame du lac, Morgane et Galehaut : Symbolique de trois figures
emblématiques de l'autre monde dans le « Lancelot »". Médiévales, No .6, Au pays d'Arthur
(printemps 1984), S. 20.

fehlende Vaterfigur zu ersetzen. Jedoch wird ersichtlich, dass es in Bezug auf die ritterliche Erziehung bei den Kindern einen Mangel gibt, da die Feen und ihre Gefolgsleute alle weiblich und keine erfahrenen Ritter sind.[351] Diese Rolle der Ersatzmutter kann sogar von längerer Dauer sein, also über das Kindesalter hinausgehen, wie es bei der Dame du Lac im *Lancelot en Prose* der Fall ist. Diese bleibt anwesend, nachdem Lancelot erwachsen geworden ist. Aus diesem Grund könnten wir die Rollen der Feen hier zunächst als die einer „Pflegemutter" und erst später, wenn das Kind erwachsen ist, als die einer „Patin" bezeichnen, da sie weiter gefasst ist (und auch ein breiteres Aufgabenspektrum beinhaltet).

Die Funktion der Fee als Liebhaberin steht in diesem Abschnitt zwar nicht im Vordergrund, aber tatsächlich kann eine Fee, die eigentlich die Funktion der „Patin" erfüllt, gleichzeitig auch die Rolle einer Liebhaberin einnehmen. Eine Fee, die die Rolle einer Liebhaberin erfüllt, ist eine gefährliche und unberechenbare Figur, wie es am Beispiel der Dame du Lac im *Lancelot en Prose* zu sehen ist.

---

[351] Leutloff, Ariane: „Generationelle und genealogische Strukturen in Ulrichs von Zatzikhoven Lanzelet". Frankfurt am Main, 2011, S. 110-111.

Zusammengefasst lässt sich feststellen, dass es verschiedene Arten von Entführern gibt. Zunächst einmal finden sich Figuren, die Ähnlichkeiten zur Figur Meleagant aufweisen, indem sie entweder plötzlich unhöfisch und bösartig handeln oder starke Liebesgefühle für ihr Opfer entwickeln. Danach wurden die Figuren untersucht, die Meleagant nicht so sehr ähneln, wie etwa die Figuren, die sich durchgehend höfisch verhalten, und diejenigen, die von Anfang an durchgehend nicht höfisch handeln. Bei diesen zwei Varianten wurde deutlich, dass Meleagant zwar einige Merkmale dieser beiden Entführer-Kategorien aufweist, allerdings kann er keiner der beiden stärker zugeordnet werden als der anderen. Schließlich wurden in diesem Kapitel weitere Varianten wie Ungeheuer und Feen erwähnt, weil diese Kategorie von Entführern ebenfalls große Unterschiede zu der Figur Meleagant aufweist. Danach lässt sich behaupten, dass die Varianten eine Komplexität und Vielfalt zeigen, es scheint hier also einen weiten Gestaltungsspielraum zu geben. Wobei jede Gestaltung zweifellos Einfluss auf ihre eigene Weise auf die Handlung des jeweiligen Romans nimmt. Diese Studie über die Entführer wird später mit der Untersuchung der Tätermotivationen fortgesetzt. Vorher sollen im Folgenden aber zuerst die anderen Figuren näher betrachtet werden.

Hier gilt es zunächst zu fragen, was es an einem Entführungsfall ändert, wenn man die eine oder die andere Variante verwendet. Zuerst sehen wir, dass ein höfischer Entführer einen verlängerten Kontakt zum Artushof erlaubt. Anschließend folgt eine Fragestellung über den Zustand, das Ideal und die Schwäche des Hofes. Diese Variante scheint interessant, weil der Entführer die Möglichkeit bekommen kann, Teil der Artusgesellschaft zu werden. Im

Fall eines nicht höfischen Entführers steht eine Gegenüberstellung zwischen der höfischen und der nicht höfischen Welt im Zentrum. Die nicht höfische Figur wird meistens schneller besiegt und spielt eine unwichtigere Rolle in der Handlung, weil die von ihr ausgehende Bedrohung zu problematisch werden könnte. Was die Feen betrifft, so sind diese übernatürliche Wesen, die aus bestimmten Gründen handeln. Sie retten kleine Kinder aus der Not und erziehen diese so lange, bis sie der Welt der Ritterschaft beitreten können. Daraus folgt, dass sie eine bestimmte Rolle in der Laufbahn des Protagonisten einnehmen und im späteren Verlauf der Handlung deutlich weniger häufig anwesend sind.

# IV. Varianten der Opfer

Zunächst einmal müssen wir hier erneut betrachten, welche Befunde es im Kapitel zum *Chevalier de la charrette* gab, sodass wir sie mit den anderen Texten des Korpus vergleichen können. Im vorherigen Abschnitt wurde deutlich, dass es sich beim Entführungsopfer im *Chevalier de la charrette* und seinen Varianten immer um die Königin Guenièvre handelt. Dabei nimmt sie eine Art Doppelrolle ein, nämlich einmal die als Frau und außerdem die als Königin und Ehefrau von Arthur. Sowohl die Persönlichkeit des Opfers als auch ihr Platz am Hof und ihre Rolle in der Handlung sind wichtige Merkmale, die für das Muster berücksichtigt werden sollen. Hinzu kommt, dass sie eine vielschichtige Figur ist, da sie gleichzeitig zu Ordnung und Unordnung beiträgt. Daher soll in diesem Abschnitt auch untersucht werden, ob alle Opfer ein solches uneindeutiges Verhältnis zur Ordnung haben, wie es bei Guenièvre der Fall ist.

## IV.1 Andere Fälle, in denen Guenièvre das Opfer ist

Es fällt auf, dass Königin Guenièvre nicht nur im *Chevalier de la charrette* und in seinen Varianten zum Opfer von Entführungen wird. Schließlich wird sie auch noch einmal im *Lanzelet* und zweimal in *Diu Crône* entführt. Die Entführung Ginovers im *Lanzelet* weist so viele Ähnlichkeiten zum *Chevalier de la charrette* und zu seinen Varianten auf, dass es wahrscheinlich ist, dass diese kein Zufall sind. Ein Beispiel dafür wäre die Figur Valerin, die genauso wie die Figur Meleagant im *Chevalier de la charrette* eine Rivalität zu Lanzelet und dem Artushof pflegt. Eine weitere Gemeinsamkeit zeigt sich dahingehend, dass der Entführer die Liebe der Königin gewinnen will, dabei aber erfolglos bleibt. Während die Figur Valerin große Ähnlichkeiten zur Figur Meleagant aufweist, finden sich in der Figur die Königin im *Lanzelet* einige bedeutende Unterschiede im Vergleich zur Königin im *Chevalier de la charrette*. So wird im *Lanzelet* kein Hinweis darauf gegeben, dass die Königin untreu sein und Gefühle für einen anderen Mann haben könnte. Zudem erfahren wir hier nichts über den Charakter der Königin und finden in diesem Fall auch keinen Beitrag zur Unordnung ihrerseits, sodass an dieser Stelle ein traditionelleres Bild von Ginover vermittelt wird.[352]

In *Diu Crône* wird Königin Ginover zweimal nacheinander entführt. Zuerst von ihrem Bruder Gotegrin, weil er Gerüchte über ihre angebliche Untreue gehört hat und die Ehre der Familie schützen will. Beim zweiten Mal wird sie von Gasoein entführt, der sie gerade vor Gotegrin gerettet hat. In diesem Roman spielt die Königin wieder eine wichtige Rolle, besonders aufgrund ihrer geheimnisvollen Beziehung zu Gasoein. Dabei bleibt unklar, ob zwischen den beiden Figuren ein Verhältnis bestand, was Ginover wiederum stärker zu einer doppeldeutigen Figur macht (die gleichzeitig zur Ordnung und Unordnung beiträgt). Ihre Persönlichkeit wird im Laufe der verschiedenen *Aventiuren* besonders im Verhältnis zu Gasoein, aber auch bei anderen Gelegenheiten deutlich, wie z. B. bei der Becher- und Handschuhprobe.[353] Aus diesen Gründen

---

[352] Die Königin wird höfisch und makellos dargestellt, wie man sie im *Erec* sehen kann.
[353] Diu Crône, Verse 918-2631 und 23006-24692.

kann man, was das Opfer betrifft, sagen, dass diese Fälle starke Ähnlichkeiten zum *Chevalier de la charrette* aufweisen.

## IV.2 Wichtige Varianten

Wie schon im Kapitel zu den Entführern soll es auch hier um wichtige Varianten gehen, um diese mit der Kernvariante zu vergleichen. Es wurden ebenfalls zwei Varianten ausgewählt, die die Kernvariante aus dem *Chevalier de la charrette* ergänzen, sodass ein breiteres Spektrum entsteht. Im Kapitel zum *Chevalier de la charrette* haben wir die Königin als das bedeutsamste Opfer der Gattung betrachtet. Hier wäre es interessant, die Frage nach der Relevanz des Opfers zu stellen, deshalb soll nach einem wichtigeren und nach einem weniger bedeutsameren Opfer als Königin Guenièvre gesucht werden. Zuerst beschäftige ich mich in diesem Sinne mit den zwei Entführungen von König Arthur im *Roman de Jaufré*. Diese Entführungen sind besonders interessant, weil das Opfer der wichtigsten Figur der ganzen Gattung entspricht. Später soll es noch um die Entführung einer jungen Dame im *Wigalois* gehen. Diese junge Dame soll als ein weniger bedeutsames Opfer gelten. Mithilfe ihres Falls untersuche ich, was es bedeutet, ein weniger wichtiges Opfer in die Erzählung einzufügen.

## IV.2.1 Ein wichtigeres Opfer: König Arthur

König Arthur ist die wichtigste Figur der Gattung, weil die höfische Welt um ihn aufgebaut wurde. Er verkörpert höfische und ritterliche Werte und fungiert als Fixpunkt, sodass alle guten Ritter und schönen Damen an seinen Hof kommen wollen. Es kann ohne ihn keinen Hof und keine ordentliche höfische Welt geben, deshalb ist die Figur Arthur seit Chrétien in der Regel eine Figur, die meistens am Hof bleibt und nur wenig Bewegungspotenzial hat. Somit ist die Figur des Königs weniger mit gefährlichen Abenteuern konfrontiert, dem König soll wohl nichts Schlechtes widerfahren. Deshalb ist es auch besonders interessant, dass König Arthur das Opfer zweier Entführungen durch einen Zauberer im *Roman de Jaufré* wird. Im folgenden Abschnitt werden diese zwei Entführungen untersucht, um verstehen zu können, was eine Entführung des Königs bedeutet und wie sie funktioniert.

Beispiel: Die zwei Entführungen Arthurs durch den Zauberer im *Roman de Jaufré*

König Artus wird im *Roman de Jaufré* zweimal vom gleichen Zauberer entführt. Die zwei Entführungen liegen jeweils am Anfang und am Ende des Romans und sind eng miteinander verbunden, weil die Figuren die gleichen sind und die Entführungen viele Gemeinsamkeiten aufweisen. Aus diesem Grund sollten sie hier nicht einzeln, sondern gemeinsam betrachtet werden.

## a. Der König als Macht und Symbol

Gürttler sagt: „Chrétien hat mit Artus den Typ des höfischen Feudalherrschers geschaffen, einen Idealtypus, der sich an keiner Herrschergestalt der historischen oder politischen Wirklichkeit orientiert."[354] Diese Aussage ist interessant, weil sie meint, dass er eine Art Idealität verkörpert, obwohl Köhler darauf hinweist, König Arthur verhalte sich nur sehr selten wie „der ideale König eines idealen Königreichs"[355]. Das zeigt sich auch bei der ersten Entführung König Arthurs durch den Zauberer deutlich, wenn Arthur sich dafür entscheidet, nach draußen zu reiten, um nach Aventiure zu suchen, und zwar ohne an mögliche Gefahren zu denken oder daran, dass es zu Problemen kommen könnte. Gauvain versucht zwar, ihn zu aufzuhalten, aber hat keinen Erfolg. Der König ist nicht immer so weise und vorbildlich, wie man denken könnte, dennoch lässt sich diese Idee des Ideals nicht einfach ausblenden, weil die Gattung teilweise darauf aufbaut.[356] Hier ist Arthur nicht als Einzelne Figur zu betrachten, sondern vielmehr als König und somit „als Funktions- und Sinnträger eines Ordnungsgefüges, das als höhere, als ideale Wirklichkeit aufgefasst wird".[357] Das heißt, es kommt bei dieser Episode zu einem Widerspruch bei der Figur Arthur, weil einerseits seine Rolle in der Gattung auf

---

[354] Gürttler, Karin-Renate: „König Artus und sein Kreis in der höfischen Epik". Diss,University of Montreal, 1972, S. 30-31.
[355] Köhler, Erich: "L'aventure chevaleresque: Idéal et réalité dans le roman courtois". Paris, 1974, S. 10.
[356] Dazu ebenfalls nachzulesen: Wolfzettel, Friedrich: „Der Artushof: ideale Mitte oder problematische Idealität". In: Däumer, Matthias, Dietl, Cora und Wolfzettel, Friedrich (Hrsg.): „Artushof und Artusliteratur", Berlin und New York, 2010, S. 3-21.
[357] Gürttler, Karin-Renate: „König Artus und sein Kreis in der höfischen Epik". Diss, University of Montreal, 1972, S. 31.

jeden Fall zu berücksichtigen ist, er aber gleichzeitig als ein Individuum auftritt.[358]

Der König ist mehr als die einfache Idee des höfischen Ideals. Das soll durch seine verschiedenen Eigenschaften erläutert werden, die im Laufe der Gattung zu sehen waren. Gürttler gibt die folgende Definition dieser Eigenschaften:

„So verkörpert König Artus bei Chrétien in vorbildlicher Weise die höfischen Wertkategorien der ‚corteisie‘, ‚franchise‘, ‚jantillesce‘, ‚richesce‘ und ‚largesce‘, die im gesellschaftlichen-höfischen Bereich seine ‚gloire‘ und ‚enors‘ begründen, zu denen sich ‚leauté‘, ‚foi‘ und ‚justise‘, ‚costume‘ und ‚usage‘, ‚don‘ und ‚largesce‘ (letzteres nicht nur als huldvoll-höfische Geste, sondern als lehnsrechtliche Forderung) als Herrscherplichten gesellen, deren Wahrung ureigenste Aufgabe des Artuskönigstum ist, und aus dem dieses seine Rechtfertigung herleitet.“[359]

Es lässt sich feststellen, dass die Eigenschaften Artus' die eines Königs entsprechen, sodass seine persönliche Identität von seiner Funktion als König nicht zu trennen ist. Die Symbiose der Figur Arthur und seiner Rolle als König machen ihn zu einem Symbol der Stabilität am Artushof. Das erklärt sich ebenfalls durch Folgendes: „[D]er Artushof als Zentrum ritterlicher Lebensart und höfischer Gesittung ist Ausgangspunkt und Abschluß der Abenteuerfahrt der Artusritters.“[360] Arthur kann also als das Zentrum vom Zentrum betrachtet werden. Das hat zur Folge, dass König Arthur nur einen kleinen Bewegungskreis besitzt. Er soll fast immer am Hof bleiben und kann nur sehr selten als

---

[358] Diese Frage nach der Idealität König Arthurs ist häufig diskutiert worden. Zu diesem Thema kann der folgende Artikel gelesen werden: Gerok-Reiter, Annette: „Noch einmal: Wie ideal ist König Artus?“. In: Staubach, Nikolaus (Hrsg.): „Exemplaris Imago, Ideale in Mittelalter und Früher Neuzeit“. Frankfurt am Main u. a., 2012, S. 173-194.

[359] Gürttler, Karin-Renate: „König Artus und sein Kreis in der höfischen Epik“. Diss, University of Montreal, 1972, S. 12.

[360] Ebd., S. 58.

Einzelne Figur unterwegs sein. Er wartet auf die Berichte seiner Ritter, die auf der Suche nach *Aventiure* fortgeritten sind, aber kann diese meistens nicht selbst erleben. Aus diesem Grund hat der König die Tradition eingeführt, nicht essen zu dürfen, solange keine Aventiure berichtet wurde. Dank dieser Tradition fühlt sich der König unterhalten oder bekommt sogar die Chance, einige zu erleben, wenn noch keine vorgekommen sind. Tatsächlich sollte ein Ritter losreiten und nach Aventiure suchen, wenn es gerade keine gibt. Der König kann dann iWie bei allen anderen Traditionen des Hofes ist auch hier zu merken, dass dies auch Gefahren mit sich bringt und die Ordnung am Hof verletzt werden kann. Und wegen dieser Tradition verlässt er selbst den Hof und wird infolgedessen von einem Tier entführt. Es kommt hier zu einem der größten Widersprüche der Gattung, weil der König die strukturierende und eine unersetzbare Figur ist. Dennoch kann er auf solche einfache Art entführt werden. Es handelt sich um eine Verbildlichung der Verletzlichkeit der labilen Ordnung der höfischen Welt. Es wird deutlich, dass diese Entführung anders bearbeitet wird als andere Entführungen. Der Unterschied besteht in der Komik, worauf ich in der folgenden Analyse eingehen werde.


b. Verwirrende Entführer: Tier oder Mensch?

Es lässt sich feststellen, dass der König beide Male von einem Zauberer entführt wird, der sich in ein Tier verwandelt hat. Bevor es um Identität und Rolle des Zauberers geht, werden zuerst die tierischen Formen des Entführers untersucht. Im ersten Fall haben wir es mit einer *Bestia* zu tun, die auf die folgende Art beschrieben wird:

> „Majers fo qe non es us taurs,
> E sos pels so veluts e saurs,
> E-l col lonc e la testa granda,
> E s'ac de cornes una randa,
> E-ls ueils son groses e redons,
> E las dens grans, e-l morre trons,
> E cambas longas, e grans pes;
> Majors non es us grans andes.
> E.l reis es se meravilatz
> Qan la vi, pueis es se seinatz"[361]

Diese Verse lassen erkennen, dass es sich um ein beängstigendes und unnatürliches Tier handelt[362], deshalb wirkt der König erschreckt und macht das Kreuzzeichen. Hier ist es sehr wichtig, dass der Entführer des Königs keine normale Gestalt ist. Das Kreuzzeichen ist interessant, weil es sowohl die Angst des Königs ausdrückt als auch das Unbegreifliche eines ungewöhnlichen und gefährlichen Wesens, das vielleicht sogar etwas Dämonisches an sich hat.

Bei der zweiten Entführung ist der Entführer ein riesiger Vogel. Der einzige Unterschied liegt darin, dass der König ihn nicht im Wald suchen muss, weil

---

[361] Roman de Jaufré Verse 229-238. Übersetzung von Pierre Jonin: Es war größer als ein Stier, sein Fell war sehr haarig und rot. Es hatte einen langen Nacken und einen großen Kopf mit einer Reihe Hörner, große runde Augen, lange Zähne, eine platte Schnauze, lange Beine und große Füße, länger ist kein großer Eichbaum. Der König wunderte sich, wenn er es sah und machte ein Kreuzzeichen.
[362] Root, Martha James: „Celtic motifs in the provencal arthurian Romance, Jaufré: The grail legend before Perceval". Diss, Ohio State University, 1971, S. 28-47.

er an die Tür des Schlosses kommt. Arthur geht zur Tür und wird erneut entführt. Der Vogel ist hier ebenfalls als ein außergewöhnliches Tier beschrieben:

„Car sul no.us poiria retraire
Sa faiso nuls homs natz de maire;
Que.l bec cre que aja major,
En un o dic per la paor,
Que nun sun .x. palpz los plus grans
Que fosson fait oi a mil anz,
E.l cap plus gros que un vaissel,
E.ls oils son tan clars e tan bel
Que semblon que carboncle sia,
E.ls es a majors, sens fallia,
Que nun es aquella gran porta"[363]

Diese Doppelung eines besonderen Tieres ist interessant, dadurch soll gezeigt werden, dass Artus von etwas überwältigt wird, das niemand hätte halten können.[364] Andererseits ist es auch eine Methode, komische Elemente in diese Entführungen einzuführen. Arthur wird zwar nie von Rittern entführt, aber versagt jedes Mal gegen Tiere, was als beschämend und lächerlich gelten kann. Doch ist hier auch zu berücksichtigen, dass diese Tiere keine echten Tiere sind. In Wahrheit ist es ein Zauberer, der sich in Tiere verwandelt.

---

[363] Roman de Jaufré Verse 9837-9847. Übersetzung von Pierre Jonin: Kein Mann aus einer Mutter geboren konnte seine Form beschreiben. Sein Schnabel ist, glaube ich, länger als die zehn größten Pflanzhölzer zusammen, die seit tausend Jahren gemacht wurden. Das sage ich nicht wegen der Angst. Sein Kopf ist größer als ein Krug, seine Augen sind so strahlend und schön, dass diese wie Karfunkelsteine aussehen. Seine Pfoten sind ohne Zweifel höher als diese große Tür.
[364] Root, Martha James: „Celtic motifs in the provencal arthurian Romance, Jaufré: The grail legend before Perceval". Diss, Ohio State University, 1971, S. 48-62.

Dieser Zauberer bringt eine weitere Besonderheit mit sich, er ist nämlich ein angesehenes Mitglied des Hofes.[365] Das ist außergewöhnlich, denn häufig kommt der Täter von außen und nur deswegen zum Artushof, um eine Figur zu entführen. Diesmal jedoch ist der Räuber selbst ein Mitglied des Hofes, was hinsichtlich der Interpretation auf den ersten Blick neue Möglichkeiten eröffnen könnte. Diese Vermutung stellt sich aber als falsch heraus, da die Entführung nicht wie mit Keu wegen eines Missbrauchs der Traditionen stattfindet, sondern als Folge einer Wette zwischen dem Zauberer und dem König.

> „E ac ab lo rei convinen
> Qe, can fai ajostar sa gen,
> Per ço que tenga cort ni festa
> Ni deia coronar sa testa
> Que, s'il se pot far desenblar,
> Una copa d'aur li deu dar
> E un caval tot lo meillor
> De sa cort; e la bellazor
> Pulcella que la einzt sera,
> Vezen totz el la baizara"[366]

Diese Wette mit dem König hat zur Folge, dass der Zauberer drei prächtige Geschenke bekommt – einen goldenen Becher, das beste Pferd und das Recht, die schönste Frau am Hof zu küssen. Hier kann man sich Berthelot anschließen, der behauptet, diese Geschenke würden die königliche Macht darstellen. Somit wird der Zauberer, der diese Verwandlungsfähigkeit besitzt „un roi à la

---

[365] Roman de Jaufré, Verse 436-458.
[366] Verse 449-458 Übersetzung: Es war zwischen ihm und dem König abgesprochen worden, dass wenn der König seine Gäste zusammenbringt und seinen Hof hält, eine Feier zelebriert wird oder er mit der Krone auf dem Kopf erscheint, sollte es ihm (der Zauberer) gelingen, sich zu verwandeln, müsste der König ihm einen goldenen Becher, das beste Pferd seines Hofes und das Recht, die schönste Jungfrau seiner Wahl vor allen zu küssen, gewähren.

place du roi".[367] Er untergräbt die königliche Autorität, um seine durchzusetzen.[368] Hinsichtlich dieses Aspektes ähnelt der Zauberer der Figur Meleagant, dennoch wird die Entführung hier anders dargestellt als im *Chevalier de la charrette*, nämlich mehr wie ein witziger Streich oder eine Wette, und der König verzeiht ihm sein Verhalten auch gleich. Er lacht sogar, als er den Zauberer erkennt, was zeigt, dass die Entführung hier nicht ernst genommen wird. Der Zauberer wird als eine echte höfische Figur dargestellt, die nicht der Merlin-Tradition folgt[369]. Doch muss betont werden, dass dem Zauberer eine Demütigung des Hofes gelingt und dass er auf die Schwäche des Hofes und der Figur des Königs hinweist. Das macht ihn zu einer widersprüchlichen Figur.

Bei den Kämpfen gegen das Biest und den Vogel versucht der König nicht, sich hinter seinen Männern zu verstecken, stattdessen ist er immer der Erste, der gegen den Widersacher in Tiergestalt antritt. An dieser Stelle können wir den Mut des Königs bewundern, obwohl sein Kampfeseifer auch eine Gefahr für den ganzen Hof bedeutet, da der König auf keinen Fall verletzt oder gar

---

[367] Berthelot, Anne : „L'enchantement du récit : magie et illusion à la cour d'Arthur dans le Roman de Jaufré". In: Margherita Lecco (Hrsg.): „Materiali arturiani nelle letterature di Provenza, Spagna, Italia". Alessandia, 2006, S. 9.

[368] Huchet, Jean-Charles : „Jaufré, le roman à nu". Littérature, n°74, 1989. Le miroir et la lettre. Écrire au Moyen Âge. S. 93 "Celui qui ici occupe la place de Merlin (« E sap tots los encantamens », v. 446), sans revendiquer son nom, ne se montre-t-il pas maître du savoir (E las vij. arts qe son escrichas,/Trobadas, ni faitas ni dichas », v. 447-448), et notamment du savoir littéraire contenu dans les artes du trivium? Aussi lui revenait-il de droit de suspendre Arthur, d'invalider en la rendant dérisoire sa paternité pour lui substituer une autre paternité, une légitimité issue du seul fonctionnement du récit et non de la tradition, fût-elle éminemment prestigieuse. "

[369] Lopez Martinez-Moras, Santiago : „Magie, enchantements, Autre Monde dans Jaufré". Magie et illusion au Moyen Age, Sénéfiance 42, Centre Universitaire d'Etudes et de Recherches Médiévales d'Aix (CUERMA). Aix, Université de Provence, 1999, S. 327

getötet werden darf. Arthur zeigt aber auch, insbesondere im ersten Fall, Vorsicht und Anpassungsfähigkeit[370] und verbietet allen, das Biest anzugreifen, da bei dem Kampf auch Arthur ein Schlag treffen könnte.[371] Außerdem zeigt er Nachsicht[372] und Treue gegenüber den Hofmitgliedern, da er beide Male dem Zauberer seine Taten direkt verzeiht. Arthur zeigt, dass er inmitten einer Krise der höfische und gute König bleibt. Auf der anderen Seite könnte seine Reaktion auch als Schwäche gewertet werden, in Anbetracht dessen, dass die Entführungsepisoden eine Krise für den Hof bedeuten. Zumal diese Entführungen auch als Demütigungen gelten können.

Beim ersten Raub ist besonders bemerkenswert, dass der König zu Gauvain sagt, er würde nicht vom Biest angegriffen werden, solange er selbst oder die anderen Ritter es nicht angreifen. Diese Stelle kann auf unterschiedliche Weise gedeutet werden, wie Caroline Eckardt in ihrem Aufsatz feststellt. So kann es einfach eine bloße Hoffnung des Königs[373] sein, ohne die Sicherheit, dass das Biest sie wirklich in Frieden lassen wird. Es könnte aber auch

---

[370] "The king, as if realizing that he has misread the situation, decides that the animal is not dangerous and adjusts his tactics". Eckhardt, Caroline D. : "Reading Jaufré: Comedy and Interpretation in a Medieval Cliff-Hanger". The Comparatist, Vol 33 (May 2009), S. 44.

[371] Roman de Jaufré, Verse 299-302. „E escrida: "Bels neps, merce!/Non la tocs, per amor de me!/Que se tu la fers, ie sui mortz/E se non la toquatz, estortz;" Übersetzung: Und er [Arthur] schrie: Ich flehe dich an, lieber Neffe [Gauvain], berühre sie [die Bestie] nicht aus Liebe zu mir. Wenn du sie schlägst, bin ich tot, und wenn du sie nicht berührt, bleibe ich am Leben."

[372] „it also demonstrates Arthur's 'good nature,' for after he has been released he is in fine spirits" In: Fleischman, Suzanne. "'Jaufre' or Chivalry Askew: Social Overtones of Parody in Arthurian Romance." *Viator* 12 (1981), S. 106.

[373] "Nor does he now have any basis for his mind-reading assessment of its ethics or intentions, unless he is simply asserting what he hopes its viewpoint will be". Eckhardt, Caroline D.: "Reading Jaufré: Comedy and Interpretation in a Medieval Cliff-Hanger". The Comparatist, Vol 33 (May 2009), S. 45.

bedeuten, dass der König verstanden hat, dass dieses Biest kein gewöhnliches Tier ist, sondern einen scharfen Verstand besitzt und ganz außergewöhnliche Ziele verfolgt.[374] Der ersten Hypothese folgend, könnte man den König für seinen guten Instinkt loben, obwohl es auch sein könnte, dass er nur zufällig klug gehandelt hat. Bei der zweiten Hypothese wäre anzunehmen, dass der König eine scharfe Wahrnehmungsgabe hat, was ihn noch stärker von den anderen Figuren abhebt.

Ein weiterer Aspekt, der beim ersten Raub relevant ist, ist die Befreiung Arthurs beim Felsen. Alle Ritter des Hofes sind unten und sehen, wie die Bestia Arthur oben in der Luft zappeln lässt. Um den Tod des Königs zu vermeiden, ziehen sich alle Ritter aus und werfen ihre Kleidungsstücke unten vom Felsen, damit der König nicht bei seinem Sturz stirbt. Die Demütigung endet aber nicht, wie Caroline Eckhardt betont: "The animal at the top of the cliff, seeing the pile of laundry down below, merely moves its head aside, so that the pile is in the wrong place."[375] Es lässt sich hier feststellen, dass der König und der Hof gründlich lächerlich gemacht werden. Die Bestia bewegt sich mit Absicht, damit die Lösung der Ritter des Hofes nicht mehr greift und die Artusgesellschaft wieder machtlos ist. Der Gnadenstoß ist der Moment, indem die Bestia hinabspringt und den König aus geringer Höhe auf die angehäufte Kleidung fallen lässt und sich dann in einen lachenden Zauberer verwandelt.

---

[374] "or has begun to perceive that this is no ordinary monster, but one with human traits and inclinations. In the latter case, although he addresses Gawain he is implicitly negotiating with the animal: I did not (seriously) harm you, so you should not harm me." Ebd., S. 45.
[375] Ebd., S. 45.

Der Zauberer sagt, der König hätte jetzt ein Abenteuer erlebt und können nun essen gehen:

> „Seiner, faitz vester vostra gen,
> Que ben podon oimais manjar,
> Que vos ne els no-ill cal laissar
> Per aventura, car trobada
> L'avetz, si tot vos es tarzarda"[376]

Bei der zweiten Entführung ist eine Steigerung im Vergleich zu der ersten Entführung zu sehen. Hier werfen die Ritter ihre Kleidungsstücke nicht einfach ab, sondern zerreißen sie:

> „Adoncs an tan gran dol mogut,
> Que mais, so-s par, non er tengut:
> Que cascuns ronp ez escoissent
> Sos verstir e-s fer malament
> En la cara de tal azir,
> Que sanc totz clar en fan eissir." [377]

Es ist festzustellen, dass das Zerreißen von Kleidung auch in anderen Erzählungen vorkommt[378], hinzu kann Schmerz kommen, um Trauer

---

[376] Roman de Jaufré, Verse 428-432. Übersetzung von Michel Zink: Seigneur, dites à vos gens de se rhabiller. Ils peuvent à présent aller manger: plus besoin que vous vous en absteniez, eux et vous pour attendre l'aventure, car vous l'avez trouvée, encore qu'un peu tard. Jaufré: „Le roman de Jaufré": Zink, Michel (Hrsg.). S. 840-922. In: Régnier-Bohler, Danielle (Hrsg.): „La légende arthurienne, le graal et la table ronde". Paris, 1989.

[377] Ebd., Verse 10013-10018. Übersetzung von Michel Zink: Alors ils manifestent une telle douleur que jamais, je crois, on n'en montrera de pareille. Chacun rompt et déchire ses vêtements, se frappe le visage cruellement et avec tant de violence qu'il en fait jaillir le sang clair.
[378] Ein anderes Beispiel wäre im *Iwein* zu finden, bei den Laudine den Tod Askalons betrauert. Dabei zerreißt sie ihre Kleider und verletzt ihr eigenes Gesicht. Yvain, Verse 1148-1165. I-wein, Verse 1310-1330.

auszudrücken.[379] In diesem Fall, passt dieses Verhalten aber nicht, weil der König zwar in Gefahr ist, jedoch gerettet werden kann. Die Artusgesellschaft scheint eher das Problem zu beklagen, als nach Lösungen zu suchen. Das Zerreißen der Kleidung ist ein Beweis der Machtlosigkeit des Hofes, während bei der ersten Entführung das Wegwerfen der Kleidung die Lösung der Krise sein soll.

c. Methode der Entführung und strukturelle Beobachtungen

Außerdem muss ebenso die Methode der Entführung betrachtet werden. Der König und seine Ritter wurden durch Zauberei getäuscht, was in der Artusgattung nicht ungewöhnlich ist.[380] Dieser Aspekt der Entführung ist aber vor allen wichtig, weil der Hof sehr gedemütigt wird. Die Mitglieder des Hofes sind nämlich nicht in der Lage, die Krise zu lösen. Zwar unternehmen sie viele Versuche, um den König zu retten, doch ihre Anstrengungen bleiben alle erfolglos. Das schwächt den Ruf des Hofes, obwohl die Aktion ursprünglich als ein Streich des Zauberers gedacht war, was uns zu einer anderen Frage führt: Was würde passieren, wenn eine weniger freundliche Figur die gleiche Idee wie der Zauberer hätte? Diese Frage wird hier nicht beantwortet, weil die

---

[379] Peil, Dietmar: „Beobachtungen zur Kleidung in der Dichtung Hartmanns unter besonderer Berücksichtigung der Artus-Epen". In: Buschinger, Danielle und Spiewok, Wolfgang (Hrsg.): „Les *Realia* dans la littérature de fiction au Moyen Age". Wodan, Greifswälder Beiträge zum Mittelalter Band, 25, Greifswald, 1993, S. 134.
[380] Die Becher- und Handschuhproben in *Diu Crône* oder die Herausforderung Jorams mit seinem verzauberten Gürtel im *Wigalois* können als Beispiele dienen, bei denen jedes Mal die Macht des Zaubers unterschätzt wurde, was zu einem Versagen des Hofes führte.

Figur des Zauberers absichtlich ausgewählt wurde. Und doch stellen diese Entführungen interessante Fragen und könnten als Vorlagen für neue und radikalere Entführungen verwendet werden. Allerdings führt dieser Gedanke nicht weit, weil die Entführung in diesem neuen Kontext nicht ohne Humor durchgeführt werden kann. Tatsächlich soll der König nie wirklich gefährdet werden, weil ohne ihn diese Welt nicht weiter existieren kann. Deshalb ist jedes Risiko für die Figur Arthur sehr problematisch[381] und diese Möglichkeit der Bedrohung wird nur mit Humor aufgegriffen. Eine ernsthafte Entführung des Königs wäre eine zu große Demütigung, die die Existenz des Hofes in Frage stellen würde, deshalb darf diese nicht zustande kommen. Der Humor aber erlaubt diese Option und erweitert die Grenzen des Möglichen. Es handelt sich um eine Transgression, die das Wesen und die Möglichkeiten des Artushofes befragt. Es kann hier also eine Entwicklung des Artushofes auf struktureller Ebene beobachtet werden: Mithilfe der Komik wird diese für Störungen anfällig, die am Anfang der Gattung nicht zu sehen sind.

Diese Entführung soll auch strukturell betrachtet werden, weil eine Doppelung vorliegt. Wie im *Wigamur* muss auch in diesem Fall von Synergie gesprochen werden, weil beide Entführungen zusammen betrachtet einen neuen Sinn ergeben. Dieser entsteht allein durch ihr Zusammenspiel und existiert nicht,

---

[381] "From a reader's perspective there is, of course, no actual suspense about the outcome for the king. The gravitational pull of generic expectations is too strong: it is wholly unlikely that a medieval romance would begin by staging the death of Arthur, though some romances could (and did) end that way. The question is not on whether he will escape harm, but how, and the comic narrative turn that follows again defeats anticipation, for it vastly transgresses the usual range of tactics for chivalric rescue.". Eckhardt, Caroline D.: "Reading Jaufré: Comedy and Interpretation in a Medieval Cliff-Hanger". The Comparatist, Vol 33 (May 2009), S. S. 45

wenn nur eine der Entführungen betrachtet wird. Denn nur durch die zwei aufeinanderfolgenden Entführungen, die sich beide sehr ähnlich sind, lässt sich feststellen, dass der Hof aus dem ersten Vorfall nichts gelernt hat. Er hätte sich nach dem ersten Raub Gedanken darüber machen müssen, wie es dazu kommen konnte oder wie sie eine weitere Entführung dieser Art vermeiden können.

Die Entführung machte die Machtlosigkeit des Königs gegenüber dem Zauberer und die Unfähigkeit des höfischen Personals, ihn zu retten, deutlich. Und das, obwohl alle sehr bemüht waren, ihre Ziele durchzusetzen. Trotzdem wird nach diesem Raub nicht besprochen, was in Zukunft besser zu machen wäre oder wie ein weiteres Versagen vermeidbar ist. Das liegt vermutlich daran, dass ihr Versagen keine Folgen hatte und dass sie die Entführung als eine Art Unterhaltung verstanden haben. Diese Deutung als Unterhaltung ist praktisch, weil dadurch das Versagen des Hofes verborgen wird, damit niemand den Verlust von Ehre und Prestige bemerkt. Es ließ sich hier zwar sagen, dass dieser Einwand auch stimmt, da der Zauberer keine bösen Absichten hatte, doch im Moment der Entführung konnte das niemand wissen. Hinzu kommt, dass eine bösartige Figur die gleiche Methode anwenden und dadurch sehr großen Schaden am Artushof anrichten könnte. Deshalb sollte der Hof trotzdem an Lösungen arbeiten oder Verbesserungsvorschläge entwickeln, sodass es nicht wieder zu einer ähnlichen Situation kommt, was aber offensichtlich nicht passiert.

Die Leugnung ihres Versagens hat zur Folge, dass sich der Hof auch nicht wirklich damit auseinandersetzt, was passiert ist.[382] Die höfische Gesellschaft möchte ihre Schwäche nicht zeigen, aber begibt sich dadurch in Gefahr. Denn ohne die Anerkennung von Fehlern gibt es keine Weiterentwicklung. Daraus entsteht eine Art Teufelskreis, weil der Hof seine Ehre und sein Prestige nicht verlieren will, jedoch wird genau das immer wieder passieren, da er nicht bereit ist, aus seinen Fehlern zu lernen.

Hier gibt es nun zwei Einwände. Selbst wenn der Hof verstanden hat, dass die erste Entführung nur eine Verzauberung war, kann er nicht ausschließen, dass es bei einer zweiten anders ist.[383] Er könnte zwar bei dem zweiten Raub anders reagieren, wenn der Verdacht einer weiteren Verzauberung besteht, aber weil die Ritter denken, dass die Gefahr dieses Mal real sein könnte, kommt es nicht dazu.[384] Wobei hier betont werden muss, dass es nicht darum geht, ob der Hof die Verzauberung versteht oder nicht. Er wird auch nicht gefragt, ob er den Humor der Situation versteht, sondern er soll vielmehr die Demütigung vermeiden. In dieser Hinsicht versagt die Artusgesellschaft gravierend, weil nicht

---

[382] Simon Gaunt und Ruth Harvey sprechen von irresponsible frivolity. Gaunt, Simon und Harvey, Ruth: „The arthurian Tradition in Occitan Literature". In: Glyn S. Burgess und Karen Pratt (Hrsg.): "Arthurian Literature in the Middle Ages, IV: The Arthur of the French". Cardiff, 2006, S. 539. Berthelot spricht von einem Weisheitsmangel. Berthelot, Anne: „L'enchantement du récit: magie et illusion à la cour d'Arthur dans le roman de Jaufré". In: Margherita Lecco (Hrsg.): „Materiali arturiani nelle letterature di Provenza, Spagna, Italia". Alessandria, 2006, S. 9.
[383] Eckhardt, Caroline D.: "Reading Jaufré: Comedy and Interpretation in a Medieval Cliff-Hanger". The Comparatist, Vol 33 (May 2009), S. 49
[384] Gouiran, Gérard: „Le roi et le chevalier-enchanteur: Les mésaventures du roi Arthur dans le *Roman de Jaufré*". In: Margherita Lecco (Hrsg.): „Materiali arturiani nelle letterature di Provenza, Spagna, Italia". Alessandria, 2006, S. 39. „Le danger est toujours présent"

die richtige Frage gestellt wird und zwar, welche Maßnahmen ergriffen werden können, um eine weitere Situation dieser Art zu vermeiden.

Ein zweiter Einwand wäre, dass Artusritter Keu beim zweiten Raub etwas vorsichtiger handelt, als er allen Beteiligten sagt, sie sollten wachsam sein und auf den König aufpassen. Doch zeigt dieser Hinweis nur wenig Wirkung, weil er nicht ausgleichen kann, dass der Hof unvorbereitet und nicht in der Lage ist, sich auf plötzlich auftauchende Gefahren einzustellen. Auch der gute Instinkt Keus kann dieses Problem nicht lösen. In der Folge kommt es zum zweiten Raub, ohne dass der Hof das verhindern kann. Daraus lässt sich schlussfolgern, dass der Hof aus dem ersten Fall nichts gelernt hat und für solche Krisen anfällig bleiben wird, solange er nicht grundlegend daran arbeitet, sich auf alle möglichen Herausforderungen vorzubereiten. Aus diesem Grund kann die zweite Entführung als eine Art Strafe für den Artushof hinsichtlich der Leugnung seiner Schwächen betrachtet werden.

Die Anwesenheit Jaufrés bei der zweiten Entführung zeigt, dass es sich um ein Problem des höfischen Systems und nicht einzelner Individuen handelt. Jaufré als Individuum ist auch nicht hilfreich, weil er nur als ein Teil des Kollektivs handelt. Es ist aber erstaunlich, dass er bei der ersten Entführung nicht dabei war und dennoch bei der zweiten genauso wie die anderen Ritter versagt. Das unterstreicht noch einmal, dass es sich hier nicht um das Problem eines Individuums, sondern eines Systems handelt. Letzteres lässt sich jedoch nur schwer grundlegend verändern, was auch durch die zweite erfolgreiche Entführung deutlich wird. Diese ist eine Art Strafe für die Unmöglichkeit der Verbesserung des Systems.

Nach der zweiten Entführung wird das Versagen des Hofes erneut ignoriert, alles konzentriert sich auf den Witz des Zauberers statt auf die Unfähigkeit des Kollektivs, etwas gegen den Vogel zu unternehmen. Wie schon im ersten Fall versuchen alle, möglichst schnell zu einem anderen Thema oder zu einem anderen *Aventiure* zu gelangen. All das macht deutlich, dass der Hof auch hier wieder keine Lehre aus seinem Versagen zieht und nichts unternommen wird, um einen weiteren ähnlichen Fall zu vermeiden. Der Hof bleibt also auch nach der zweiten Entführung anfällig für solche Angriffe und damit auch für Störungen der Ordnung, wobei diese eigentlich die ganze Zeit über gestört bleibt, ohne besonders bedroht zu werden, denn aufgrund der Einstellung des Hofes besteht keine Chance, die Ordnung wiederherzustellen.[385]

Bevor es im Folgenden um eine weitere Variante geht, sollte noch die Struktur dieser Entführungen mithilfe der zuvor entworfenen Funktionen betrachtet werden. Es ist bemerkenswert, dass die zwei Entführungen Arthurs genau die gleiche Struktur aufweisen. Bei den beiden Entführungen fehlen nur die zehnte und elfte Funktion (Zweikampf zwischen dem Entführer und dem Retter und Sieg des Retters), während alle anderen Funktionen vorhanden sind. Es lässt sich hier feststellen, dass die Abwesenheit dieser zwei Funktionen auf das höfische Verhalten und die Stärke des Entführers zurückzuführen ist. Es

---

[385] Lopez Martinez-Moras und Lorenzo Gradin sprechen von einer Dekadenz der Artusgesellschaft. Lopez Martinez-Moras, Santiago: „Magie, enchantements, Autre Monde dans Jaufré". Magie et illusion au Moyen Age, Sénéfiance 42, Centre Universitaire d'Etudes et de Recherches Médiévales d'Aix (CUERMA). Aix, Université de Provence, 1999, S. 327. Lorenzo Gradin, Pilar: „Jaufre o el orden ambiguo". In: Jacques Chocheyras (Hrsg.): „De l'aventure épique à l'aventure romanesque: Mélanges offerts à André de Mandach...". Bern, 1997, S. 210.

kommt zu keinem Kampf, weil der Zauberer den Kampf vermeidet. Er tut es nicht, weil er schwach ist, vielmehr ist zu sehen, dass er die gesamte Situation bei diesen Entführungen kontrolliert. Außerdem meidet der Zauberer den Kampf, weil er zur höfischen Gesellschaft gehört und keine bösartigen Absichten gegenüber dem Hof hegt. Diese zwei Entführungen zeigen eine Änderung im Schema der Entführung und Rückgewinnung, weil hier keine richtigen Rettungen stattfinden, sondern Befreiungen. Der Zauberer entscheidet, wann er sein Opfer gehen lässt, sodass der Frieden weiterhin bestehen bleibt.

## IV.2.2 Opfer, die symbolisch weniger bedeutsam sind

Es lässt sich feststellen, dass nicht alle Opfer die gleiche symbolische Bedeutung haben. In dem vorherigen Beispiel wurde eine Figur behandelt, die sowohl einen Namen als auch eine Rolle in der Handlung hatte. Im Folgenden ist nun zu sehen, dass beides nicht immer der Fall ist, manche Opfer unbekannt bleiben und keine bedeutende Rolle spielen.

### Beispiel: Eine Jungfrau im *Wigalois*

Das Opfer ist eine junge Frau, die von zwei Riesen entführt wird.[386] Wir erfahren ihren Namen nicht und auch sonst keine Details, weder zu ihr selbst noch zu ihrer Entführung, außer dass sie am Artushof entführt wurde. Die

---

[386] Wigalois, Verse 2014-2203.

Handlung konzentriert sich auf die Figur Wigalois. Es kann also auch nicht der Charakter des Opfers besprochen werden, weil die Persönlichkeit der Frau nicht deutlich wird.

Das Fehlen eines Namens ist ein wichtiges Merkmal, weil so erkennbar wird, dass diese Figur keine große Rolle in der Handlung spielt.[387] Eine wichtige Figur besitzt immer einen Namen und wird näher eingeführt sodass verständlich wird, wofür sie steht und welche Rolle sie spielen wird. Figur ohne Namen verschwinden auch schnell wieder aus der Handlung, ohne besonders dazu beigetragen zu haben, so wie die junge Frau im *Wigalois*.

Es lässt sich feststellen, dass die junge Dame wahrscheinlich von adeliger Abstammung ist, weil sie sich zur Zeit der Entführung am Artushof aufhält. Der Hof ist dafür bekannt, dass dort alle schönen, jungen Frauen von adeliger Herkunft sind. Ihre Abstammung ist aber die einzige Information zu ihrer Figur und sie spielt im weiteren Verlauf der Handlung auch keine große Rolle mehr.

Das Fehlen von Informationen über die Entführung ist ebenfalls kein Zufall. Hier stellt sich zuerst die Frage, warum es diese Informationen bei anderen Entführungen gibt. Vor allem sind sie ein Mittel, das Opfer in einem Kontext darzustellen, sodass diese Figur nicht plötzlich aus dem Nirgendwo erscheint. Zweitens handelt es sich bei diesem Schritt um eine Möglichkeit, die weitere Handlung zu planen, der Retter muss das Opfer ja zurückbringen oder

---

[387] Die Figuren spielen immer eine strukturelle Rolle, weil sie zu einem bestimmten Zeitpunkt in der Handlung gebraucht werden, damit der Held seine Reihe von *Aventiuren* weiter vollbringen kann. Hier ist aber nicht die Rede von einer strukturellen Rolle, sondern nur von der Rolle einer Figur als Individuum.

mindestens an dem jeweiligen Hof als Retter in Erscheinung treten. In diesem Fall ist es bemerkenswert, dass es nur die einzige Information gibt, dass die junge Frau am Artushof entführt wird.

> „si hêten si gezücket
> dem milten künige Artûs
> ze Karidôl vor sînem hûs "[388]

Dieses Detail wird kryptisch geboten, weil sich dadurch ableiten lässt, dass der Artushof die junge Dame nicht gut genug beschützt und hier versagt hat. Diese Information sagt aber nichts Persönliches über das Opfer aus, deshalb wird diese Entführung nur als ein Glied der ersten Aventiurenkette betrachtet, die keine weitere Folge in der Handlung hat. Das Fehlen an Informationen macht also deutlich, dass diese Figur nur für diese Episode der Erzählung relevant ist, nicht aber für die weitere Handlung.

Die junge Dame kann also nicht durch eine Beschreibung definiert werden, weil es keine Informationen über sie gibt. Das heißt aber nicht, dass sie vollkommen unwichtig ist, immerhin ist sie durch ihre Interaktionen mit anderen Figuren nützlich. Hier sind drei Interaktionen zu finden, und zwar mit dem Artushof, mit den Entführern und dem Retter.

---

[388] Wigalois Verse 2080-2082. Übersetzung von Sabine Seelbach und Ulrich Seelbach: „Sie hatten sie dem freigiebigen König Artus zu Karidol vor seiner Burg geraubt." Wirnt von Grafenberg: „Wigalois". Hrsg. von Seelbach, Sabine und Seelbach, Ulrich. Berlin, New York, 2005.

Die Kritik am Hof wurde schon erwähnt, sie bleibt aber im Hintergrund, weil sie nur durch den Ort der Entführung gestützt wird. Deshalb soll nun die Interaktion zu den Entführern untersucht werden.

Es kann nicht geklärt werden, ob die Riesen diese Frau absichtlich oder nur zufällig für die Entführung ausgewählt haben. Aufgrund dieses Mangels an Informationen ist eher davon auszugehen, dass dieser Raub spontan durchgeführt wurde. Die Ungeheuer haben die junge Frau, die allein und ohne Schutz war, entdeckt und die Gelegenheit ergriffen. Da es sich bei den Entführern nicht um Menschen, sondern um Riesen handelt, kann eine sexuelle Motivation in Betracht gezogen werden[389] und ist in diesem Fall sogar sehr wahrscheinlich, weil Wigalois sie gerade rettet, bevor sie von den Riesen vergewaltigt wird:

> „sus wolden si über  ir danc
> ir willen mit ir gehabet hân
> des wart ir jâmer alsô getân"[390]

Die Ungeheuer in der Artusliteratur haben meistens keine komplexe Persönlichkeit, sondern werden nur von einfachen Trieben gesteuert, die sie zu den

---

[389] In den verschiedenen Entführungsfällen durch Ungeheuer aus unserem Korpus spielt die sexuelle Lust immer eine Rolle. Tatsächlich ist diese der Hauptgrund im *Wigalois* bei der Entführung einer jungen Frau durch zwei Riesen, aber auch im *Roman de Jaufré* bei der Entführung der Tochter Augier d'Essarts durch einen Riesen oder im *Torec* mit den Entführungen vieler junger Damen durch einen Oger. Es gibt nur einen Fall, im *Yvain*, in dem die sexuelle Lust nicht der Hauptgrund ist, weil Harpin eher nach Macht und Dominanz strebt, dennoch ist auch dieses Motiv im Hintergrund weiterhin vorhanden.

[390] Wigalois, Verse 2074-2076. Übersetzung von Sabine Seelbach und Ulrich Seelbach: „So versuchten Sie mit Gewalt ihren Willen an ihr zu vollziehen. Dadurch litt sie so heftig.". Wirnt von Grafenberg: „Wigalois". Hrsg. von Seelbach, Sabine und Seelbach, Ulrich. Berlin, New York, 2005.

Verbrechen antreiben. Es gibt deshalb keinen Grund, in diesem Fall noch andere Motive zu vermuten, zumal auch nichts anderes erwähnt wird. Das heißt aber nicht, dass sie immer einfache Figuren bleiben müssen. In diesem Fall ist zusehen, dass Wigalois dem überlebenden Riesen die junge Frau anvertraut, damit er sie zum Artushof zurückbringt. Das Versprechen des Riesen, die junge Frau zurückzubringen, ist ein Beweis für eine größere Komplexität seiner Figur, ein solches Verhalten entspricht sonst nur Figuren der höfischen Gesellschaft. Andrea Schott etabliert hier einen Unterschied zwischen wilden und höfischen Riesen.[391] Im Fall eines höfischen Riesen „wird stillschweigend vorausgesetzt, dass der Riese den ritterlichen ‚Ehrencodex' als erstrebenswert und verbindlich ansieht"[392]. Im Wigalois wird zunächst die Wildheit des Riesen deutlich durch Motivation und Kampfmethode, die höfischen Elemente und insbesondere der Eid des Riesen können aber nicht ignoriert werden. Hier ist also eine Mischung von wilden und höfischen Elementen zu sehen, die zeigen soll, dass diese Ungeheuer auch wandelbar und vielschichtiger sein können, obwohl ihre Hauptgründe meist einfach erscheinen.

Die dritte Interaktion erfolgt zwischen der jungen Dame und Wigalois, der bei dieser Entführung der Retter ist. Die Rettung sagt uns vor allem etwas über Wigalois als Mensch und als Ritter, sie rückt die Komplexität seiner Figur ins rechte Licht. Zunächst ist die Rettung der jungen Dame als gelungen und

---

[391] Schott, Andrea: „Ritter, Riesen, Zauberer: Gegnerfiguren in den „nachklassischen" Artusromanen". 2017. https://publications.ub.uni-mainz.de/theses/volltexte/2018/100002446/pdf/100002446.pdf (Webseite besucht am 09.05.2019). S.63-70.

[392] Ebd., S. 65. Diese Aussage wird aber später relativiert. Schott macht deutlich, die Höfigkeit der Riesen kann nur in gewissem Maße existieren, weil Riesen nicht alle Voraussetzungen für die höfische Identität besitzen. Insbesondere fehlt der Glaube an das Christentum, S. 66.

heldenhaft zu sehen – Wigalois rettet eine junge Dame in Not und besiegt dabei starke Gegner. Er folgt hier entschieden der Mission der Ritterschaft und ignoriert nicht die Unordnung, mit der er plötzlich konfrontiert wird. Aber er überlässt die junge Dame nach dem Kampf dem überlebenden Riesen und lässt ihn einen Eid schwören, sie an den Artushof zurückzubringen. Gottzmann bezeichnet diese Entscheidung als *mangelnde prudentia*, weil er dem unhöfischen Riesen vertraut.[393] Gottzmann betrachtet die Rettung als Teil der Aventiurenkette, bei der Wigalois sich in einer Art „Lernprozess"[394] befindet und noch verschiedene Fehler begeht. Stephan Fuchs-Jolie weist aber darauf hin, dass die Erzählung diese Behauptung nicht unterstützt.[395] Wigalois bekommt eine Art Berechtigung dafür, den Riesen den Eid schwören zu lassen, sodass niemand mit dieser Entscheidung unzufrieden ist, indem er auf „die allgemeine Verbindlichkeit des Ehrbegriffs"[396] setzt und gleichzeitig die verbundene *laudatio temporis acti* einsetzt.[397] Der Artushof feiert ihn und Nerejas Verhalten gegenüber Wigalois wandelt sich „von schroffer Ablehnung zu

---

[393] Gottzmann, Carola L.: „Wirnts von Gravenberc „Wigalois". Zur Klassifizierung so genannter epigonaler Artusdichtung". Amsterdamer Beiträge zur älteren Germanistik (ABäG), 14, 1979, S. 99-104. Ebenfalls in Gottzmann, Carola L.: „Deutsche Artusdichtung Bd.I. Rittertum, Minne, Ehe und Herrschertum. Die Artusepik der hochhöfischen Zeit. 2., durchges. Aufl. Frankfurt/Bern 1988 (Information und Interpretation Bd. 2.).

[394] Ebd. S. 104.

[395] Fuchs, Stephan: „Hybride Helden: Gwigalois und Willehalm, Beiträge zum Heldenbild und zur Poetik des Romans im frühen 13. Jahrhundert". Heidelberg, 1997, S. 127.

[396] Stein, Peter: „Integration-Variation-Destruktion. Die „Crône" Heinrichs von dem Türlin innerhalb der Gattungsgeschichte des deutschen Artusromans. Bern u. a., 2000, S. 246.

[397] Schott, Andrea: „Ritter, Riesen, Zauberer: Gegnerfiguren in den „nachklassischen" Artusromanen". 2017. https://publications.ub.uni-mainz.de/theses/volltexte/2018/100002446/pdf/100002446.pdf (Webseite besucht am 09.05.2019). S. 65. „In der „guten alten Zeit hielt eben sogar ein Riese sein Wort (die gegebene Sicherheit), anders als „heute" so manche Ritter."

bloßer Ignoranz"[398]. Wigalois kann also mit dieser Rettung seinen Ruhm mehren. Hier wird die erste Verbindung durch einen „Fernbezug"[399] mit dem Artushof hergestellt, sodass Wigalois Anerkennung bekommt.[400]

Diese Rettung ist aber auch bemerkenswert, weil sie in Verbindung gebracht werden kann mit der Rettung eines Mannes vor zwei Riesen in der Kadock-Episode in *Erec*. Dandaraw sagt, es handelt sich um eine ähnliche Situation mit dem Unterschied, dass diese Episode als „ein Teil der Steigerung von Wigalois"[401] gelten kann, und die Episode im Erec „stellt den Höhepunkt von Erecs Entwicklung zum vollendeten Herrscher dar"[402]. Es kommt zwischen diese zwei Texten zu einem Dialog, da eine sehr ähnliche Situation in beiden auftaucht. Trotzdem befinden sich die Helden an unterschiedlichen Phasen ihrer Aventiure, sodass die Bewertung dieser nicht gleich lauten kann.

Im vorangegangenen Teil wurde zuerst versucht das Opfer zu beschreiben, aber es fehlten zu viele Informationen. Deshalb wurde die Interaktionen des

---

[398] Stephan Fuchs: „Hybride Helden: Gwigalois und Willehalm, Beiträge zum Heldenbild und zur Poetik des Romans im frühen 13. Jahrhundert". Heidelberg, 1997, S. 128.

[399] Dandaraw, Cordula U.D.: „Wirnt von Gravenberc *Wigalois*: Eine thematische und strukturelle Interpretation im Vergleich zu Hartmanns von Aue *Erec*". Diss, University of Albany, 1997. S. 80.

[400] Cormeau, Cristoph: „*Wigalois* und *Diu Krône*: Zwei Kapitel zur Gattungsgeschichte des nachklassischen Aventiureromans". Zürich und München, 1977. S. 25.

[401] Dandaraw, Cordula U.D.: „Wirnt von Gravenberc *Wigalois*: Eine thematische und strukturelle Interpretation im Vergleich zu Hartmanns von Aue *Erec*". Diss, University of Albany, 1997. S. 81.

[402] Ebd., S. 81.

Opfers betrachtet. Diese zeigt, dass diese unbekannten Opfer vor allem wichtig sind, um vieles über ihr Umfeld und die Figuren zu verraten, mit denen sie in Kontakt kommen. Diese Erkenntnis reicht aber noch nicht, um den Kern dieser Entführung zu verstehen, da dieser auf der narrativen Ebene stattfindet. Der Erzähler hätte hier ein Opfer wählen können, das eine Rolle in der späteren Handlung spielt, aber hat sich bewusst dafür entschieden, diese unbekannte junge Dame als Opfer zu wählen. Eine erste Erklärung dafür könnte lauten, dass die spätere Handlung schon geplant ist, Wigalois soll mit Nereja weiterreiten und die Korntin-Aventiure bestehen. Es gibt also keinen Platz für weitere Figuren, sodass diese nur flüchtig am Wegesrand in Erscheinung treten. Eine weitere Erklärung lautet, dass eine Entführung grundsätzlich eine der „notwendigen" Aventiure für einen Ritter darstellt, sodass ein neuer Ritter wie Wigalois diese Art Aventiure mindestens einmal erleben muss. Tatsächlich gehört die Rettung einer entführten Figur häufig zu den Aufgaben eines Ritters, der sich auf der Suche nach Ruhm und Ehre befindet.[403] In diesem Sinne braucht der Erzähler diese Figur nur, um ein Entführungsopfer zu haben. Die junge Dame erfüllt eine strukturelle Rolle und kann als eine Aktantin betrachtet werden, weil ähnliche Entführungen in anderen Romanen zu finden sind. Es werden dem Opfer nur so viele Merkmale gegeben, wie notwendig sind, damit die Entführung stattfinden kann (eine junge, adelige Frau, die vom

---

[403] Fuchs; Stephan: „Hybride Helden: Gwigalois und Willehalm, Beiträge zum Heldenbild und zur Poetik des Romans im frühen 13. Jahrhundert". Heidelberg, 1997, S. 128. Beispiele wären im *Torec* oder die *Première continuation Perceval* zu finden. Im *Torec* rettet der Held eine junge Dame vor sieben Dieben. In der *Première continuation Perceval* rettet Caradoc Guimer von Alaardin. Diese Aventiure finden ebenfalls statt, bevor die Helden zu vollendeten Rittern und Herrschern werden.

Helden gerettet werden soll). Sie ist nur dazu da, entführt und gerettet zu werden, damit die Aventiurenkette ausgebaut und vielfältig wird und der Held neue Facetten von sich zeigen kann. Somit kann die Bemerkung von Stephan Fuchs-Jolie wiederaufgenommen werden, dass die „Aventiure-Folge äußerlich zu einem erzählerisch-epischen Crescendo stilisiert" wird.[404] Wir sehen also, dass die Entführung und insbesondere die junge Dame Teil dieses Prozesses sind, aber ihre Bedeutung in der Handlung ist begrenzt.

Eine interessante Folge dieser Wahl eines weniger wichtigen Opfers ist, dass das Schema von Entführung und Befreiung hier unvollständig ist. Bei den früheren Beispielen wurden immer die Details der Entführung gezeigt, außer im *Yvain*, wobei die Anspielung an dem *Chevalier de la charette* für diese Lücke sorgen konnte. Hier aber werden keine Informationen zur Entführung gegeben, weil sie nicht gebraucht werden und der Opferfigur keine größere Sichtbarkeit und Rolle verliehen werden soll. Ein weiteres Merkmal ist, dass die Entführung nicht unbedingt eine strukturierende Rolle für die Erzählung hat, sie ist hier nur als eine knappe Episode zu verstehen. Die Veränderung des Schemas ist daher berechtigt und eine interessante Varianz.

Damit kommen wir nun zur Struktur der Entführung im *Wigalois*. Es lässt sich feststellen, dass die Initiallage, das Auftreten eines Gegenspielers, die Entführung, die Entscheidung und Vorbereitung des Retters zur Gegenhandlung, die Funktionen zum Kampf zwischen dem Retter und dem Entführer, die Beseitigung des Mangels und die Rückkehr vorhanden sind, während eine

---

[404] Ebd., S. 128.

unfreiwillige Hilfe für den Entführer, das Feststellen des Mangels, die Bitte oder der Befehl für die Rettung und Funktionen zum Zweikampf zwischen Retter und Entführer nicht zu finden sind. Hier ist anzumerken, dass die fehlenden Funktionen mit der Wahl eines weniger wichtigen Opfers korrespondieren. Es wird am Hof nichts getan, um die junge Dame zu retten. Sogar das Fehlen der jungen Dame wird nicht erwähnt. Warum? Weil der Held keine Aventiure bestehen soll, bevor er die Rettung der jungen Dame unternimmt. Deshalb findet die Entführung auch gleich in seiner Nähe statt. Diese fehlenden Funktionen machen deutlich, dass die Entführung hier auf das Wesentliche reduziert wird, sodass sie grundsätzlich funktionieren kann. Es werden nicht die Teile verwendet, die der Entführung mehr Details und Tiefe verliehen hätten, eben weil sie nur als Teil einer Aventiurenkette gedacht ist. Diese Konstellation mit einem unbekannten Opfer ist nicht nur im *Wigalois* zu finden. Sie liegt in unserem Korpus in sieben Beispielen vor. Auch die dortigen Opfer haben keine Namen und sind als Figur weniger bedeutsam für die Handlung. Diese Fälle finden wir im *Conte du graal* (die Entführung dreier Jungfrauen durch eine Gruppe Ritter), im *Parzival* (eine Jungfrau durch Meleagans und einen anderen Ritter), im *Roman de Jaufré* (eine junge Dame und viele Kinder durch zwei Leprakranke und später eine junge Dame durch einen Riesen), im *Torec* (eine junge Dame durch sieben Diebe) und im *Roman van Walewein* (vier junge Frauen durch den roten Ritter und seine drei Gesellen).[405] Diese Fälle zeigen, dass das Opfer einer Entführung nicht unbedingt

---

[405] Für mehr Informationen über diese Fälle können die Anhänge 1-3 der Arbeit nachgeschlagen werden.

bedeutsam sein muss und dass eine Entführung auch ohne bekannte Opfer funktionieren kann.

## IV.3 Andere Varianten

Es wurden Varianten aus dem *Roman de Jaufré* und aus *Wigalois* ausführlich betrachtet, die die Variante aus dem *Chevalier de la charrette* ergänzen. Jetzt werden andere Varianten angesprochen, obwohl diese nicht ausführlich studiert werden.

## IV.3.1 Weitere wichtige weibliche Opfer

Eine erste Variante ist die Entführung von anderen Damen, die in den jeweiligen Romanen bedeutsam sind. Wie ist diese Bedeutsamkeit zu bemessen? Es sind hier drei verschiedene Facetten zu nennen, erstens die Charakterstärke (eine Figur, die ihre eigene Wahl trifft oder mindestens für sich selbst spricht), zweitens die Rolle in der höfischen Gesellschaft und drittens die Rolle in der Handlung. Auf drei Opfer treffen diese Kriterien zu, und zwar auf Guimer in der *Première continuation Perceval*[406], Miraude im *Torec*[407] und Ysabele im *Roman van Walewein*[408]. Diese Figuren sind alle adelige Frauen und sie

---

[406] Première continuation Perceval, Verse 12955-13288.
[407] Torec, Verse 3461-3580.
[408] Roman van Walwein, Verse 8466-9406 und 9612-10165.

spielen eine Rolle in der Handlung als Geliebte einer der Protagonisten. Sie werden außerdem als starke Frauen beschrieben werden. Guimer zeigt zum Beispiel Stärke durch ihre Ablehnung Alaardins, während Ysabele als verführerische und gefährliche Frau dargestellt wird.

Diese Entführungsopfer unterscheiden sich deutlich von der Figur Guenièvre, allerdings haben sie auch einige Ähnlichkeiten mit ihr. Die Zugehörigkeit zum Artushof und die Stelle als Königin sind die größten Unterschiede. Diese Frauen sind bei ihrem Auftritt in der Handlung keine Mitglieder des Hofes, deshalb hat ihre Entführung nicht die gleiche Symbolik. Die Stelle der Königin des Artushofes erfüllt, wie schon angesprochen, eine Funktion, die für die höfische Welt sehr wichtig, ja, unersetzbar ist. Diese drei Opfer sind viel weniger bedeutsam für die Artuswelt, weil sie keine wichtigen Funktionen am Hof erhalten und weil ihre Entführung die Existenz des Hofes nicht in Frage stellt. Aber sie sind auch ganz anders zu bewerten als die junge Dame im *Wigalois*, die nur in der Erzählung anwesend ist, um entführt zu werden.

Ein anderer Unterschied liegt darin, dass diese Figuren meistens einen Wandel von der Unordnung zu der Ordnung erleben. Diese Opfer können teilweise als Figuren der Unordnung gelten, bevor sie sich der Artusgesellschaft anschließen oder an die Seite ihrer Gatten treten. Hier ist es bemerkenswert, dass sie, nachdem sie die Männer geheiratet haben oder der Artusgesellschaft angehören, keine Unordnung mehr stiften. Das stellt einen großen Unterschied zu Königin Guenièvre dar, die schon von Anfang an zum König gehört, aber doch sowohl als eine Figur der Ordnung als auch der Unordnung betrachtet werden soll. Es lässt sich also feststellen, dass der höfische Raum und die höfischen

Regeln Einfluss auf diese Figuren haben. Die Eroberung einer Frau darf nicht als etwas Einfaches verstanden werden, deshalb muss die jeweilige Frau als eine starke Figur auftreten. Sobald aber die Eroberung erfolgt ist, ergibt sich eine traditionellere Rolle der Frau am Hof und die Frauen treten damit in den Hintergrund. Die Königin bleibt aber immer im Vordergrund wegen ihre Funktion am Hof und weil sie einer der wichtigsten Bestandteile der Artuswelt ist.

## IV.3.2 Entführung von Kindern

Eine weitere Variante ist bei den Entführungen zu finden, bei denen Kinder die Opfer sind. Es gibt zwar viele weibliche Opfer von Entführungen in diesem Korpus, aber auch andere, nämlich Kinder. Beispiele für Kindesentführungen finden wir im *Lanzelet*[409], *Lancelot en Prose*[410] und *Wigamur*[411], was schon im Kapitel zu den Entführern besprochen wurde.

Es lassen sich zwischen diesen Fällen viele Ähnlichkeiten feststellen. Jedes Mal sind die Kinder Söhne eines Königs und es gibt wenige Informationen über das Opfer, weil es noch nicht als Individuum wichtig ist. Erst mithilfe einer guten höfischen und zum Teil ritterlichen Erziehung werden Kinder zu relevanten Figuren für die Handlung. Das heißt, dass die entführten Kinder in der Gesamthandlung bedeutsam sein mögen, aber als Opfer nicht besonders

---

[409] Lanzelet, Verse 41-388.
[410] Lancelot en prose, La marche de Gaule, Absatz 28, S. 31.
[411] Wigamur, Verse 111-299 und 300-412.

geachtet werden. Die Entführungen von Kindern können zwar Einfluss auf das spätere Leben der Opfer haben – zum Beispiel eine Identitätskrise auslösen –, aber das wird erst viel später deutlich und nicht direkt zum Zeitpunkt der Entführung. Deshalb ist hier festzuhalten, dass es in diesem Abschnitt deutliche Veränderungen im Vergleich zum Fall Guenièvre gibt.

## IV.3.3 Entführung von Männern und Rittern

Die Entführung von Frauen und Kindern kann als naheliegend betrachtet werden, weil diese sich nicht verteidigen können, wenn jemand sie entführen will. Die Entführung von Männern beziehungsweise von Rittern hingegen ist viel seltener und erstaunlicher, weil diese sich wehren können. Es gibt in unserem Korpus fünf Fälle mit männlichen Opfern. Hier wären zunächst die Entführungen von Arthur im *Roman de Jaufré* nennen, die bereits ausführlich besprochen wurden. Die Zugehörigkeit zu dieser Variante wurde aber nicht betont, weil der Fokus auf seiner Funktion als König und der Bedeutung dieser Entführungen lag. Die anderen Fälle sind der Raub der Sinne Gaweins durch Amurfina in *Diu Crône*[412], die Entführung Gaweins durch Joram im *Wigalois*[413] und die Entführung der Söhne des Vavasseurs im *Yvain*[414].

Sowohl in *Diu Crône* als auch im *Wigalois* ist zu bemerken, dass die Entführungen wegen der Anwendung von Zauberei relativiert werden können. Die

---

[412] Diu Crône, Verse 8042-9128.
[413] Wigalois, Verse 383-716.
[414] Yvain, Verse 3847-4291.

Zauberkraft wird bei diesen zwei Fällen deutlich und direkt gegen die entführte Figur gerichtet, sodass diese keine faire Chance hat. Gawein lässt sich durch die Zaubertränke Amurfinas in *Diu Crône* die Sinne rauben. Gawein wird ebenfalls im *Wigalois* entführt, weil er im Kampf gegen Joram nicht gewinnen kann, da dieser einen verzauberten Gürtel verwendet. Durch diese zwei Entführungen wird deutlich, dass die Zauberei eine effektive Methode bei Männern und Rittern ist. Die Figur Gawein ist außerdem in der gesamten Gattung bekannt, weil sie direkt mit dem engsten Kreis der Artusgesellschaft verbunden ist. Seine Entführung ist dadurch ebenfalls symbolisch, weil er wie König und Königin eine wichtige Rolle am Hof einnimmt.

Man bekommt im Yvain keine Details zur Entführung und die Opfer werden hier deutlich weniger bearbeitet. Die Söhne des Vavasseurs sind als Figuren nicht wichtig und können nur als Mittel zum Zweck betrachtet werden, da Harpin vorhat, diese gegen die Tochter des Vavasseurs zu tauschen.[415] Dabei ist bemerkenswert, dass zwei der Söhne als Warnung hingerichtet werden. Der Tod entführter Figuren ist nur selten zu finden[416]. Warum braucht es diesen Tod? Er zeigt, dass die Opfer nicht alle gleich wertvoll für die Entführer sind. Manche Entführer haben Gefühle für ihre Opfer oder erwarten etwas von

---

[415] Yvain, Verse 3862–3870.
[416] Ein anderes Beispiel lässt sich im Perlesvaus finden, bei dem der Sohn des Königs Gurguran von einem Riesen entführt wird. Gauvain unternimmt die Rettung und tötet den Riesen, wenn er an seinem Hof ankommt, dennoch ist es zu spät, um die Geisel zu retten, da diese schon getötet wurde. Es kommt dann dazu, dass der heidnische König die Leiche des Sohnes als Essen zubereitet und mit Gauvain und seinen Untertanen teilt, bevor er zum Christentum konvertiert. W. A. Nitze und T.A. Jenkins (Hrsg.): „Le haut livre du Graal: Perlesvaus". Chicago, 1932-1937 (2 Bände), L. 1948-2109. Ebenfalls: Strubel, Armand (Hrsg. und Übers.): „Le haut livre du Graal [Perlesvaus]". Paris, 2007.

ihnen, während andere nichts von ihnen erwarten oder sie nur als Tauschobjekt behandeln. Der Riese Harpin fällt mit seiner Entführung in die letzte Kategorie, weil er seine Geisel gegen die Tochter des Vavasseurs tauschen möchte. Er will mithilfe seiner Opfer handeln und hat deutlich die Oberhand, weil er sechs Opfer in seiner Gewalt hat, während der Retter allein ist. Der Wert der Opfer sinkt dementsprechend, deshalb kann der Riese zwei töten, ohne dass es für seine Verhandlung eine Rolle spielt. Im Gegenteil, es ist hilfreich, weil es den Wert der verbliebenen Opfer erhöht und eine deutliche Nachricht an Vavasseur schickt.

Zuerst wurde die Variante aus dem *Chevalier de la charrette* erneut vorgestellt, sodass diese gleich im Anschluss mit den weiteren Varianten verglichen werden konnte. Später wurden zwei wichtige Varianten ausführlicher untersucht, die die Kernvariante in der Frage nach der Relevanz des Opfers ergänzen. Schließlich wurden weitere Varianten erwähnt, die ebenfalls im Korpus zu finden sind, und zwar die wichtigen Frauen, die nicht dem Artushof angehören, Kinder, Männer und Ritter. Mithilfe dieser Varianten wird klar, dass ein breites Spektrum an entführten Figuren zu finden ist. Die Entführungen von König Arthur waren insofern wichtig, da mit ihnen klarwurde, dass eine Entführung des Königs kaum möglich ist, wenn diese nicht mit Humor gestaltet wird. Aus diesem Grund darf die Entführung der Königin als Kern des

Entführungsmotivs innerhalb der Artusgattung betrachtet werden. Die Entführung der jungen Dame im *Wigalois* zeigte, dass eine Entführung als eine knappe Etappe erfolgen kann, die lediglich als Teil einer Aventiurenkette zu sehen ist, anstatt die weitere Handlung zu strukturieren. Die Figur der jungen Dame ist nicht als Figur wichtig, sondern nur als Mittel zum Zwecke der Entführung. Hier lässt sich somit eine Aktantin-Rolle deutlich skizzieren. Die drei weiteren Varianten beweisen, dass niemand wirklich vor einer Entführung sicher ist. Die Artusgattung ist hier besonders interessant und widersprüchlich, weil die höfische Gesellschaft für den Schutz ihrer Mitglieder und das Bewahren ihrer Ideale stehen sollte, doch kann jeder Mann, jede Frau oder jedes Kind einfach entführt werden. Dieses Kapitel stellt das große Versagen der höfischen Gesellschaft dar, aber auch das strukturelle Bedürfnis nach Entführungen und danach, Opfer in dieser Gattung zu retten. Erst wenn Entführungen stattfinden und sich Opfer in der Not befinden, können Retterfiguren handeln und die Werte und höfischen Ideale zur Geltung bringen.

# V. Varianten der Retter

Auch bei den Rettern handelt es sich im Rahmen einer Entführung um wichtige Figuren. Genauso wie für den Entführer und die entführten Figuren werde ich die Variante aus dem *Chevalier de la charrette* mit anderen Varianten vergleichen, die im Korpus zu finden sind. Zuerst sollte an die Variante aus dem *Chevalier de la charrette* erinnert werden. Der Retter im *Chevalier de la charrette*, also Lancelot selbst, ist ein höfischer Ritter, der die Ideale und wichtigsten Werte der höfischen Gesellschaft vertritt. Wir könnten zwar einerseits sagen, dass seine besondere, im Kern ehebrecherische Liebesbeziehung zu Guenièvre sein positives Bild schwächt und ihn subversiv erscheinen lässt, andererseits hat diese Liebesbeziehung nicht nur Nachteile, weil sie ihn auch dazu bringt, alles zu tun, um die Königin zu befreien, während Gauvain, obwohl Musterritter, weniger erfolgreich ist. Diese Beziehung ist mehrdeutig, aber die Figur des Lancelots und sein Verhalten bei der Rettung (als Retter einer schönen Dame in Not) sind es nicht, was dazu führt, dass hier eine Art Modell erschaffen wird, das in späteren Werken der Gattung häufiger auftaucht. In zwei Dritteln der Fälle aus meinem Korpus werden Ritter an den Rettungen der Opfer beteiligt, woran sich der Erfolg dieser Kernvariante erkennen lässt. Im Folgenden werde ich untersuchen, welche Varianten der Kernvorlage in den anderen Texten vorkommen und was die Ziele der Varianzen sind.

Wie bereits gesagt, handelt es sich im *Chevalier de la charrette* bei der Retterfigur um einen Ritter, also eine Figur aus dem höfischen Raum, und bei dem Opfer um eine schöne Dame, die sich in Not befindet. Was die Motivation zur Rettung der Königin betrifft, ist sowohl von einem persönlichen als auch gemeinschaftlichen Interessen sprechen. Denn einerseits lässt sich sagen, dass Lancelots Liebesbeziehung mit Ginover und sein Streben nach Ruhm ihn dazu antreiben, die Rettung zu unternehmen. Andererseits sind auch die gemeinschaftlichen Werte des höfischen Raums und des Artushofes nicht außer Acht zu lassen, auch sie werden Lancelot sicherlich ebenfalls beeinflusst haben. Es handelt sich um eine der wichtigsten Missionen der Ritterschaft, Menschen in Notlagen zu helfen, sofern das möglich ist. Die Artusritter übernehmen häufig diese Aufgabe und stellen die verletzte Ordnung wieder her, während sie nach *Aventiure* suchen. So werden die Werte und Ideale des Hofes verwirklicht und das System des Artushofes kann weiter funktionieren.

Bei einigen Texten findet sich eine sehr ähnliche Variation wie im *Chevalier de la charrette*. Das ist zum Beispiel im *Torec* bei der Entführung von Miraude durch Ypander der Fall. Torec, die Retterfigur, ist der Geliebter Miraudes, sodass er zu ihr, genauso wie Lancelot zu Guenièvre, eine emotionale Bindung hat. Das heißt, dass er eindeutig auch ein persönliches Interesse daran hat, die junge Dame zu retten. Hinzu kommt, dass Ypander die junge Dame entführt hatte, weil er sich an Torec rächen will, sodass die persönliche Fehde der beiden Ritter hier auch noch eine Rolle spielt.

# V.1 Retter aus dem nichthöfischen Raum

Es lässt sich feststellen, dass das wichtigste Merkmal eines Retters, wie es im *Chevalier de la charrette* sehen ist, seine Angehörigkeit zur höfischen Gesellschaft und zum Orden der Ritterschaft ist. Interessante Varianten lassen sich daher leicht so entwickeln, indem von diesem Aspekt abgewichen und eine Retterfigur ausgewählt wird, die nicht zur höfischen Gesellschaft gehört oder kein Ritter ist. Im folgenden Abschnitt wird deutlich, dass in verschiedenen Werken auch ein nichthöfischer Retter auftritt, wie zum Beispiel ein Zauberer oder eine Fee. Wo liegen hier die Unterschiede zur ursprünglichen Kernvariante und wie lassen sich diese erklären?

## Beispiel: Malduc im *Lanzelet*

Die Figur des Zauberers Malduc im *Lanzelet* bietet ein gutes Beispiel für eine Retterfigur, die nicht zur höfischen Gesellschaft gehört. Hinzu kommt, dass er aufgrund seiner Persönlichkeit nicht dafür vorbestimmt ist, eine Retterfigur zu werden.

### a. Ein Außenseiter und Zauberer

Er lebt weit von der Zivilisation und vom höfischen Raum auf einer Burg mitten in einer vernebelten See. Diese Burg ist nur durch eine Brücke erreichbar, was Malduc als einsamer Herrscher darstellt.. Zudem ist die Reise zur Burg in der Mitte des Sees nur möglich, wenn Malduc sie akzeptiert:

> „dâ sîn der gougelaere pflac,
> ein hûs enmitten drinne lac.
> von dem lande gienc ein brücke dar:
> der enwart nieman gewar
> wan alse Malduc gebôt.
> nu hielt Artûs durch nôt
> gein der burcstrâze. ‟[417]

Es stellt sich heraus, dass die Burg Malduc durch eine Art Zauberei beschützt ist, sodass niemand sie betreten kann, wenn Malduc den Zauber anwendet. Andrea Schott verlinkt hier die Figur Malduc und die Figur Valerin, weil beide „über eine dominierende schwarzmagische und gesellschaftsschädigende Seite‟[418] verfügen und beide unerreichbare Burgen besitzen, die nicht durch normale Mittel eroberbar sind.[419] Diese Parallele ist besonders interessant, weil Valerin eine Entführerfigur ist, während Malduc ein Retter ist. In diesem Zusammenhang ist es erstaunlich, dass Malduc, der die gleichen Eigenschaften wie Valerin besitzt, zum Retter wird.

Hier ist auch festzuhalten, dass Malduc nicht nur ein Herrscher ist, sondern ebenfalls ein starker Zauberer. Und er ist als ein bekannter Ritter des

---

[417] Lanzelet, Verse 7161-7167. Übersetzung von Florian Kragl: dass der Zauberer über ihn herrschte. Eine Burg lag in der Mitte darin. Von Land ging eine Brücke dorthin. Die nahm niemand wahr außer wenn Malduc es gebot. Nun hielt Artus in Bedrängnis auf die Burgstraße zu. Ulrich von Zatzikhoven: „Lanzelet". Hrsg und Übers. von Kragl, Florian. Berlin, New York, 2006.

[418] Schott, Andrea: „Ritter, Riesen, Zauberer: Gegnerfiguren in den „nachklassischen" Artusromanen". 2017. https://publications.ub.uni-mainz.de/theses/volltexte/2018/100002446/pdf/100002446.pdf (Webseite besucht am 09.05.2019). S. 124.

[419] Ebd., S. 124.

Artushofes bekannt, was auch beweist, dass er eine vielseitige Figur ist.[420] Außerdem ist Malduc eine Figur, die über großes Wissen verfügt[421] und viele „swarzen buochen"[422] gelesen hat. Malduc ist derjenige, der Valerin und seine Männer besiegt, indem er sie in einen Tiefschlaf versetzt. Er bringt auch die *würme*[423] zum Schlafen, die das Schloss schützen. Wie Maksymiuk sagt, sind diese *würme* wahrscheinlich keine gewöhnlichen Schlangen, weil sie sonst nicht so schwierig zu bezwingen wären.[424] Diese *würme* sollten als ein Abbild des Teufels verstanden werden. Somit hilft Gott der König Artus durch Malduc gegen den Teufel zu kämpfen. Der Zauberer Malduc zeigt dabei eine große Macht als Vertreter der höfischen Gesellschaft im Kampf gegen den Teufel. Er ist so stark, dass die Frauen im Schloss nicht aufgeweckt werden können, solange der Zauber wirkt. Es heißt, Malduc hat hier umfassende Kontrolle über alle Ereignisse, weil er in der Lage ist zu tun, was andere nicht tun können. Malduc setzt bei dieser Rettung Zauberei für den guten Zweck ein.[425] So wird deutlich, dass Malduc nicht nur eine Figur der Unordnung, sondern eine komplexe Figur ist.

---

[420] Maksymiuk, Stephan Karl Alexander: „Knowledge, Politics and Magic: The Figure of the Court Magician in Medieval German Literature". Diss, University of Washington, 1992, S. 120.

[421] Lanzelet, Verse 7535 und 7364. Bei diesen beiden Versen wird das Wort „wîs" verwendet, um Malduc zu beschreiben.

[422] Lanzelet, Vers 7357.

[423] Ebd., Vers 7359.

[424] Maksymiuk, Stephan: "The Court Magician in the Medieval German Romance". Frankfurt am Main, 1996, S. 88.

[425] Ebd., S. 96. „Die Magie Malducs ist daher an sich nicht dämonischen Ursprungs, sondern eine erlernte Kunst, welche sowohl für positive als auch negative Zwecke eingesetzt werden könnte."

## b. Ein Antagonist des Artushofes

Die Figur Lancelot im *Chevalier de la charrette* war am Anfang der Erzählung kein Artusritter, wurde aber später in die Artusgesellschaft integriert. Seine höfische Identität und seine Nähe zum Artushof sind wichtige Dimensionen Lancelots. Es lässt sich feststellen, dass Malduc im Gegensatz zu Lancelot nicht in die höfische Gesellschaft integriert ist, sondern vielmehr verbannt wurde. Malduc wurde vom König Artus ausgestoßen, deshalb lebt der Zauberer in seiner Burg am nebelverhangenen See alleine mit seiner Tochter. Deshalb ist hier zu betonen, dass Malduc keine Figur der Artusgesellschaft oder des höfischen Raums ist, er ging schließlich nicht im Guten. Malduc wird tatsächlich als ein Antagonist des Artushofes eingeführt[426]. Mehrere Ritter am Hofe haben Familienmitglieder des Zauberers umgebracht:

> „er mac sich selbe wol enstân,
> waz si mir leides hânt getân.
> daz ist Wâlwein und Erec."[427]

Sowohl den Mord an Malducs Familienmitgliedern als auch seine Verbannung zeigen, dass er keinen Grund hat, dem Artushof zu helfen.

Wir erfahren zwar keine Einzelheiten über die Feindschaften zwischen Malduc und den Rittern des Artushofes, doch bei Erec und Walewein handelt

---

[426] „Obwohl Malduc sich als hilfreich für die Artusritter erweist, ist er als deutlicher Gegenspieler konzipiert." Witte, Sandra: „Zouber: Magiepraxis und die geschlechtsspezifische Darstellung magiekundiger Figuren in der höfischen Epik des 12. und 13. Jahrhunderts". Hamburg, 2007, S. 243.

[427] Lanzelet, Verse 7257-7259. Übersetzung von Florian Kragl: Er kann sich selbst gut denken, was ie mir an Leid zugefügt haben. Das sind Walwein und Erec. Ulrich von Zatzikhoven: „Lanzelet". Hrsg und Übers. von Kragl, Florian. Berlin, New York, 2006.

es sich um zwei ehrenhafte Ritter, was die Annahme zulässt, dass Malducs Bruder und Vater vielleicht falsch gehandelt haben. Doch die Erzählung verschweigt Details, sodass wir nicht sagen können, ob Erec und Walewein berechtigt gehandelt haben. Es lässt sich jedoch feststellen, dass diese Rettung Malduc eine Chance zur Rache gibt, weil Malduc als Gegenleistung für seine Hilfe Erec und Walewein herausfordert. Das Rachemotiv wird aber zuerst nicht angesprochen, wenn Artus und seine Ritter die Möglichkeit in Betracht ziehen, Malducs Hilfe zu beanspruchen, sondern vielmehr, wenn sie ihn direkt um seine Hilfe bitten und mit ihm verhandeln.[428]

c. Ein logischer Retter?

Es kann als äußerst ungewöhnlich betrachtet werden, dass hier Malduc und nicht einer der Artusritter zum Retter wird. Eigentlich wäre Lanzelet der wahrscheinlichere Retter von Königin Ginover, da er Valerin schon einmal bekämpft und besiegt hat.[429] Diesmal ist das aber nicht der Fall, da kein Ritter, Lanzelet inbegriffen, diese besondere Aufgabe bewältigen und eine Lösung finden kann. Hier wird der Artushof vor große Probleme gestellt, für die die Hofgemeinschaft keine Lösungen findet. In anderen Werken wird der Hof, wenn er in einer Notlage ist, meist von einem Helden gerettet. In einem gewöhnlichen Kampf hätten die Ritter bestimmt gute Chancen auf einen Sieg

---

[428] Witte, Sandra: „Zouber: Magiepraxis und die geschlechtsspezifische Darstellung magiekundiger Figuren in der höfischen Epik des 12. und 13. Jahrhunderts". Hamburg, 2007, S. 244.
[429] Lanzelet, Verse 5251-5361.

gehabt, aber hier geht es um die Eroberung einer besonders gut verteidigten Festung, gegen die selbst eine ganze Armee machtlos wäre.[430] Der Hof muss sich also Hilfe von außen holen und widerwillig ein Abkommen mit Malduc eingehen, was zeigt, wie ernst die Notlage ist und dass diese nicht durch normale menschliche Kräfte bewältigt werden kann. Und so sagt Maksymiuk dann auch: "In a situation where the court is threatened by hostile magic, the only effective response is stronger counter-magic."[431] Genau das ist hier der Punkt: Weil der Artushof im *Lanzelet* keine Figur wie Merlin hat, die diese Rolle übernehmen könnte, kann er die Königin nicht retten.

Diese Entscheidung für Malduc deutet auf zwei Tatsachen hin, nämlich auf eine echte Notlage und eine Entwicklung des Hofes. Die Not ist einfach zu erkennen, weil die ritterlichen und höfischen Methoden des Hofes hier nicht funktionieren. Es muss etwas unternommen werden, um die Königin zu retten, weil diese einer der wichtigsten Bestandteile des Hofes ist und dieser nicht ohne sie existieren kann. Doch können die Ritter nichts tun und müssen sich Hilfe von jemanden holen, der das Problem lösen kann. Dabei ist es nicht wichtig, ob diese Figur eine gute Beziehung zum Hof hat, weil keine andere Lösung zur Verfügung steht. Der Artushof muss in diesem Fall seine Unfähigkeit akzeptieren, indem er eine Figur aus der Außenwelt zur Hilfe holt, was einen deutlichen Bruch in der Artusgattung darstellt. Man könnte sogar von

---

[430] "A plain mortal such as Arthur and his knights lack the power to accomplish this deed." Gorny Littmann, Esther: "Techniques of creating suspense in Ulrich von Zatzikhoven's "Lanzelet"". Diss, University of Michigan, USA, 1980, S. 92.

[431] Maksymiuk, Stephan Karl Alexander: „Knowledge, Politics and Magic: The Figure of the Court Magician in Medieval German Literature". Diss, University of Washington, 1992, S. 117.

einem doppelten Bruch sprechen, da Malduc von der höfischen Gesellschaft früher verbannt wurde, was auch diese Entscheidung Infrage stellt.

Hier kann gefragt werden, ob sich der Hof weiterentwickelt. Dieses Mal wartet er nicht auf eine gute Lösung, wie es häufig in anderen Romanen der Fall war[432], sondern vielmehr wird eine Wahl zwischen zwei schlechten Lösungen getroffen. Es ließe sich hier also von einer Art Schadensbegrenzung sprechen, weil der Hof keine eigene Lösung finden kann und sich daher dafür entscheidet, die Hilfe eines Gegners anzunehmen, weil der Gewinn durch ihn in dieser Situation immer noch größer ist als ihr Verlust. Es lässt sich feststellen, dass sich der Artushof der Situation anpasst und aktiv auf die Krise reagieren will. Das kann dadurch erklärt werden, dass es sich hier nicht um ein Problem der Traditionen handelt wie im *Erec et Enide*, sondern um eine Bedrohung, die die Existenz des Hofes in Frage stellt. Aus diesem Grund wird eine Priorität gesetzt, und zwar die Rettung der Königin.[433] Die Probleme, die von Malduc ausgehen, sollen als Kollateralschaden verstanden werden. Später zeigt sich, dass es die richtige Entscheidung war, da Erec und Walewein wieder aus Malducs Gewalt befreit werden können.

---

[432] Ein gutes Beispiel für das Warten wäre im *Erec* in Bezug auf die Jagd auf den weißen Hirsch zu finden, wo der Hof auf die Rückkehr Erecs wartet. Als dieser mit Enite zurückkehrt, löst er das Problem, das mit der Jagd verursacht wurde.
[433] „the knights regard their queen's safety as more important than their own and will accept Malduc's terms." Maksymiuk, Stephan Karl Alexander: „Knowledge, Politics and Magic: The Figure of the Court Magician in Medieval German Literature". Diss, University of Washington, 1992, S. 116.

„der herre Wâlwein und Erec
die sint nu ledic unde vrî" [434]

Es handelt sich um eine Entwicklung des Hofes, wie wir festhalten können, wenn wir die Reaktion der Artusgemeinschaft in dieser Krise und in weiteren Krisen wie in der des weißen Hirsches betrachten. Ebenfalls wird im Vergleich zur Entführung der Königin im *Chevalier de la charrette* deutlich, dass der Hof nicht einfach seine besten Ritter schickt und auf das Ergebnis wartet. Zuerst bewegt sich der Hof als Ganzes und versucht die Königin zurückzuholen und sucht dann auch noch nach anderen Lösungen, obwohl diese Nachteile bringen können. Das heißt, es wird in diesem Fall ein Hof dargestellt, der viel aktiver und flexibler ist.

## d. Nicht höfisches Verhalten des Artuskollektivs

Bevor ich über Malduc als nicht höfische Figur spreche, muss gesagt werden, dass die Rettung selbst nichts Höfisches an sich hat. Sowohl der Zauberer als auch das Artuskollektiv handeln gegen die christlichen, höfischen und ritterlichen Werte. Erst nachdem Malduc seine Zauberei angewendet hat, können die Ritter des Hofes das Schloss stürmen, dessen Bewohner nicht kämpfen können, da sie alle von Malduc in einen Schlaf versetzt wurden. Dabei handeln

---

[434] Lanzelet, Verse 7664-7665. Übersetzung von Florian Kragl: Der Herr Walwein und Erec, die sind nun frei und ihre eigenen Herren. Ulrich von Zatzikhoven: „Lanzelet". Hrsg und Übers. von Kragl, Florian. Berlin, New York, 2006.

die Artusritter unbarmherzig, töten alle Bewohner, Valerin eingeschlossen, und holen sich Königin Ginover zurück. Es kommt nicht zu einem Kampf zwischen Rittern, sondern vielmehr zum systematischen Schlachten der Gegner:

> „si muosen gar verlorn sîn.
> dô wart der künic Falerîn
> mit den sînen erslagen." [435]

Natürlich kann dieses Verhalten teilweise entschuldigt werden, weil Valerin und seine Gefolgsmänner auch nicht höfisch gehandelt haben und die Entführung der Königin den Hof in einen Krisenzustand versetzt hat. Doch bleibt es problematisch, dass sich die höfischen Ritter für zahlreiche Morde entscheiden, anstatt die Gegner gefangen zu nehmen. Es kann sein, dass es sich hier um eine Art Vergeltung für die Entführung der Königin handelt. Genauso kann es eine Option sein, die Demütigung des Hofes zu rächen und vergangene Fehler wiedergutzumachen.[436] Immerhin hatte König Artus einst entschieden, Valerins Leben zu schonen, was zu dieser Situation führte. Deshalb kann die Entscheidung des Königs hier als eine verspätete Gerechtigkeit betrachtet werden.[437] Valerin ähnelt der Figur Meleagant, weil sie große

---

[435] Lanzelet, Verse 7375-7377: Übersetzung von Florian Kragl: Sie mussten alle verloren sein. Da wurde der König Valerin mit den Seinen erschlagen. Ulrich von Zatzikhoven: „Lanzelet": Hrsg und Übers. von Kragl, Florian. Berlin, New York, 2006.

[436] "While the knights under his command repay the dishonor done their king, Arthur can, in this way, atone completely for the previous failuire in his regal duty to eradicate evil in his midst." Chamberlin, Richard, Walter: "The Marvelous as allegory in Ulrich von Zatzikhoven's Lanzelet". Diss, University of Michigan, 1997, S. 154.

[437] "The seemingly odd juxtaposition of Arthur's milte with the killing and destruction he engineers must therefore be understood as the humanitarian removal of a proven threat to the integrity of courtly society.". Ebd., S. 154.

Unordnung stiftet und die Königin entführt, deshalb soll auch er für seine Herausforderung und seine nicht höfischen Handlungen büßen. Trotz dieser Berechtigung muss gesagt werden, dass der Hof hier zwar vielleicht berechtigt, aber nicht wirklich höfisch handelt.

### e. Malduc, eine nicht höfische Figur

Dieses nicht höfische Verhalten des Hofes wird dadurch unterstützt, dass Malduc selbst keine höfische Figur ist. Er lebt, wie schon gesagt, in einer Burg in der Mitte der Wildnis. Er ist zwar weise, aber kann auch nicht auf seine Rache verzichten. Besonders interessant, um Malduc zu definieren, sind seine Tochter und ihr Verhalten bei diesen Ereignissen. Zuerst muss hier betont werden, dass sie wahrscheinlich eine weise junge Frau und auch eine starke Zauberin ist:

> „als unz daz welsche buoch seit,
> so endorfte siu niht wîser wesen,
> wan siu hâte gelesen
> diu buoch von allem liste,
> dâ von siu wunder wiste.
> âne Femurgân die rîchen
> So enkund sich ir gelîchen
> Kein wîp, von der ich ie vernâm"[438]

---

[438] Lanzelet, Verse 7180-7187. Übersetzung von Florian Kragl: Wie uns das welsche Buch erzählt,/ so hätte sie nicht klüger sein können,/ denn sie hatte die Bücher/ aller Weisheiten gelesen,/ wodurch sie sehr viel wusste./Außer der prächtigen Feemurgan/ konnte sich ihr keine Frau/ vergleichen, von der ich jemals gehört habe.". Ulrich von Zatzikhoven: „Lanzelet": Hrsg und Übers. von Kragl, Florian. Berlin, New York, 2006.

Sie wird mit der Fee Morgan verglichen, die als die stärkste Zauberin in der Artusgattung gelten kann. Diese Stärke ist wichtig, weil sie zeigt, dass die Tochter Malducs nicht von ihrem Vater abhängig ist, dass sie ohne ihn leben und sich selbst schützen kann. Chamberlin betont auch das Verhalten der jungen Dame, das sich stark von dem ihres Vaters unterscheidet: "Unlike her vengeful father, she offers her help freely and shows her respect for both the noble bearing of the princely riders and King Arthur's honorable good-ness."[439] Sie ist diejenige, die die Ritter vom Hof zur Burg ihres Vaters bringt. Sie spielt auch eine wichtige Rolle dabei, ihren Vater zu überzeugen, dem Hof zu helfen, obwohl sie nichts gegen seine Entscheidung tun kann, Walewein und Erec als Gegenleistung zu verlangen. Aus diesem Grund wird ihr Leben geschont, wenn alle anderen in der Burg des Zauberers getötet werden.[440] Die Ritter des Artushofes nehmen sogar die Tochter Malducs mit sich, sodass sie Teil des Hofes wird. Hier wird deutlich, dass die Tochter Malducs viele höfische Eigenschaften besitzt und im Gegensatz zu ihrem Vater offen für eine Rückkehr in die höfische Gesellschaft ist. Sie ist der Indikator für das nicht höfische Verhalten Malducs und unterstützt die Ordnung, sodass sie leben darf und ihr Vater nicht.

Ein anderes Argument für sein nicht höfisches Verhalten ist Malducs Weigerung, seinen Groll gegen Erec und Walewein abzulegen. Die Königin fragt

---

[439] Chamberlin, Richard, Walter: "The Marvelous as allegory in Ulrich von Zatzikhoven's Lanzelet". Diss, University of Michigan, 1997, S. 153.
[440] Ebd., S. 153 "They spare only the life of the host's daughter, who was so helpful to Arthur's knights and showed such kindness that they truly owed her their lives."

den Zauberer, ob er seine Rache vergessen wird, doch kann dieser ihren Wunsch nicht erfüllen.[441] Es handelt sich um einen Beweis, dass die Rache für Malduc wichtiger ist als seine höfische Identität. Er hat sich von der höfischen Gesellschaft abgewendet, als seine Familienmitglieder umgebracht und er verbannt wurde. Es ist für Malduc ein Punkt, an dem es kein Zurück gibt. Er kann seine Rachegefühle nicht unterbinden und handelt kaltherzig.

> „Daz ane sehende herze sêr
> was dem gougelaer ein wint"[442]

Diese Gleichgültigkeit gegenüber dem Leiden der Ritter und der ständige Wunsch nach Rache bringen den Hof wieder dazu, ihn als Feind zu betrachten. Aus diesem Grund zeigt ihn die Erzählung hier als eine negative Figur, die genauso wie andere Antagonisten besiegt werden soll.[443] Lanzelet reitet mit hundert Rittern los, um Erec und Walewein zu retten. Diese Rettungsaktion kann auch als eine Bestrafung Malducs gesehen werden, weil er sich dafür entschieden hat, Unordnung am Hofe zu stiften und ein Gegner zu bleiben, obwohl er seine Beziehung zur Artusgesellschaft verbessern konnte. Der Tod des Zauberers findet in seinem Schloss im nebelverhangenen See statt. Den Angreifern wird vom Mondschein geholfen, das Schlosss zu erreichen. Dieses Licht könnte als eine Hilfe Gottes betrachtet werden, die sich gegen den Zauberer richtet. Das ist bemerkenswert, weil Malduc wegen der Hilfe Gottes im

---

[441] Lanzelet, Verse 7430-7444.

[442] Ebd., Verse 7454-7455. Übersetzung von Florian Kragl: Das offensichtliche Herzeleid galt dem Zauberer nichts. Ulrich von Zatzikhoven: „Lanzelet": Hrsg und Übers. von Kragl, Florian. Berlin, New York, 2006.

[443] Ebd., Vers 7523. Malduc wird hier als hinterlistiger Zauberer beschrieben.

früheren Abschnitt in der Lage war, die Burg Valerins zu erobern. Es lässt sich also feststellen, dass die Figur Malduc zwar etwas Gutes erreichen kann, aber doch ist das in seinem eigenen Interesse, denn so kann er die beiden Ritter als Racheakt in seine Gewalt bekommen. Was ihn erneut zum Feind des Artushofes macht und er von Gott verlassen wird. Das Ende des Zauberers ist symbolisch dargestellt, weil die brennende Burg im Kontrast zum See steht, sodass sie als Symbol des Teufels betrachtet werden kann. Die Figur Malducs ist bei dieser Episode höchst problematisch, weil sie zuerst gut und später böse handelt.

Es handelt sich um einen wichtigen Widerspruch, der erläutert werden soll. Er kann hier als ein Vertreter der höfischen Gesellschaft gegen den Teufel betrachtet werden, aber bleibt gleichzeitig eine nicht höfische Figur und ein Antagonist des Artushofes, wird schließlich getötet und als Teufel bezeichnet. Die Figur Malducs ist wegen dieses Widerspruchs problematisch, weil sie überwiegend nicht höfische Züge besitzt, aber doch auch einige höfischen Eigenschaften hat. Das wird dadurch erklärt, dass Malduc einst ein höfischer Mann und Zauberer war, der sich nach dem Mord an seinem Vater und Bruder von der höfischen Gesellschaft abgewendet hat. Er hat dabei die meisten höfischen Eigenschaften verloren, aber einige behalten. Dazu ist seine Beschäftigung als Zauberer schon immer etwas gewesen, was sein höfisches Verhalten in Frage stellte, da Zauberei für die Artusgesellschaft eher etwas Böses ist. Dieser Widerspruch besteht weiterhin bis zum Tod des Zauberers, doch lässt sich dazu sagen, dass er höfische Eigenschaften nur in Bezug auf die Rettung zeigt. Es liegt nahe, dass seine Aktantenrolle als Retter ihn dazu bringt, diese höfischen Züge zu bekommen. Aus diesem Grund kann er sich nach der Rettung nicht weiter so verhalten. Er übernimmt eine andere Aktantenrolle, und zwar die des Gegenspielers.

Malduc soll ebenfalls mit Lancelot aus dem *Chevalier de la charrette* verglichen werden, damit deutlich wird, welche Diskrepanzen es zwischen diesen zwei Figuren gibt. Malduc ist eine besondere Retterfigur, die sich auch sehr von Lancelot unterscheidet, weil sie im Gegensatz zu ihm über Zauberkräfte verfügt. Malducs Einsatz ist interessant, da er bei der Entführung der Königin die Beziehung zwischen dem Artushof und der Zauberei neu definiert oder zumindest die bisherige in Frage stellt. Denn in diesem Fall wird Zauberei für eine gute Sache eingesetzt. In vielen früheren Werken wird Zauberei dagegen meistens negativ bewertet, weil sie sich gegen den Artushof richtet.[444] In Artusromanen ist Zauberei insgesamt selten etwas, was dem Hof oder einem seiner Helden hilft. In diesem Roman ist es anders, da der Hof Zauberei als ein notwendiges Mittel anerkennt. Es wird gezeigt, dass die normalen Kampftechniken mit traditionellen Waffen Grenzen haben und Zauberei diese Grenzen überschreiten kann. Der Hof entscheidet sich schließlich dafür, diese übernatürlichen Kräfte zu verwenden, um Valerin zu besiegen. Die Zauberei wird hier genutzt, um ein edles Ziel zu erreichen, aber sie wird von einer Figur

---

[444] Als Beispiele lassen sich die Herausforderung von Joram im *Wigalois*, die Becher- und Handschuhproben in *Diu Crône* oder die Entführungen von Arthur in *Le Roman de Jaufré* anführen. Hier wird die Zauberei in den meisten Fällen gegen den Hof eingesetzt und verursacht dort Schaden.

eingesetzt, die nicht als vertrauenswürdig oder höfisch betrachtet werden kann. Das ist besonders deutlich zum Ausdruck gebracht mit der Entscheidung Malducs, Erec und Walewein herauszufordern, weil der Zauberer hier eine Versöhnung mit dem Hof nicht einmal in Betracht zieht. Er kann seinen Konflikt mit dem Hof nicht beiseitelegen und bleibt weiterhin ein Antagonist. Wir stellen also fest, dass Zauberei trotz des Gewinns, den sie bringt, nicht wirklich akzeptiert wird.

Malduc unterscheidet sich sehr von Lancelot, indem er erstens nicht zum Artushof gehört und zweitens ein Antagonist des Hofes ist. Er vertritt nicht die gleichen Werte wie ein höfischer Ritter und hat auch nicht vor, sich dem Hof anzuschließen. Ein weiterer wichtiger Unterschied liegt in seiner Tätigkeit als Zauberer, da diese grundsätzlich im Gegensatz zu den Tätigkeiten der Ritterschaft steht. Bei der Zauberei handelt es sich um etwas Unerklärbares und Irrationales, das meistens als böse betrachtet wird, während die Ritterschaft für das Gute und Rationale steht. Zwar vollbringt auch Lancelot Heldentaten, wie zum Beispiel bei der Brücke des Schwertes, aber diese bleiben alle im Bereich des Erklärbaren und zählen eher zu jenen Momenten, in denen Menschen über sich selbst hinauswachsen. Die Taten, die Malduc vollbringt, lassen sich aber von niemand anderem vollbringen, da niemand außer ihm über diese übernatürlichen Kräfte verfügt. Auch das ist ein maßgeblicher Unterschied zu Lancelot. Außerdem wird deutlich, dass er vor allem im Sinne seiner persönlichen Interessen handelt, da er seine Zauberkünste einsetzt, um eine bestimmte Belohnung zu erhalten. Er kämpft nicht vorrangig für die gemeinschaftlichen

Interessen, weil er nicht die gleichen Werte und Ideale vertritt wie die Ritter des Artushofes.


f. Strukturelle Beobachtungen

Nun soll die Struktur dieser Entführung und Rettung angesprochen werden. Die 13 Funktionen, die im Theorieteil entwickelt wurden, werden hier erneut verwendet, um die Gemeinsamkeiten und Unterschiede zum *Chevalier de la charrette* zu verdeutlichen. Die erste, zweite, vierte, fünfte, siebte, achte, neunte, elfte und zwölfte Funktion sind hier vorhanden. Das heißt aber auch, es fehlen drei Funktionen, und zwar der Betrug oder die unfreiwillige Hilfe, der Zweikampf zwischen dem Retter und Entführer und schließlich der Sieg des Retters. Natürlich ist es nicht sonderlich erstaunlich, dass diese fehlen, weil Ulrich von Zatzikhoven nicht die Texte Chrétiens als Vorlage hatte. Dennoch ist ein Vergleich zu dem Prototyp des Narrativs dieser Studie relevant, weil die Varianz innerhalb des Motivs verglichen werden kann. Die dritte Funktion fehlt, weil niemand anders als der Entführer an dem Verbrechen beteiligt ist. Beim Vergleich mit der Entführung im *Chevalier de la charrette* und der Beteiligung Keus sehen wir im *Lanzelet*, dass Valerin die Königin während einer Jagd entführt und keine Figur dazu bringt, den Hof zu betrügen oder unfreiwillig zu helfen.

Eine weitere fehlende Funktion ist die zehnte, die dem Zweikampf zwischen dem Entführer und dem Retter entspricht. In diesem Fall kommt es nicht zu einem Kampf, weil Malduc kein Ritter ist. Als Zauberer verwendet er seine

Zauberei, um seine Feinde zu besiegen, sodass es einen Zweikampf zwischen zwei Rittern nicht geben kann. Valerin wird gleich außer Gefecht gesetzt, indem er in Schlaf versetzt wird und dann im Schlaf von den Rittern des Hofes umgebracht wird. Somit wird er ohne Kampf besiegt. Dabei ist es interessant, dass die elfte Funktion (der Sieg über den Entführer) trotzdem vorhanden ist, obwohl die zehnte Funktion fehlt. Es handelt sich hier um eine Ausnahme, diese Funktionen sind in den Fällen des Korpus' dieser Studie normalerweise miteinander verbunden.

Eine letzte Funktion, die nicht vorhanden ist, ist die dreizehnte. Der Retter sollte hier sein Opfer an den jeweiligen Hof zurückbringen und dort gefeiert werden. Es lässt sich feststellen, dass die Königin hier direkt von der Artusgesellschaft gerettet wird, nachdem Malduc seine Zauberei eingesetzt hat. Doch er wird nicht dafür gefeiert, weil er seine Forderung nach Erec und Walewein nicht zurückgenommen hat. Diese Varianz ist bemerkenswert, weil sie gleich die Erzählung in eine andere Aventiure versetzt, anstatt das Muster aus Entführung und Rückgewinnung zuerst abzuschließen.

Diese Entführung und Rettung müssen auch im Rahmen der Gesamthandlung betrachtet werden. Diese Episode umfasst die erste Hälfte des letzten Viertels des Romans. Aus diesem Grund ist es hier interessant, dass es sich nicht um eine Aventiure handelt, bei der der Held zu Ruhm kommt, sondern um eine Entführung der Königin Ginover am Artushof. Diese Zwischenstation am Hof wäre in der Handlung nicht unbedingt notwendig gewesen und doch ist sie hier zu finden. Eine Erklärung dafür wäre, dass der Aufstieg Lanzelets mit seiner Gefangenschaft bei Königin Pluris zunächst unterbrochen wurde. Er ist ihm zwar gelungen, seine Identität zurückzuerlangen und Ruhm zu erringen, aber er konnte sich nicht weiter zum perfekten Ritter und Herrscher entwickeln, weil er das Land Pluris nicht verlassen konnte. Seine Befreiung kann insofern als ein neuer Anfang für Lanzelet verstanden werden, obwohl er natürlich schon etwas Prestige genießt und am Artushof anerkannt wird. Die Rückkehr Lanzelets an den Artushof soll dann zu einem weiteren Aufstieg Lanzelets führen, damit er sein Schicksal als Ritter und Herrscher verwirklichen kann.[445] Die Entführung der Königin lässt keinen Platz für ihn als Ritter, weil es keinen anderen Weg gibt als den Einsatz von Zauberei, um Valerin zu besiegen und die Königin zu befreien. Aus diesem Grund soll hier Lanzelet nicht als kämpferischer Ritter bezeichnet werden, sondern vielmehr als Ratgeber des Königs. Und er erweist sich als ein geeigneter Ratgeber, der die Lage gut einschätzt und den König dazu bringt, die Hilfe Malducs anzunehmen. Maksymiuk sagt, dass Lanzelet hier seine Führungsqualitäten beweist, um die Krise zu bewältigen.[446] Genauso ist die Rettung Erecs und Waleweins zu verstehen, als eine Prüfung für ihn, Männer, für die verantwortlich ist und die unter seinem Kommando stehen, in den Kampf zu schicken.[447] Somit sind die Figuren Valerin und Malduc bei dieser Episode eine Art Sprungbrett für Lanzelet, der neue Fähigkeiten üben und entwickeln kann. So gewachsen kann Lanzelet die letzte Aventiurenkette beginnen, die ihn zum besten Ritter und Herrscher krönen wird. Bei der Rettung seiner Freunde nimmt er auch die

---

[445] Maksymiuk, Stephan Karl Alexander: „Knowledge, Politics and Magic: The Figure of the Court Magician in Medieval German Literature". Diss, University of Washington, 1992, S. 119
[446] Ebd., S. 117.
[447] Ebd., S. 117.

Tochter Malducs in der höfischen Gesellschaft auf, was seine „*minne* auf der kollektiven Ebene"[448] darstellt und ihre „altruistische *güete*"[449] gegenüber dem Hof belohnt. Auch mithilfe der Tochter Malducs werden hier alle Bedingungen geschaffen, damit sich Lanzelet weiterentwickeln kann. Diese Entführung und Rückgewinnung spielen also als Zwischenstation eine wichtige Rolle in der Gesamthandlung, weil sie Lanzelet erlauben, eine Figur zu werden, die nicht nur kämpferisch gut ist, sondern auch Krisen dank Vernunft und Weisheit meistert. Hier kann auf die Definition des Helden von Curtius zurückgegriffen werden, die besagt, ein Held solle über beide – *sapientia* und *fortitudo* – verfügen, um ein vollkommener Held zu sein.[450] Diese Rettung zeigt dem Leser nun, dass Lanzelet diese beiden Eigenschaften besitzt.

Malduc ist aber nicht das einzige Beispiel für eine Retterfigur, die aus dem nicht höfischen Raum stammt. Es gibt noch andere wie zum Beispiel Feen und Meerwesen, wie im *Lancelot en Prose*, *Lanzelet* oder *Wigamur* zu sehen ist. Sie weisen aber eine andere Besonderheit auf, die diese stärker von der Figur Lancelots unterscheidet – sie sind gleichzeitig Entführer(innen) und Retter(innen). Diese Fälle wurden bereits besprochen. Durch sie ergibt sich eine interessante Erkenntnis: Keiner der nicht höfischen Retter ist vollkommen nicht höfisch. Diese Figuren leben zwar außerhalb der höfischen Gesellschaft und nach anderen Prinzipien, aber zeigen alle höfische Züge. Eine Erklärung dafür

---

[448] Chamberlin, Richard, Walter: "The Marvelous as allegory in Ulrich von Zatzikhoven's Lanzelet". Diss, University of Michigan, 1997, S. 157.
[449] Ebd., S. 157.
[450] Curtius, Robert Ernst: „Europäische Literatur und Lateinisches Mittelalter". Bern, 1953, S. 181.

wäre, dass die Funktion des Retters keiner Figur gegeben werden kann, die vollkommen nicht höfisch und bösartig ist. Eine Rettung ist etwas Gutes und kann nicht durch eine vollständig böse Figur durchgeführt werden, deshalb sind diese nicht höfischen Retter komplexe Figuren.

## V.2 Andere Varianten

Es werden jetzt noch andere Varianten erwähnt, die sich von der Kernvariante unterscheiden, um das Spektrum zu erweitern. Im Kapitel zu den Entführern wurden schon die Rettungen durch Feen besprochen, weshalb ich hier nicht tiefer darauf eingehe. Eine andere interessante Variante liegt im Fehlen einer Retterfigur, was zeigt, dass es nicht bei jeder Entführung einen Retter gibt. Dann ändert sich das Muster der Entführung und Rückholung des Opfers natürlich.

## V.2.1 Das Fehlen einer Retterfigur

Die Varianten zu der Figur Lancelot weisen nicht nur hinsichtlich der Zugehörigkeit zur höfischen Gesellschaft oder der Natur der Retterfigur Unterschiede auf. Es sind auch Varianten entstanden, in denen es überhaupt keine Retterfigur gibt. Es ist offensichtlich, dass eine Entführung einen Entführer und ein Opfer braucht, allerdings ist eine Retterfigur nicht unbedingt erforderlich, obwohl sie häufig vorhanden ist. Das Modell einer Entführung mit einer Retterfigur lässt sich dadurch erklären, dass sich mit einem Retter die Ordnung viel besser wiederherstellen lässt und dass es in einer Gattung voller Helden sinnvoll ist, diese eine Rettung unternehmen zu lassen. Die Abwesenheit einer Retterfigur ist also eine bedeutsame Wahl, die sich grundsätzlich von der Kernvariante des rettenden höfischen Ritters unterscheidet. Warum aber ist in einigen dieser Fälle keine Retterfigur vorhanden und wie kommt ihr Fehlen zustande?

Die Abwesenheit einer Retterfigur lässt sich hauptsächlich in zwei Fällen dieses Korpus – im *Conte du graal* und in der *Première continuation Perceval* – feststellen und durch einen Mangel an Informationen erklären. Dieser Mangel entsteht entweder, weil die Informationen nicht gebraucht werden, oder weil diese nicht verraten werden sollen.

Der Mangel an Informationen kann verursachen, dass es keine Retterfigur gibt, wie es im *Conte du graal*[451] mit der Entführung dreier Jungfrauen durch eine Gruppe Ritter deutlich wird. Dabei lässt sich feststellen, dass diese Informationen nicht gegeben werden, weil sich die Handlung hier auf die Figur Perceval konzentriert und nicht auf den weiteren Verlauf der Rettung, da ansonsten die Hauptfigur für eine Zeit nicht im Fokus der Erzählung stehen würde.

---

[451] Es soll bei diesem Roman betont werden, dass der Text unvollendet bleibt. Aus diesem Grund sind verschiedene Episoden wie diese Entführung nicht abgeschlossen. Es kann aber nicht gesagt werden, ob die jeweiligen Abschnitte alle ein entsprechendes Ende bekommen hätten, weil das Verschweigen von Informationen einer Besonderheit der Poetik Chrétien de Troyes ist.

Die Figur Perceval bildet die Hauptfigur des Romans, deshalb ist seine Inter-aktion mit der Gruppe von Rittern wichtiger als eine Rettung, die nur ohne ihn stattfinden könnte. So gestaltet sich das Gespräch zwischen Perceval und der Gruppe von Rittern länger, als es sein müsste. Obwohl er nicht die erhofften Informationen erhält, soll der Anführer der Ritter alle Fragen Percevals beant-worten. Perceval ist hier so voller Begeisterung und Bewunderung, dass er nur schwer abzuweisen ist. So erfährt er auch, dass es kein Geburtsrecht ist, Ritter zu werden, sondern dass jeder Mann ein Ritter werden kann.[452] Der Anführer der Ritter gibt ihm den Ratschlag, König Artus aufzusuchen, um dort zum Ritter geschlagen zu werden.[453] Diese Informationen sind entscheidend, da Perceval daraufhin beschließt, seine Mutter zu verlassen und der Welt der Rit-terschaft beizutreten. Die Gruppe von Rittern verlässt Perceval, nachdem der Anführer seine Fragen beantwortet hat, und er erfährt schließlich von den Bau-ern in der Nähe die entscheidenden Informationen zu den Entführern und reitet mit seiner Gruppe weiter. Wir können hier das Gespräch mit Perceval als eine kurze Pause der Verfolgung betrachten, da die Ritter die Informationen über den Entführer erst später bekommen, allerdings erfolgt später keine Rettung oder es wird zumindest keine in der Erzählung erwähnt.

Tatsächlich ist es so, dass es zu gar keiner Rettung kommt. Eine Erklärung dafür lautet, dass die Entführung hier nur als ein Vorwand verwendet wird, um eine Begegnung Percevals mit der Ritterschaft stattfinden zu lassen und ihm den Antrieb zu geben, selbst Ritter zu werden. Das heißt, dass diese

---

[452] Le conte du graal, Verse 275-284.
[453] Ebd., Verse 329-334.

Entführung lediglich diesen einen Zweck erfüllt und es danach keinen Grund mehr gibt, diese Handlung weiterzuverfolgen, obwohl sie noch nicht abgeschlossen wurde. Durch das Erscheinen der Ritter wurde die Möglichkeit einer Rettung der Opfer ins Spiel gebracht, aber dieses Ziel wird nicht weiterverfolgt. Möglicherweise wollte Chrétien durch diese fehlende Rettung auch den Beginn der Darstellung einer nicht perfekten Ritterschaft markieren, die ihren Höhepunkt im Versagen Percevals in der Graalburg findet. Ohne Rettung triumphiert die helle Seite nicht über die dunkle, aber diese dunkle Seite wird hier von Perceval übersehen, was ihn zu seinem späteren Versagen führt. Diese Szene könnte also auch als eine Art Erbsünde betrachtet werden, die einen Wandel in der Unordnung mit sich bringt, obwohl er nicht gleich in der Erzählung deutlich wird.

Bei einem anderen Fall, und zwar bei der Entführung des Sohnes Gauvains in der *Première continuation Perceval,* ist jedoch zu sehen, dass ein Mangel an Informationen nicht unbedingt nur deswegen erfolgt, weil sich der Fokus der Handlung auf eine einzelne Figur beschränkt. Es kann auch einfach so sein, dass Fakten oder Ereignisse weggelassen, werden, weil sie nicht wichtig für die Gesamthandlung sind. Im vorherigen Fall ging es um einen Mangel an Informationen, der durch die Fokussierung auf eine Figur und deren Handlungen motiviert war, während sich der Mangel an Informationen in diesem Fall mit Logik und Dynamik der Gesamthandlung erklären lässt. Hier ist es besonders interessant, dass die fehlende Rettung zwei verschiedene Erklärungen hat. Während Gauvain, der beste Ritter und Vater des entführten Kindes, die

Rettung ablehnt, versagen Bran de Lys und seine Männer dabei. Die Abwesenheit Gauvains ist entscheidend, weil ohne einen Helden keine erfolgreichen Rettungen erfolgen kann. Bran de Lys ist zwar eine bedeutende Figur in diesem Roman, aber hat den Status als Held nicht erreicht, weshalb er versagen muss. Sein Versagen ist vorhersehbar und nur dadurch kann es später zu einem Treffen zwischen Gauvain und seinem Sohn und einer Entwicklung der Beziehung zwischen diesen beiden Figuren kommen. Bran de Lys versagt aber nicht bei einem Kampf, zuvor beweist er sogar, dass er Gauvain im Kampf in nichts nachsteht, sondern aufgrund des Mangels an Informationen.

Bei diesem Entführungsfall handelt es sich um den Raub, bei dem wir am wenigsten erfahren. Es gibt viele wichtige Informationen, die wir als Leser oder Hörer nicht bekommen, was diese Entführung zu einem komplexen Raub macht. Es wird nicht erzählt, wer das Kind entführt hat oder wohin es gebracht wurde. Es macht auch keinen Sinn, Vermutungen anzustellen, weil es keinen noch so kleinen Hinweis gibt, die das erlauben würden. Außerdem wird kein einziges Motiv erwähnt, was sehr seltsam ist und eine große Lücke in der Handlung entstehen lässt. Diese erscheint zwar wegen Gauvains Suche nach dem Graal nicht ganz so wichtig, aber sie wird auch nicht gefüllt, weil die Rettungsaktion versagt. Es ist zudem bemerkenswert, dass diese Entführungsgeschichte kein richtiges Ende hat und mit der Erzählung des Sohnes als beginnender Ritter abgeschlossen wird. Auf viele Fragen zur Entführung gibt es keine Antwort, im Gegenteil, die Narration verstärkt diesen Mangel an Informationen sogar noch. Es wird erzählt, dass der Erzähler nicht so viel von den

vergangenen Jahren und der Entführung von Gauvains Sohn sprechen will.[454]
Wir erfahren nur, dass schon viele Jahre vergangen sind und das Kind zu einem Mann geworden ist, der die Welt der Ritterschaft betreten hat.

Diese Entführung ist rätselhaft und wirft viele Fragen auf, die sich kaum beantworten lassen. Bislang standen bei den Fällen immer genug Informationen zur Verfügung, um sie konkret analysieren zu können, was hier aufgrund des Mangels an Daten nur schwer möglich ist. Allerdings erfahren wir, dass die Figur des Kindes, die für die Handlung nicht besonders interessant ist, zu einem Mann und – noch wichtiger – zu einem Ritter geworden ist. Es ließe sich also sagen, dass diese Lücke es erlaubt, vieles, was für die Handlung nicht so wichtig ist, zu überspringen, um sich zu einem späteren, spannenderen Zeitpunkt mit Gauvains Sohn zu beschäftigen. Im *Conte du graal* ist zu sehen, dass bestimmte Informationen nicht gebraucht wurden, weil sich die Handlung auf die Figur Percevals konzentriert. Deshalb werden eben jene unwichtigen Informationen zur Rettung nicht gegeben. In diesem Fall trifft diese Erklärung aber nicht zu, weil die entführte Figur der Sohn der Hauptfigur ist, die im Vordergrund bleibt. Das zeigt deutlich, dass hier bewusste entschieden wurde, etwas unklar zu lassen, obwohl es durchaus relevant gewesen wäre.

Es kann sich hier auch um einen besonderen Versuch handeln, das Motiv der Entführung zu erneuern. Schließlich lässt sich feststellen, dass Entführungen in der Artusgattung häufig vorkommen und diese quasi immer gelöst werden, sodass die Lösung eines Entführungsfalls als normal gelten kann. Die

---

[454] Première continuation Perceval, Verse 20380-20400.

Tatsache, dass dieser hier ungelöst bleibt, wirft viele Fragen auf und weckt deshalb besondere Aufmerksamkeit beim Leser oder Zuhörer. Es ist ebenfalls eine Methode, die Erzählung dichter zu gestalten, denn während dieser verschwiegenen Ereignisse stattfinden, können andere vorkommen, die erzählt werden. Das heißt, es kann später auf diese Fakten zurückgegriffen oder die verschiedenen Erzählstränge können zusammengeführt werden, sodass die Welt der Erzählung komplexer wirkt.

Sowohl die Entführung im *conte du graal* als auch die in der *Première continuation Perceval* weisen große Ähnlichkeiten auf der strukturellen Ebene auf. Es lässt sich feststellen, dass die ursprünglichen dreizehn Funktionen hier nicht eingehalten werden, was aber keine Überraschung ist. Es fehlen im *conte du graal* die unfreiwillige Hilfe für den Entführer, die Feststellung des Mangels, die Bitte oder der Befehl an den Helden, die Rettung zu unternehmen, und die achte bis dreizehnte Funktion, die sowohl die Prüfungen und den Kampf gegen den Entführer als auch die Behebung des Mangels und der Rückkehr enthalten. In der *Première continuation Perceval* ist es sehr ähnlich, mit der Ausnahme, dass die Feststellung des Mangels und die Bitte oder der Befehl, die Rettung zu unternehmen, vorhanden sind. Diese zwei Entführungsfälle zeigen, dass hier das Muster von Entführung und Rettung gebrochen wird. Die Entführung findet statt, aber es kommt nicht zur Rückgewinnung des Opfers. Das zeigt, dass das Motiv der Entführung hier völlig anders verwendet wird als bei der Entführung der Königin im *Chevalier de la charrette*.

In diesem Kapitel war zu sehen, dass viele verschiedene Entführer der Variante aus dem *Chevalier de la charrette* ähneln, weshalb die anderen Varianten bemerkenswert sind. Zuerst wurde die Variante zu den nicht höfischen Rettern ausführlicher beschrieben. Es zeigte sich, dass auch eine nicht höfische Figur einige höfische Eigenschaften haben muss, obwohl diese nur bei der Rettung zu sehen sind. Tatsächlich wird die Rettung als etwas Positives verstanden, deshalb muss der Retter auch für etwas Gutes stehen. Das heißt aber nicht, dass diese Figur höfisch wird. Vielmehr zeigt sie zeitweilig entsprechende Eigenschaften, bevor sie wieder zur nicht höfischen Figur wird. Danach wurde eine andere Variante besprochen – das Fehlen eines Retters. Es wurde dabei deutlich, dass sich das Fehlen eines Retters durch das Fehlen an Informationen ergibt. Für die fehlenden Informationen gibt es zwei Gründe. Erstens kann es sein, dass die Information zu einer Rettung nicht gebraucht werden, weil sich die Erzählung auf etwas anderes konzentriert. Zweitens werden Informationen bewusst nicht gegeben, weil sie für den Verlauf der Erzählung unwichtig sind. Nun bleibt zu fragen, was sich ändert, wenn eine Variante und nicht die andere gewählt wird. Die Variante aus dem *Chevalier de la charrette*, die auch die häufigste ist, erlaubt es, dass die Erzählung linear funktioniert, weil die Rettung und die Wiederherstellung der Ordnung erwartet werden. Die Variante der nicht höfischen Retterfiguren zeigt, dass es unerwartete Probleme geben kann und dass die Wiederherstellung der Ordnung nicht immer einfach zu erreichen ist. Mit dieser Variante wird deutlich, wie zerbrechlich die höfische Ordnung ist, und es kann eine komplexere Welt entstehen, in der Figuren nicht einfach in Gut und Böse unterschieden werden, oder es entstehen so weitere

Aventiure. Das Fehlen eines Retters zeigt auch, dass Rettungen zwar möglich, aber nicht notwendig sind. Hier wird das Muster der Entführung und Rückgewinnung gebrochen, weil der Fokus der Erzählung nicht bei der Entführung bleibt. Das heißt, eine Entführung kann mehr als nur eine Aventiure sein, die der Held bewältigen muss. Darauf gehe ich noch einmal im Kapitel zu den Motivationen des Erzählens ein.

# VI. Wo? Varianten der Orte der Entführungen

In den drei vorherigen Kapiteln ging es um die Figuren, die an einer Entführung beteiligt sind. Jetzt soll es um die Orte der Entführungen gehen. Denn im Kapitel zum *Chevalier de la charrette* wurde deutlich, dass diese ebenfalls wichtig sein können, denn sie geben möglicherweise Hinweise auf das Verbrechen oder den Typ der Entführung. Hier beziehe ich mich wieder auf die Theorie von Lotman und seine Dichtotomie zwischen Diesseits und Jenseits, die in der Mediavistik-Forschung angewendet wurde. Mit Hilfe dieser Dichotomie sollen die Unterschiede zwischen den einzelnen Varianten gezeigt werden. Zuerst fasse ich knapp die Erkenntnisse aus dem *Chevalier de la charrette* erneut zusammen, damit diese später mit anderen Entführungsfällen verglichen werden können.

Es lässt sich feststellen, dass der *Chevalier de la charrette* ein breites Spektrum an Orten aufweist. Da die Entführung der Königin in zwei Teilen aufgeteilt ist (Keu bringt die Königin vom Hof fort, bevor er sie im Wald an Meleagant verliert), gibt es zwei Entführungsorte, die sehr verschieden sind. Bei dem ersten Ort handelt es sich um den Artushof, während der zweite ein Wald ist. Das heißt, es finden bei diesem Fall eine Entführung im höfischen Raum und eine Entführung in der Wildnis statt. In den meisten Fällen ist hingegen festzustellen, dass es nur einen Entführungsort gibt und dass dieser entweder im höfischen Raum oder in der Wildnis liegt. Deshalb ist der Entführungsfall im *Chevalier de la charrette* facettenreicher als andere Fälle. Diese Vielfalt bedeutet aber auch, dass ein Element aus dem *Chevalier de la charrette* wahrscheinlich in den meisten anderen Fällen vorkommen wird. Das heißt nicht, dass die anderen Texte bewusst einen bestimmten Ort aufgreifen oder Kenntnis von Chrétien de Troyes Texten hatten, sondern nur, dass die meisten Texte eine dieser Möglichkeit annehmen, weil es quasi keine Alternative gibt. Zuvor ging in es in dieser Arbeit anhand der Entführung der Königin im *Chevalier de la charrette* ausführlicher um Entführungen am Artushof. Deshalb wird hier nun ein anderes Beispiel einer Entführung in der Wildnis untersucht.

## VI.1 Entführungen in der Wildnis

Im *Chevalier de la charrette* war der Wald Schauplatz der Entführung. Der Wald ist ein logischer Ort für die Suche nach Aventiure und Gefahren, deshalb stellt sich die Frage, welche anderen Orte in der Wildnis Schauplatz von Entführungen wurden und etwas weniger offensichtlich mit Gefahr und Aventiure verbunden sind.

### Beispiel: Die Entführung der Schwester Gauvains im *Hunbaut*

Der Ort der Entführung im *Hunbaut* ist ungewöhnlich und hat symbolischen Charakter. Es handelt sich um eine Kreuzung und somit um einen Ort, an dem alles Mögliche passieren kann.

„Ves chi une crois qui depart
Cest grant cemin en quatre sens"[455]

Die Kreuzung verschiedener Wege, *„grant cemin"*, ist ein besonderer Ort für eine Entführung, weil dort nur wenige Beschränkungen zu finden sind. Sie ist aus verschiedenen Gründen interessant. Zuerst ist die Kreuzung kein Ort, an dem Menschen verweilen, vielmehr ist sie ein Ort, der passiert wird. Die Häufigkeit von Reisenden an dieser Kreuzung wird nicht genau erläutert, aber sie ist vermutlich gering, da niemand kommt und die junge Dame vor dem Entführer rettet. Das kann dadurch erklärt werden, dass sich die Kreuzung mitten in der Wildnis befindet, dieser Ort gehört also auf keinen Fall zum höfischen Raum.

Was sind nun die Besonderheiten einer Kreuzung und warum wurde ein solcher Ort für den Roman ausgewählt? Wie schon gesagt sind im Wald Gefahr und Abenteuer zu erwarten. Auf einer Wiese kommt es eher zu einem Kampf zwischen zwei Rittern. Eine Kreuzung jedoch deutet nicht zwingend auf eine Gefahr hin, deshalb ist sie eine interessante Wahl. Um die Entscheidung für eine Kreuzung zu verstehen, soll die Funktion dieses Ortes erläutert werden.

---

[455] Hunbaut, Verse 312-313. Übersetzung von Chênerie, Marie-Luce: Voici une croix qui divise entre quatre directions la fende route ou nous sommes. „Hunbaut". Hrsg und Übers. von Chênerie, Marie-Luce. In: Régnier-Bohler, Danielle (Hrsg.): „La légende arthurienne, le graal et la table ronde". Paris, 1989.

Die Kreuzung eröffnet Reisenden verschiedene Wege. Das bedeutet, dass eine Vielzahl von Wegen möglich wird. Und Wege können ebenfalls als Orte der Entführung gelten und müssten deshalb untersucht werden. Wege können als Raum problematisch sein, weil mit dem Weg Bewegungen verbunden sind. Es handelt sich um einen Raum, der sowohl die Bewegungen der Figuren erlaubt, als auch die Entwicklung dieser Figuren zum Ausdruck bringt.[456] Zudem ist der Weg ein Ort, an dem Interaktionen möglich werden. Dies gilt umso mehr für eine Kreuzung, an der sich verschiedene Wege treffen.

Eine Kreuzung wird jeden Tag von einer oder mehreren Figuren passiert, sodass Treffen und Interaktionen wahrscheinlicher werden. Dabei ist auch zu beachten, dass eine Kreuzung von Menschen geschaffen wurde, deshalb ist hier auch von einem Stück Zivilisation in der Wildnis zu sprechen. Ein Beweis für diese Zivilisation auch, dass an besagter Kreuzung ein Kreuz, *„une crois"*, aufgestellt wurde, sich also nicht nur Wege dort treffen. Das Zivilisationsniveau einer Kreuzung ist aber nicht sonderlich hoch, da diese ansonsten keine weiteren Eigenschaften besitzt, die sie von der Wildnis unterscheidet. Besonders wichtig bei Kreuzungen ist, dass die Treffen und Interaktionen mit anderen Menschen oder Wesen nicht vorhergesagt werden können.[457] Das heißt, der Zufall spielt bei diesem Ort eine große Rolle, sowohl gute als auch böse Menschen können sich auf dem Weg befinden. Im Vergleich zum Artushof,

---

[456] Trachsler sagt dazu, dass die Entwicklung der Figuren als „innerer Weg" verstanden werden kann. Trachsler, Ernst: „Der Weg im mittelhochdeutschen Artusroman". Bonn, 1979 (= Studien zur Germanistik, Anglistik und Komparatistik, Bd. 50), S. 3.
[457] Bachtin, Michail M.: „Chronotopos". 1. Aufl., Frankfurt am Main, 2008 (= stw, 1979), S. 180.

an dem das Leben durch Regeln und Traditionen klar geordnet ist, herrscht an der Kreuzung große Unsicherheit, denn es gibt weder Regeln noch Ritter, die böse Taten verhindern könnten. Man kann auch nicht wissen, wer zufällig vorbeireiten wird.

An diesem unsicheren Ort wurde die junge Dame sich selbst überlassen. Natürlich ist dieser Zufall in der Narration aufgebaut, um die Handlung in eine Richtung zu lenken, doch wirkt es für die Figuren des Romans wie ein Zufall. Die Schwester Gauvains wurde infolge von Zufällen an der Kreuzung zurückgelassen. Gleichzeitig widersprechen das Verlassen des Artushofes wegen Arthurs falschen Verhaltens und die Ablehnung Gauvains, seine Schwester an den Hof zurückzubringen, der Logik der Gattung. Das gilt auch dafür, dass nun in dieser Situation ein höfischer Ritter erwartet werden könnte, der die junge Dame an den Hof zurückbringt. Doch es kommt ein Ritter, der Rache an Gauvain nehmen will und die Gelegenheit ergreift. Das heißt, es werden hier verschiedene Zufälle inszeniert, die in dieser Entführung münden. Die Kreuzung wird so zum Sinnbild dieser unglücklichen Zufälle – es existieren theoretisch mehrere Wege in die Zukunft, es ergibt sich jedoch der unglücklichste Verlauf.

Es wurde von einer Folge der Zufälle gesprochen. Diese können aber auch anders betrachtet werden und zwar als eine Folge von Fehlern, die die junge Dame zu diesem Ort bringt. Dabei ist es besonders interessant, dass die Entführung der unschuldigen jungen Dame ausgerechnet durch die Fehler Gauvains und König Arthurs ermöglicht wird. Dieser Aspekt ist wichtig, es muss erklärt werden, wie die Schwester Gauvains überhaupt an diesem Ort kommen konnte.

Zu Beginn von *Hunbaut* macht König Arthur selbst einen Fehler, als er Gauvains Bitte ablehnt, andere Ritter auf seine Reise mitzunehmen, und ihm stattdessen befiehlt, seine Schwester mitzunehmen. In diesem Moment ist er kein gutes Vorbild für die höfische Gesellschaft, vielmehr zeigt er eine egoistische Seite, die man von ihm bislang nicht kannte, wodurch auch die Erwartung an die anderen Mitglieder des Hofes, sich ritterlich und höfisch zu verhalten, geschwächt wird. Artus korrigiert zwar seinen Fehler und schickt Hunbaut zu Gauvain, damit dieser ihn begleitet. Aber das geschieht zu spät, denn Gauvain und seine Schwester sind schon nicht mehr am Hof, sondern bereits aufgebrochen. Artus trägt also einen Teil der Verantwortung für ihre spätere Entführung.

Den anderen Teil trägt Gauvain, weil er seine Schwester bei der Kreuzung allein zurücklässt. Hinzu kommt, dass er in der Vergangenheit einen Verwandten des Ritters, der seine Schwester dort findet, ermordet hat.

> „Quant vos en verrés un passer,
> Se li dites que li manc.
> Je m'en vois; a Diu cos comman[c].“[458]

---

[458] Hunbaut, Verse 326-328. Übersetzung von Chênerie, Marie-Luce: Quand vous verrez donc passer un chevalier errant, vous lui transmettrez mes instructions. Je m'en vais, adieu ! „Hunbaut“. Hrsg und Übers. von Chênerie, Marie-Luce. In: Régnier-Bohler, Danielle (Hrsg.): „La légende arthurienne, le graal et la table ronde“. Paris, 1989.

Anstatt höfisch zu handeln und seine Schwester zum Hof zurückzubringen, überlässt Gauvain ihr Schicksal dem Zufall. Er verwendet das Worte „*un*", jeder kann geeignet sein und diese Aufgabe übernehmen. Doch berücksichtigt er nicht, dass manche nicht ritterlich handeln und diese Gelegenheit missbrauchen. Das Fehlverhalten der beiden Männer trägt also direkt zur Entführung der jungen Dame bei, nämlich dem Moment, in dem sie ein leichtes Opfer wird. Aus diesem Grund lässt sich diese Entführung auch als eine Art Strafe für falsches Verhalten deuten. Die Fehler der beiden Männer ermöglichen es erst, dass der Raub überhaupt zustande kommt und die unschuldige junge Dame Opfer einer Entführung wird. Das macht diese Figuren in gewisser Weise zu Komplizen. König Arthur versucht allerdings noch, seinen Fehler zu korrigieren indem er direkt Hunbaut zu Gauvain schickt. Deshalb ist seine Schuld nicht so groß wie die von Gauvain. Dieser kann nur seine Leichtsinnigkeit erkennen und alles ihm Mögliche tun, um es wieder gutzumachen. Nachdem er bestraft wurde, soll er noch büßen und eine Lösung finden, also seine Schwester retten.

Die Schuld Gauvains und Arthurs dient dazu, die Darstellung der höfischen Gesellschaft zu verändern und die parodistische Tendenz des Romans ans Licht zu bringen.[459] Diese Fehler des Königs und des Musterritters wären in

---

[459] Zur Komik und ihrer Anwendung in Hunbaut können die folgenden Werke oder Aufsätze nachgeschlagen werden: Gordon, Sarah Elizabeth: „Pastiche in thirteenth–century french arthurian verse Romance". Diss, Washington Universität, Saint Louis, 2002. Szkilnik,

früheren Roman nie möglich gewesen, was auch auf eine Wende in der Gattung hindeutet. Hier passt ebenfalls das Bild der Kreuzung, es treffen sich der klassische und der parodistische Roman, aber verlaufen in verschiedene Richtungen.

Ebenfalls ist sie ein Sinnbild für die verschiedenen Stränge der Handlung, die hier zusammengebracht werden. Drei Stränge – oder Wege – sind hier relevant. Zunächst ist da die Beziehung der jungen Dame zur Artusgesellschaft. Sie kommt aus dem Artushof und wird am Ende der Erzählung dorthin zurückgebracht. Die falsche Entscheidung Arthurs hat auch dazu beigetragen, dass sie an der Kreuzung zurückgelassen wird. Ein weiterer Strang führt zu Gauvain, der ihr Bruder ist und teilweise an der Entführung schuld ist, da er sie an der Kreuzung zurücklässt. Gauvain kann zwar eine Weile sein Aventiure fortsetzen, aber muss wegen seines Fehlers die Rettung seiner Schwester übernehmen. Ein letzter Strang steht in Verbindung mit dem Entführer, weil er derjenige ist, der das Muster von Entführung und Rückgewinnung ins Rollen bringt. Diese Episode ist interessant, da bei dieser Entführung alle Teile des Romans miteinander verbunden werden, weil Gauvain und der Artushof im Mittelpunkt der Handlung stehen und weil sie mit dieser Entführung zu tun haben. Es werden aber nicht nur die verschiedenen Stränge der Erzählung bei der Kreuzung zusammengebracht, sondern gibt es einen neuen Weg, der noch zu erkunden bleibt. Das heißt, dieser Ort kann sowohl als eine Bilanz der

---

Michelle: „Un exercice de style au XIIIè siècle: „Hunbaut"". In: Romance Philology, Vol. 54, No. 1 (Herbst 2000), S. 29-42.

Handlung, als auch als ein Ort, der eine programmatische Funktion besitzt, betrachtet werden.

Die Struktur der Entführung liefert keine großen Erkenntnisse über den Ort der Entführung, aber einige über den Ort der Rettung, da die achte und neunte Funktion (Herausforderungen für den Retter auf seinem Weg und Reaktion des Helden auf diese Herausforderungen), die einem Teil der Rettung entsprechen, fehlen. Auf dieses Merkmal wird im späteren Kapitel zu den Orten von Rettungen tiefer eingegangen.

Andere Beispiele für Entführungen in der Wildnis sind in der Première *continuation Perceval* mit der Entführung Guimers durch Alaardin, im *Roman de Jaufré* mit der Entführung Arthurs durch die Bestie, im *Lancelot en Prose* mit der Entführung Lancelots durch die Dame du Lac, im *Roman van Walewein* mit der Entführung Ysabeles durch den schwarzen Ritter oder in *Diu Crône* mit der Entführung der Königin durch Gasoein zu sehen. Dabei lässt sich feststellen, dass die Entführungen an verschiedenen Orten stattfinden, was offensichtlich macht, dass die Wildnis ein viel größerer Raum als der höfische ist und viel mehr unterschiedliche Facetten bietet. Diese Vielfalt kann kurz mithilfe zweier verschiedener Beispiele dargestellt werden. Das erste Beispiel ist die erste Entführung Arthurs im *Roman de Jaufré,* die im Wald stattfindet. Es lässt sich feststellen, dass der Wald schon einmal als Entführungsort im *Chevalier de la charrette* genannt wurde. Der Wald ist ein besonderer Ort für die

Artusgattung, weil dort Aventiure erwartet wird.[460] Ein zweites Beispiel ist im *Lancelot en Prose* zu finden, bei dem das Kind von der Dame du Lac entführt wird. In diesem Fall liegt das Kind auf einer Wiese am Ufer eines Sees. Die Dame du Lac erscheint und nimmt das Kind in die Arme, bevor sie in den See springt und verschwindet. Natürlich sind verschiedene Fakten zu berücksichtigen, weil es sich hier um eine Entführung durch ein übernatürliches Wesen handelt,[461] dennoch findet die Entführung in der Wildnis statt. Die Nähe zu Gewässern ist ein wichtiges Merkmal von Feenentführungen, weil sie einen starken Bezug zur Natur haben. Aus diesen zwei Beispielen wird deutlich, dass die Wildnis ein sehr heterogener Raum ist, der für viele verschiedene Zwecke stehen kann, je nachdem welcher Ort ausgewählt wird.

---

[460] Zur Funktion des Waldes in der Artusgattung kann der Aufsatz „Der wilde Wald" von Christian Schmid-Cadalbert nachgeschlagen werden. Schmid-Cadalbert, Christian: „Der wilde Wald, Zur Darstellung und Funktion eines Raumes in der mittelhochdeutschen Literatur". In: Schnell, Rüdiger (Hrsg.): „Gotes und der werlde hulde, Literatur in Mittelalter und Neuzeit. Festschrift für Heinz Rupp zum 70. Geburtstag". Bern und Stuttgart, 1989, S. 24-47.
[461] Zu den Besonderheiten der Feenfiguren können folgende Werke nachgeschlagen werden: Harf-Lancner, Laurence: „Les fées au Moyen Age: Morgane et Mélusine ; la naissance des fées". Genève, 1984. Wieshofer, Natscha: „Fee und Zauberin, Analysen zur Figurensymbolik der mittelhochdeutschen Artusepik bis 1210". Wien, 1995. Boivin, Jeanne-Marie: „La dame du lac, Morgane et Galehaut : Symbolique de trois figures emblématiques de l'autre monde dans le « Lancelot »". Médiévales, No.6, Au pays d'Arthur (printemps 1984), S.18-25. Witte, Sandra: „Zouber: Magiepraxis und die geschlechtsspezifische Darstellung magiekundiger Figuren in der höfischen Epik des 12. und 13. Jahrunderts". Hamburg, 2007, S. 199.

## VI.2 Entführungen in der Nähe eines Hofes

Die Variante der Entführungen in der Wildnis wurde untersucht, was die Entführung am Artushof aus dem *Chevalier de la charrette* ergänzt. Somit wurden Entführungen sowohl im höfischen Raum als auch in der Wildnis studiert. Aber es kommen auch Entführungen in einer Art Grauzone vor. Damit sind die Fälle gemeint, die in der Nähe eines Hofes, also weder richtig im höfischen Raum noch vollkommen in der Wildnis stattfinden.

Diese Entführungen sind bemerkenswert, weil sie zwar in der Wildnis passieren, aber auch in der Nähe eines Hofes, sodass unklar ist, ob das Opfer beschützt hätte werden können oder nicht. Um diese Frage im Detail zu betrachten, wird im Folgenden die Entführung von Gauvains Sohn in der *Première continuation Perceval* herangezogen.

Beispiel: Die Entführung von Gauvains Sohn in der *Première continuation Perceval*

Die Entführung findet draußen in der Nähe des Schlosses und der Stadt von Bran de Lys statt.

> „Defors la ville el grant cemin,
> S'ert alés juer hui matin"[462]

---

[462] Première continuation Perceval, Verse 19469-19470. Übersetzung von Pierre Jonin: An diesem Vormittag ging der Junge aus der Stadt zum großen Weg.

Da er aus der Stadt gekommen ist, was durch das Wort „*Defors*" deutlich wird, ließe sich sagen, dass er den höfischen Raum verlassen hat und in der Wildnis entführt wurde. Hier ist wieder die Rede von einem Weg, „grant cemin", was eine Bewegung nach draußen zum Ausdruck bringt. Das führt nun zu der Frage, wo die Grenze zwischen der höfischen Welt und der Wildnis liegt. Das ist nämlich unklar.

Hier möchte ich zunächst zeigen, inwiefern die Grenze zwischen der höfischen Welt und der Wildnis in diesem Fall verschwommen ist und zu welchen Problemen das führt. Das Kind wurde außerhalb des Hofes entführt oder anders formuliert: in der Wildnis. Dort kann alles Mögliche passieren, das Kind ist verschiedenen Gefahren ausgesetzt. Es muss aber auch betont werden, dass es sich in der Nähe des Hofes befindet. Hier soll die Beziehung des Kindes zum Herrn des Schlosses betrachtet werden und wir müssen uns fragen, ob das Kind vielleicht hätte besser beschützt werden können, damit eine solche Entführung nicht passieren kann. Es geht um die Klärung, wo der Schutz des höfischen Raums genau endet. Sind nur Figuren nur in den Schlössern und Höfen geschützt oder erstreckt sich der Schutz auch um das Schloss oder den Hof? Anhand anderer Fälle, wie bei den Entführungen einer jungen Dame durch zwei Riesen im *Wigalois* oder der Entführung der Königin Ginover durch Gotegrin in *Diu Crône,* ist festzustellen, dass die Nähe zum Hof eine Rolle spielt, da in diesen Fällen die Schuld für die Entführungen der Artusgesellschaft zugewiesen wird. Das heißt, wer sich in der unmittelbaren Nähe des Hofes aufhält, sollte beschützt werden. Doch dieser Fall ist komplexer, da die Entführung nicht gleich vor dem Hof stattfindet, sondern etwas weiter weg.

Es werden aber keine genauen Hinweise gegeben, die die Distanz erläutern, doch ist das Kind wahrscheinlich in der Nähe geblieben, da es nicht wie Ritter nach Aventiure sucht.

Es handelt sich hier um eine Grauzone. Einerseits deutet die Nähe des Hofes darauf hin, dass das Kind hätte besser beschützt werden können. Andererseits findet die Entführung in der Wildnis statt, wo die höfischen Regeln nicht gelten und alle Gefahren normal sind. Aus diesem Grund wird hier nicht von einem Fehler der höfischen Gesellschaft gesprochen. Ebenso wird niemand angeschuldigt, fahrlässig gehandelt zu haben. Die Frage der Verantwortung des Hofes besteht aber weiterhin, weil von der höfischen Gesellschaft erwartet wird, die Entführung von Kindern und Frauen zu verhindern. Hier ist die Nähe zum Hof wichtig, da diese helfen soll, eine solche Situationen zu verhindern. Dennoch kommt es zu dieser Entführung.

Es kann die Frage gestellt werden, was hätte helfen können, damit das Kind nicht entführt wird. Sie ist allerdings schwer zu beantworten, weil es nur wenige Informationen zur Entführung gibt, insbesondere nicht darüber, ob das Kind begleitet wurde oder nicht. Aber auch wenn das Kind begleitet wurde, heißt das nicht, dass es nicht zu einer Entführung kommen kann. Das führt zu einem anderen Problem: In der Artusgattung verlassen die Ritter gerne ihre Höfe, um nach Aventiure zu suchen. Die höfische Gemeinschaft kann nicht dafür kritisiert werden, dass sie ihren höfischen Aufgaben (Jagen oder an Turnieren teilnehmen) nachkommen, obwohl dabei Sicherheitslücken entstehen. Das Problem liegt nun darin, dass die Entführer diese Lücken offensichtlich kennen und auf sie warten, sodass die Entführungen jedes Mal erfolgreich sind. Aus diesem Grund handelt es sich hier um ein strukturelles Dilemma, das nicht gelöst werden kann. Die Schuld des Hofes wird deutlich vermindert, ohne aber vollkommen beseitigt zu.

Genauso wie bei der Entführung der Schwester Gauvains in *Hunbaut* spielt hier der Zufall eine gewisse Rolle, da niemand diese Entführung vorhersagen konnte. Wobei es hier eine Einschränkung gibt, denn vielleicht ist es eben auch kein Zufall. Die Motivation des Entführers wird nicht dargestellt, deshalb kann nicht geklärt werden, ob der Täter das Kind absichtlich entführt oder nur die Gelegenheit ergriffen hat, sodass der Zufall mitgespielt hat.

Die Struktur dieser Entführung zeigt verschiedene Lücken. Es fehlen die dritte (unfreiwillige Hilfe für den Entführer) und die achte bis dreizehnte Funktion (Funktionen der Prüfungen, die der Held auf seinem Weg zur Rettung bewältigen soll, und die Funktionen des Kampfes gegen den Entführer und der Rückkehr). Durch diese Struktur ergeben sich außerdem genauso wie im *Hunbaut* keine Informationen zum Ort der Entführung. Das lässt sich dadurch erklären, dass die Funktionen der Entführung in den meisten Fällen gebraucht werden, damit die Entführung zustande kommt. Das heißt, es liegen hier keine Funktionen vor, die optional verwendet werden und mehr Hinweise liefern würden. Diese Funktionen sind an die Figuren gekoppelt, sodass die Orte der Entführungen keine Berücksichtigung finden. Später gehe ich noch darauf ein, wie sich das bei den Orten der Rettungen ändert.

Andere Beispiele für Entführungen in der Nähe eines Hofes finden wir im *Roman de Jaufré* mit der Entführung der Tochter Augier d'Essarts durch einen

Riesen[463], im *Gauriel* mit der Entführung der Botin und im *Torec* mit der Entführung Miraudes. Besonders interessant ist aber, dass bei diesen Fällen Entschuldigungen dafür gibt, warum die höfische Gesellschaft die Opfer nicht beschützen konnte. Im *Roman de Jaufré* wird deutlich gemacht, dass der Vater und der Bruder des Opfers auf der Jagd waren, während die junge Dame im *Gauriel* alleine geschickt wurde, was bei einem Botenauftrag nicht ungewöhnlich ist. Im *Torec* findet die Entführung bei Nacht statt, und sogar Torec, der an der Seite Miraudes ist, kann nichts tun, um die Entführung zu verhindern. Es lässt sich feststellen, dass die Entführung in der *Première continuation Perceval* hier problematischer ist, weil es keinen einzigen möglichen Grund für die höfische Gesellschaft gibt, dass sie nicht aufgepasst haben. So erfährt die Doppeldeutigkeit dieses Falles einen Höhepunkt.

Wie schon am Anfang des Kapitels gesagt, ist die Variante des *Chevalier de la Charrette* besonders facettenreich, wenige Fälle der ursprünglichen

---

[463] Die Entführung findet in der Nähe des Hofes statt. Es soll aber bei diesem Fall berücksichtigt werden, dass der genaue Ort der Entführung ein Baumgarten ist. Der Baumgarten ist ein Ort, welcher besondere Eigenschaften besitzt, die extra miteinbezogen werden sollen, wenn dieser Fall ausführlicher studiert wird. Zu der Studie vom Baumgarten im Mittelalter kann dieses Werk nachgeschlagen werden. Flintoft, Mary Luserna: „Landscape of Desire and Menace, a literary study of medieval French garden imagery". Diss, University of Melbourne, 1982.

Variante wurden beibehalten.[464] Das kann mit zwei Gründen erklärt werden: Erstens ist es offensichtlich, dass nicht alle Autoren Kenntnis von dieser Vorlage hatten. Zweitens ist diese Doppelung der Entführungsorte nur möglich, wenn zwei Entführungen nacheinander inszeniert werden, wobei es meistens nur einmal zu einer Entführung kommt. Diese Vielfalt gewährleistet aber, dass in jedem Text ein Element aus dem *Chevalier de la charrette* zu finden ist, wobei sich natürlich etwas verändern kann. Anhand der Entführung im *Hunbaut* wurde die Variante der Entführungen in der Wildnis untersucht. Dieser Entführungstypus weist verschiedene Merkmale auf wie Gefahr, Zufall und *Aventiure*, die eine erfolgreiche Entführung erklärbar machen. Die Gefahr und die Suche nach *Aventiure* verbinden die untersuchten Fälle mit der Entführung der Königin im *Chevalier de la charrette*, wo Keu im Wald seinen Kampf gegen Meleagant verliert und ihm die Königin überlassen muss. Schließlich konnten wir sehen, dass es auch hier interne Varianten gibt, da nicht alle Entführungsorte in der Wildnis gleich gedeutet werden können. So gibt es zum Beispiel jene Orte, an denen übernatürliche Wesen ihr Opfer entführen und die zwar oft als ein Teil der Wildnis gelten, aber auch als ein Übergang von einer Welt zu einer anderen. Danach wurde eine Variante mit einer Grauzone besprochen. Hier sind Entführungen gemeint, die sich zwischen dem höfischen Raum und der Wildnis ereignen. Es ist nicht ganz klar, ob sie schon zur Wildnis gehören oder ob ihre Nähe zum Hof eine Zugehörigkeit zum höfischen Raum bedeutet. Ein solcher Fall wird insbesondere dann komplex, wenn

---

[464] Beispiele dafür findet man im *Lancelot en Prose*, da es sich um eine Wiedererzählung des *Chevalier de la charrette* handelt, in *Diu Crône* bei den zwei Entführungen der Königin und in *Wigamur* bei den zwei Entführungen Wigamurs.

dem höfischen Kollektiv die Rettung deutlich erschwert wird, indem es keine Informationen zum Entführer erhält, da dieser nicht am Hof erschienen ist und auch nicht zu sehen war. Dieser Fall ist häufig. Die Ritter müssen handeln, weil die Entführung in der Nähe des Hofes passiert ist, aber eine erfolgreiche Rettung ist schwierig.

Zum Abschluss dieses Kapitels muss nun noch geklärt werden, was diese Varianten überhaupt in der jeweiligen Handlung bedeuten. Warum wird ein Ort ausgewählt und welche Konsequenzen hat diese Entscheidung? Es lässt sich feststellen, dass eine Entführung im höfischen Raum die höfische Gesellschaft in Frage stellt und dass die höfische Ordnung zerbricht. Entführungen im höfischen Raum deuten ebenfalls darauf hin, dass eine Rettungsaktion unternommen werden muss, damit die Ordnung wiederhergestellt werden kann. Eine Entführung in der Wildnis hingegen ist etwas, das in der Artusgattung als logisch gelten kann, da die Wildnis für ihren Mangel an Regeln bekannt ist. Es entsteht dadurch zwar Unordnung, aber diese ist weniger problematisch, weil sie weniger auf Fehler der höfischen Gesellschaft hindeutet. Gleichzeitig sind Entführungen in der Wildnis interessant, weil sie Rittern die Gelegenheiten bieten, ihren Ruhm zu mehren und die höfische Ordnung zu verbreiten, indem sie Figuren in Not helfen. Hier ist auch festzustellen, dass Entführungen in der Wildnis meistens durch Gelegenheitsretter gelöst werden, die sich am richtigen Ort und zur richtigen Zeit dort aufhalten. Es werden in solchen Fällen seltener große und organisierte Rettungsaktionen vorgenommen. Insgesamt sehen wir, dass es bei Entführungen in der Wildnis wenige Nachteile und viele Vorteile für die höfische Gesellschaft gibt, während die Entführungen im höfischen Raum deutlich mehr Probleme mit sich bringen. Zu den Entführungen in der Grauzone ist anzumerken, dass die Doppeldeutigkeit dieser Entführungen einer Art Mittelweg zwischen den zwei anderen Varianten darstellt. Der höfischen Gesellschaft wird ein Teil der Verantwortung aufgebürdet, ohne sie zu scharf zu kritisieren. Diese milde Kritik untergräbt zwar das höfische Ideal, aber die labile Ordnung funktioniert weiter. Hier ist eine Entwicklung zu den früheren Romanen zu sehen. Die höfische Gesellschaft ist schuldig, wenn die Entführung im höfischen Raum passiert, und unschuldig in den anderen Fällen. Diese graue Zone kann daher als eine Erweiterungder festgelegten Elemente der Gattung gelten. Sie zeigt, wie versucht wird, die Gattung zu verändern.

# VII. Wo? Varianten der Orte der Rettungen

Im vorherigen Kapitel wurden die Entführungsorte untersucht, jetzt soll es um die Orte der Rettung gehen. Auch diese sind ein wichtiges Element des Entführungsmotivs, da sie genauso wie die Orte der Entführungen Einfluss auf die jeweilige Handlung nehmen. Zuerst sollte, so wie in den anderen Kapiteln, das Muster vom *Chevalier de la charrette* kurz in Erinnerung gerufen werden, damit eine gute Basis für den Vergleich vorliegt.

Die Rettung der Königin im *Chevalier de la charrette* findet im höfischen Raum statt, um genau zu sein: am Hof von Gorre. Das Land von Gorre kann als eine Anderswelt betrachtet werden, da dieses nur auf besondere Weise zu betreten ist – es gibt schwere Prüfungen wie die Brücke des Schwertes oder die Brücke unter Wasser. Deshalb ist es auch schwierig, eine Rettung zu organisieren und durchzuführen. Trotzdem es sich um eine Anderswelt handelt, wird deutlich, dass König Bademagu dort einen höfischen Hof führt, der nach ähnlichen Werten funktioniert wie der Artushof. Ginge es nur um diesen Aspekt, ließe sich hier von einer Art parallelen Ordnung zu der des Artushofes sprechen. Aber diese parallele Ordnung kann wegen der Figur Meleagant und ihrer Taten nicht wirken. Schließlich ist der Sohn des Königs eine Figur der Unordnung, die diese parallele Ordnung zerstört. Sein Wunsch, von seinem Vater respektiert zu werden, bringt ihn dazu, sich von seiner Wut kontrollieren zu lassen. Ebenso zerstört seine Liebe zu Guenièvre seine Vernunft. Diese Liebe macht ihn irrational, verrückt, sodass er bösartig und hinterlistig handelt. Der Ort der Rettung ist also eine gestörte höfische Anderwelt.

Hier ist besonders bemerkenswert, dass der Entführer Meleagant zwar unhöfisch handelt, aber dennoch an einem höfischen Hof lebt und eine höfische Bildung erfahren hat. Eine Figur mit höfischem und ritterlichem Hintergrund sollte nicht wie Mealagant handeln, da sie damit alle Werte und Ideale verrät, die sie erlernt und bis dahin geschützt hat. Der Ort, also der Hof, sollte als eine Art Garantie für das gute Verhalten seiner Mitglieder dienen. Dennoch gibt es Figuren, die sich verhalten, als seien sie böse. Es gibt nur eine Möglichkeit, um eine solche Figur wieder auf den richtigen Weg zu bringen, obwohl das nicht immer gelingt – wie es zum Beispiel bei Meleagant der Fall ist. Und zwar indem man diese besiegt.

In der nächsten Phase werden die Varianten untersucht, in denen sich die Rettungen vom *Chevalier de la charrette* im höfischen Raum unterscheiden, um zu erkennen, was diese Varianten Neues bringen. Wie schon in den anderen Kapiteln wird eine wichtige Variante anhand eines Beispiels ausführlich beschrieben, während andere erwähnt werden.

## VII.1 Rettungen in der Wildnis

Nachdem die Kernvariante erinnert wurde, können wir uns den Rettungsorten in der Wildnis widmen. Diese sind von besonderer Bedeutung. Es lässt sich feststellen, dass Rettungen häufiger in der Wildnis vorkommen als im höfischen Raum. Anhand eines Beispiels, und zwar der Entführung einiger Jungfrauen durch einen Oger im Torec, wird erklärt, welche Besonderheiten die Rettungen in der Wildnis mit sich bringen.

**Beispiel:** Die Entführung von 40 jungen Frauen im Torec

Der Ort der Rettung ist die Höhle des Ogers, die sich in den Bergen befindet:

> „Ende volhden di sporen vanden dwerch
> Ende quamen gereden anden berch,
> Daer si vonden enen dipen pit."[465]

Hier bekommen wir zwei Hinweise, die berücksichtigt werden müssen. Zuerst wird von Bergen gesprochen. Die Auswahl eines solchen Orts ist kein Zufall, erklärt er doch in mancher Hinsicht den Erfolg des Ungeheuers. Hier spielt der Berg eine ähnliche Rolle wie eine Festung. In beiden Fällen handelt es sich um einen Ort, der nicht einfach zu erreichen ist. Der Berg wird zu einer Art Schutz gegen Feinde, da diese in der Regel von unten kommen und beim Aufstieg einen Nachteil haben. Dazu erfahren wir, dass der Oger in einer Höhle tief im Berg lebt, was durch die Wörter „dipen pit" verdeutlicht wird. Diese Höhle ist nur erreichbar durch eine tiefe Grotte. Aus zwei Gründen ist sie ein interessanter Ort. Die Höhle ist für Melions und Raguel[466] nicht einfach zu erreichen. Melions braucht ein Seil, um nach unten zu kommen. Anscheinend gibt es einen Geheimgang zur Höhle, der aber nur den Tieren in der Höhle

---

[465] Torec, Verse 1664-1666. Übersetzung von David F. Johnson und Geert H.M. Claassens: "following the trail of the ogre/ until they came to a mountain/ where they found a deep cavern".

[466] In diesem Teil der Handlung ist der Hauptprotagonist nicht Torec, sondern es sind Melions und Raguel. Thomas Kerth spricht hier von *entrelacement*, da diese Wandlung zwischen Torec und diesen zwei Figuren zweimal erfolgt (Verse 1004-1223 und 1620-1905). Kerth, Thomas: "Arthurian Tradition and the Middle Dutch 'Torec'". Arthuriana, Vol. 17, No. 1, Middle Dutch Arthurian Romances: New Readings (Spring 2007), S. 16.

bekannt ist. Auch deshalb kann sie mit einem Schloss verglichen werden. Ein Schloss schützt ebenfalls vor Eindringlingen und hat einen versteckten Fluchtweg. Dieser Ort ist außerdem von Interesse, weil die Opfer des Ogers ihn nicht verlassen können. Sie sind in der Höhle gefangen, weil sie tief in der Grotte liegt und sie keinen Ausweg kennen. Die Höhle ist quasi ein Gefängnis oder ein Burgverlies, in dem Menschen nur auf ihren Tod oder ihre eventuelle Rettung warten können. Die einzige Figur, die die Höhle betreten und verlassen kann, ist der Oger, weil dieser durch seine übermenschliche Kraft und Größe die Hindernisse der Gebirge zu überwinden vermag. Der Oger kann daher sowohl als Peiniger als auch als Gefängniswächter betrachtet werden.

Diese Höhle ist also ein perfekter Ort, um Opfer von Entführungen festzuhalten. Der Oger ist zwar kein Mensch, aber trotzdem ein intelligentes Wesen. Das lässt sich u. a. daran erkennen, dass er in den Bergen, also in einer für Menschen feindlichen Umgebung, lebt und seine Höhle in eine Festung verwandelt hat, die für Menschen nicht so einfach zu erreichen ist. Dieser Wohnort zeichnet sich jedoch nicht nur durch die Schwierigkeit aus, an diesen Ort zu gelangen, sondern ebenfalls dadurch, dass die Höhle als Gefängnis für vierzig junge Damen dienen kann. Die Natur ist Heimat und eine passende Umgebung für Ungeheuer. Das wird in diesem Fall besonders deutlich, weil der Entführer sein Lebensumfeld intelligent und geschickt nutzt, um es den Menschen zu erschweren, seine Höhle zu erreichen. Das lässt darauf schließen, dass der Oger ein besonderes Ungeheuer ist, das nicht nur stark ist, sondern auch klug.[467] Das Ungeheuer hat vierzig Entführungen erfolgreich umgesetzt, sodass von einem Serienentführer gesprochen werden sollte. Damit ist gemeint, dass er nicht wie andere Ungeheuer nach einer Entführung durch Ritter geschlagen wird, sondern seine Taten geschickter plant und sich besser verteidigen kann.

Die Höhle des Ogers wurde als eine Art Gefängnis für die Opfer der Entführungen beschrieben, aber es handelt sich ebenfalls um einen Ort des Verbrechens. Der Oger entführt immer wieder eine Jungfrau und bringt sie zu seiner Höhle, damit er sie dort vergewaltigen kann, ohne von Rittern oder anderen Figuren oder Wesen gestört zu werden.

Die Höhle des Ogers ist außerdem wichtig, weil sie nicht nur der Ort der Rettungen vieler junger Damen ist, sondern auch der Ort Raguels Verrat von Melions, obwohl sie Waffenbrüderwaren.[468] Melions tötet den Oger im Schlaf

---

[467] Dabei merkt man eine Ähnlichkeit zu den Konzepten von *Fortitudo* und *Sapientia*, die Curtius für den Helden entwickelt hat (Siehe Fußnote Nummer 200), obwohl natürlich die Verbindung nicht dauerhaft ist und nicht auf der gleichen Ebene durchgeführt werden kann. Der Oger ist ein Vertreter der Wildnis, dennoch wird er nicht wie gewöhnliche Ungeheuer dargestellt und besitzt größeres Potential. Der Oger fürchtet sich vor niemandem, da sein Körper quasi unverwundbar ist, ist aber auch gut organisiert, sodass niemand ihn daran hindern konnte, vierzig Entführungen erfolgreich umzusetzen. Das Ungeheuer schreitet die traditionelle Grenze der Ungeheuer-Figur, was dadurch bestätigt wird, dass er ein Schwert benutzt. Das Schwert ist normalerweise die Waffe eines Ritters und niemals die eines Ungeheuers. Hier wird der Oger zu einer besonderen Figur stilisiert, die aber nicht ihr volles Potential auslebt, da sie im Schlaf von Melions ermordet wird. Dieses Motiv des Todes im Schlaf kommt in anderen Texten erneut vor, wie zum Beispiel im *Otnit*. „Otnit, Wolf Dietrich. Frühneuhochdeutsch, Neuhochdeutsch". Jolie, Stephan, Millet, Victor und Peschel, Dietmar (Hrsg. und Übers.), Stuttart, 2013.
[468] Auf die Beziehung zwischen Melions und Raguel wird hier nicht tiefer eingegangen, weil vielmehr der Ort im Mittelpunkt der Studie steht. Es kann der Artikel Frank Brandsma „*blide ende drove*: Mixed Emotions in Middle Dutch arthurian Romance" nachgeschlagen werden, da dieser den Ausdruck der Gefühle zwischen Gefährten und Liebenden untersucht.

und bringt die vielen jungen Damen aus der Grotte, indem er sie die Seile hochklettern lässt. Raguel lässt aber Melions alleine in der Höhle zurück:

> „Ende doen si alle boven waren
> Ende Raguel sach di joncfrouwe, twaren,
> Des conincs dochter, die hi mint,
> Sone wildi nember daer na sint
> Den Reep in werpen daer naer
> Ende liet dus sinen geselle daer,
> Dies drove waren die joncfrouwen.
> Maer hi swoer bi sire trouwen
> Dat haer negeen so cone ne ware
> Dat si hen iet pinen daer nare."[469]

Raguel wirft das Seil nicht erneut hinunter, damit er alleine Ansehen und Belohnungen für die Rettung bekommt. Insbesondere hat er die große Hoffnung, die Tochter des Königs zu heiraten. Aber er weiß, dass der größte Teil der Rettung von Melions durchgeführt wurde. Aus diesem Grund ist es wahrscheinlicher, dass Melions die Königstochter heiraten darf. Raguel ergreift die Gelegenheit, Melions in der Höhle zurückzulassen, sodass er die Königstochter für sich haben kann. Es gelingt Melions nur, den Ort zu verlassen, weil er Tiere findet, die einen geheimen Ausgang kennen. Hier muss nun von einem glücklichen Zufall gesprochen werden. Ohne die Hilfe der Tiere hätte Melions in der Höhle bleiben müssen. Raguel hat seinen Gefährten also betrogen und

---

Brandsma, Frank: „*blide ende drove*: Mixed Emotions in Middle Dutch arthurian Romance". Raluca Radulescu, Bangor (Hrsg.): Journal of the International Arturian Society, Band 4, Heft 1, Berlin, München und Boston, 2016, S. 104-112.

[469] Torec, Verse 1754–1767. Übersetzung von David F. Johnson und Geert H.M. Claassens: "And when they all had been taken out,/ And Raguel saw the damsel, indeed,/ the king's daughter, whom he loved,/ he refused either then or later/ to throw the rope back down again,/ and thus he left his comrade there,/ which saddened the damsels./ But he swore by his sword/ that none of them would be so bold/ as to undertake it themselves."

ihn dem Tod zu überlassen, doch kann sich dieser später unerwartet befreien. Dabei ist es bemerkenswert, dass Raguel keine Waffe für seinen Betrug braucht, sondern lediglich die Eigenschaften des Ortes zu seinem Vorteil nutzt. Hier wird erneut die Höhle zu einem Gefängnis oder einem Burgverlies, was die Verbindung der Höhle zum Schloss noch einmal betont.

Nun soll es um zwei Begriffe gehen, die schon im Theorieteil angekündigt wurden: oben und unten. Sie sind bei dieser Rettung wichtig. Uta Störmer-Caysa weist darauf hin, dass die Deutung dieser zwei Begriffe deutlich weniger festgelegt ist als bei den Begriffen rechts und links, dennoch sind verschiedene Elemente zu berücksichtigen.[470] Sie differenziert später ihre Argumentation in „Litterralsinn"[471] und „Symbolik mit geistlichem Bezug"[472]. Beim ersten Begriff geht es um die alltägliche Logik, die mithilfe von Erfahrung erworben wird. Zum Beispiel werden Burgen oben gebaut, weil sie dann von einem strategischen Vorteil profitieren, während Menschen besser unten in einem Tal leben, weil dort einfacher Wasser zu finden und Nahrung anzubauen ist.[473] Der zweite Aspekt hat nicht mit Erfahrung, sondern mit Symbolik zu tun. „Oben" symbolisiert das Göttliche, deshalb wird „oben" „immer das Überlegene und Gottähnlichere"[474] darstellen. Diese Symbolik kennen wir aus

---

[470] Störmer-Caysa, Uta: „Grundstrukturen mittelalterlicher Erzählungen, Raum und Zeit im höfischen Roman". Berlin, New York, 2007, S. 58.
[471] Ebd.
[472] Ebd.
[473] Vgl. Ebd.
[474] Ebd.

vielen Zusammenhängen – aus der Religionen, bei Darstellung von Machtver-
hältnissen und auch der Moral.

Damit zurück zu den Entführungen durch den Oger im Torec. Wir sehen, dass
die Bedeutung der Höhle des Ogers mit Blick auf diese Deutung von „oben"
und „unten" besonders relevant scheint. Die Höhle liegt tief unten und es kommen zwei Ritter von oben. Die Ritter sind hier gottähnlich und überlegen, weil
sie die höfische Welt vertreten. Der Oger dagegen ist unterlegen, weil er tie-
risch handelt und als Vertreter der Wildnis dargestellt wird.

Jetzt, da der Ort der Rettung erläutert wurde, sollte dieser mit dem Rettungsort
aus dem *Chevalier de la charrette* verglichen werden, und zwar dem höfischen
Raum. Die Wildnis erlaubt eine einfache Rechtfertigung der Rettung, weil
keine Frage zur höfischen Gesellschaft und ihren Schwächen aufgeworfen
wird – obwohl diese später im *Torec* wegen des Verrats Raguels dann doch
erfolgt. Aber diese ist nicht mit dem Ort verbunden, sondern vielmehr mit der
Persönlichkeit Raguels. Die Ritter der höfischen Gesellschaft sollen also die
Ordnung wiederherstellen und in der Wildnis verbreiten. Hier ist der Gegner
kein Ritter, der eine dunkle Seite der Ritterschaft aufdecken könnte, sondern
ein Ungeheuer, das sich nie an ritterliche oder höfische Werte gehalten hat.
Die Rettung in der Wildnis ist daher einfacher, aber auch weniger tiefsinnig.

Es kann festgestellt werden, dass in diesem Fall versucht wurde, die Figur des
Ogers vielschichtiger zu gestalten, insbesondere durch die Einführung einer
Art Festung. Dennoch kann diese Vielschichtigkeit nicht mit einer Figur wie
Meleagant verglichen werden. Die Figur Meleagant nicht besonders mit einem

Ort verbunden, seine Komplexität ist eher in seiner Persönlichkeit und seinen verschiedenen Handlungen begründet.

Ein weiterer Vergleich ist möglich, weil die Orte ebenfalls Einfluss auf die Rettungen nehmen. Es lässt sich feststellen, dass die Rettung der Königin im *Chevalier de la charrette* im höfischen Raum passiert und auf höfische Art erfolgt. Das Schicksal der Königin wird durch einen höfischen Kampf zwischen Meleagant und Lancelot entschieden, sodass Meleagant hier nicht hinterlistig handeln kann. Bei den Entführungen durch den Oger im Torec ist klar, dass die Höhle in der Wildnis liegt, sodass hier keine höfischen Regeln notwendig sind. Das wird deutlich, wenn Melions den Oger im Schlaf tötet. Es handelt sich nicht um eine höfische Methode, was in diesem Fall auch nicht erwartet wird. Der Oger gehört nicht zur höfischen Gesellschaft und ist als Ungeheuer deren Gegner. Aus diesem Grund ist es nicht wichtig, dass Melions den Oger nicht zu einem höfischen Kampf herausfordert. Dazu wird gesagt, dass es sich um eine einmalige Chance handelt, weil der Oger quasi unbesiegbar ist, wenn er nicht direkt ins Herz getroffen wird. Wäre der Oger wach, wäre die Chance, ihn zu töten, viel geringer und es würde vielleicht nicht zu einem Sieg kommen. Auch das spricht gegen eine höfische Methode.

Damit soll nun ein letzter Vergleich angestellt werden. Es geht darum, dass der höfische Raum die direkte Chance bietet, Anerkennung für eine Rettung zu bekommen. Alle können sehen, wie der Held das Opfer befreit, sodass sein Ansehen und Ruhm wachsen. Im Fall *Torecs* aber findet die Rettung in der Höhle des Ogers statt, die Retter und Opfer müssen zuerst zum höfischen Raum zurückkehren, damit der Retter für seine Tat geehrt und gefeiert wird.

Dies macht einen großen Unterschied, wie auch schnell deutlich wird. Raguel betrügt Melions und bringt allein alle Opfer in den höfischen Raum zurück, sodass er die Rettung zu seinem alleinigen Erfolg machen kann. Raguel wird gefeiert, bis es Melions gelingt, sich aus der Höhle zu befreien und ebenfalls in den höfischen Raum zurückzukehren. Die Rettung in der Wildnis führt also zu einer Verlängerung dieser Aventiure, die verschiedene Probleme mit sich bringt.

Damit soll es zum Schluss nun noch um die Struktur der Entführung und Rettung gehen. In den dreizehn Funktionsschemata fehlen die achte (Aventiure auf dem Weg des Helden), neunte (Reaktion des Helden auf die Prüfungen) und zehnte (Zweikampf mit dem Entführer) Funktion. Diese Lücke ist bedeutsam, weil sie nur Funktionen betrifft, die mit der Rettung zu tun haben. Insbesondere die acht und neunte Funktionen gehören zu den Abenteuern, die ein Held auf seinem Weg zur Rettung erlebt. Es ist festzuhalten, dass das Fehlen dieser Funktionen als eine Art Merkmal bei den Rettungen in der Wildnis gelten kann. Hier ließen sich weitere Beispiele nennen wie die Entführung einer jungen Dame durch zwei Riesen im *Wigalois*[475], die Entführung Guimer durch Alaardin in der *Première continuation Perceval*[476], die zwei Entführungen der Königin in *Diu Crône*[477] oder die Entführung der Tochter Augier d'Essarts im *Roman de Jaufré*.[478] Alle diese Fälle haben eine Rettung in der Wildnis gemeinsam, bei denen die achte und neunte Funktionen fehlen. Das lässt sich

---

[475] Wigalois, Verse 2014-2203.
[476] Première continuation Perceval, Verse 12955-13288.
[477] Diu Crône, Verse 11037-11313 und 11314-12626.
[478] Roman de Jaufré, Verse 5665-5778.

dadurch erklären, dass dem Protagonisten nur wenig Zeit gegeben wird, um die Rettung durchzuführen. Diese Entführungen sollen mit der Entführung der Königin bei Chrétien verglichen werden, die dort die Handlung strukturiert. Die Rettung ist das große Ziel im *Chevalier de la charrette*, deshalb folgen verschiedene Aventiuren auf dem Weg des Helden, damit er das Ziel nicht zu schnell erreicht. Bei den anderen Entführungen ist zu bemerken, dass diese nicht als strukturierende Elemente wirken, sondern vielmehr als Bestandteile einer Aventiurenkette zu verstehen sind. Diesen Entführungen wird daher weniger Bedeutung und Raum in der Handlung geschenkt, also müssen verschiedene Funktionen gekürzt oder sogar gestrichen werden. Aus diesem Grund wird hier auch ein Gelegenheitsretter eingeführt, der schnell ein Opfer in der Not retten kann. Diese Rettung kann gleich stattfinden, sie muss nicht erst mit verschiedenen Aventiuren aufgeschoben werden.

Wie zuvor erwähnt, finden sich im Korpus zahlreiche Beispiele von Rettungen in der Wildnis. Diese weisen große strukturelle Ähnlichkeiten zur Entführung der vielen Jungfrauen im *Torec* auf. Die Orte der Rettungen sind eine Wiese und ein Wald.

## VII.2 Weitere Varianten

## VII.2.1 Fehlende Rettung oder unbekannter Rettungsort

Es davon auszugehen, dass die Rettungsorte zwischen dem höfischen Raum und der Wildnis aufgeteilt sind, wie es auch bei den Entführungsorten meistens der Fall ist. Es ist aber auch schnell zu sehen, dass diese Aufteilung hier nicht zutrifft, weil es weniger Rettungen als Entführungen gibt und sich deshalb ein Ungleichgewicht ergibt. Wie lässt sich das erklären? Liegen auch beim Fehlen einer Rettung verschiedene Muster vor?

### a. Das Fehlen von Details bei den Angaben des Ortes

Zuerst soll das Lancelot-Kapitel aufgegriffen werden, weil sowohl im *Yvain* als auch im *Iwein* die Angaben zur Rettung des Ortes fehlen. In beiden Fällen wurden Informationen weggelassen, die für die Gesamthandlung nicht besonders wichtig waren. Diese Technik findet sich auch in anderen Texten, es werden Informationen übersprungen, die nicht unbedingt notwendig sind, stattdessen liegt die Konzentration auf wichtigeren Abschnitten. Ein anderes Beispiel dafür wäre im *Roman de Jaufré* zu finden, als der Held eine junge Dame vor einem Riesen rettet. Hier werden keine Angaben zum Ort gegeben, weil sich die Erzählung eher auf die Handlung um Jaufré und die Beziehung zwischen Retter und Opfer konzentriert. Auch im *Roman van Walewein* ist nichts über den Ort zu erfahren, an dem Walewein die junge Frau von dem roten Ritter und seinen Gesellen befreit. Dort werden stattdessen persönliche Themen (die Stärke und die Weisheit Gaweins, das Leben als Raubritter und der Wunsch nach Vergebung) in den Vordergrund gestellt, sie sollen nicht durch nicht notwendige Szenen und Informationen an Bedeutung verlieren.[479] Der *Parzival* kommt hier auch als Beispiel in Frage, weil die Handlung stark der Hauptfigur folgt und daher nur knapp von der Rettung berichtet wird.[480] Es ist also festzuhalten, dass dieser Mangel an Informationen in mehreren Werken vorkommt, weil die jeweilige Rettung eher unwichtig ist. Aber das ist nicht die einzige Erklärung für die Abwesenheit eines Rettungsorts, was auch durch die verschiedenen Beispiele deutlich wird.

## b. Die Orte der Freilassungen

Ein anderer Grund für das Fehlen von Rettungsorten ist, dass verschiedene Opfer von ihrem jeweiligen Entführer freigelassen werden. Bei diesen Fällen ist es bemerkenswert, dass die Entführer keine bösen Absichten gegenüber ihren Opfern hegen. Sie behalten für eine Weile die Kontrolle über ihre Opfer und entscheiden schließlich freiwillig, sie gehen zu lassen.

---

[479] Roman van Walewein, Verse 3906-4355.
[480] Parzival, Buch 3, 125.6-125.16.

Beispiele dafür findet wir im *Lanzelet*[481], *Lancelot en Prose*[482], *Wigamur*[483], im *Gauriel*[484] oder im *Roman de Jaufré*.[485] Sowohl im *Lanzelet* als auch im *Lancelot en Prose* und im *Wigamur* ist festzustellen, dass die entführten Kinder zu jung sind, um Teil der ritterlichen und höfischen Gesellschaft zu sein. Außerdem haben sie wegen dem Verlust des Vaters ihren rechtmäßigen Platz verloren und können auch nicht an den Ort zurückkehren, von dem sie stammen. Die Feen – oder im Fall Wigamur das Meerwesen – übernehmen deshalb ihre Erziehung, ohne etwas von ihnen zu erwarten, bis sie in der Lage sind, Ritter zu werden. Im *Gauriel* lässt der Entführer die junge Dame gehen, weil er sein Ziel erreicht hat, die drei besten Ritter des Artushofes zu schlagen. Im Roman *de Jaufré* entführt der Zauberer König Artus zweimal und befreit ihn jedes Mal selbst wieder, weil das Ziel der Entführung erreicht wurde.[486]

Es sollen daher Orte der Freilassungen besprochen werden, doch werden diese häufig nicht besonders beachtet. Sowohl im *Lanzelet* als auch im *Lancelot en Prose* wird viel über die Wohnorte der Feen geschrieben. Doch das steht nicht in direkter Verbindung mit den Freilassungen, sondern eher mit der Ankunft des Kindes.[487] So befreit auch Gauriel die junge Botin aus seinem Zelt vor dem Artushof, ohne dass weitere Angaben zu diesem Ort gemacht werden.

---

[481] Lanzelet, Verse 349-388.
[482] Lancelot en prose, La marche de Gaule, Absatz 260.
[483] Wigamur, Verse 372-418.
[484] Gauriel, Verse 2175-2203.
[485] Roman de Jaufré, Verse 337-458 und 10027-10068.
[486] Für eine ausführlichere Studie dieses Falles kann das Kapitel zu den entführten Figuren nachgeschlagen werden.
[487] Lanzelet, Verse 189-240 und Lancelot en Prose, La marche de Gaule, Absatz 44.

Hier muss aber auch festgehalten werden, dass das Fehlen von Angaben bei Freilassungen nicht die Regel ist, wie wir im *Roman de Jaufré* sehen. Die erste Freilassung findet bei einem Felsen statt, die zweite am Artushof. Der höfische Raum bei der zweiten Freilassung ist keine Überraschung, weil dort auch der Entführungsort war. Aber der Felsen ist ein besonderer Ort. Hier können wir erneut mit den Begriffen „oben" und „unten" arbeiten, wobei es sich um einen besonderen Fall handelt, da es auch komische Elemente gibt. Die Bestie ist oben auf dem Felsen und kann jederzeit den König herabfallen lassen, während sich die Artusritter unten befinden. Hier ist die Bestie überlegen und genießt einen strategischen Vorteil. Doch es geht hier mehr um Unterhaltung, da der Zauberer keine bösen Absichten gegenüber dem Artushof hegt.

## c. Rettungen, von denen man nicht erfährt

In den vorherigen Abschnitten wurde deutlich, dass Rettungen an verschiedenen Orten stattfinden können. Dabei kann es sein, dass es an Angaben oder Details fehlt, dennoch lässt sich der Ort der Rettung ungefähr abschätzen. In einigen Fällen ergibt sich aber ein anderes, viel größeres Problem, weil man gar nicht erfährt, ob eine Rettung überhaupt stattgefunden hat. Diese wenigen Fälle beweisen, dass eine Rettung zwar ein wichtiges Element des Entführungsmotivs ist, aber dass sie auch nicht sichtbar sein oder ausbleiben kann. Dieser Aspekt findet sich zweimal in unserem Korpus, und zwar im *Conte du graal* und in der *Première continuation Perceval*.

Chrétien hat die Entführung der jungen Dame im *Conte du graal* zuerst verwendet, um eine Begegnung Percevals mit der Ritterschaft stattfinden zu lassen und ihm dabei sowohl die guten als auch die schlechten Seiten der Ritterschaft aufzuzeigen. Das heißt, dass diese Entführung diesen einen Zweck erfüllt und es danach keinen Grund mehr gibt, die Handlung weiterzuverfolgen. Chrétien legt durch diese fehlende Rettung den Grundstein für die Darstellung einer nicht perfekten Ritterschaft, die ihren Höhepunkt im Versagen Percevals in der Graalburg findet. Tatsächlich fehlt die wichtige Frage Percevals zum König über den Graal genauso wie die Rettung nach der Entführung. Das Muster von Entführung und Rückgewinnung ist gebrochen, was auch Änderungen auf weiteren Ebenen mit sich bringt. Bei dieser Entführung kommt es nicht zum Sieg der höfischen und ritterlichen Gesellschaft, was ein Hinweis auf eine Störung ist, die Konsequenzen haben kann. Perceval sieht das nicht, weil er seinem Weg folgt, aber der Leser oder Hörer bemerkt das Problem.

Bei der Entführung von Gauvains Sohn in der *Première continuation Perceval* gibt es ebenfalls keine Rettung. Es werden keine Angaben über den Entführer vermittelt und es findet dementsprechend auch keine Rettung statt. Deshalb gibt es in diesem Fall auch keinen Ort der Rettung. Es lässt sich feststellen, dass der Ort der Entführung die einzige tatsächliche Information ist, die man in diesem Fall bekommt. Dabei handelt es sich jedoch um eine Ausnahme, alle anderen Informationen werden verschwiegen, auch jene, die den Entführer betreffen. Es fehlen hier sämtliche Informationen, die zu einer erfolgreichen Rettung führen könnten. Das bringt den möglichen Retter dazu, einfach überall und planlos zu suchen, was auch das fehlende Ergebnis der Rettungsaktion erklärt. Später dann, wenn Gauvains Sohn wieder auftaucht, gibt es ebenfalls keine Hinweise darauf, wohin er gebracht worden war oder wo er gelebt hat. Hier ist festzustellen, dass viele Details nicht gesagt werden, damit die Handlung dynamisch weiterfließen kann. Hier ist diese Methode besonders nützlich, um das Rätsel der Entführung zu bedienen – es ist noch nicht einmal klar, ob es überhaupt eine Rettung oder eine Freilassung gegeben hat. Selbst für Vermutungen reichen die Informationen zu dieser Entführung nicht. Doch es lässt sich sagen, dass das Fehlen einer Rettung zu einer narrativen Ellipse führt, was es dem Leser oder Hörer erlaubt, später eine neue Figur zu treffen, nämlich den Sohn Gauvains. Deshalb liegt es nahe zu vermuten, dass die unwichtigen Informationen einfach weggelassen wurden, um die Dynamik der Handlung beizubehalten. Der erwachsene Sohn Gauvains hat in der Artusgattung ein viel größeres Potenzial als in seiner Kindheit. Deshalb muss er schnell erwachsen werden, was die narrative Ellipse erklärt. Außerdem stellt die ungelöste Entführung eine Möglichkeit dar, eine neue Figur einzuführen, die nicht genauso handelt wie die anderen. Denn der Sohn Gauvains hat keine vollständige Bildung erhalten, er ist naiv und beeinflussbar. So stellt er einen besonderen Kontrast zur Gesellschaft des Artushofes dar.

Im Laufe dieses Kapitels war zu sehen, dass die Variante aus dem *Chevalier de la charrette*, also eine Rettung im höfischen Raum, mehrmals verwendet wird. Aber es sind ebenfalls andere Varianten zu finden, die das Spektrum der Orte einer Rettung ergänzen. Zwei Varianten wurden untersucht, und zwar die Rettungen in der Wildnis und die Rettungen, bei denen es an Informationen fehlt. Es wurde mithilfe der etwas ausführlicheren Studie im Fall im *Torec* gezeigt, was eine Rettung in der Wildnis bedeutet und wie sie sich von einer Rettung im höfischen Raum unterscheidet. Eine Rettung in der Wildnis ist einfach zu rechtfertigen, da sie keine Krise in der höfischen Gesellschaft schafft und als eine normale Aufgabe für einen Ritter betrachtet werden kann. Dazu bringt eine Rettung in der Wildnis weniger Beschränkungen mit sich, weil dort die höfischen Regeln und Sitten nicht gelten. Der Retter kann handeln, wie er will, und muss sich nicht an höfische Methoden halten, um seine Rettung vollbringen zu können. Schließlich war zu sehen, dass die Rettung in der Wildnis ebenfalls besonders ist, weil der Retter nicht gleich für seine Tat Ruhm erntet, sondern erst nach seiner oder des Opfers Rückkehr in den höfischen Raum. Insgesamt gibt es bei einer Rettung in der Wildnis große Handlungsfreiheit, aber auch eine größere Gefahr, die dazu dient, die Heldentat des Protagonisten zu betonen.

In einem späteren Abschnitt wird eine weitere Variante erwähnt, und zwar die Rettungen, die entweder nicht vorhanden sind oder bei denen Informationen fehlen. Diese Variante ist ebenfalls interessant, weil die Gestaltungen variieren kann. Zuerst muss hier betont werden, dass es nicht in jedem Entführungsfall zu einer Rettung kommt. Hier ist auch bemerkenswert, dass die Fälle, in denen eine Rettung vorkommt, nicht immer viele Details über den Ort dieser Rettung verraten. Dieser Mangel an Details zu den Orten lässt sich meistens dadurch erklären, dass sich die Erzählung auf Handlung oder Rhythmus der Erzählung konzentrieren möchte, indem Details nicht erzählt werden. Aus den gleichen Gründen kann auch die ganze Rettung in der Handlung fehlen. Ein solches Fehlen der Rettung kann ebenfalls der Fall sein, wenn der Dichter etwas zum Ausdruck bringen möchte. Es stellt sich heraus, dass es hier eine Vielfalt an Gründen gibt, die für die fehlenden Informationen oder die fehlende Rettung in Betracht kommen. Das zeigt, dass Informationen zu den Orten der Rettungen vielleicht nicht immer notwendig sind, aber doch auch einen Einfluss auf die Erzählung ausüben.

Insgesamt ist zu sehen, dass dieser Aspekt vielfältig ist und einen gewissen Einfluss auf die Erzählung haben kann, obwohl das nicht in allen Fällen des Korpus zutrifft. Dieser Einfluss kann in mehreren Fällen deutlicher ausfallen als bei den Orten der Entführungen, weil fehlende oder lückenhafte Rettungen strukturelle Merkmale mit sich bringen können. Trotz dieser Veränderungen bleibt die Dichotomie zwischen dem höfischen Raum und der Wildnis besonders relevant. Es zeigt sich, dass beide Räume als Orte der Rettungen gedacht wurden, dennoch ist die Gestaltungen dieser Rettungen sehr verschieden. Diese Vielfalt an Orten der Rettungen ist interessant, weil sie dazu beiträgt, Atmosphäre und Tiefe in die Entführungsfälle zu bringen. Gleichzeitig handelt es sich hier nicht um eines der wichtigsten Elemente der Erzählung, was daraus zu schließen ist, dass es nicht systematisch verwendet wird. Ein weiteres Element, das wichtiger ist und noch nicht betrachtet wurde, sind die

Motivationen der Täter für eine Entführung. Diesem Aspekt widmet sich das nächste Kapitel.

# VIII. Warum? Motivationen des Geschehens

Bislang wurde über die beteiligten Figuren und Orte der Entführungen und Rettungen gesprochen, sodass eine fundierte Basis zum Thema der Entführungen vorliegt. Aber auch die Frage nach den Motivationen für eine solche Tat darf nicht fehlen. Zuerst möchte ich hierzu deutlich machen, dass sich diese Motivationen auf zwei Ebenen abspielen. Die erste ist die *histoire* oder „erzählte Welt", während die zweite dem *discours* oder „dem Erzählen" entspricht. Diese Begriffe stammen aus den 60er-Jahren und den Studien von Tzetan Todorov und Emile Benveniste[488], die sich mit der Arbeit von Boris Tomasevskij und seinen Begriffen von *fabula* und *sjuzet* befasst haben.[489] Todorov sagt von der *histoire*, sie umfasse:

> eine bestimmte Realität, Ereignisse, die stattgefunden haben, Personen, die, aus dieser Perspektive betrachtet, sich mit solchen aus dem wirklichen Leben vermischen[490].

---

[488] Benveniste, Emile: „Les relations de temps dans le verbe français". In: Ders.: „Problèmes de linguistique générale". Paris, 1966, S.237-250. Todorov, Tzetan: „Les catégories du récit littéraire". Communications 8 (1966), S. 125-151.

[489] Das Konzept von fabula entspricht für Tomasevskij der „Gesamtheit der Motive in ihrer logischen, kausal-temporalen Verknüpfung", während das sjuzet „die Gesamtheit derselben Motive in derjenigen Reihenfolge und Verknüpfung, in der sie im Werk vorliegen", untersucht. Tomasevskij, Boris: „Theorie der Literatur. Poetik". Seeman, Klaus-Dieter (Hrsg.), Wiesbaden, 1985, S. 218.

[490] Martinez, Matias und Scheffel, Michael: „Einführung in die Erzähltheorie". München, 2007, S. 23.

Gleich danach definiert er ebenfalls *discours*, indem er sagt:

> Es gibt einen Erzähler (narrateur), der die Geschichte erzählt; und es gibt ihm gegenüber einen Leser, der sie aufnimmt. Auf dieser Ebene zählen nicht die erzählten Ereignisse, sondern die Weise, wie der Erzähler dafür gesorgt hat, dass wir sie kennenlernen.[491]

Die Definition Todorovs ist breiter als die von Tomasevskij, weil er „den gesamten Bereich der literarischen Vermittlung eines Geschehens"[492] als *discours* versteht und nicht nur das Geschehen als *histoire* betrachtet, sondern ebenfalls „das umfassende Kontinuum der erzählten Welt, innerhalb dessen das Geschehen stattfindet"[493].

Gérard Genette hat im Anschluss an Todorov und Tomasevskij und ihre Begriffe eine neue Einteilung mit drei Begriffen entwickelt. Er behält zwar den Begriff *histoire* bei, aber differenziert den Begriff von *discours* in zwei verschiedene neue Begriffe, und zwar Erzählung (récit) und Narration (narration). Genette versteht den Begriff Erzählung als „den signifikanten, die Aussage [énoncé], den narrativen Text oder Diskurs"[494]. Der Begriff Narration bedeutet den „produzierende[n] narrative[n] Akt [und] im weiteren Sinne [soll

---

[491] Martinez, Matias und Scheffel, Michael: „Einführung in die Erzähltheorie". München, 2007, S. 23.

[492] Martinez, Matias und Scheffel, Michael: „Einführung in die Erzähltheorie". München, 2007, S. 23.

[493] Vgl. ebd., S. 23.

[494] Martinez, Matias und Scheffel, Michael: „Einführung in die Erzähltheorie". München, 2007, S. 24. Es handelt sich um ein übersetztes Zitat von Gérard Genette. Genette, Gérard: „Die Erzählung". Knop, Andreas (Hrsg. und Übers.), München, 1994, S. 16.

er] der realen oder fiktiven Situation vorbehalten sein [...], in der er erfolgt"[495].

Scheffel und Martinez schlagen in ihrer Einführung in der Erzähltheorie vor, die Begriffe Handlung und Darstellung zu verwenden. Die Handlung, die der *histoire* entspricht, besteht aus mehreren Bestandteilen, wie Ereignissen, Geschehen, Geschichten und Handlungsschemata. Darstellung oder *discours* beinhalten nur zwei Elemente, und zwar Erzählung und Erzählen. Das erste widmet sich dem Erzähltempo, Rückwendungen oder Vorausdeutungen, während sich das zweite auf die „Präsentation der Geschichte und die Art und Weise dieser Präsentation in bestimmten Sprachen, Medien (z. B. rein sprachliche oder audio-visuelle) und Darstellungsverfahren (z. B. Erzählsituation und Sprachstil)"[496] ausrichtet.

## VIII.1 Gründe im *Chevalier de la charrette* und ähnliche Fälle

In diesem Kapitel wird mit der *histoire* gearbeitet, um die Arbeit mit der Handlung abschließen zu können. Das heißt, es werden hier die Gründe der jeweiligen Entführer untersucht. Diese sind wichtig, weil sie es erst erlauben, eine Entführung zu verstehen und dem Raub eine Bedeutung zu geben. Ohne Begründung ist es schwer zu erfassen, warum ein Ereignis in der Handlung

---

[495] Martinez, Matias und Scheffel, Michael: „Einführung in die Erzähltheorie". München, 2007, S. 24. Es handelt sich um ein übersetztes Zitat von Gérard Genette. Genette, Gérard: „Die Erzählung". Knop, Andreas (Hrsg. und Übers.), München, 1994, S. 16.
[496] Martinez, Matias und Scheffel, Michael: „Einführung in die Erzähltheorie". München, 2007, S. 25.

vorkommt und was es für eine Rolle im Roman spielt. So ist es wichtig, die Motivation der verschiedenen Protagonisten zu kennen. Wie schon bei den vorherigen Kapiteln werden zuerst die Gründe Meleagants für die Entführung der Königin zusammengefasst, sodass die Kernvariante definiert werden kann.

Im Kapitel zum *Chevalier de la charrette* wurden bereits die Gründe aller Figuren erläutert, weshalb ich sie hier nur kurz noch einmal zusammenfassen werde. Die beiden wichtigsten Gründe sind der Wille, den Hof herauszufordern, und die Liebe zur Königin. Dazu findet man auch andere Gründe wie Wut und Wahnsinn Meleagants sowie die konfliktreiche Beziehung zu seinem Vater.

Die Herausforderung ist auch ein wichtiges Thema, weil es die Ordnung eines Hofes, in diesen Fällen des Artushofes, in Frage stellt. Die Herausforderung ist aber nie der einzige Grund für eine Entführung, weil der Entführer jedes Mal durch die Herausforderungen versucht, ein bestimmtes Ziel zu erreichen. Aber sie ist ein zentrales Element, bei dem das Artus-Kollektiv von einer einzigen Figur angegriffen wird. Das heißt, dass eine einzige Figur ein ganzes System bezwingt, das von höfischen und ritterlichen Werten getragen wird, sodass sich gut erkennen lässt, wo die Schwächen und Grenzen dieses Systems liegen. Aus diesem Grund ist die Herausforderung als eine Methode zu betrachten, die deutlich macht, wie der Hof zu seinem höfischen Ideal steht und ob er diese Ideal erreichen kann.

Eine Herausforderung kann auf unterschiedliche Arten erfolgen. Es lässt sich feststellen, dass diese durch Traditionen und *Costume* (wie es im *Chevalier de la charrette* der Fall ist), aber auch mithilfe eines verzauberten und kostbaren Objekts ergeben kann (ein Beispiel dafür wäre der verzauberte Gürtel, mit dessen Hilfe Joram im *Wigalois* seine Herausforderung deutlich macht). Eine Herausforderung kann aber auch wie im *Gauriel von Muntabel* durch pragmatisches Verhalten zustande kommen, wenn die traditionellen Wege nicht verfügbar oder nicht erwünscht sind.

Die Herausforderung des Hofes stellt einen wichtigen Grund für eine Entführung dar. Sie kann zwar als Mittel zum Zweck verstanden werden, weil die Entführer auch weitere wichtige Gründe haben können, dennoch bleibt sie im Mittelpunkt, weil der Entführer ohne Herausforderung nicht zum Ziel gelangen kann. Meleagant will die Königin für sich gewinnen, aber das kann nur durch die Demütigung des Hofes geschehen. Joram möchte einen passenden Mann für seine Tochter finden, doch kann er erst durch die vielen Kämpfe feststellen, welcher der richtige ist. Schließlich braucht Gauriel auch die Herausforderung, weil er die drei besten Ritter schlagen muss, um den Fluch auf seinem Gesicht aufheben zu können. Eine Herausforderung kann Schaden bringen und den Hof lächerlich machen, aber auch genau aufzeigen, in welchen Bereichen die Artusgesellschaft sich verbessern sollte.

Liebe ist ebenfalls ein wichtiger Grund für Meleagants Tat. Liebe wird in zwei Fällen des Korpus als Hauptgrund dargestellt, und zwar bei der Entführung der Königin durch Gasoein in *Diu Crône* und bei der Entführung Ysabeles im *Roman van Walewein*. Später gehe ich noch näher auf diese Motivation ein. So sehen wir, dass verschiedene Texte die gleichen Motivationen verwenden wie im *Chevalier de la charrette*, sodass hier von Traditionen gesprochen werden kann. Natürlich ist es nicht immer Absicht, dass die gleiche Motivation bedient werden, da nicht jeder Autor alle anderen Werke gelesen hat. Es soll daher vermutet werden, dass es wahrscheinlich, wie Cormeau sagt, Konstanten in der Gattung gibt, die allen bewusst sind.[497] Es werden jetzt weitere Varianten gezeigt, die im Korpus von Interesse sind. Als wichtige Variante wurde die Entführung aus Hass und Rache gewählt, weil diese in mehreren Texten vorkommt und ebenfalls vielschichtig sein kann.

## VIII.2 Entführungen aus Hass und Rache

Im *Chevalier de la charrette* sind ein Grund für Meleagants Tat seine Wut und sein Wahnsinn. Wahnsinn ist kein Begriff, der häufig bei anderen Texten verwendet werden kann. Meistens verhalten sich Entführer logisch und werden auch nicht so ausführlich wie Meleagant beschrieben, sodass ihre mentale Verfassung nicht unbedingt deutlich wird. Wut hingegen korrespondiert zum Beispiel mit Hass. Hass ist das Pendant zu Liebe und wird von Wut und Enttäuschung hervorgebracht. Dieses Gefühl ist besonders wichtig, da es zu Entführungen aus Rache führt.

---

[497] Cormeau, Cristoph: „Wigalois und Diu Crône. Zwei Kapitel zur Gattungsgeschichte des nachklassischen Aventiureromans". München, 1977. Dieses Werk hat verschiedene Diskussionen verursacht, wie in den folgenden Werken zu sehen ist: Schmid, Elisabeth: „Weg mit dem Doppelweg. Wider eine Selbstverständlichkeit der germanistischen Artusforschung". In: Wolfzettel, Friedrich (Hrsg.): „Erzählstrukturen der Artusliteratur: Forschungsgeschichte und neue Ansätze". Tübingen, 1999, S. 69-85. Meyer, Matthias: „Struktur und Person im Artusroman". In: Wolfzettel, Friedrich (Hrsg.): „Erzählstrukturen der Artusliteratur: Forschungsgeschichte und neue Ansätze". Tübingen, 1999, S. 145-163.

Hier soll nun anhand der folgenden Definition erläutert werden, was als Rache verstanden wird:

„Rache bedeutet im Nhd. die in Selbsthilfe genommene ‚Vergeltung für erlittenes Unrecht', in der jüngeren Zusammensetzung ‚Blutrache' bestimmt es die Rache für vergossenes Blut"[498]

Aus dieser Definition lässt sich ableiten, dass Rache motiviert sein muss – eine Figur nimmt Rache, weil ihr ein Unrecht zugestoßen ist. Das bedeutet, dass Rache nicht für sich stehen kann. Es muss immer eine Art Vorgeschichte betrachtet werden, in der Unrecht begangen wurde, das einen Grund für Rache liefert. Die Definition von Unrecht ist allerdings problematisch, weil abstrakt. Tatsächlich können zahlreiche Dinge als Unrecht betrachtet werden, sodass es hier kein eindeutiges Muster gibt. Beispiele für diese Vielfalt sind die Entführung der Schwester Gauvains im *Hunbaut* und die Entführung Guimers in der *Première continuation Perceval*. Im *Hunbaut* handelt es sich um Blutrache[499], während in der *Première continuation Perceval* die Rache aus einer enttäuschten Liebe resultiert. Hier muss betont werden, dass Unrecht auch problematisch ist, weil es subjektiv interpretiert wird – was Unrecht ist, ist eine Frage der Perspektive und der persönlichen Sichtweisen. Rache kann auch nicht

---

[498]Möbius, Thomas: „Studien zum Rachegedanken in der deutschen Literatur des Mittelalters". Frankfurt am Main, 1993, S. 13.

[499] „Blutrache ist aber nicht nur Sache eines Einzelnen, sondern sie betrifft, wie oben ausgeführt, alle Angehörigen einer Sippe. Höchste Pflicht der Verwandten ist die Blutrache". Ebd., S. 21. Der gleiche Gedanke lässt sich ebenfalls in der Definition Preisers finden: „Die Blutrache ist nicht nur das Recht, die Tötung des Blutverwandten rächend zu vergelten; sie lastet als Pflicht auf allen Geschlechtsgenossen des Getöteten – wobei es in vielen Fällen offen bleibt, ob die Erfüllung dieser Pflicht mehr der Gottheit, dem Totengeist des Erschlagenen oder dem durch die Tat in seinem Bestand geschädigten, in seiner Ehre verletzten Geschlechtsverband selbst geschuldet wird". Preiser, Wolfgang: „Blutrache". In: HRG, Bd. 1 (1971), Sp. 459.

allein durch Unrecht ausgelöst werden, nicht jedes Unrecht führt zu Rache. Hier wird nun deutlich, dass bei einer Rache auch Charaktereigenschaften und Gefühle der Entführer zu eine Rolle spielen. Nun soll anhand der Entführung Guimers durch Alaardin in der *Première continuation Perceval* untersucht werden, wie die Motivation der Rache eingesetzt wird und was sie im Vergleich zu anderen Varianten mit sich bringt.

## Beispiel: Alaardin entführt Guimer in der *Première continuation Perceval*

Zuerst sollte geklärt werden, welches Unrecht die Figur Alaardin erlitten hat, was seine Rache rechtfertigen würde. Die Beziehung zwischen Alaardin und Guimer liefert eine Erklärung für dieses angebliche Unrecht. Alaardin hat Guimer so sehr geliebt, dass er ihren Vater und ihren Bruder gefragt hat, ob er sie heiraten und zu seiner Königin machen dürfe. Es kam aber zu keiner Hochzeit, da Guimer selbst den Antrag ablehnte:

Aalardins estoit nomez;
Du Lac fu nez, c'ert sa contree.
Cele damoisele ot amee
Tant qu'il la requist a son père
Et puis après Cador son frere,
Et si le voloit prendre a feme
Et dame faire de grant regne.
Mais ele dist ne voloit mie
N'estre sa feme ne s'amie,
Car point ne li venoit a cuer;
Si ne le prendroit a nul fuer,
Non mie por ce qu'il ne fust
Molt biax et molt proëce eüst
Plus que chevaliers del païs.[500]

Doch Alaardin versucht noch eine ganze Zeit lang weiter, sie für sich zu ge-winnen. Er bleibt aber erfolglos und kann auch nicht die junge Dame entfüh-ren, weil sie von ihrem starken Vater beschützt wird. Eigentlich sollte er nun die Hoffnung aufgeben, sie zu seiner Frau machen zu können. Eines Tages trifft er dann aber die junge Frau in der Wildnis. Sie wird nur von ihrem Bruder begleitet. Dass er innehält und direkt zu ihr reitet, als er sie erkennt, zeigt, dass Alaardin über seine Schmach noch nicht hinweg ist.

---

[500] Première continuation Perceval, Verse 13012-13025. Übersetzung von Michelle Szkilnik: „Le chevalier en question était connu dans son pays sous le nom d'Aalardin du Lac. Il avait aimé passionnément la jeune fille et l'avait demandé en mariage à son père, au temps où celui-ci vivait encore, et à son frère. Il voulait en faire sa femme et la dame de sa terre. Mais elle répondit qu'elle ne voulait pas être sa femme ni son amie. Elle ne souhaitait à aucun prix le prendre pour époux quoiqu'il fût plus beau et plus vaillant qu'aucun autre chevalier de son pays. " Première continuation Perceval: „Le livre de Caradoc". Szkilnik, Michelle (Hrsg. und Übers.). In: Régnier-Bohler, Danielle(Hrsg.): „La légende arthurienne, Le graal et la table ronde", Paris, 1989.

„Cil qui vint le cheval brocha
Que d'ax un petit s'aprocha,
Et lués que choisi la pucele
Conut tantost que c'estoit cele
Qui d'amor l'avoit escondit."[501]

Er will sie immer noch für sich haben und ist jetzt sogar bereit, Gewalt anzuwenden, da er mit höfischen Methoden keinen Erfolg hatte. Das Gleichgewicht der höfischen Ordnung ist hier noch einmal als etwas Labiles dargestellt, das den Gefühlen der einzelnen Figuren nicht immer Einhalt gebieten kann.

Die Ablehnung Guimers[502] empfindet Alaardin als ein Unrecht, das ihn zutiefst verletzt hat, weshalb er nun Rache an ihr nehmen möchte. Alaardin hat sich durch diese Krise verändert und ist zur Zeit der Entführung nicht die

---

[501] Vgl. ebd., Verse 13001-13005. Übersetzung von Michelle Szkilnik: „L'autre éperonna son cheval pour les rejoindre. Quand il vit la jeune fille, il la reconnut : c'était celle qui avait repoussé son amour". Première continuation Perceval: „Le livre de Caradoc". Szkilnik, Michelle (Hrsg. und Übers.). In: Régnier-Bohler, Danielle(Hrsg.): „La légende arthurienne, Le graal et la table ronde", Paris, 1989.

[502] Susan Aronstein zeigt in ihrem Aufsatz „Prize or Pawn?: Homosocial Order. Marriage and the Redefinition of Women in the Gawain Continuation", dass es in der Première continuation Perceval einen Versuch gibt, Frauen in einem neuen Licht zu betrachten. Damit ist hauptsächlich gemeint, dass man sich hier vom traditionellen System der Artusgattung entfernt, bei dem Frauen als Belohnungen für tapfere Ritter gelten. König Artus sagt, er will entscheiden, wer eine Frau heiratet, was neue Perspektiven für Politik und Königtum bietet. Aronstein, Susan: „Prize or Pawn?: Homosocial Order. Marriage and the Redefinition of Women in the Gawain Continuation". Romanic Review, Vol. 82, 1991, S. 115-126. Diese Überlegungen über die Rolle der Frauen kann ebenfalls anhand der Figur Guimer weitergeführt werden. Tatsächlich ist die Ablehnung Guimers besonders wichtig, weil diese außergewöhnlich ist. Eine Frau wird meistens an einen Mann vergeben, ohne dass sie dazu viel sagen kann. Aus diesem Grund sind diese Ablehnung und der Fakt, dass der Vater und der Bruder der jungen Frau zustimmen, besonders wichtig. Tatsächlich kann das darauf hindeuten, dass sich dieser Wandel bei der Rolle der Frauen in diesem Roman nicht nur auf den im Aufsatz behandelten Aspekt, sondern viel breiter erfolgt.

gleiche Figur, die er war, als er früher Guimer um ihre Hand gebeten hat. Zwei Änderungen sind besonders gut zu sehen: Alaardins Gefühle der Liebe zu Guimer und sein Stolz. Die starken Gefühle der Liebe, die er einst für sie hatte, haben sich mit der Zeit in Hass verwandelt. Dass er keine guten Absichten hegt, ahnt man schon am Anfang, als er Guimer gegenüber Gewalt gebraucht. Es wird aber in dem Moment eindeutig, als er Cador im Kampf schlägt. Ihm verrät er nämlich, dass er seine Schwester immer noch haben will, sie aber nicht mehr zu seiner Königin machen, sondern einfach nur mit ihr spielen und sie dann sogar seinen Männern überlassen will. Die vergangene Zeit zwischen seinem Hochzeitsantrag und der Entführung hat seinen tiefen Wunsch nach Guimer nicht gemindert. Vielmehr wurden sein Hass und der Wunsch nach Rache, die aus der abgelehnten Liebe entstanden, größer und gefährlicher. Es ließe sich zwar auf den ersten Blick vermuten, dass die Rache viel wichtiger als die Liebe wurde, dennoch ist es die Liebe, die Alaardins Handlung motiviert. Sie ist auch am Ende immer noch teilweise vorhanden, wenn auch nicht in ihrer ursprünglichen Form. Alaardin will Guimer immer noch zuerst für sich haben, bevor er sie seinen Gefolgsmännern überlässt.[503]

Die zweite Änderung der Figur Alaardin ergibt sich daraus, dass sein Stolz bei der Ablehnung tief verletzt wurde. Hier muss klar gesagt werden, dass

---

[503] Es gibt einen ähnlichen Fall im *Yvain*, bei dem der Riese Harpin die Tochter des Vavasseurs begehrt. Als es ihm nicht gelingt, die junge Dame für sich zu gewinnen, versucht er es mit Gewalt. Er will sie dann aber nicht mehr für sich haben, sondern sie seinen Gefolgsmännern überlassen. Hier hat das Ungeheuer allerdings keine feste Bindung durch Gefühle zu seinem Opfer, daher fällt es ihm leicht, auf die Frau zu verzichten und sie zu demütigen. Im Fall von Alaardin, empfindet dieser jedoch zuerst echte Liebe für Guimer, weshalb er sie immer noch für sich haben will.

Alaardin vor der Entführung als ein guter Ritter dargestellt wird, der eine große Zukunft vor sich hat. Trotz dieses Status und seiner guten Eigenschaften wird er aber von Guimer nicht akzeptiert. Das ist durchaus erstaunlich, da die Hochzeit im Mittelalter häufig als ein Geschäft verstanden wurde, bei dem Gefühle keine große Rolle spielten. Soll diese Logik auch hier gelten, würde es keine Gründe geben, Alaardins Antrag abzulehnen, da dieser alle Eigenschaften mitbringt, die von einem guten Ehemann erwartet werden. Die Ablehnung Guimers ist aus diesem Grund ein besonders wichtiges Motiv, da hier Gefühle ein Gewicht bekommen, das viel größer als üblich ist. Natürlich ist zu berücksichtigen, dass der höfische Roman eine idealisierte Form der Liebe darstellt, dennoch ist die Ablehnung einer Hochzeit außergewöhnlich.

Alaardin zeigt kein Verständnis für die Ablehnung, weil er ein gutes Bild von sich hat. Dieser Stolz wird von Guimer zerstört, obwohl sie ihn nicht kritisiert, sondern nur deutlich macht, dass sie ihn nicht liebt. Das ist wichtig, weil Guimer eigentlich Alaardin Respekt zollt mit dieser Reaktion. Es lässt sich aber feststellen, dass Alaardin das nicht versteht und die Ablehnung als eine Kritik an seiner Figur versteht. Die Rache wird hier zu einer Art Wiederherstellung seiner verlorenen Selbstachtung.

Alaardins Stolz wurde so tief durch Guimers Ablehnung verletzt, dass er sich dafür auf sehr grausame Weise an ihr rächen will. Diese Grausamkeit entspringt seinem inneren Schmerz, einen ähnlichen Schmerz will er nun Guimer zufügen. Dabei wird aber klar, dass sein verletzter Stolz und sein Wunsch nach Rache Alaardin dazu bringen, die Werte und Ideale der höfischen Gesellschaft zu missachten. Wie schon im Fall von Meleagant wird diese Entführung von einer Figur begangen, die sich von ihren Gefühlen leiten lässt und Hass auf eine Figur entwickelt, was sie dazu bringt, sich an dieser Figur rächen zu wollen. Aber wir sehen auch, dass es einen wichtigen Unterschied zwischen Alaardin und Meleagant gibt. Alaardin glaubt wirklich, dass ihm Unrecht getan wurde, während Meleagant vielmehr aus Bösartigkeit handelt. Allerdings muss hier hinzugefügt werden, dass Alaardin nicht wie Meleagant gleich zum Hof Guimers kommt, um eine Krise auszulösen oder Guimer zu entführen, sondern er handelt nur bei einer zufälligen Gelegenheit. Das bedeutet, dass Alaardin nicht zum Entführer geworden wäre, wenn er nicht die passende Gelegenheit dazu bekommen hätte.

Festzustellen ist auch, dass bei dieser Art von Entführungen Gefühle eine große Rolle spielen. Diese können positiv (Zuneigung, Ehre) oder negativ (enttäuschte Liebe, Hass) sein und doch zum gleichen Ergebnis führen, nämlich zu einer Entführung aus Rache. Allerdings reichen diese Gefühle allein nicht aus, um eine solche Tat hervorzurufen.

Dieser Fall kann ebenfalls durch eine Reihe an Zufällen erklärt werden. Es werden verschiedene Situationen dargestellt, die glauben lassen, es hätte auch anders passieren können. Zuerst wird gezeigt, dass Guimer mit ihrem Bruder reist, obwohl sie zuvor am Hof unter dem Schutz ihres Vaters blieb. Diese Reise ist anscheinend etwas Ungewöhnliches für die junge Dame, deshalb kann von einem Zufall gesprochen werden, als sie ausgerechnet die einzige Figur trifft, die sich an ihr rächen möchte. Hinzukommt, dass Alaardin nicht nach Guimer gesucht hat, sondern sie einfach getroffen hat, als er den Weg entlang ritt. Ein zweiter Zufall ist die schnelle Verletzung Cadors. Schließlich spielen auch unglückliche Zufälle keine unerhebliche Rolle. So wäre es im *Hunbaut* und in der *Première continuation Perceval* gar nicht zu Entführungen gekommen, wenn es keine passende Gelegenheit dazu gegeben hätte. Diese beiden Fälle bilden somit einen Kontrast zu den Entführungen im *Torec* und in *Diu Crône*, bei denen die Entführer ihre Tat vorher planen.

Im nächsten Abschnitt soll nun die Struktur dieser Entführung betrachtet werden. Es lässt sich feststellen, dass in diesem Fall von den im Theorieteil entworfenen Funktionen nur drei nicht vorhanden sind. Es handelt sich um die dritte (die unfreiwillige Hilfe für den Entführer), achte (die Prüfungen, auf die der Held bei seinem Weg zur Rettung trifft) und die neunte Funktion (die Reaktion des Helden auf die Prüfungen). Es lassen sich nicht viele Besonderheiten daraus ableiten, weil das Fehlen dieser Funktionen nicht wichtig für die Motivation der Rache ist. Würden wir eine Besonderheit auf struktureller Ebene suchen, wäre das durchgängige Vorhandensein einer Rettung zu nennen. Doch hier handelt es sich um keine Besonderheit, die ausschließlich für Rettungen gilt. Das Fehlen von Besonderheiten ist nicht bei allen Motivationen des Geschehens vorhanden und soll nicht als ein generelles Regel gelten, wie später im Abschnitt zu den Entführungen als Rettungen deutlich wird.

Diese Entführung sollte auch im Kontext der Gesamthandlung betrachtet werden. Es muss zudem gesagt werden, dass der Teil zur Figur Carados eine abgeschlossene Geschichte in der Gesamthandlung darstellt, die anderen Teile der Erzählung drehen sich um Gauvain als Held.[504] Diese Entführung entspricht dem Ende des Teils der *Première continuation Perceval*, der sich mit Carados beschäftigt. Die Entführung ist ein Weg, den Aufstieg Carados' als großartigen Ritter und Herrscher zu inszenieren, damit dieser Handlungsstrang abgeschlossen werden kann. Die Entführung ist für Carados eine Gelegenheit, seine Stärke zu beweisen und eine Frau für sich zu gewinnen. Und diese Aventiure passt bei ihm ebenfalls zu seinen früheren Handlungen. Im ersten Teil der Geschichte geht es um seine Abstammung, die Carados Probleme bereitet. Er soll zuerst diese Probleme bearbeiten, damit er zu einem großen Ritter und Herrscher werden kann. Das heißt, diese Rettung ist besonders wichtig für Carados, weil er davor von seiner Familie gehindert wurde, sich vollkommen den gewöhnlichen ritterlichen Aufgaben zu widmen. Das ändert sich durch diese Rettung und Carados' Erfolg erlaubt es der Erzählung, erneut den Fokus zu Gauvain zu wechseln.

Andere Beispiele für Entführungen aus Rache sind im *Hunbaut* mit der Entführung der Schwester Gauvains oder im *Torec* mit der Entführung Miraudes

---

[504] John L. Grigsby sieht es als ein Beweis der Uneinigkeit des Textes. Er betont aber auch, dass diese Flexibilität nur ermöglicht wurde, weil Chrétien diesen Wechsel der Hauptprotagonisten im *Conte du graal* ebenfalls durchgeführt hat. Grigsby, John L.: „Remnants of Chrétien's Aesthetics in the Early Perceval Continuations and the Incipient Triumph of Writing". Romance Philology, Bd. 41-4 (1987/1988), S. 38. Zur Struktur der *Première continuation Perceval* und zum Wechsel des Hauptprotagonisten können ebenfalls folgende Aufsätze nachgeschlagen werden: Frappier, Jean: „Le personnage de Gauvain dans la Première continuation de Perceval (Conte du Graal)". Philology, Vol 11, No.4, Percival B. Fay Testimonial: Part II, May 1958, S. 331-344. Tomaryn Bruckner, Matilda: „The Poetics of Continuation in Medieval French Romance: From Chrétien's Conte du Graal to the Perceval Continuations". French Forum, Vol. 18, No. 2 (May 1993), S. 133-149.

zu finden.[505] Diese Beispiele weisen große strukturelle Ähnlichkeiten zu der Entführung Guimers in der *Première continuation Perceval* auf. Es lässt sich aber feststellen, dass diese zwei Entführungen auch einen Unterschied zum Fall der *Première continuation Perceval* aufweisen. Hier muss noch gesagt werden, dass es keine direkte Rache gibt, sondern vielmehr eine indirekte Rache. In der *Première continuation Perceval* konnte wir sehen, wie Alaardin Rache an Guimer nimmt, weil diese ihn abgelehnt hat. Sowohl im *Hunbaut* als auch im *Torec* werden aber Figuren entführt, die nicht direkt damit zu tun haben, dass ein Entführer etwas als Unrecht empfindet. Gorvain Cadrus will sich nicht an der Schwester Gauvains rächen, sondern an Gauvain selbst. Er will Gauvain treffen und bekämpfen, aber hat keine Gelegenheit dafür. Und er betrachtet die Entführung als eine Chance, seinen Kampf mit Gauvain zu bekommen. Aber auch sein Schmerz über den Verlust einer seiner Familienmitglieder spielt für ihn eine Rolle bei der Entführung von Gauvains Schwester. Die Entführung ist also auch ein Weg, Gauvain ein ähnliches Leid zuzufügen. Das Gleiche gilt für die Entführung Miraudes im *Torec*, Ypander will mit der Entführung Rache an Torec nehmen. Er wurde von Torec abgehalten, eine junge Dame zu heiraten und mit dieser Entführung kann er Torec ein ähnliches Leid erleben lassen. Eine indirekte Rache ist interessant, da sie weitere Figuren in die Handlung einbezieht und weitere Einsätze zur Geltung bringen kann. Der Unterschied zwischen direkter und indirekter Rache bleibt

---

[505] Hunbaut, Verse 309-415. Zu dieser Entführung können für mehr Details in dem Kapitel zu den Orten der Entführungen gewonnen werden. Torec, Verse 3461-3580.

aber gering. Es zeigt sich, dass diese Variante wichtig ist und auf verschiedene Arten erfolgen kann.

## VIII.3 Erotisierte Entführung

Eine weitere Variante, die mithilfe dieser Entführung berücksichtigt werden soll, ist die erotisierte Entführung. Damit ist nicht nur die sexuelle Lust gemeint, obwohl diese häufig ein Motiv für Entführungen ist, sondern ebenfalls Liebe und Erotik. Es lässt sich bei der Entführung Guimers feststellen, dass diese Aspekte zu finden sind, da sich Alaardin wegen seiner abgelehnten Liebe entschieden hat, die junge Dame zu vergewaltigen und sie danach seinen Gefolgsmännern zu geben.

> „Par Dieu, vassal, tot malgré vostre
> Sera cele pucele nostre.
> A moi et puis as compaignons
> En sera faite livroisons,
> Car molt grant folie feïstes
> Quant onques le mescondeïstes.
> Car se le m'eüssiez donee,
> M'onors li fust abandonnee
> Et a feme espouse l'eüsse
> Et dame de moi fait l'eüsse"[506]

---

[506] Première continuation Perceval, Verse 13073-13082. Übersetzung von Michelle Szkilnik : „Seigneur Cador, en dépit de vous, votre sœur va nous appartenir, à mes compagnons et à moi. La voilà livrée à eux Eh ! Vous avez été bien fou de me la refuser. Car si vous me l'aviez donnée, je lui aurais offert mon amour ; j'aurais fait d'elle mon épouse et ma dame. " Première continuation Perceval : „Le livre de Caradoc". Szkilnik, Michelle (Hrsg. und

Diese Entscheidung Alaardins ist besonders wichtig, weil dadurch klar wird, wie komplex Liebe und Sexualität im Artusroman behandelt werden. Alaardins Wunsch nach Rache wird von seiner enttäuschten Liebe getrieben. Er hätte sie auf höfische Art behandelt, wenn sie seine Frau geworden wäre, aber kann das nun nicht mehr, weil sie seinen Antrag abgelehnt und seinen Stolz zerstört hat. Diese verhinderte Liebe führt zur Sexualität, er selbst spricht hier von Vergewaltigung. Zu Liebe, Erotik und Sexualität im Mittelalter werde ich hier keine ausführlichen Definitionen anführen, da dieses Thema viel zu breit und vielschichtig ist, doch sollen die knappen Erläuterungen von Danielle Buschinger berücksichtigt werden:

„Hinter ‚Erotik' steht der griechische Liebesgott Eros, dessen römisches Pendant Amor oder Cupido ist. Eros, der Liebe stiftet, wird ab der Spätantike zur Allegorie der Liebe. Sexualität ist abgeleitet vom lateinischen *sexus*, d.h. ‚Geschlecht', das sich auf die biologischen Unterschiede zwischen Mann und Frau bezieht. Sexus wird aber nicht nur als ‚Geschlechtlichkeit' verstanden, sondern auch als ‚Geschlechtstrieb'."[507]

Eine Schwierigkeit ergibt sich daraus, dass sich Liebe und Sexualität einerseits grundsätzlich unterscheiden, andererseits eng verbunden sein können. Natürlich muss hier beachtet werden, dass Liebe etwas Geistliches und Sexualität etwas Körperliches ist. Diese Unterscheidung ist insofern interessant, als dass verschiedene Entführungsfälle nur einen Aspekt

---

Übers.). In: Régnier-Bohler, Danielle (Hrsg.): „La légende arthurienne, Le graal et la table ronde", Paris, 1989.
[507] Buschinger, Danielle: „Erotik und Sexualität in der Artusepik (ein Beispiel: Die Krone Heinrichs von dem Türlin)". In: Däumer, Matthias, Dietl, Cora und Wolfzettel, Friedrich (Hrsg.): „Artushof und Artusliteratur". Berlin und New York, 2010, S. 137.

aufgreifen. Beispiele dafür sind die Entführungen vieler junger Frauen durch einen Oger oder die Entführung einer Jungfrau durch sieben Diebe im *Torec*, die Entführung einer jungen Frau durch zwei Riesen im *Wigalois* und die Entführung einer jungen Frau und vieler Kinder durch die Leprakranken im *Roman de Jaufré*, die sich alle nur auf die Sexualität konzentrieren.

Sexuelle Lust ist ein häufiges Motiv für eine Entführung. Das kann zum Beispiel dadurch erklärt werden, dass oft Ungeheuer zu Entführern werden und dass diese fast immer aus sexuellen Gründen handeln. Doch soll dieses Argument relativiert werden, da in manchen Fällen auch Menschen von Sexualität angetrieben werden.

Sprechen wir zuerst über die Entführungen durch die Ungeheuer. In den verschiedenen Entführungsfällen durch Ungeheuer aus diesem Korpus spielt die sexuelle Lust immer eine Rolle. Sie ist der Hauptgrund im *Wigalois* für die Entführung einer jungen Frau durch zwei Riesen[508], aber auch im *Roman de Jaufré* für die Entführung der Tochter Augier d'Essarts durch einen Riesen[509] oder im *Torec* für die Entführungen vieler junger Damen durch einen Oger.[510] Es gibt nur einen Fall, im *Yvain*, in dem sexuelle Lust nicht der Hauptgrund ist, weil Harpin eher nach Macht und Dominanz strebt, dennoch ist auch dieses Motiv im Hintergrund vorhanden.[511]

---

[508] Wigalois, Verse 2014-2203. Zu diesem Entführungsfall kann das Kapitel zu den Opfern von Entführungen nachgeschlagen werden.
[509] Roman de Jaufré, Verse 5665-5778.
[510] Torec, Verse 1620-1906. Zu diesem Entführungsfall kann das Kapitel zu den Orten der Rettungen nachgeschlagen werden.
[511] Yvain, Verse 3847-4291. Insbesondere 3847-3894.

Die Ungeheuer in der Artusliteratur haben meistens keine komplexe Persönlichkeit, sondern werden von einfachen Trieben gesteuert, die sie zu den Verbrechen antreiben. Es gibt keinen Grund, in diesem Fall noch andere Motive zu vermuten, da nichts anderes erwähnt wird. Das heißt aber nicht, dass sie immer einfache Figuren bleiben müssen, wie im *Wigalois* deutlich wird. Wigalois vertraut dem überlebenden Riesen die junge Frau an, damit er sie zum Artushof zurückbringt. Das Versprechen des Riesen, die junge Frau zurückzubringen, ist ein Beweis für seine Veränderung. Ein solches Verhalten ist sonst nur bei Figuren der höfischen Gesellschaft zu sehen. Das zeigt, dass auch Ungeheuer wandelbar und vielschichtiger sein können, obwohl ihre Hauptgründe meist einfach erscheinen.

Wie schon erwähnt, sind aber Ungeheuer nicht die Einzigen, die aus sexueller Lust Entführungen begehen. Es können insbesondere zwei Fälle des Korpus genannt werden, bei denen Menschen aus sexueller Lust handeln, und zwar die Diebe, die eine Jungfrau im *Torec* entführen, und die Leprakranken aus dem *Roman de Jaufré*. Dabei ist interessant, dass in beiden Fällen die Entführer nicht zur höfischen Gesellschaft gehören. Im *Torec* sind Diebe die Täter, während die Leprakranken im *Roman de Jaufré* aus der höfischen Gesellschaft wegen ihrer Krankheit verstoßen wurden.[512] In beiden Fällen handelt es sich

---

[512] Claude Evans sagt in seinem Aufsatz „Le personnage d'Yseut dans le Tristan de Béroul et les Folies de Berneet d'Oxford: une perspective inspirée par les textes irlandais et gallois", dass man auch im Tristan von Beroul Leprakranke findet, die hässlich sind und ihren sexuellen Neigungen folgen. Evans, Claude: „Le personnage d'Yseut dans le Tristan de Béroul et les Folies de Berneet d'Oxford: une perspective inspirée par les textes irlandais et gallois". Le moyen Age , 2005/1 Tome CXI, S. 99. Tristan selbst verkleidet sich im gleichen Text als Leprakranker, was zeigt, dass die Figur des Leprakranken in der mittelalterlichen Literatur bekannt ist und häufig vorkommt.

also nicht um höfische Figuren, was durch die Verbrechen, die sie begehen, noch deutlicher wird.

Sowohl Ungeheuer als auch Menschen, die aus sexuellen Gründen handeln, leben außerhalb der höfischen Gesellschaft, sodass sie keine höfischen Regeln befolgen müssen. Gleichzeitig wollen sie ihre Triebe und ihr Begehren befriedigen. Es lässt sich feststellen, dass bei diesen Fällen keine weiteren Gründe deutlich angegeben werden, um diese Motivation zu erklären, sodass diese Figuren nur entweder als einfach zu betrachten sind oder nur Vermutungen angestellt werden können.

Nachdem Entführungen mit einer rein sexuellen Motivation besprochen wurden, soll es um das Motiv der Liebe gehen, auch weil die sexuelle Motivation nicht ausreicht, um den Entführungsfall aus der *Première continuation Perceval* zu verstehen. In diesem Fall spielt auch die Liebe eine große Rolle. Elisabeth Lienert betont in ihrem Aufsatz *Begehren und Gewalt. Aspekte einer Sprache der Liebe in Wolframs Parzival*, wie die Sprache der Liebe mit Gewalt in Verbindung steht:

„Auch im Parzival nehmen Erzähler und Protagonisten eigene und fremde Liebe wahr als Feuer (dies erfolgt bevorzugt durch den Erzähler), als Krankheit, Leiden und Tod, als Kampf und Krieg, Fesselung und Gefangennahme (dies durch Erzähler und Protagonisten)."[513]

---

[513] Lienert, Elisabeth: „Begehren und Gewalt. Aspekte einer Sprache der Liebe in Wolframs Parzival". In: Greenfield, John Thomas (Hrsg.): Wahrnehmung im „Parzival" Wolframs von Eschenbach. Actas do Coloquio Internacional, Porto, 2004, S. 194

Diese Aussage zeigt, dass Liebe nicht als etwas Ruhiges verstanden werden kann, da sie jedes Mal mit radikalen Zuständen oder Handlungen verglichen wird. Diese stehen sogar in einer direkten Verbindung zu den Ideen von Leben, Tod und Kampf. Dadurch wird klar, dass hier von Gewalt gesprochen werden kann, was bei manchen Entführungen reflektiert wird.

Diese Sprache der Liebe, die in Verbindung mit Gewalt steht, findet sich ebenfalls bei zwei Entführungen des Korpus, und zwar der Entführung Ginovers durch Gasoein in *Diu Crône* und der Entführung Ysabeles durch den schwarzen Ritter im *Roman van Walewein*.[514] Besonders interessant ist hier, dass diese zwei Fälle eine Liebe darstellen, die vollkommen überwältigend ist. Liebe ist ein mächtiges Gefühl, das die höfische Ordnung leicht ins Wanken bringen kann. Es lässt sich feststellen, dass die Entführer der Liebe nicht widerstehen können und ihr Verhalten sich deswegen grundlegend verändert. Das höfische und ritterliche Verhalten endet dort, wo die Vernunft von leidenschaftlicher Liebe vertrieben wird, sodass gute Ritter zu nichthöfischen Entführern werden. Allerdings können diese Entführer alle im Kampf aufgehalten und dann von ihrem Liebeswahnsinn befreit werden. Doch kann ihr Ruf nicht vollkommen wiederhergestellt werden.

Die Liebe ist auch ein sehr wichtiges Motiv für Entführungen, das im *Chevalier de la charrette* genannt wird. So sagt Meleagant, dass er es nicht ertragen würde, die Königin zu verlieren, denn sie bedeute ihm alles.

---

[514] Diu Crône, Verse 11314-12626. Zu dieser Entführung kann im folgenden Kapitel zu den Motivationen des Erzählens nachgeschlagen werden. Roman van Walewein, Verse 9612-10165.

„je ne sui mie si hermites,
si prodon ne si charitables,
ne tant ne voel estre enorables
que la rien que plus aim li doigne" [515]

Ein solches Gefühl ist eine große Motivation, weil sie die Fähigkeit einer Figur, vernünftig zu handeln, schwächt und zu ungewöhnlichem Verhalten führen kann. Thomas Gutwald hat in seinem Werk "Schwank und Artushof" erläutert, wie die Minne eine Bedrohung für das arthurische System in *Diu Crône* sein kann. Die Figuren Gasoein und Amurfina spielen dabei eine wichtige Rolle, weil sie „das arthurische System dort an[greifen], wo es anscheinend am empfindlichsten ist, nämlich im erotischen Bereich"[516]. Man sieht, dass sich „Gasoein [...] einerseits auf alle möglichen Autoritäten der Minne, auf Cupido (Cr 4.843) und Amor (Cr 4.953) ebenso wie auf [die] *minne got* (Cr 10.818) oder *vrouwe Venûs* [beruft] (Cr 10.830)"[517] und dadurch eine Art Rechtfertigung seiner Taten erhält. Generell ist die Liebe ein mächtiges Gefühl, es eine Figur befähigt, vieles zu vollbringen. Aber sie kann ebenfalls jemanden dazu bringen, das Falsche zu tun, da Liebe nicht rational ist. Gasoein missachtet die höfischen Ideale, als er von Liebe geblendet wird und sich nicht mehr darum schert, was richtig und was falsch ist. Genauso ist auch Estor im *Roman van Walewein* kein böser Mensch und sogar ein guter Ritter, doch wir stellen fest, dass er so stark von seiner Liebe beeinträchtigt wird, dass er jede

---

[515] Le chevalier de la charrette, Verse 3276-3279: Übersetzung von Pierre Jonin: Ich habe nicht die Seele eines Eremiten und besitze kein so großes Herz und keine Tugend, die ich mehr als alles andere liebe und ihm geben könnte. Siehe ebenfalls Fußnote 211.
[516] Gutwald, Thomas: "Schwank und Artushof, Komik unter den Bedingungen höfischer Interaktion in der Crône des Heinrich von dem Türlin". Frankfurt am Main, 2000, S. 109.
[517] Ebd., S. 109.

Vernunft fahren und nicht mit sich reden lässt. Die Liebe kann also einem Ritter alles nehmen, was er durch seine höfische Erziehung und seine Erfahrungen und *Aventiuren* erreicht hat, da sich der Ritter nun seinen nichtrationalen Gefühlen hingibt und alles andere vergisst. Das wird insbesondere in *Diu Crône* zum Ausdruck gebracht, wenn Gasoein versucht, die Königin zu vergewaltigen. Dabei ist es bemerkenswert, dass diese Vergewaltigung mit einer Semantik des Krieges dargestellt wird, sodass hier von einer kriegerischen Eroberung gesprochen werden kann. Wird das Thema Liebe auf eine solche Art verwendet, ist zu vermuten, dass dieses Gefühl als eine ernsthafte Bedrohung für die Ordnung zu betrachten ist, was sich auch nur schwer bekämpfen lässt, da quasi niemand ständig alle seine Gefühle kontrollieren kann.

Im früheren Beispiel der Entführung Guimers in der *Première continuation Perceval* sind Liebe und Sexualität eng miteinander verbunden. Die Liebe Alaardins hat sich in Hass verwandelt, sodass er nach Rache sucht. Er kann aber das Begehren nach der jungen Dame nicht bekämpfen und will sie für sich haben, aber es wäre es keine vollkommene Rache, wenn er da aufhören würde. Er plant sie zu vergewaltigen und später seinen Gefolgsmännern zu übergeben. So kann er nicht nur die junge Dame bekommen, sondern auch jedem zeigen, was passiert, wenn sie sich gegen ihn stellen. Sexualität wird hier als Belohnung, Ziel und Mittel zur Durchsetzung von Macht dargestellt. Es lässt sich also feststellen, dass die Begriffe Liebe und Sexualität tief verwurzelt und komplex sind – und genau deshalb eine hervorragende Motivation der Handlung.

## VIII.4 Entführungen als Rettungen

Eine weitere interessante Variante von Entführungen in diesem Korpus ist, dass einige Figuren zwar eine Entführung begehen, aber mit der Motivation, eine andere Figur zu retten. Das ist ungewöhnlich, weil die Entführer meistens etwas erwarten (Liebesgefühle, Rache, sexuelle Lust) oder erreichen wollen (Herausforderung). Doch es lässt sich feststellen, dass die Entführerinnen – alle sind weiblich – in diesen Fällen überhaupt nichts von ihren Opfern erwarten, sondern nur darauf konzentriert sind, die Opfer (Kinder) vor einem schrecklichen Schicksal zu bewahren. Diese Motivation lässt sich in verschiedenen Fällen des Korpus feststellen, insbesondere bei der Entführung Lancelots durch die Dame du Lac im *Lancelot en Prose* und der Entführung Lanzelets durch die Meeresfee im *Lanzelet*.

Die Feen sind Figuren aus einer anderen Welt, die sich entscheiden, Menschen und insbesondere Kinder zu retten. Die behandelten Abschnitte zeigen Figuren wie Feen oder generell Wesen, die über besondere Kräfte verfügen und sich dafür entscheiden, diese zu nutzen, um Menschen zu helfen, die sich in Not befinden. Es lässt sich feststellen, dass die ritterliche Welt nicht immer die Werte und Ideale einhalten kann, nach denen normalerweise gestrebt wird. Außerdem sehen wir, dass Menschen nicht immer beständig bleiben können, weil sie auch von ihren Bedürfnissen und Gelüsten beeinflusst werden, die alles andere überlagern können. Dieser Bruch mit den wichtigen Werten und Idealen ist ein Zustand, der behoben werden muss, da eine chaotische und unordentliche höfische Gesellschaft nicht als Vorbild und Basis innerhalb der

Gattung dienen kann. Zudem ist es charakteristisch für Artusromane, dass die höfischen Werte wichtiger sind als die der einzelnen Figuren.

In diesen Fällen wird die Ordnung durch Wesen oder Figuren aus einer anderen Welt unterstützt. Diese Figuren haben zwar keinen Kontakt zur normalen menschlichen Gesellschaft, verhalten sich aber dennoch höfisch und respektieren höfische Werte, was den normalen Menschen hier fehlt. Sie retten Kinder, wenn Menschen und Ritter versuchen, diese zu ermorden, und werden zum großen Vorbild für das Kind, für den Leser oder Hörer und die höfische Gemeinschaft. Es ist besonders interessant, dass Figuren, die über solche besonderen Kräfte verfügen, sich auf eine Art und Weise verhalten, die den höfischen und ritterlichen Idealen entspricht. Sie fördern mit ihrem Verhalten die Ordnung dort, wo sich gerade Unordnung ausbreitet. Durch diese Figuren werden auch die Kinder gemäß diesen Werten und dieser Idee der Ordnung erzogen, was es ihnen ermöglicht, diese in Zukunft zu verbreiten. Die entführten Kinder könnten daher als Boten und Vermittler der Ordnung betrachtet werden, was sie ohne diese übernatürlichen Räuberinnen nicht wären.

Wir könnten auch sagen, dass diese Entführerinnen hier die Rolle von Göttinnen einnehmen, weil sie Unrecht korrigieren, das zu groß geworden ist. Außerdem handeln diese Figuren nur, wenn sie es wollen, und nutzen ihre Kräfte lediglich in besonderen Fällen, was alle, denen so geholfen wird, zu Auserwählten macht. Die beiden Entführerinnen besitzen große Weisheit und erkennen, dass diese Kinder eine große Zukunft vor sich haben könnten, weshalb sie ihnen eine Chance geben wollen, ihr Schicksal zu erfüllen.

Die Motive der Retterfiguren bleiben sowohl im *Lanzelet* als auch im *Lancelot en Prose* ungeklärt und es lassen sich nur schwer Gründe für ihr Handeln finden, ohne dabei Vermutungen anzustellen, außer der offensichtlichen Motivation, ein Kind in Not zu retten. Diese fehlenden Begründungen können entweder durch die Natur der Räuberinnen erklärt werden, da diese als Feenwesen den Menschen generell rätselhaft erscheinen, oder durch ihre begrenzten Rollen in den Handlungen, da sie nach der Abreise der Kinder weniger in der Erzählung vorkommen.

In diesem Kapitel habe ich mich mit den häufigsten und wichtigsten Gründen der Entführer aus den Texten im Korpus auseinandergesetzt. Es lässt sich feststellen, dass Meleagant ein breites Spektrum von Gründen eröffnet, die in vielen späteren Werken auf andere Art wiederverwendet wurden. Wir konnten sehen, dass die Motive der Herausforderung und der Liebe in weiteren Texten des Korpus vertreten sind. Später wurde die Variante der Entführungen aus Rache ausführlicher studiert anhand des Beispiels der Entführung Guimers in der *Première continuation Perceval*. Diese Variante ist besonders interessant, weil sie mindestens zwei verschiedene Komponenten braucht. Zuerst muss eine Figur ein Unrecht empfinden, damit sie später Rache nehmen will. Es soll bei dieser Variante berücksichtigt werden, ob es sich zum Beispiel um eine direkte oder eine indirekte Rache handelt. Oder auch ob es um eine Gelegenheitsentführung geht oder das Verbrechen im Voraus geplant wird. Das macht deutlich, dass bei dieser Variante eine große Vielfalt an Komponenten vorliegt, die es erlauben, eine Entführung auf verschiedene Weise zu gestalten. Das Beispiel aus der *Première continuation Perceval* ist ebenfalls für eine weitere Variante relevant, und zwar die erotisierten Entführungen. Hier stellte sich heraus, dass es sich um eine komplexe Thematik handelt, weil sich verschiedene Motive vermischen können, wie sexuelle Lust und Liebe, obwohl diese auch einzeln betrachtet werden können. Die Entführung Guimers ist ein Beispiel für diese Vermischung. Die Gefühle Alaardins sind besonders stark und aus der reinen Liebe entwickelt sich Hass. Als Folge bringen ihn die Enttäuschung und der Wunsch nach Rache dazu, die junge Dame vergewaltigen zu wollen. Die Entführung Guimers ist daher für zwei verschiedene Varianten relevant und zeigt genauso wie die Entführung der Königin im *Chevalier de la charrette*, dass Entführungen sehr komplex sein können. Die Vielfalt an Motivationen ist hier auch interessant, weil damit Aventiure erzeugt werden und der Erzählung mehr Tiefe verliehen wird.

Schließlich wurde noch eine weitere Variante erläutert, und zwar die Entführungen, die als Rettungen zu betrachten ist. Feen entführen die Kinder, nicht um etwas zu bekommen, sondern vielmehr um sie vor einer großen Gefahr zu retten. Mithilfe dieser Variante kann eine Unordnung in der höfischen Gesellschaft dargestellt und auch eine Lösungen entwickelt werden. Die übernatürlichen Wesen entführen ein Kind und erziehen es, damit es später die höfische

Gesellschaft verbessern kann. Diese Motivation ist wichtig, weil sie auch strukturelle Veränderungen mit sich bringt. Diese Entführungen werden nicht durch eine Rettung beendet, weil es hier jedes Mal dazu kommt, dass die Täter ihre Opfer selbst freigeben.

Die Motivationen des Geschehens sind zentral, weil sie dem Leser oder Hörer erlauben, nachzuvollziehen, warum die Entführer handeln. Wir könnten auch sagen, dass die Motivationen die Entführer definieren. Es geht nicht nur darum, die Taten der Figuren zu sehen, sondern auch darum, ihre Gründe zu verstehen. So wirkt die Erzählung viel immersiver und echter, da die Dichotomie zwischen guten und bösen Charakteren gemieden werden kann. Tatsächlich wirkt eine Entführung dichter und komplexer, wenn die Gründe eines Entführers deutlich werden, sodass die Entführung nicht als eine unbedeutende Aventiure verstanden wird, die nur vorhanden ist, um einen Helden stärker werden zu lassen. Betrachten wir die Beispiele Alaardin in der *Première continuation Perceval* und Gasoein in *Diu Crône,* ist es wichtig zu verstehen, warum sie den höfischen Weg verlassen und die Ordnung verletzen. Denn grundsätzlich sind sie keine bösen Ritter und Menschen. Hinzu kommt, dass die Motivationen eines Entführers zeigen, wie labil die höfische Ordnung ist. Hier muss beachtet werden, wie verschiedene wichtige Werte wie Liebe und Ehre, die zum höfischen Ideal beitragen, diese Ordnung bedrohen können. Auf diese Werte und ihre Anwendung in den Entführungsfällen wird im nächsten Kapitel zu den Motivationen des Erzählens eingegangen. Die Gründe der jeweiligen Entführer sind natürlich wichtig, aber es müssen auch die narrativen

Gründe beachtet werden, damit alle Ebenen der Erzählung abgedeckt und ihr Gesamtbild betrachtet werden kann.

# IX. Warum? Motivationen beim Erzählen

Im vorherigen Kapitel wurden die Gründe der Entführer erläutert oder anders formuliert: die Ebene der *histoire*. Jetzt soll es, wie angekündigt, erneut um die Frage nach dem Warum gehen, aber auf einer anderen Ebene, nämlich der des Erzählens bzw. des *discours*. Diese zweite Ebene ist sogar noch bedeutsamer als die erste, weil das Erzählen einen großen Einfluss auf das Erzählte nimmt. Die Ebene der Struktur des Erzählens besteht aus unterschiedlichen Entscheidungen, die von Schriftstellern beim Schreiben getroffen werden.

Bevor wir uns hier mit einem ersten Beispiel befassen, soll kurz an die Variante aus dem *Chevalier de la charrette* erinnert werden. Im Kapitel zum *Chevalier de la charrette* wurden verschiedene Motivierungen genannt, und zwar die Beschaffung von *Aventiure* und Festlegung der Hauptfiguren, die Entführung als Motor der Handlung, die Vernetzung der Entführungen im *Yvain* und *Iwein*, die Problematisierung der Traditionen am Hof von König Arthur und das intertextuelle Spiel zwischen den Entführungen.

Die meisten Texte übernehmen die Motivierung, *Aventiure* zu erzeugen, weil der höfische Roman nur funktionieren kann, wenn es zu Herausforderungen oder Abenteuern kommt, die ein Ritter bewältigen muss. Die Festlegung der Hauptfiguren erfolgt ebenfalls in mehreren Texten. Dies geschieht häufig dann, wenn eine Entführung am Anfang eines Romans oder am Anfang des Weges des Helden zu finden ist. Entführungen werden nicht immer zum Motor der Handlung, in einigen Fällen werden sie auch in einer knappen Episode behandelt, die als Teil einer Aventiurenkette zu betrachten ist. Das heißt, die

Entführung wird hier nicht zu einem strukturierenden Ereignis, sondern ist vielmehr Mittel zum Zweck. Ein Beispiel dafür wäre die Entführung einer jungen Dame durch zwei Riesen im *Wigalois*.

## IX.1 Die Entführungen der Königin in Diu Crône

Anhand der zwei Entführungen von Königin Ginover in *Diu Crône* sollen verschiedene wichtige Varianten zu den Motivationen des Erzählens der Entführung der Königin im *Chevalier de la charrette* untersucht werden.

Beispiel: Die zwei Entführungen der Königin in *Diu Crône*

Dieses Beispiel ist besonders relevant für diese Studie, weil es sich zuerst erneut mit dem Motiv der Ur-Szene beschäftigt. Zuerst muss daher kurz untersucht werden, ob die Motivationen des Erzählens aus dem *Chevalier de la charrette* auch bei diesen zwei Entführungen zu finden sind. Natürlich ist die Beschaffung von Aventiure ein wichtiges Element, weil diese Entführungen zu einer ruhigen Zeit am Hofe passieren. Der Hof hat sich gerade mit der Krise Ginovers befasst und Gawein ist noch nicht von seiner ersten Aventiurenkette zurückgekehrt. Deshalb muss etwas passieren, um diese Lücke zu füllen. Die Entführungen sind hier aber nicht der Motor der Handlung, weil diese nur als eine Konsequenz der besonderen Beziehung zwischen Gasoein und Ginover verstanden werden darf. Ebenso soll in diesem Fall nicht von der Festlegung der Hauptfiguren gesprochen werden, weil diese in den vorangegangenen Abschnitten zur Handlung bereits eine wichtige Rolle spielten. Es soll stattdessen um den Höhepunkt gehen, der zu einer Wende im Roman führt. Darauf wird später im Detail zurückgegriffen. Die Problematisierung der Traditionen am Artushof wird hier generalisiert zu einer Kritik der höfischen Welt und noch viel deutlicher ausgeführt, während intertextuelle Bezüge ebenso zu finden sind.

Es soll hier gleichfalls bemerkt werden, dass diese zwei Entführungen der Königin unmittelbar nacheinander erfolgen, sodass nicht von einem Zufall gesprochen werden kann. Aus diesem Grund werden die zwei Entführungen der Königin innerhalb der Gesamthandlung betrachtet, weil die Gestaltung der Erzählung im Roman von Heinrich von dem Türlin eine wichtige Rolle spielt. Zuerst sollen aber die Entführungen einzeln betrachtet und die jeweilige Motivation des Erzählens untersucht werden.

## IX.1.1 Die Entführung Ginovers durch Gotegrin

Zuerst ist hier zu sehen, dass die Entführung erneut am Artushof stattfindet. Aus diesem Grund fungiert diese Entführung als ein Diskurs, der den Hof und seine Fähigkeit, seine Mitglieder zu schützen oder ihre Ideale zu erreichen, in Frage stellt. In einem früheren Kapitel zum *Chevalier de la charrette* wurden die Traditionen des Artushofes bezweifelt. Hier geht es um keine dieser

Traditionen oder *costume*, deshalb sollen Aspekte gesucht werden, die die Traditionen ersetzen und die Entführung ermöglichen. Als Erstes wird die Unfähigkeit des Hofes, seine Mitglieder zu beschützen, besprochen.

## a. Die Unfähigkeit des Hofes, seine Mitglieder zu beschützen

Die Entführung Ginovers durch Gotegrin ist keine Ausnahme, da man ähnliche Probleme in all den Fällen finden kann, bei denen eine Entführung am Hof vorkommt. Dies beweist, dass es keinem der Königshöfe gelungen ist, seine Mitglieder ausreichend zu beschützen, obwohl sich diese jedes Mal am Hofe oder zumindest in seiner Nähe aufhielten.

> „dâ was Ginovêr eine
> Gestanden ûf einem steine,
> dâ sie des künges beite,
> unz er von dem geleite
> kaem, daz er Gasoein bôt.
> des kam sie in grôz nôt"[518]

Bei der Entführung der Königin soll festgestellt werden, dass die Königin gleich vor dem Schloss entführt wird, gleich nachdem der Hof die Krise mit Gasoein bewältigt hat. König Artus ist sogar abwesend, weil er Gasoein

---

[518] Diu Crône, Verse 11102–11107. Übersetzung von Florian Kragl: „Dort stand Ginover alleine auf einem Felsen, wo sie darauf wartete, dass der König von dem Geleit zurückkäme, das er Gasoein erwiesen hatte. Das brachte sie in große Not." Heinrich von dem Türlin: „Diu Crône". Felder, Gudrun (Hrsg.), unter Mitarbeit von Alfred Ebenbauer, Kragl, Florian (Übers.), Mittelhochdeutsche Leseausgabe mit Erläuterungen. Berlin/Boston, 2012.

begleitet hat, sodass der Schutz am Artushof nicht umfassend umgesetzt werden kann. Bei diesem Fall gibt es zwar Erklärungen oder gar Entschuldigungen dafür, dennoch deutet dieser Mangel an Schutz auf ein tieferliegendes Problem hin. Wir könnten nämlich vermuten, dass der Hof Lehren aus den bereits stattgefundenen Entführungen zieht und diese ihn dazu veranlassen, geeignete Maßnahmen zu treffen, um weitere Entführungen zu verhindern. Das geschieht jedoch nicht – alle Höfe bleiben für solche Probleme anfällig.

Wie lässt sich diese Schwäche des Hofes nun erklären? Begründet sie sich in einer geringen Anzahl von Beschützern oder im Bedürfnis der Ritter nach *Aventiure* oder danach, sich anderweitig zu beschäftigen, anstatt ständig auf alle Jungfrauen aufzupassen? Die erste Erklärung trifft sicherlich nicht zu, da der Hof aus einem großen Kollektiv besteht und nie erwähnt wird, dass die Anzahl der Ritter gering sei, obwohl ab und zu ein Held abwesend ist. Der zweite Punkt scheint daher viel eher zuzutreffen und verweist außerdem auf eine wichtige Frage bezüglich des Verhältnisses zwischen Individuum und Kollektiv innerhalb der Artusgesellschaft.

Die Frage lautet, inwiefern genau sich das Kollektiv der Artusgemeinschaft und das Individuum innerhalb dieser voneinander unterscheiden. Die jungen Damen können nur beschützt werden, wenn sich das Kollektiv pausenlos für ihren Schutz einsetzt. Dies gestaltet sich aber schwierig, da jedes einzelne Mitglied auch eigene Wünsche und Hoffnungen hat, die es zu erfüllen beabsichtigt. Wenn die einzelnen Ritter aber ihren Wünschen nachgehen oder nach *Aventiure* suchen, entsteht eine Lücke im Kollektiv und das Bewachungssystem wird geschwächt, weil sie nicht gleichzeitig unterwegs sein und die jungen Frauen am Hof beschützen können. Wie bereits in anderen Texten der Artusliteratur zu erkennen war, besteht die Artusgemeinschaft meistens aus mehreren Individuen, die sich aufgrund ihrer Heldentaten versammeln. Das heißt aber auch, dass es zum Fortbestehen des Artuskollektives nötig ist, dass jeder Ritter von Zeit zu Zeit nach *Aventiure* sucht und Heldentaten vollbringt, was aber ein perfektes Bewachungssystem unmöglich macht. Die Identität des Kollektivs bildet sich auf der Grundlage gemeinsamer Werte und der Heldentaten seiner Mitglieder. Somit setzt sich die Identität des Hofes einerseits aus individuellen und andererseits aus gemeinschaftlichen Anteilen zusammen. Aus diesem Grund lässt sich schlussfolgern, dass ausreichend viele *Aventiuren* bestanden werden müssen, damit die Basis des Kollektivs gesichert wird. Auf der anderen Seite sollten aber auch die höfischen Werte und die Bewachung der Mitglieder gepflegt werden, damit der Hof ein zufriedenstellendes Gleichgewicht erreicht, was jedoch nicht einfach ist.

Die Schwierigkeit für das Kollektiv, als eine Einheit zu funktionieren und zu agieren, wird noch dadurch verstärkt, dass eine solch enge Zusammenarbeit nicht dem Naturell der Ritter entspricht, da diese meistens lieber als Einzelkämpfer auf der Suche nach *Aventiure* sind. Daraus ergibt sich, dass man nicht von allen Rittern erwarten kann, dass sie dauerhaft ihre Bedürfnisse und Wünsche ignorieren, um nur noch im Sinne des Kollektivs zu handeln. Dies würde nämlich die Negation eines Teils der kollektiven Identität, nämlich des individuellen Anteils, bedeuten, was eher zum Auseinanderbrechen der höfischen Gesellschaft beitragen würde. Aus diesem Grund wird es sich nicht vermeiden lassen, dass solche Entführungen immer wieder vorkommen, obwohl sie die höfische Ordnung stören.

b. Die Betonung der Ehre

Eine weitere Motivation des Erzählens ist die Betonung der Ehre als wichtigen Wert der ritterlichen und höfischen Gesellschaft.[519] Becker gibt die folgende Definition der Ehre:

„Das mittelhochdeutsche Substantiv *êre* bezeichnet ein ehrwürdiges Verhalten oder einen der Anerkennung würdigen Zustand, aktivisch fasst es zudem den Akt der Ehrerbietung und Ehrbezeugung."[520]

Ein wichtiger Aspekt, der zu berücksichtigen ist, betrifft die Bedeutung von *êre* im Mittelalter, die von der derzeitigen abweicht, weil diese im 13. Jahrhundert „in einem äußeren Sinn gebraucht wird"[521]. Das heißt, die Ehre ist

---

[519] Es wird im Folgenden nur eine knappe Definition der Ehre gegeben. Zur historischen Semantik und Anwendung des Begriffs im höfischen Roman kann folgendes Werk nachgelesen werden: Seidel, Stephanie: „Eine kleine Geschichte der êre, Thesen zur historischen Semantik von Ehre und zu ihrer Narrativierung in höfischen und legendarischen Textens des hohen Mittelalters". In: Kellner, Beate, Lieb, Ludger und Müller, Stephan (Hrsg.), unter Mitarbeit v. Hon, Jan und Selmayr, Pia: „Höfische Textualität, Festschrift für Peter Strohschneider". Heidelberg, 2015, S. 45-63. Für einen historischen Überblick kann der Aufsatz Martin herangezogen werden: Dinges, Martin: „Die Ehre als Thema der historischen Anthropologie, Bemerkungen zur Wissenschaftsgeschichte und zur Konzeptualisierung". In: Schreiner, Klaus, Schwerhoff, Gerd (Hrsg.): „Verletzte Ehre, Ehrkonflikte in Gesellschaften des Mittelalters und der frühen Neuzeit". Köln, Weimar und Wien, 1995, S. 29-62.
[520] Becker, Rebekka: „Muße im höfischen Roman, Literarische Konzeptionen des Ausbruchs und der Außeralltäglichkeit im *Erec*, *Iwein* und *Tristan*". Cheauré, Elisabeth, Dobler, Gregor, Fludernik, Monika, Hubert, Hands. W und Riedl, Peter Philipp (Hrsg.): Otium, Studien zur Theorie und Kulturgeschichte der Muße 12, Tübingen, 2019, S. 99.
[521] Ebd., S. 99.

etwas, wofür man gelobt wird, aber ebenso gleichzeitig angegriffen werden und die auch verloren gehen kann.[522] Das setzt sich in Opposition zur modernen Definition, die diese äußerliche Ehre mit einer inneren Ehre zusammenbringt.[523] In diesem Fall geht es um die äußerliche Ehre als zentrales Motiv mithilfe der Figur Gotegrin. Allerdings muss man sich fragen, wie weit man gehen darf, um seine Ehre zu schützen. Gotegrin hatte sich dafür entschieden, die Ehre als sein höchstes Gut zu sehen, deshalb will er diese auf keinen Fall wegen einer anderen Figur geschädigt wissen. Sein unnachgiebiges Verhalten bei der Entführung zeigt, dass seine Ehre und sein Ruhm ihm viel wichtiger sind als seine Familie und insbesondere seine Schwester, denn er ist schnell bereit, sie zu opfern, ohne den Versuch zu unternehmen, eine andere Lösung zu finden oder sich darauf einzulassen, gnädiger über sie zu urteilen. Einerseits ist zu verstehen, dass er seine Ehre verteidigen will, da diese ein wichtiger Bestandteil des ritterlichen Tugendsystems ist. Hier ist auch zu vermuten, dass er sich dazu berechtigt sieht, seine Schwester zu bestrafen, wenn diese sich falsch verhalten hat. Andererseits stellen wir fest, dass Gotegrin für das Bewahren seiner Ehre alles andere vergisst und sie sogar über das Leben anderer Menschen stellt. So zeigt er sich auch unbarmherzig gegenüber seiner Schwester, obwohl alle seine Gefolgsmänner ihn anflehen, sie nicht zu töten. Diese Unnachgiebigkeit zeigt einerseits, wie hoch er die Ehre schätzt, ist aber andererseits auch ein Beweis dafür, dass er im Ausgleich dazu andere Werte verletzt, die Ritter auch leben sollten, wie zum Beispiel die Barmherzigkeit

---

[522] Maurer, Friedrich: „Tugend und Ehre". In: Eifler, Günther (Hrsg.): „Ritterliches Tugendsystem". Wege der Forschung Band LVI, Darmstadt, 1970, S. 238-252, insbesondere S. 243.
[523] Ebd., S. 243. Die innere Ehre entspricht für Maurer *Haltung* und *Gesinnung*.

So hätte er ebenso die Möglichkeit gehabt, seine Schwester auf anderem Wege zu bestrafen, aber er war von Anfang an entschieden, sie zu töten, obwohl sie sich nicht verteidigen kann. Hier soll noch betont werden, dass Gotegrin seine Schwester entführt, nachdem er von seinem Boten Gerüchte gehört hat:

> „„und getorst sie hân ernendet",
> jach er, „sie het gewendet
> sich an Gasoein de Dragôz:
> wan daz der künic des genôz,
> daz ez den vürsten allen
> waer starc missevallen,
> und daz sie sich der schanden
> in welhischen landen
> nimmer möht erholt hân."[524]

Hier glaubt Gotegrin dem Boten, ohne daran zu zweifeln, obwohl die Behauptung des Boten nicht bewiesen ist. Der entscheidende Punkt dabei ist, dass König Artus seine Frau dazu gebracht hat, ihn zu wählen, weil er genau weiß, dass sie ihren Ruf und ihre Ehre nicht verlieren will. Das bedeutet nämlich, dass Artus seiner Frau nicht vertraut hat, weil er sonst für sie gekämpft hätte, anstatt ihr die Wahl zu lassen. Ab diesem Zeitpunkt hat der Bruder Ginovers eine festgelegte Meinung, die sich nicht ändern wird. Er stellt sogar seiner Schwester keine einzige Frage zur Situation und versucht nicht herauszufinden, ob die Wahrheit von dem abweicht, was er von dem Boten gehört hat.

---

[524] Diu Crône, Verse 1108011088. Übersetzung von Florian Kragl: „Und, wenn sie Mut gehabt hätte - , behauptete er, - hätte sie Gasoein de Dragoz gewählt, hätte der König nicht davon profitiert, dass dies all den Fürsten sehr missfallen hätte und dass sie sich von dieser Schande in Frankreich niemals hätte erholen können." Heinrich von dem Türlin: Heinrich von dem Türlin: „Diu Crône". Felder, Gudrun (Hrsg.), unter Mitarbeit von Alfred Ebenbauer, Kragl, Florian (Übers.), Mittelhochdeutsche Leseausgabe mit Erläuterungen. Berlin/Boston, 2012.

Gotegrin mangelt es an Mitleid und Empathie, was ihn zu einem egoistischen Menschen macht. Zudem lässt er sich von niemandem einen Rat geben und entscheidet alles allein. Diese Szene bringt das gut zum Ausdruck. Gotegrin wird zwar nicht grundsätzlich negativ dargestellt, aber es wird auch gesagt, dass alle von ihm erwarten, dass er nicht zu weit geht. Die Ehre hat zwar einen großen Wert für einen Ritter, aber sollte nicht alles andere in den Schatten stellen, vor allem nicht das Leben anderer Menschen, gerade nicht das der eigenen Schwester. Sollte sie für ihr Verhalten eine Strafe verdienen, sollte diese angemessen sein und Gotegrin nicht voreilig zu ihrem Richter werden, bevor er sich überhaupt sicher sein kann, was Ginover genau getan hat.

Schließlich behauptet Jillings, dass Gotegrin hier die Rolle von Keie übernimmt, indem er die schlechte Tat einer Frau bestrafen will, was dazu führt, dass ihm später, genau wie Keie (im *Parzival),* Verletzungen zugefügt werden, als er in den Wald reitet und vom zweiten Entführer (Gasoein) besiegt wird.[525] Es ließe sich also sagen, dass die Fixierung auf einen einzelnen Wert oder das Gefühl, moralisch überlegen zu sein, meistens zu großen Problemen für die entsprechende Figur führt, sodass man versuchen sollte, offen für die Ratschläge anderer sein und bescheiden zu bleiben.

Der Vergleich Gotegrin mit Keie deutet auch auf das Versagen des Schutzes konservativer Werte am Artushof hin. Sowohl Keie als auch Gotegrin stehen für den strengen Respekt der höfischen und ritterlichen Werte, dennoch

---

[525] Jillings, Lewis: "Diu Crone of Heinrich von dem Türlin. The attempted emancipation of secular narrative". Göppingen, 1980, S. 42.

werden diese im Laufe des Romans von Heinrich von dem Türlin satirisch oder auch ironisch dargestellt. Die Entführung Ginovers durch seinen Bruder wird als ein richtiges Verbrechen wiedergegeben. Aus diesem Grund ist das Versagen Gotegrins keine Überraschung, sondern sogar vielmehr ein weiterer Zeichen der Dekonstruktion der höfischen Welt, die von Heinrich von dem Türlin hier unternommen wird. Darauf wird im späteren Abschnitt zurückgegriffen.

## IX.1.2 Die Entführung der Königin durch Gasoein

a. Gasoein, eine Figur, die ihr Potential ausleben soll

Gasoein ist eine besondere Figur im Roman Heinrich von dem Türlins. Sowohl sein Auftreten in der Erzählung als auch seine Handlungen unterscheiden ihn von den anderen. Er erscheint mitten im Winter mit nichts anderem als einem weißen Hemd und ist ein großartiger Ritter und Minnesänger.

> „ez sî warm oder kalt,
> sô ist sîn leben gestalt:
> sô er meist an leit
> er vüert dehein ander kleit
> nuor ein wîzer hemde;
> ander kleid ist im vremde,
> und reit ein ors hamblanc.
> Er singet von minnen süezen sanc
> alle neht durch die gaudîn
> durch den willen der amîen sîn

vlacher stimme und slehter keln."[526]

Diese Beschreibung ist nicht nur wichtig, weil Gasoein hier als ein kräftiger und mysteriöser Ritter erscheint. Die Königin sieht in Gasoein gar eine Provokation, um sich über König Arthur lustig zu machen, da dieser unter der Kälte leidet.

> „Ouch sît ir zwâr niht sô heiz
> sam ein ritterm den ich weiz,
> den ich niht nennen will.
> er ist aber bekannt vil,
> wan in îs und der snê
> niht mêr entwelt dann der klê
> deheiner sîner reise." [527]

Somit zeigt sein Auftritt in der Erzählung, dass er kein gewöhnlicher Ritter ist, sondern vielmehr ein Held, der Großes vollbringen kann. Er bestätigt dann durch seine Kämpfe diesen ersten Eindruck, weil er ohne Probleme die drei Ritter des Hofes besiegt. Die Vereinbarung für einen Kampf mit dem König, damit deutlich wird, wem die Königin gehört, macht ihn sogar zum

---

[526] Diu Crône, Verse 3406-3415. Übersetzung von Florian Kragl: „Ob es nun warm oder kalt ist, er trägt, selbst wenn er viel anzieht, kein anderes Gewand als nur ein weißes Hemd. Er kennt keine andere Bekleidung und er reitet ein hermelinweißes Pferd. Er singt jede Nacht durch's Gehölz für seine Geliebte mit ebenmäßiger Stimme und klarer Kehle." Heinrich von dem Türlin: „Diu Crône". Felder, Gudrun (Hrsg.), unter Mitarbeit von Alfred Ebenbauer, Kragl, Florian (Übers.), Mittelhochdeutsche Leseausgabe mit Erläuterungen. Berlin/Boston, 2012.

[527] Vgl, Ebd., Verse 3395–3401. Übersetzung von Florian Kragl: Auch seid ihr fürwahr nicht so heiß wie ein Ritter, aber den ich nicht nennen will. Er ist allerdings sehr bekannt. Denn Eis und Schnee hindern ihn bei seinen Ausfahrten nicht mehr als Klee.".

Hauptantagonisten der Erzählung. Er ist derjenige, der eine Bedrohung für den Hof und die höfische Ordnung darstellt.[528] Jillings behauptet, dieses erneute Treffen zwischen Gasoein und dem Artushof sei eine Art zu zeigen, dass Heinrich die klassischen ritterlichen Werte nicht besonders schätzte.[529]

Es ist zu betonen, dass Gasoein zwar von der Königin abgelehnt wird, aber nicht in einem Kampf siegt. Das Problem dabei ist, dass die Figur Gasoein zu einem großen und höfischen Helden stilisiert wurde, aber doch kommt es nicht zu einem Kampf. Dieser Kampf kann nicht stattfinden, weil Artus ihn vermeidet, indem er Ginover wählen lässt, mit wem sie zusammen sein möchte. Das Potential Gasoeins als Ritter kann sich aus diesem Grund nicht entfalten, deshalb soll es zu einem weiteren *Aventiure* mit der Figur Gasoein kommen. Dieses Aventiure soll dazu dienen, Gasoeins Potential und seine Stärke zu zeigen. Es gibt für Gasoein nur zwei mögliche Ausgänge dieser Situation. Die erste wäre, dass er alle seine Gegner und insbesondere die wichtigen Ritter des Hofes besiegt, sodass er einen größeren Platz in der Handlung einnehmen kann und der Held der Erzählung wird, was aber nicht passiert. Es wird die zweite Lösung von der Erzählung gewählt, und zwar dass er von einem Ritter des Hofes geschlagen wird, damit Gasoein seine Grenzen als Protagonist erreicht. Diese zweite Möglichkeit erklärt ebenfalls, warum Gasoein nicht frühzeitig

---

[528] "But Gasozein's exercise of knighthood is subversive because he undermines Arthurian order, or more specifically, the ideals of knighthood and chivalery". Samples, Susann Therese: "An unlikely Hero: The Rapist-Knight Gasozein in Diu Crône". Arthuriana, Vol 22, No. 4, Special Issue in Honor of Edward Donald Kennedy (Winter 2012), S. 101-102.
[529] Jillings, Lewis: "Diu Crone of Heinrich von dem Türlin. The attempted emancipation of secular narrative". Göppingen, 1980, S. 39.

aus der Handlung verschwinden kann. Nach seiner Niederlage wird er in die Artusgesellschaft aufgenommen, obwohl er offensichtlich die Ordnung bedroht hat. Warum? Weil der Hof ihn nicht für seine früheren Handlungen bestrafen, sondern vielmehr neue und starke Mitglieder begrüßen will.[530] Es kann hier als ein Zeichen gewertet werden, dass der Hof aus vielen ähnlichen Figuren besteht, die Fehler begangen haben und annehmen, dass die Perfektion und das Ideal, die vom Hof angestrebt werden, nicht zu erreichen seien.

b. Das passive Verhalten des Hofes

Ein weiterer Aspekt, der bei dieser Entführung besprochen werden soll, ist das passive Verhalten des Hofes. Der Hof wird bei der ersten Entführung nicht einmal erwähnt. Erst nachdem der verletzte Gotegrin an den Hof gebracht wurde, versteht die Artusgesellschaft, was wirklich passiert ist:

> „schier wart er gebaeret,
> und mit micheler kôl
> brâhten sie in ze Karidôl
> mit disen maern ûf daz hûs.
> nu was künic Artûs
> wider komen von dem gleit.
> als man im die maer seit,
> wie et was ergangen,
> nu wart daz volc bevangen
> mit vil jaemerclîcher klag.

---

[530] „Man hat inzwischen Gasozein verziehen und ihn ganz als habe er eine ritterliche Mission glücklich zu Ende gebracht- in die Tafelrunde aufgenommen… Da Gasozein im Handumdrehen wieder zum musterhaften Ritter erklärt wird, ist allzu gewaltsam zurechtgebogen." Kratz, Bernd: „Zur Kompositionstechnik Heinrichs von dem Türlin". Amsterdamer Beiträge der älteren Germanistik 5 (1973), S. 152.

die vürsten, die dâ ze dem tag
mit Artûs wâren,
die begunnen sô gebâren,
daz ir sit klage bâren."[531]

Der Hof hat also nichts unternommen und sogar vielleicht die Abwesenheit der Königin nicht einmal bemerkt, wie die Bemerkung Gotegrins und seiner Männer, die die Geschichte an den Hof bringen, vermuten lassen. Das Fehlen einer Reaktion des Hofes ist aber nicht der einzige bemerkenswerte Aspekt. Es wird am Ende dieses Auszugs erläutert, dass das Volk und die verschiedenen Fürsten die Abwesenheit der Königin beklagen. Es ist nichts Erstaunliches, dass das Volk seine Königin vermisst, dennoch fehlt der Wille zur Handlung, wenn es zur Beschreibung der Fürsten kommt. Das heißt, die Rettung der Königin wird hier nicht eingeleitet, nur der Schock über die Entführung wird ausgedrückt. Im späteren Abschnitt wird weiter die Abwesenheit der Königin beklagt und zwar auf eine dramatische Weise. Es wird zu einer großen Trauer hauptsächlich bezogen auf die Literatur der Antike aufgerufen, um das Leid des Hofes auszudrücken, aber es wird keine Lösung gesucht oder sogar erwähnt.[532] Diese Beschreibung der verschiedenen Fälle aus der älteren

---

[531] Diu Crône, Verse 11505–11518. Übersetzung von Florian Kragl: „Schnell wurde er auf eine Bahre gelegt und sie brachten ihn mitsamt diesen Neuigkeiten unter großen Qualen auf die Burg nach Karidol. Inzwischen war König Artus wieder vom Geleit zurückgekommen. Als man ihm die Neuigkeiten erzählte - was geschehen wäre - , wurde das Volk mit jämmerlichster Klage umfangen. Die Fürsten, die an diesem Tag bei Artus waren, ergingen sich in Klagegesten.".
[532] "The lengthy catalogue of sufferings which were as nought compared to this grief is a fine example of the sheer energy of Heinrich's narrative: three wretched cases from the Matter of Britain, seventeen or eighteen from antiquity." Jillings, Lewis: "Diu Crone of Heinrich von dem Türlin. The attempted emancipation of secular narrative". Göppingen, 1980, S. 43.

Literatur hat das Ziel, den Hof satirisch darzustellen.[533] Der Hof bleibt in dieser Situation vollkommen passiv und hofft nur auf eine unerwartete und wundersame Rettung. Ein abmilderndes Argument dafür wäre, dass der Hof keinerlei Informationen über den zweiten Entführer hat, da es bei dieser zweiten Entführung keine Zeugen gab außer Gotegrin, der schwer verletzt wurde. Dazu werden keine Namen zwischen den Rittern genannt. Aus diesem Grund ist die Identität des Entführers nur schwer nachvollzuziehen. Dieser Grund kann aber ebenfalls widerlegt werden, weil der Hof trotz dieses Mangels an Informationen etwas versuchen sollte. Es wurde im Kapitel zum *Chevalier de la charrette* deutlich gemacht, dass die Königin einer der wichtigsten Bestandteile des Hofes ist. Sie muss an der Seite des Königs sein, damit die höfische Ordnung überhaupt zustande kommt, deshalb ist ihre Rettung etwas, das unbedingt unternommen werden muss. Hier aber wird kein Rettungsversuch unternommen. Es hätten viele Ritter losreiten und nach der Königin suchen können, doch passiert das in diesem Fall nicht. Dies ist ein Beweis, dass der Hof und sein Ideal an dieser Stelle versagen. Diese Idee wird von Mentzel Reuters unterstützt, der im ganzen Roman die „Dysfunktionen des Artusideals"[534] untersucht. Aus diesem Grund wird noch einmal in einem späteren Abschnitt auf die Struktur dieser Entführungen zurückgegriffen.

---

[533] Vgl. ebd., S. 43.
[534] Mentzel-Reuters, Arno: "Vröude. Artusbild, Fortuna und Gralkonzeption in der "Crône" des Heinrich von dem Türlin als Verteidigung des höfischen Lebensideals". Frankfurt am Main, Bern, New York, Paris, 1989, S. 116-128.

## c. Die Königin als problematische Figur

Die Rolle des Hofes ist aber nicht allein relevant, weil wir durch diese zwei Entführungen, insbesondere die zweite, erkennen, dass die Königin durchaus als eine problematische Figur dargestellt wird, die häufige Störungen verursacht. Diese Rolle als problematische Frau wird früher in der Erzählung erwähnt, wie es bei der Becherprobe oder der Provokation Artus' deutlich wird. Ihr Versagen bei der Becherprobe macht sie zur Vertreterin des ganzen versagenden Hofes, die die angestrebte Vorbildlichkeit von König Artus zunichtemacht.[535] Die Möglichkeit einer Untreue der Königin wird später mit der Provokation der Königin durch Gasoein weiter verschärft. Mit diesen zwei Episoden wird die Königin als eine Figur der Unordnung dargestellt, die gleichzeitig zu einer Krise im privaten und öffentlichen Bereich führt. Die mögliche Untreue der Königin bringt große Probleme für den König mit sich, weil seine Autorität und Herrschaft in Frage gestellt werden und weil es für ihn demütigend ist, seine Frau an einen anderen Mann zu verlieren. Das Gerücht von der Untreue der Königin wird auch durch die Episode der Wahl in Verbindung gebracht, wo sich Ginover dafür entscheidet, bei Artus zu bleiben, anstatt Gasoein zu begleiten.[536] Artus' Entscheidung, nicht gegen Gasoein zu kämpfen, macht es der Königin unmöglich, ihre Unschuld zu beweisen, weil

---

[535] Diu Crône, Verse 1230-1317.

[536] Zu dieser Episode kann in dem folgenden Aufsatz nachgelesen werden: Hoffmann, Ulrich: „Ginover Krise, Verhandlungen latenter Ursachen in der Crône Heinrichs von dem Türlin". In: Dietl, Cora, Schanze, Cristoph, Wolfzettel, Friedrich und Zudrell Lena (Hrsg.): „Emotion und Handlung im Artusroman". Schriften der Internationalen Artusgellschaft, Deutsch-österreichische Sektion, Band 13, Berlin und Boston, 2017.

ihre Wahl nicht die Gerüchte beenden kann. Wenn Artus gekämpft hätte, hätte das ihr gutes Recht bewiesen, sodass kein Zweifel geblieben wäre. Diese Wahl zeigt aber schon, dass die Königin eine Verbindung zu beiden Männern hat. Somit ist ihre Entscheidung nicht mehr wichtig, weil alle glauben, dass sie eine untreue Frau ist.[537]

Die Entführungen, die wegen der möglichen Untreue verursacht werden, sind aber noch deutlich gefährlicher für den Hof. Diese Entführungen stellen die Existenz des Hofes in Frage. Ein Hof, der seine Königin nicht beschützen kann, kann nicht ordentlich funktionieren. In dieser Hinsicht verursacht die Königin mit ihrem Verhalten eine Problematisierung der Existenz des Hofes, der christlichen Hochzeit und der feudalen Herrschaft. Die Unreinheit der Königin macht sie in diesem Roman zu einer Schlüsselfigur, die die Absicht Heinrich von dem Türlins unterstützt und so ständige Störungen in der Erzählung verursacht.[538] Andererseits muss bei die ersten Rettung Ginovers durch

---

[537] „Ginover weist alle Verantwortung von sich, leugnet, Gasoein überhaupt zu kennen, und besteht am Ende auf dem Status quo – nicht ohne Vorwürfe gegenüber Artus zu erheben. Nichts ist entschieden und nichts hat sich verändert, denn mit dem Leugnen einer heimlichen Affäre ist der Vorwurf des Verheimlichens wohl kaum ausgeräumt, auch dann nicht, wenn der Düpierte ‚mit zorn' (V. 11032) vorerst das Weite sucht." Hoffmann, Ulrich: „Ginover Krise, Verhandlungen latenter Ursachen in der Crône Heinrichs von dem Türlin". In: Dietl, Cora, Schanze, Cristoph, Wolfzettel, Friedrich und Zudrell Lena (Hrsg.): „Emotion und Handlung im Artusroman". Schriften der Internationalen Artusgellschaft, Deutsch-österreichische Sektion, Band 13, Berlin und Boston, 2017, S. 244.

[538] "It is common in courtly romance for the lady, who is both source and goal of chivalric endeavour, to fulfill the narrative function of instigating the action; a particular form of this schema is the motif of the reproaching wife." Jillings, Lewis: "Diu Crone of Heinrich von dem Türlin. The attempted emancipation of secular narrative". Göppingen, 1980, S. 37.

Gasoein eine göttliche Hilfe berücksichtigt werden. Die Königin betet und hofft auf die Hilfe Gottes, bevor sie zu Tode gebracht wird:

> „sô wârn ir ougenblicke
> vil herzenlîch hin ze guote
> daz ir kaem sîn bote
> in sölhem leide ze trôst
> unde sie dâ von erlôst
> durch sîner gnâden êre,
> und bedaeht ir herzen sêre
> und ir unschulde dar an."[539]

Die Königin wird hier von Gott gerettet, sodass die Frage der Schuld Ginovers erneut gestellt werden kann. Gott hätte an dieser Stelle die Sünderin sterben lassen können, aber stattdessen einen Retter zu ihr geschickt. Es ist dabei bemerkenswert, dass der von Gott ausgewählte Retter niemand anderes als Gasoein ist – so kann der Zweifel weiterhin bestehen. Heinrich spielt in diesem Fall mit Wiederholungen. Obwohl die Königin als eine untreue Frau betrachtet wird, versucht er, sie unschuldig aussehen zu lassen, bevor er sie erneut diesen Gerüchten aussetzt. Gasoein versucht nach der Rettung sie zu vergewaltigen, bevor Gawein wieder auftritt. Diese Szene ist wichtig, weil Heinrich hier den Vergewaltiger nicht blamiert.[540] Im Gegenteil wird hier

---

[539] Diu Crône, Verse 11132-11139. Übersetzung von Florian Kragl: „So wandte sie ihre Blicke aus dem Innersten hin zu Gott, dass er ihres Herzensleides und ihrer Unschuld gedächte und dass ihr sein Bote in solchem Leid zu Hilfe käme und sie um Gottes herrlicher Gnade willen erlöste." Heinrich von dem Türlin: „Diu Crône". Felder, Gudrun (Hrsg.), unter Mitarbeit von Alfred Ebenbauer, Kragl, Florian (Übers.). Mittelhochdeutsche Leseausgabe mit Erläuterungen, Berlin/Boston, 2012.
[540] Samples, Susann Therese: "An unlikely Hero: The Rapist-Knight Gasozein in Diu Crône". Arthuriana, Vol 22, No. 4, Special Issue in Honor of Edward Donald Kennedy (Winter 2012),

Ginover die Schuld zugewiesen, weil sie sich nicht genug verteidigt hat, sodass die Idee der Untreue an dieser Stelle einen Höhepunkt erreicht. Doch
kommt es wieder zu einer Milderung der Anklage, da Gasoein nach seiner
Rückkehr am Artushof mit Gawein und Ginover König Artus gesteht, er habe
über seine Ansprüche auf die Königin gelogen. Somit wird die Ehre der Königin wiederhergestellt, obwohl diese trotzdem labil bleibt, wie die Handschuhprobe zeigt. Dies ist die letzte Wiederholung in Bezug auf die Figur Ginover, die sowohl auf die Becherprobe als auch auf die Krise Ginovers
zurückgreift. Anhand dieser verschiedenen Wiederholungen wird die Widersprüchlichkeit der Königin dargestellt, sodass durch sie die Existenz, das ordentliche Funktionieren und das Ideal des Hofes in Frage gestellt werden.


## d. Eine Wende im Roman durch die Vereinigung Gaweins und Gasoeins

Die Darstellungen der Probleme am Artuhof sind aber nicht die einzigen zu
berücksichtigenden Aspekte. Ein anderer möglicher Grund wäre, dass durch
diese Entführung eine Art Bindung zwischen den früheren Teilen des Romans
entsteht. Bevor die Reihe von Entführungen stattfindet, lässt sich die Handlung in zwei Teile trennen. Der erste Teil befasst sich mit Gawein als Helden,
in dem wir seine Abenteuer jenseits des Hofes sehen. Im zweiten Teil ist
Gasoein der Hauptcharakter, weil er die gesamte Handlung mit dem Artushof
in Gang setzt. Es ist bemerkenswert, dass sich diese Figuren zuvor nie

---

S. 102–103. Ebenfalls: Jillings, Lewis: "Diu Crone of Heinrich von dem Türlin. The attempted
emancipation of secular narrative". Göppingen, 1980, S. 40-41.

getroffen haben. Im ersten Teil ist Gasoein abwesend, während Gawein im zweiten nicht auftritt. Es heißt, dass die Rettung bei dieser Entführung das erste Treffen zwischen diesen zwei Figuren ist, was auch als eine Art Brücke in der Handlung bezeichnet werden kann. Das Treffen dieser zwei Figuren hat eine besondere Bedeutung, weil es dann zu einem Kampf zwischen den zwei größten Helden der Erzählung kommt.[541] Dieser Kampf ist besonders wichtig, da es nur einen Sieger geben kann und sich die Erzählung viel stärker diesem Sieger widmen wird. Durch das Ergebnis des Kampfes wird die Hauptfigur für die spätere Handlung gewählt. Dieser Kampf wird vollendet mit dem Sieg Gaweins über Gasoein, so dass Gawein wieder zur Hauptfigur wird und eine neue Aventiurenkette beginnen kann. Diese Entführung Ginovers durch Gasoein und ihre Rettung durch Gawein darf daher nicht als eine Zwischenstation in der Handlung oder als ein Aventiure unter anderen verstanden werden. Es kommt hier zu einer Wende im Erzählen, da die Figur Gasoein nach der Rettung nur noch eine geringe Rolle spielt, während Gawein seinen Platz als Hauptprotagonisten erneut übernimmt. Wir können hier bei dieser Entführung also von einem Schluss des ersten Teils des Romans sprechen, bei dem

---

[541] Susann Tamples sieht im Ergebnis dieser Aventiure einen Aufstieg für Gasoein. Sowohl seine Aufnahme am Artushof, sein erneutes Bild als Musterritter als auch seine Hochzeit mit der Schwester von Gaweins Ehefrau machen ihn zu einer wichtigen Figur, die als Held betrachtet werden kann. Samples, Susann Therese: "An unlikely Hero: The Rapist-Knight Gasozein in Diu Crône". Arthuriana, Vol 22, No. 4, Special Issue in Honor of Edward Donald Kennedy (Winter 2012), S. 115. Aus diesem Grund kommt Jillings zu dem Schuss, dass Gasoein der Held dieser ganzen Artus-Ginover-Gasoein-Episode ist. Jillings, Lewis: "The abduction of Arthur's Queen in Diu Crône". Nottingham Medieval Studies, Vol 19 (1975), S. 19. Diese Behauptung ist relevant, weil der Aufstieg Gasoeins und sein Verschwinden zum gleichen Zeitpunkt vorkommen. Diese Erklärung zeigt aber nicht, wie die Erzählung von einem Hauptprotagonisten zum nächsten wechselt.

sich die Erzählung hauptsächlich zwei Figuren gewidmet hat. Das ermöglicht einen Neuanfang, bei dem sich die Erzählung nur mit einer Figur befasst.

e. Die Entführungen der Königin in der Gesamthandlung

Jetzt sollten die zwei Entführungen nicht einzeln, sondern in der Gesamthandlung betrachtet werden. Dabei ist bemerkenswert, dass die beide Entführungen gleich nacheinander erfolgen. Das heißt, sie können als ein Block betrachtet werden, zumal sie eng miteinander verbunden sind. Dieser Block ist aus verschiedenen Gründen für die Erzählung wichtig. Wie schon zuvor erwähnt, handelt es sich dabei um eine Wende, die den Fokus der Erzählung von zwei Figuren auf die einzige Figur Gawein reduziert. Es ist aber auch eine Schlüsselszene, was das Spiel mit den höfischen und ritterlichen Regeln und die Dekonstruktion der höfischen Gesellschaft angeht, die Heinrich von dem Türlin anstrebt.

Ein wichtiges Element dieser Entführung ist das Verständnis Heinrich von dem Türlins hinsichtlich der ganzen Gattung, sodass er mit dieser spielen kann. Cormeau hat in seiner Studie zu *Wigalois* und *Diu Crône* das Konzept von Typkonstanten entwickelt.[542] Dieses Konzept sollte hier übernommen werden, weil Cormeau dadurch klarmachen kann, dass ein Bewusstsein von den Typkonstanten historisch vorhanden war.[543] Somit wird deutlich, dass

---

[542] Cormeau, Cristoph: „„Wigalois" und „Diu Crône". Zwei Kapitel zur Gattungsgeschichte des nachklassischen Aventiurenromans". München, 1977, Kapitel 1.
[543] „Das Bezugssystem, das die Kontinuität der Gattung für Produktion und Rezeption herstellte, ist ein historisches Faktum." Cormeau, Cristoph: „Wigalois" und „Diu Crône". Zwei

Heinrich von dem Türlin genug von der Gattung wusste und verstand, wie diese funktioniert und was beim Schreiben eines solchen Text erwartet wird. Hier ist interessant, dass Heinrich mit diesen Regeln des höfischen Erzählens spielt und eine Art Dekonstruktion der höfischen Gesellschaft unternimmt. Wie früher schon erwähnt, ist die Betonung von höfischen und ritterlichen Werten etwas, was häufig zu finden ist. Doch wird das in diesem Fall zu etwas Negativem, da Gotegrin nur an Ehre denkt und nicht mehr an der Wahrheit interessiert ist und dafür kaltherzig den Mord an der eigenen Schwester begehen würde. Genauso werden das passive Verhalten des Hofes und die Klage des Hofes verwendet, um diesen Hof in ein lächerliches und problematisches Licht zu setzen. So wird das angestrebte Ziel der Artusgesellschaft für unmöglich erklärt und das Ideal der Artusgattung wird vollkommen zerstört.[544] Dies wird davon unterstützt, dass keine der einzelnen beteiligten Figuren hier wirklich als eine Figur der höfischen Ordnung gesehen werden kann, außer vielleicht Gawein, der aber in anderen Teilen des Romans, wie z. B. der Becherprobe, kritisiert wird. Diese Dekonstruktion der höfischen Gesellschaft deutet auf eine große Veränderung hin, die sowohl auf die persönliche Einstellung Heinrichs als auch die Zeit, in der dieser Roman verfasst wurde, zurückzuführen ist. *Diu Crône* gehört zu den späteren Artusromanen, die nicht mehr die

---

Kapitel zur Gattungsgeschichte des nachklassischen Aventiurenromans". München, 1977, S. 22.

[544] Es wird auch bei Schröder von „unterminierter Idealität" gesprochen. Dieser Begriff soll nicht nur in Verbindung mit den Tugendproben stehen, sondern in allen Episoden, bei denen der Hof anwesend ist. Schröder, Werner: „Zur Literaturverarbeitung durch Heinrich von dem Türlin in seinem Gawein-Roman „Diu Crône"". Zeitschrift für deutsches Altertum und deutsche Literatur, 121, Bd., H. 2 (1992), S. 141 ff.

Basis der Gattung festlegen, sondern vielmehr versuchen deren Regeln zu dehnen, um auszuprobieren, wie sich diese Gattung weiterentwickeln kann. Dem Leser oder Hörer werden die Konventionen der Artuswelt bewusst gemacht[545], so dass er dann in der Lage ist, diese Veränderungen zu verstehen. Dazu soll auch gesagt werden, dass sich Heinrich von dem Türlin in diesem Text äußerst kritisch und ironisch gegenüber den höfischen und ritterlichen Regeln zeigt, was bei vielen Gelegenheiten wie z. B. den Tugendproben zu sehen ist.[546] Aus diesem Grund erscheint es logisch, dass er eine Erneuerung in der Darstellung der höfischen Gesellschaft sucht.[547]

---

[545] Dazu kann man im Aufsatz von Peter Kern nachlesen „Bewusstmachung von Artus-Romankonventionen in der Crône Heinrich von dem Türlin". Kern, Peter: „Bewusstmachung von Artus-Romankonventionen in der Crône Heinrich von dem Türlin". In: Wolfzettel, Friedrich (Hrsg.) unter Mitwirkung von Ihring, Peter: „Erzählstrukturen der Artusliteratur, Forschungsgeschichte und neue Ansätze". Tübingen, 1999, S. 199-218.

[546] Justin Vollmann weist darauf hin, dass alle Arten von Krisen des Artusromans hier zu finden sind. Vollmann, Justin: „Krise des Individuums – Krise der Gesellschaft. Artusroman und Artushof in der Krone Heinrich von dem Türlin". In: Däumer, Matthias, Dietl, Cora und Wolfzettel, Friedrich (Hrsg.): „Artushof und Artusliteratur". Schriften der Internationalen Artusgesellschaft, Sektion Deutschland/Österreich Band 7, Berlin und New York, 2010, S. 249.

[547] Friedrich Wolfzettel sagt in seinem Aufsatz „Parodie und Artusroman": „Der Blick von außen lässt aber die Artuswelt nicht mehr als gegeben erscheinen [...], sondern als eine Option unter mehreren, als Ziel einer Suche nach Werten". Dieser Satz zeigt, wie die Veränderung durchgeführt wird. Die festgelegten Elemente des Hofes gehen verloren, während man eine Suche nach Werten unternimmt, die sich auch im Laufe der Zeit verändern. Wolfzettel, Friedrich: „Parodie und Artusroman". In: Dietl, Cora, Schanze Cristoph und Wolfzettel, Friedrich (Hrsg.): „Ironie, Polemik und Provokation". Schriften der internationalen Artusgesellschaft, Sektion Deutschland/Österreich, Band 10, Berlin und Boston, 2014, S. 316.
Susann Samples kommt auch zu dieser Idee der Entwicklung der Rolle von Ritterschaft in ihren Aufsatz zu Gasoein. Samples, Susann Therese: "An unlikely Hero:

Nicht nur die Regeln des höfischen Erzählens sind hier Teil des Spieles Heinrichs. Es wird ebenfalls in diesem Roman mit anderen Texten gespielt, sodass *Diu Crône* als ein besonderer intertextueller Text gelten kann. Beispiele dafür wären die Texte, die bei der Klage des Hofes zitiert werden, oder die Verwandtschaft dieser zwei Entführungen mit einem anderen Entführungsfall. Tatsächlich behauptet Jillings, dass Heinrich für diese Episode die Entführung Guimers durch Alaardin in der *Première continuation Perceval* als Modell verwendet und frei adaptiert hat.[548] Die beiden Figuren werden entführt, als sie mit ihrem Bruder in der Wildnis sind. Zudem ist der Entführer in beiden Fällen ein Ritter, der einmal romantische Gefühle für sein Opfer hatte. Die doppelte Entführung der Königin stellt ebenfalls eine Parallele zur Entführung der Königin im *Chevalier de la charrette* dar, obwohl nicht gesagt werden kann, ob dies bewusst oder unbewusst so gestaltet wurde. *Lanzelet* von Ulrich von Zatzikhoven ist ebenfalls eine mögliche Inspirationsquelle für diese Episode.[549] Diese Intertextualität ist besonders wichtig für das belesene Publikum Heinrichs, weil dieses die Motive schon kennt und daher die Veränderungen zu den Modellen sehen kann.

---

The Rapist-Knight Gasozein in Diu Crône". Arthuriana, Vol 22, No. 4, Special Issue in Honor of Edward Donald Kennedy (Winter 2012), S. 103.

[548] Jillings, Lewis: "Diu Crone of Heinrich von dem Türlin. The attempted emancipation of secular narrative". Göppingen, 1980, S. 41

[549] Vollmann, Justin: „Krise des Individuums – Krise der Gesellschaft. Artusroman und Artushof in der Krone Heinrich von dem Türlin". In: Däumer, Matthias, Dietl, Cora und Wolfzettel, Friedrich (Hrsg.): „Artushof und Artusliteratur". Schriften der Internationalen Artusgesellschaft, Sektion Deutschland/Österreich, Band 7, Berlin und New York, 2010, S. 244.

## f. Strukturelle Beobachtungen

Bevor hier nun andere Varianten erwähnt werden, soll es um die Struktur der Entführungen gehen. Beide teilen große Gemeinsamkeiten und weisen kleine Unterschiede auf. Die größte Gemeinsamkeit besteht darin, dass die gleiche Sequenz von Funktionen bei beiden Fällen nicht vorkommt, und zwar die Funktionen sechs bis neun. Wie kann diese Gemeinsamkeit erklärt werden?

Diese Lücke im Muster zeigt einen wesentlichen Unterschied zum Schema aus dem *Chevalier de la charrette*. Es fehlen die Funktionen sechs bis neun, was auch heißt, dass das Muster der Entführung und Rückgewinnung hier verändert wird. Es handelt sich bei diesen fehlenden Funktionen um die ersten Funktionen der Rettung. Das bedeutet nicht, dass es zu keiner Rettung kommt, die Königin wird beide Male gerettet. Vielmehr ist es ein Zeichen, dass der Artushof in beiden Fällen nicht direkt beteiligt ist. Bei der Entführung der Königin durch Gotegrin wird der Hof nicht erwähnt. Das bedeutet, dass der Hof nicht in der Lage war, sich schnell zu organisieren und eine Rettungsaktion zu versuchen. Tatsächlich erfährt der König von der Lage erst, als die Gefolgsmänner Gotegrins ihren verletzten Herrn bringen.

Die Entführung der Königin durch Gasoein zeigt außerdem, dass der Hof keine Rettungsaktion unternimmt. Vielmehr wird hier über die Entführung der Königin auf eine dramatische Art geklagt, anstatt dass eine Rettungsaktion gestartet oder nach möglichen Lösungen gesucht wird. Diese Schwäche des

Hofes ist insbesondere interessant, wenn sie mit der Entführung der Königin bei Chrétien verglichen wird.

Hier ist ein grundsätzlicher Unterschied zum *Chevalier de la charrette* zu finden, denn in diesem Roman erfolgt ein Rettungsversuch des Hofes durch die Figur Gauvain, auch wenn dieser nicht erfolgreich ist. Die Abwesenheit dieser Folge von Funktionen ist eine Methode, die es erlaubt, die Störungen am Artushof in den Fokus der Erzählung zu rücken, was im ganzen Roman klar zu sehen ist. Der Hof wird ab dem ersten Abschnitt des Romans und der Becherprobe in einem ständigen Krisenzustand dargestellt. Diese fehlenden Funktionen sind wichtig, um den Willen der höfischen Gesellschaft ausdrücken, das verlorene Opfer zurückzubekommen und dafür viel zu tun. Hier verschwindet dieser Aspekt, sodass die Untätigkeit des Hofes große Fragen aufwirft. Das Fehlen eines Rettungsversuchs der Königin wird zwar durch die Rettung Gaweins etwas abgemildert, doch hat dieser nur die Königin aus Zufall und Glück getroffen. Aus diesem Grund kann hier die Rolle des Hofes wegen dieser Lücke kritisiert werden und einen möglichen Zerfall der höfischen und ritterlichen Werte am Artushof darstellen.

Das Fehlen dieser Funktionen zeigt außerdem die Abhängigkeit des Hofes von seinen stärksten Individuen. Gawein ist zur Zeit der Entführung nicht am Hof und es wird nichts unternommen. Gawein aber schafft alleine, was das ganze Kollektiv nicht vollbringen konnte. Er ist hier der Held nach der Definition Klaus von Sees, der aus der Masse heraussticht und Taten vollbringt, die sonst nicht umgesetzt werden können.[550] Das Problem dabei ist, dass der Artushof diese Helden nicht immer für sich behalten kann, da diese als *chevalier errant* leben, um Ruhm und Prestige zu erringen. Das beste Beispiel dafür ist der Aufbruch Gaweins und vieler Ritter zum Turnier von Djofle. Der König weiß nichts von dem Plan der Ritter, bis sie das Schloss verlassen haben, und kann nur auf ihre Rückkehr warten. Diese Abhängigkeit von den einzelnen Helden stellt eine Schwächung der Macht Artus' und seines Hofes dar, die durch die Krise mit den Entführungen auf einem Höhepunkt getrieben wird.

Unterschiede gibt es in der zwölften und dreizehnten Funktion (das Verschwinden des Mankos und die Rückkehr) im Fall Gasoeins, im Fall Gotegrin sind sie nicht zu finden. Diese Unterschiede sind einfach zu erklären, weil die Entführung durch Gotegrin erneut mit einer weiteren Entführung gelöst wird, während die Entführung durch Gasoein endgültig von einem Vertreter des Hofes beendet wird. Gawein stellt also die Ordnung wieder her und löst den Mangel des Hofes, indem er die Königin an den Hof zurückbringt. Dieser Unterschied sollte als eine strukturelle Wahl verstanden werden. Die Entführung kann weitere Handlungen hervorbringen oder durch die Rettung abgeschlossen sein.

Diese Entführung ist aber auch interessant, weil sie wie im *Wigamur* das Muster von Entführung und Rückgewinnung verändert, sodass es zu einer wichtigen Erneuerung kommt. Diese Vermischung wird dadurch erreicht, dass zwei

---

[550] Von See, Klaus: "Held und Kollektiv". Zeitschrift für deutsches Altertum und deutsche Literatur, 122. Bd., H. 1 (1993), S. 2.

Entführungen unmittelbar nacheinander folgen. Der Retter der ersten Entführung wird dabei der Entführer im zweiten Fall. In *Diu Crône* wird die Königin von Gotegrin entführt, bevor sie von Gasoein gerettet wird. Gasoein rettet die Königin vor dem Tod, aber entführt sie erneut. Gasoein übernimmt also die zwei Aktanten-Rollen von Entführer und Retter, deshalb könnten wir hier von einer Art Hybridisierung sprechen. Diese Hybridisierung ist als „völlige Auslösung der Gattungshierarchien durch die stilistische Virtuosität der Autoren"[551] zu verstehen. Tatsächlich kommt hier nicht, was erwartet wird, eine klassische Rettung, sondern eine Vermischung des Motivs der Rettung mit dem der Entführung, was etwas verwirrend sein kann, aber auch Erneuerungen und komplexere Figuren erlaubt.

## IX.2 Weitere Motivationen des Erzählens

Nun sollen weitere Motivationen des Erzählens besprochen werden, die ebenfalls wichtig sind, aber nur teilweise erwähnt oder abwesend in dem ausführlich beschriebenen Beispiel waren.

---

[551] Stephan Fuchs-Jolie beschreibt hier eine Kategorisierung aus dem Artikel von Ulrich Schulz-Buschhaus „Gattungsmischung – Gattungskombination – Gattungsnivellierung". Fuchs Stephan: „Hybride Helden: Gwigalois und Willehalm, Beiträge zum Heldenbild und zur Poetik des Romans im frühen 13. Jahrhundert". Heidelberg, 1997, S. 395. Schulz-Buschhaus, Ulrich: „Gattungsmischung – Gattungskombination – Gattungsnivellierung. Überlegungen zum Gebrauch des literarhistorischen Epochenbegriffs, Barock". In: Gumbrecht/Link-Heer (Hrsg.): „Epochenschwellen und Epochenstrukturen im Diskurs der Literatur und Sprachhistorie", Frankfurt am Main, 1985, S. 213-233.

## IX.2.1 Betonung wichtiger Werte

Es lässt sich zuerst feststellen, dass sich eine weitere Varianz, die teilweise schon erläutert wurde, aus der Betonung wichtiger Werte ergibt. Die höfischen, ritterlichen und christlichen Werte stehen im Mittelpunkt der Artusgesellschaft. Es handelt sich dabei sowohl um ein Modell, dem alle folgen sollten, als auch um das Merkmal einer Elitengemeinschaft. Diese Werte werden in vielen Romanen gelobt und betont, dennoch ist bei den Entführungsfällen zu merken, dass eher die Fehler der Entführer im Vordergrund stehen, als dass die Werte hervorgehoben werden. Das lässt sich dadurch erklären, dass in diesen Situationen gezeigt werden soll, was die Entführer falsch gemacht haben, um den richtigen Weg noch einmal zu verdeutlichen. Anhand des Beispiels Gotegrin ist zu sehen, dass Ehre als ein wichtiger Wert betont wird, obwohl sie im Roman Heinrich von dem Türlin in einem negativen Licht betrachtet wird.

Genauso werden in mehreren Fällen die christlichen Werte betont. Ein Beispiel dafür wäre die Entführung einer jungen Frau durch den roten Ritter im *Roman van Walewein*. Dort bekommen die christlichen Werte eine größere Rolle, damit klar wird, dass es sich um eine der wichtigsten Säule der höfischen und ritterlichen Welt handelt.

Im *Roman van Walewein* erfolgt diese Betonung der christlichen Werte durch die Figur des roten Ritters. Er hat viel gesündigt und ist sich seiner Fehler bewusst. Aus diesem Grund ist er bereit, sein Schicksal zu akzeptieren, aber er will noch versuchen, vor seinem Tod das Richtige zu tun. Er weiß, dass es vielleicht schon zu spät ist, dennoch bittet er Gott und die Menschen um Vergebung. Er hatte sich von Gottes Weg abgewandt, aber er versucht unmittelbar vor dem Tod diesen noch einmal zu finden. Außerdem hilft er Walewein mit Hinweisen zu den drei weiteren entführten Damen und Rittern. Dieses Streben nach Religion und den Werten der Nächstenliebe und Vergebung in der mittelalterlichen Gesellschaft ist gut nachzuvollziehen, da die Kirche in damals eine große Rolle spielte. Gott und seine Lehre sind der einzige Weg, um Rettung zu finden, daher soll sich jeder die Mühe machen, nach diesen zu streben. So verändert sich auch die Figur Walewein in dieser Hinsicht, bis dahin war er für seine kämpferischen Heldentaten bekannt, aber nicht für seine Frömmigkeit.[552] Dieses Streben nach christlichen Werten wird sowohl vom Täter als auch vom Opfer und Retter gelobt, sodass klar wird, dass es sich dabei um den einzigen und richtigen Weg handelt. Die Ritterschaft repräsentiert die Stärke, während das höfische Verhalten die sozialen Fähigkeiten und den Charakter einer Figur zeigen, dennoch bleiben diese zwei Aspekte weniger

---

[552] "Moreover, the hero now – and somewhat abruptly – begins to evince a rigorous piety not previously apparent. Prior to this point, Walewein had offered precepts of chivalric duty and conduct (see, e.g., 2140-43), but never religious instruction. Yet now, after defeating a Red Knight who had abducted and beaten a woman (see 3696-709, 3782-84), he brings water to his adversary and tends to his wounds, whereupon the dying man confesses his sins. Walewein's response, illustrative of his new persona, is an exhortation to the man to repent "and pray to the Virgin Mary for mercy" (3934)." Lacy, Norris J.: „Convention and Innovation In The Middle Dutch Roman Van Walewein". In: Besamuca, Bart und Kooper, Erik (Hrsg.): „Arthurian Literature XVII, Originality and Tradition in the Middle Dutch Roman van Walewein". Cambridge, 1999, S. 51.

wichtig als das, was durch die christlichen Werte geschützt wird, und zwar die Seelen der Figuren.

## IX.2.2 Entführung als Strafe für falsches Verhalten

Nach der Auseinandersetzung mit der Betonung der christlichen Werte sollten wir auch in Betracht ziehen, dass die Entführungen ebenfalls als eine Art Strafe für falsches Verhalten betrachtet werden können. Ein gutes Beispiel dafür wäre im *Hunbaut* zu finden, wo die junge Dame für den Fehler von Arthur und ihrem Bruder Gauvain büßen soll, indem sie von Gorvain Cadrus entführt wird.

Im *Hunbaut* ist besonders gut zu sehen, dass die höfische Welt viele Störungen ihrer Ordnung erlebt und dass sie keine ideale Gesellschaft darstellt, die einfach und schnell alle Probleme lösen kann. Das heißt nicht, dass sich diese Entführung hätten vorhersagen lassen, aber es gab deutliche Hinweise darauf, dass ein Verbrechen geschehen könnte, da einige Figuren am Hof Fehler gemacht haben, wodurch der Hof und seine einzelnen Mitglieder insgesamt angreifbarer wurden.

Zu Beginn vom *Hunbaut* begeht König Artus selbst einen Fehler, als er Gauvains Bitte ablehnt, andere Ritter auf seine Reise mitzunehmen, und ihm stattdessen befiehlt, seine Schwester mitzunehmen. Er handelt sich hier um kein gutes Vorbild für die höfische Gesellschaft, sondern zeigt eine egoistische Seite, die man von ihm bislang nicht kannte, wodurch auch die Erwartungen an die anderen Mitglieder des Hofes, sich ritterlich und höfisch zu verhalten, gesenkt werden. Artus korrigiert zwar seinen Fehler und schickt Hunbaut hinter Gauvain her, damit dieser ihn begleitet, aber das geschieht zu spät, denn Gauvain und seine Schwester sind schon nicht mehr am Hof, sondern bereits aufgebrochen. Artus trägt also einen Teil der Verantwortung für ihre spätere Entführung.

Und auch Gauvain trägt einen Teil der Verantwortung, weil er seine Schwester bei der Kreuzung allein zurücklässt und in der Vergangenheit einen Verwandten des Ritters, der seine Schwester dort findet, ermordet hat. Anstatt höfisch zu handeln und seine Schwester zum Hof zurückzubringen, überlässt Gauvain ihr Schicksal dem Zufall. Dieses Fehlverhalten der beiden Männer trägt direkt zur Entführung der jungen Dame bei, da sie so zu einem leichten Opfer wird. Auch diese Entführung lässt sich also als eine Art Strafe für falsches Verhalten deuten. Die Fehler der beiden Männer haben dazu beigetragen, dass der Raub überhaupt zustande kam und dass die unschuldige junge Dame Opfer einer Entführung wurde, was diese Figuren auf eine gewisse Art zu Komplizen des Täters macht. Weil König Arthur versucht, die Folgen seines Fehlers abzuschwächen, indem er gleich Hunbaut Gauvain hinterhergeschickt, ist seine Verantwortlichkeit nicht ganz so groß wie die von Gauvain. Gauvain aber kann nur seine Leichtsinnigkeit erkennen und alles ihm Mögliche dafür tun, um es wieder gutzumachen. Nachdem er bestraft wurde, soll er büßen und eine Lösung finden, also seine Schwester retten.

## IX.2.3 Unbekannte Gründe

Es lässt sich feststellen, dass es eine weitere Variante unter den Fällen gibt, bei denen die Gründe für die Entführung nicht erläutert werden. Ein Beispiel dafür ist die Entführung von Gauvains Sohn in der *Première continuation Perceval*, wo auch keine Gründe für diese Tat genannt werden. Wir erfahren generell nichts über den Entführer, selbst dann nicht, wenn Gauvains Sohn erwachsen ist. Hier handelt es sich um Absicht auf der strukturellen Ebene.

Eine Analyse der Motive des Entführers ist in diesem Fall kaum möglich, weil noch nicht einmal der Entführer bekannt ist und wir auch keinerlei Vermutungen anstellen können. Es gibt einfach zu wenige Informationen, insbesondere über den Entführer. Genau diese Abwesenheit von Gründen ist auch eine Variante, weil sie bewusst in der Erzählung eingesetzt wird.

Ein erster Grund, der diese Behauptung unterstützt, ist, dass diese Entführung viel mehr mit dem abwesenden Gauvain verbunden ist als mit der Figur des Sohnes. Im früheren Teil der Handlung ist zu erfahren, dass Gauvain mit der Schwester von Bran de Lys schlief und später ihren Vater und einen ihrer Brüder töten musste, obwohl das vielleicht hätte vermieden werden können. Das heißt, dass das Kind auch das Ergebnis einer problematischen Situation ist und als eine Art Zeugnis der Fehler Gauvains gesehen werden kann.[553] Mit seiner

---

[553] Die Frage nach der Schuld Gauvains ist eine der zentralen Fragen des Romans, die immer wieder diskutiert wird. Sie ist problematisch, weil es auch eine Frage der Handschrift ist. Wenn man die längere Version wählt, in der Gauvain die junge Frau vergewaltigt, wird es einfacher, weil dann klar wird, dass Gauvain hier einen Fehler gemacht hat und daher versuchen wird, Buße zu tun. Frappier hat in diesem Fall trotzdem versucht, die Schuld Gauvains geringer aussehen zu lassen, indem er vermutet, dass Gauvain vielleicht eine falsche

Existenz verkörpert es die schlechte Seite Gauvains und sein Versagen, ein perfekter Ritter zu sein. Einen Beweis dafür liefert auch Gauvains Ablehnung, die Rettung des Kindes zu übernehmen[554], obwohl er sonst immer bereit ist, Rettungen zu unternehmen. Gauvains Sohn bleibt auch als Erwachsener eine Art Spiegelfigur seines Vaters, die dem Leser verrät, dass Gauvain nicht immer vorbildlich handelt und leichtsinnig mit Frauen umgeht. Das Verhalten des Kindes weist auf die gleichen Schwächen hin, die auch beim Vater zu finden sind, und macht eine Art Introspektion dieser Figur möglich, was für

---

Schilderung der Ereignisse gegeben hatte, um das Verhalten der jungen Frau zu entlasten und die Verantwortung für die uneheliche Beziehung allein zu übernehmen. Frappier, Jean: „Le personnage de Gauvain dans la Première continuation de Perceval". Romance Philology XI (1958), S. 331-344 ebenfalls in: „Amours courtois et table ronde". Genève, 1973. S. 153-167. Dennoch wurde diese Behauptung von anderen Forschern wie Gallais als unwahrscheinlich betrachtet. Gallais, Pierre: „L'imaginaire d'un romancier français de la fin du XIIe siècle: Description raisonnée, comparée et commentée de la continuation-gauvain" 4 Bände. Amsterdam, 1989. Band 4, S. 2261-2264. Andererseits kann man eine andere Handschrift wählen, wo es zu einer Art einvernehmlichen Beziehung zwischen Gauvain und der jungen Frau kommt. Keith Busby hat diese andere Handschrift gewählt und ist der Meinung, dass Gauvains Schuld unklar ist. Tatsächlich wollte die junge Dame mit Gauvain schlafen und hat Norré, ihren Vater, aus Selbstverteidigung heraus töten müssen. Doch gesteht Busby, dass die Frage der Schuld Gauvains nicht geklärt ist, weil Gauvain selbst sagt, dass er einen Fehler begangen hat. Busby, Keith: „Gauvain in Old french Literature". Amsterdam, 1980. S. 163. Man sollte die Schuld Gauvains mehr betonen, als Busby es tut, weil die junge Frau zwar willig ist, doch der Ritter keine feste Bindung zu der jungen Dame hat. Das heißt, dass eine solche Beziehung der Familie der jungen Frau nicht gefallen kann, da diese Liebe nicht durch eine Ehe gestützt ist. Tatsächlich sieht der Vater der jungen Dame den Verlust der Jungfräulichkeit seiner Tochter als eine Zerstörung der Ehre seiner Familie und will diese rächen. Man könnte also sagen, dass Gauvain durch seine Schwäche für die Liebe Norré und seine Söhne zum Kämpfen zwingt. Gauvain hätte die möglichen Konsequenzen berücksichtigen und sich in seiner Lust zügeln müssen, sodass es nicht zum Tod von Norré gekommen wäre. Man kann sich also unabhängig von der Wahl der Handschrift darauf einigen, dass Gauvain einen Fehler begangen hat.

[554] Continuation Perceval, Verse 19537-19540: „Sire Kex, je m'en vois od vous,/ Car musars seroie à estrous/ S'aloie querre cel enfant; À ses .II. oncles le comant." Übersetzung: Herr Keu, ich werde mit Euch reiten. Ein Kind zu suchen ist keine Aufgabe, die für mich geeignet ist. Ich überlasse es seinen zwei Onkeln (Bran de Lys und Arthur).

diese Gattung sehr ungewöhnlich ist. Die Figur Gawein ist also vollständig mit dieser Entführung durch die Bezüge vernetzt, die früher in die Erzählung eingefügt wurden. So wird die Figur Gauvains quasi gespiegelt.

Ein weiterer Grund für die Entführung wäre, dass das Kind nicht umsonst auf diese Weise in die Erzählung eingeführt wurde. Tatsächlich wäre der Streit zwischen Gauvain und Bran de Lys anders zu lösen gewesen, wenn es kein Kind gegeben hätte. Das Kind sollte also aus einem anderen Grund in der Handlung auftauchen. Das wird bestätigt, wenn das Kind als Erwachsener an den Hof zurückkehrt und für kurze Zeit im Fokus der Handlung steht, als der mittlerweile junge Ritter mit seiner Freundin heranreitet und Gauvain trifft. Der Sohn Gauvains stellt ein bemerkenswertes Gegenstück zu Wigamur aus dem gleichnamigen Roman und Lancelot aus dem *Lancelot en Prose* dar, die genauso wie er als Kinder entführt wurden. Allerdings zeigt er später ein vollkommen anderes Verhalten als diese Figuren. Durch seine Unwissenheit und Naivität wird er zu einer Figur der Unordnung, während die anderen schon Figuren der Ordnung sind, die eine beständige, positive Entwicklung erleben. Es wird hier also eine außergewöhnliche Variante im Vergleich zu den bislang bekannten Kinderentführungen eingeführt, weil das entführte Kind zu einer Figur der Unordnung wird, wobei es später dem richtigen Weg folgt.

Unter anderem auch wegen der Struktur des Romans wird diese Figur zu einer der wichtigeren Figuren in der Handlung, die in verschiedenen kleineren

Geschichten erzählt wird.[555] Wegen dieser Unterteilung werden ständig neue Figuren gebraucht, um die Handlung weiter voranbringen zu können. Gauvains Sohn passt als Figur gut in dieses System, weil er für verschiedene *Aventiuren* sorgt (bei der Entführung und bei seinem Erscheinen als junger Erwachsener), dennoch ist er für die Gesamthandlung nicht zentral, weshalb auch seine ganze Kindheit nicht thematisiert wird. Diese narrative Ellipse dient hier sowohl als ein Mittel, um sich unnötige Details zu ersparen, damit die Erzählung an Dynamik gewinnt, als zur Verdeutlichung, dass der Sohn Gauvains hier nicht zum Hauptcharakter wird, sondern eine Nebenfigur bleibt, die hauptsächlich *Aventiure* beschaffen soll.

Auch seine Interaktion mit der Dame ist interessant, da sie nicht wie üblich verläuft. Gauvains Sohn scheint sehr verliebt in seine Geliebte zu sein und dadurch etwas von seinem Verstand einzubüßen. Diese Episode könnte also als eine Art Parodie auf die gewöhnliche Interaktion zwischen einem Ritter und seiner Dame betrachtet werden. Die Art und Weise, wie der Sohn Gauvains seiner Freundin alle ihre Wünsche erfüllen will, erscheint deshalb so verdächtig, weil er nichts davon hinterfragt und alles wörtlich nimmt, so dass die Erfüllung ihrer Wünsche unweigerlich zu Katastrophen führt. Es gibt hier auch keine Hinweise, die diese Beziehung erläutern und verständlich machen würden, wieso er ihr so ergeben ist. Handelt es sich nur um blinde Liebe oder könnte es vielleicht ein Zeichen für einen möglichen Raub der Sinne bei

---

[555] „Le récit manque d'unité ou de conjointure, Il se fragmente en contes à peu près indépendants. C'est un chapelet de lais ou de fabliaux courtois que seule relie la permanence du décor arthurien." Frappier, Jean: „Amours courtois et table ronde". Genève, 1973, S. 153.

Gauvains Sohn sein?[556] Es gibt im Text aber keine Beweise für diese Vermutung, daher lässt sich nicht sagen, ob sie eine gefährliche Frau oder nur eine besonders exzentrische Liebhaberin ist.

Als Nächstes möchte ich nun die einzelnen Figuren beiseitelassen, um mich auf das Gesamtbild zu konzentrieren. Diese Vorgehensweise, alle Details zur Entführung auszublenden, bietet einerseits eine Möglichkeit, den Rezipienten zu verwirren, gleichzeitig stellt sie aber auch eine Chance dar, das Genre zu erneuern. Normalerweise bekommt der Rezipient alle wichtigen Informationen, um sich die Entführung lebhaft vorstellen zu können, ist das aber nicht der Fall. Auf diese Weise werden hier Neugier und Erwartung geweckt, die aber nicht gestillt werden. Es ließe sich sagen, dass die Narration mit dem Leser und dessen Erwartungen spielt. Entführungen dienen meistens als Gelegenheiten für den Helden, eine glorreiche Rettung zu vollbringen. Wir sehen jedoch auch, dass in diesem Fall keine Rettung stattfindet. Diese Entführung weist durch den mit ihr verbundenen Mangel an Informationen insgesamt nur sehr wenige Gemeinsamkeiten mit anderen auf. Hier wäre festzuhalten, dass es sich hier um ein Vorgehen handelt, das Motiv der Entführung zu verändern und zu erneuern. Die fehlende Angabe von Gründen lässt sich mit dem Aufbau einer komplexen Beziehung zwischen den wichtigen Figuren wie Gauvain

---

[556] Ein ähnlicher Fall ist in *Diu Crône* zu finden, wo Amurfina die Sinne Gaweins raubt, damit er ihr Mann und der Beschützer ihres Land wird. In diesem Fall sollte man besonders die Verse 20393-20395 der *Première continuation Perceval* beachten: „Ne de la pucièle proisie/ Qui le retint de sa maisnie/ Quant sol le trova el chemin," Übersetzung: Auch (werde ich nicht über) die verirrte, junge Dame sprechen, die ihn in ihrem Land festhielt, als sie ihn auf dem Weg sah. Diese Verse erlauben die Vermutung, dass die junge Frau vielleicht dafür gesorgt hatte, dass Gauvains Sohn bei ihr blieb. Mehr Details bekommt man aber nicht, daher kann es nur eine Vermutung bleiben.

und seinem Sohn erklären. Dabei wird aber auch das Ziel verfolgt, Neuerungen einzuführen und mit der etablierten Ordnung mittels einer Entführung zu spielen. Hier handelt es sich aber um einen Einzelfall, was auch bedeutet, dass sich diese Methode in keinem der anderen Texte des Korpus durchgesetzt hat. Dieses Vorgehen stellt also eine originelle Art dar, das Thema der Entführung zu behandeln, dennoch wird hier so viel Information verschwiegen, dass sich auch Schwierigkeiten für die handelnden Figuren und für den Leser ergeben, alles zu verstehen,.

Es wurden verschiedene wichtige Gründe für eine bestimmte Erzählweise erläutert. Zuerst wurde kurz an die Gründe aus dem *Chevalier de la charrette* erinnert. Das Beispiel der zwei Entführungen der Königin in *Diu Crône* zeigte zwei wichtige Varianten von Motivationen des Erzählens. Die erste ergibt sich aus der Betonung von wichtigen Werten wie Ehre, obwohl diese in *Diu Crône* nicht nur positiv dargestellt wird. Die zweite – noch viel wichtigere – ergibt sich aus der Kritik der Artusgesellschaft und der Dekonstruktion der höfischen Welt. Dieser Abbau der verschiedenen Bestandteile der höfischen Welt kann sowohl als ein Spiel mit den Traditionen des Artusromans als auch als eine Erneuerung der Gattung betrachtet werden. Später wurden andere Motivationen erwähnt wie die Strafe für falsches Verhalten und die Abwesenheit von Gründen des Täters hinsichtlich einer Entführung. Dadurch wird deutlich, dass das Spektrum der Motivationen des Erzählens breit ist und sie in jedem Roman etwas anders gelagert sind. Deshalb sind die Ergebnisse dieses Kapitels heterogen. Dennoch wird deutlich, dass mache Motivationen häufiger herauszulesen sind, wie zum Beispiel die Beschaffung von Aventiure, die Festlegung von Hauptfiguren und die Intertextualität der Gattung, ob bewusst oder nicht.

Andere Varianten dieser Motivationen treten in verschiedenen Romanen auf, werden aber vollkommen anders verwendet. Ein gutes Beispiel dafür wäre die Kritik an der höfischen Gesellschaft, die sich von der Entführung der Königin im *Chevalier de la charrette* zu den zwei Entführungen der Königin in *Diu Crône* offensichtlich generalisiert und verschärft hat. Eine solche Veränderung deutet auf eine Entwicklung der Gattung und die Absichten der Autoren hin. Die ersten Romane haben eine Welt, Traditionen und Figuren etabliert, während spätere mit diesen Regeln spielen und testen wollen, wie weit man mit dieser Welt gehen kann, ohne sie vollkommen zu zerbrechen. Diese Dekonstruktion der höfischen Welt wird auch auf der strukturellen Ebene unterstützt, deshalb muss hier der Wille erkannt werden, die Erzählung in diese Richtung zu verschieben. Andere Varianten, die etwas seltener vorkommen wie die Abwesenheit von Gründen, können als Erneuerungen des Motivs der Entführung gelten. Aber sie bleiben zu selten, als dass von festen Entwicklungen gesprochen werden kann.

# X. Einordnung – Resumee – Ausblick

In diesem letzten Kapitel werde ich keinen weiteren Komponent der Entführungen untersuchen, sondern vielmehr auf die Begriffe der Intertextualität und Komparatistik eingehen. So kann gezeigt werden, dass die Intertextualität beim Motiv der Entführung ebenfalls eine Varianz aufweist, die in Betracht gezogen werden muss. Auf diese Weise können die Beziehungen der verschiedenen Texte zueinander besser erläutert werden, was neue Vergleiche ermöglicht. Später wird auf gleiche Weise mit dem Begriff der Komparatistik gearbeitet. Insbesondere werde ich auf die Strukturenvergleiche, die in den verschiedenen Kapiteln durchgeführt wurden, zurückgreifen, damit deutlich wird, was mit diesen Vergleichen verstanden werden soll. Die Intertextualität und Komparatistik werden wie bei dieser ganzen Studie als eine einzige Perspektive betrachtet, weil diese zwei Begriffe ohne einander nicht existieren können. Es kann keine Intertextualität geben, wenn verschiedene Schriftsteller sich nicht über eine Tradition Gedanken machen. Sie können dieser Tradition treu sein oder aber auch versuchen, neue Komponente zu schaffen. Genau das zeigt, dass die Beschaffung der Intertextualität durch ein Spiel der Komparatistik beginnt. Genauso würde es keine Komparatistik geben, wenn es keine Intertextualität gäbe. Komparatistik ist nur sinnvoll, wenn es eine gemeinsame Basis gibt, weil wir nur dann den genauen Unterschieden deutlich sehen und untersuchen können. Schließlich werden wichtige Punkte der Studie diskutiert, um einen Ausblick zu ermöglichen.

## X.1 Intertextualität und Komparatistik

Als Erstes wird genauer gezeigt, welche Formen der Intertextualität bei der Studie zu finden waren und wie diese verwendet wurden. Zu Beginn soll die einfachste Form der Intertextualität erläutert werden, weil Referenzen eines Werkes in einem anderen Werk viel zu bedeuten haben. Dabei ist zu bemerken, dass diese Referenzen auf verschiedene Weise erfolgen können, wie zum Beispiel als Wiedererzählung und Referenz an ein bestimmtes Werk. Zunächst war im Kapitel mit der Entführung der Königin im *Chevalier de la charrette* zu sehen, dass diese Episode im *Lancelot en Pros*e zwar einige leichte Veränderungen zu seiner Vorlage aufweist, aber grundsätzlich ist dieser Teil des *Lancelot en Prose* eine Wiedererzählung der Handlung aus dem Roman Chrétiens. Genauso sind *Iwein* und *Erec* von Hartmann von Aue Wiedererzählungen der Vorlagen Chrétien *le chevalier au lion* und *Erec et Enide*, obwohl natürlich verschiedene Episoden verändert wurden. Diese zwei Wiedererzählungen entsprechen einer Arbeit der Nachdichtung, die zum Ziel hat, eine gleiche Geschichte zu verbreiten, die einem anderen Raum mit seinen eigenen Traditionen, Sitten und Lebensarten angepasst wird.[557]

Die Wiedererzählung der Entführung der Königin im *Lancelot en Prose* unterscheidet sich aber von diesen zwei Fällen, weil hier nicht zwischen zwei

---

[557] Zur Adaption von höfischen Romanen in einer anderen Sprache kann die Studie Perennec nachgeschlagen werden. Pérennec, René: „Recherches sur le roman Arthurien en vers en Allemagne aux XII. et XIII. siècles". Göppingen, 1984, 2 Bde.

Räumen – dem französischen und germanischen bei den früheren Beispielen – gewechselt wird. Die zwei Texte wurden im französischen Raum verfasst, sodass das genannte Argument hier nicht anwendbar ist. Was kann diese Wiedererzählung motiviert haben? Zum Ersten ist zu betonen, dass die Form dieser Erzählungen nicht die gleiche ist. *Chevalier de la Charette* ist ein Versroman, während *Lancelot en Prose* in Prosa verfasst wurde. Diese Verschiedenheit der Form weist auf einen grundlegenderen Unterschied hin, was auf das Ziel der Erzählung zurückzuführen ist. *Chevalier de la charrette* fokussiert sich auf eine kurze Zeit und widmet sich einer begrenzten Anzahl an Figuren. Es kann gesagt werden, dass es dem Leser oder Hörer angeboten wird, einem Abschnitt des Lebens der Hauptprotagonisten zu folgen. *Lancelot en Prose* hingegen verfolgt ein anderes Ziel, und zwar das Leben und die Herrschaft Artus' aus einem historischen Standpunkt zu erzählen. Der Entführung der Königin ist im *Lancelot en Prose* nur eine kurze Episode, die Teil einer viel längeren Geschichte ist. Das heißt, die Entführung der Königin soll hier nicht als Hauptereignis betrachtet werden, wie es im *Chevalier de la charrette* der Fall ist, sondern vielmehr als eines von vielen Ereignissen, die unter der Herrschaft König Artus' vorkommen. Die Wiedererzählung ist ebenfalls interessant, weil sie beweist, dass diese Episode in der Gattung wichtig ist.

Eine zweite Art Intertextualität ist bei den direkten Referenzen zu finden, bei denen deutlich wird, welche Vorlage gemeint ist. Hier liegt die Schwierigkeit darin, dass es problematisch ist zu beweisen, ob ein Autor andere Werke gekannt hat, außer wenn viele Ähnlichkeiten zu finden sind. Ähnlichkeiten sind aber auch nicht immer ein Beweis, da im Rahmen einer Tradition die Motive und Vorgehensweisen begrenzt sein können. Wenn jeder diese Art „Konstanten" kennt, ist es nicht erstaunlich, dass sie häufig vorkommen. Das heißt, dass es hier zu einem detaillierten Vergleich kommen soll, damit deutlich wird, ob es sich um eine Referenz handelt oder nur um eine zufällige Gemeinsamkeit. Eine detaillierte Studie kann zwar nicht vollkommen zuverlässig sein, aber erlaubt es, Wahrscheinlichkeiten zu etablieren, die nicht einfach ignoriert werden können.

Ein Beispiel dafür sind die zwei Entführungen der Königin in *Diu Crône*, weil, wie schon im Kapitel zu den Motivationen der Erzählung gesagt wurde, hier zwei Referenzen zu finden sind, und zwar die Entführung der Königin im *Chevalier de la charrette* und die Entführung Guimer durch Alaardin in der *Première continuation Perceval*. Es lässt sich feststellen, dass die Struktur dieser Doppelentführung der vom *Chevalier de la charrette* sehr ähnelt. In beiden Fällen wird zuerst die Königin am Hof entführt, bevor sie erneut im Wald von einem zweiten Entführer geraubt wird. Hier ist auch zu betonen, dass sowohl Meleagant als auch Gasoein besondere Gefühle für ihr Opfer haben. Wegen dieser großen Gemeinsamkeiten und der vorhandenen Forschung ist hier eine Referenz vorhanden, die als sehr wahrscheinlich etabliert werden kann.

Genauso soll bei der zweiten der zwei Entführungen der Königin die Bemerkung Jillings in Betracht gezogen werden, dass es hier eine Parallele zur Entführung Guimer durch Alaardin in der *Première continuation Perceval* aufweist.[558] Tatsächlich sind hier Ähnlichkeiten zu finden, da die junge Dame von ihrem Bruder begleitet und von einem fremden Ritter entführt wird, nachdem der Bruder besiegt wurde. Es lässt sich aber feststellen, dass diese Gemeinsamkeiten zwar die Handlung diktieren, aber auch Freiraum für die Gestaltung dieser Handlung lassen. Wie schon gesagt, ist die Handlung bei der zweiten Entführung der Königin in *Diu Crône* die gleiche wie bei der Entführung Guimers in der *Première continuation Perceval*, dennoch sind der Kontext der Entführung und die damit verbundene Rettung vollkommen verschieden gestaltet. Es lässt sich bei der Entführung der Königin in *Diu Crône* feststellen, dass die Königin zuvor schon einmal entführt wurde und kurz davor ist, von ihrem Bruder ermordet zu werden. Das heißt, hier wird die Königin vor ihrem Bruder gerettet, während Cador in der *Première continuation Perceval* seine Schwester beschützen möchte, aber das Verbrechen nicht verhindern kann. Die Rolle der Brüder und die Art der Entführungen sind aber nicht die einzigen Unterschiede, da ebenfalls die Motivationen nicht die gleichen sind. In *Diu Crône* rettet Gasoein die Königin und entführt sie gleichzeitig wegen seiner Liebesgefühle, während Alaardin in der *Première continuation Perceval* zwar früher Gefühle für sein Opfer hatte, aber jetzt mit dieser Entführung vielmehr nach Rache sucht. Dieses Beispiel zeigt, dass Gemeinsamkeiten zwischen zwei Werken gefunden werden können, aber diese Ähnlichkeiten nicht bis in Details vorhanden sind, sondern vielmehr auf der strukturellen Ebene. Das heißt, es kann eine gleiche Konstellation von Figuren

---

[558] Jillings, Lewis: "Diu Crone of Heinrich von dem Türlin. The attempted emancipation of secular narrative". Göppingen, 1980, S. 41. Siehe Fußnote nummer 548

geben, eine ähnliche Motivation oder eine gleiche Handlung, doch bedeutet das nicht, dass die Werke diese Gemeinsamkeiten in derselben Weise verwenden. Die verschiedenartige Gestaltung dieser Handlungen bringt die Vielschichtigkeit der Gattung und des Motivs der Entführung hervor.

Nun soll ebenfalls die Dialogizität besprochen werden. Wie schon in mehreren Fällen erwähnt, sind hier die Ähnlichkeiten gemeint, die ohne Absicht erfolgen. Mehrere Werke können große Ähnlichkeiten aufweisen, obwohl die Schriftsteller diese Werke nicht kannten. Anhand eines Beispiels, und zwar der Gemeinsamkeiten bei der Entführung der Königin im *Chevalier de la charrette* und der Entführung der Königin im *Lanzelet,* wird die Dialogizität erläutert, sodass deutlich wird, welche Formen sie annehmen und was sie bringen kann.

Zuerst werden die Gemeinsamkeiten zwischen den zwei Fällen aufgelistet. Eine erste Gemeinsamkeit besteht darin, dass der Entführer an den Artushof kommt und nach der Königin fragt. Später entführt er sie in dem Wald und bringt sie in seine Burg, die nur schwer für die Artusritter zugänglich ist. Sowohl Figuren als auch Handlungen weisen große Ähnlichkeiten auf, sodass gefragt werden sollte, ob es sich um eine Wiedererzählung handelt.

*Lanzelet* wurde ungefähr zwanzig Jahre später geschrieben als *Chevalier de la charrette*, deshalb wäre es eine Möglichkeit, dass Ulrich von Zatzikhoven Chrétiens Text kannte und diesen neu adaptiert hat. Es lässt sich aber feststellen, dass Ulrich von Zatzikhoven selbst eine andere Quelle für seinen Text nennt, die von einem anderen Dichter verfasst wurde, und zwar Hugues de

Morville. Die Schwierigkeit besteht nun darin, dass das Werk dieses Dichters verloren gegangen ist, sodass niemand sagen kann, wie der genaue Inhalt war. Die Beziehung zwischen diese zwei Werken kann daher nicht auf diesem Weg erläutert werden. Vielmehr soll untersucht werden, wie groß die Gemeinsamkeiten zwischen den Romanen sind. Dabei ist zu betonen, dass es zwar bedeutende Gemeinsamkeiten, aber ebenfalls viele große Unterschiede gibt.[559] Insofern unterscheidet sich der *Lanzelet* grundsätzlich von den „traditionellen" Wiedererzählungen wie zum Beispiel *Erec* oder *Iwein*. Es kann nicht erkannt werden, dass Ulrich eine einzige Erzählung wiedererzählt hat, sondern eher hat er Motive aus verschiedenen Texten übernommen, um einen neuen Text zu schaffen. Es wurde kein eindeutiger Beweis dafür gefunden, dass hinsichtlich der Entführung der Königin im *Lanzelet* die Entführung aus dem *Chevalier de la charrette* als Modell gewählt wurde. Aus diesem Grund soll davon ausgegangen werden, dass es durchaus möglich ist, dass Ulrich davon Kenntnis hatte, welche Konstanten und Möglichkeiten diese Gattung bietet, sodass ein Abschnitt große Ähnlichkeiten zu einem anderen Roman aufweisen kann. Die Dialogizität ist besonders interessant, weil diese unbewusste Intertextualität ein breiteres Feld bietet, das sich für Vergleiche gut eignet. Die Dialogizität kann tatsächlich bei allen früher entworfenen Bestandteilen verwendet werden, sodass dieser Dialog zwischen den Werken keine festen Grenzen mehr zeigt.

---

[559] Ulrich von Zatzikhoven: „Lanzelet". Buschinger, Danielle (Hrsg. und Übers.), Paris, 2003, S. 12-14.

Es wurde deutlich, dass die Intertextualität in verschiedenen Formen erscheint, die sich ergänzen. Jetzt soll es um eine einfache Frage gehen, und zwar, was die Intertexualität in dieser Gattung bringt und warum sie für das Motiv der Entführung besonders wichtig ist.

Die Intertextualität, unabhängig davon, ob sie absichtliche oder unabsichtliche Ursachen hat, sorgt für die Herstellung von Beziehungen zwischen den Werken, sodass diese Gattung keine Sammlung verschiedener Bücher ist, sondern ein komplexes Netzwerk, bei dem ein Roman mit vielen anderen verbunden ist. Wie Worstbrock in seinem Aufsatz sagt, wird im Mittelalter nicht erwartet, etwas vollkommen Originelles zu erschaffen.[560] Die Wiedererzählung einer Geschichte oder eines Motivs ist üblich, was diese Vernetzung stärkt. Es sind genau diese häufigen Wiederholungen der Motive oder Ähnlichkeiten, die es der Artusgattung erlauben, eine Identität zu entwickeln.

Die Intertextualität ist ebenfalls besonders wichtig, weil mithilfe dieser Vernetzung zwischen den Werken unendlich viele Vergleiche gezogen werden können. Hier soll erneut der Begriff Komparatistik aufgegriffen werden. Die Ähnlichkeiten zwischen zwei Romanen zeigen, dass mit dem gleichen Motiv oder der gleichen Basis gearbeitet wurde. Das bedeutet aber nicht, dass diese zwangsläufig auf die gleiche Art verwendet wurde, deshalb ist es interessant

---

[560] Worstbrock, Franz-Josef: „Wiedererzählen und übersetzen". In: Haug Walter (Hrsg.): „Mittelalter und frühe Neuzeit, Übergänge, Umbrüche und Neuansätze". Tübingen, 1985, S. 128-142.

zu beobachten, wie aus einem gleichen Motiv oder einer gleichen Basis verschiedene Interpretationen entstehen.

Die Komparatistik ist ein weites Feld. Diese Bandbreite kann schnell zum Problem werden, wenn die Vergleiche nicht abgegrenzt werden. Es soll daher zu einer Auswahl kommen, die deutlich macht, welche Punkte verglichen werden. Verschiedene Themen können zum Beispiel zu Schwierigkeiten führen, wie räumliche und zeitliche Vergleiche. Zeitliche Vergleiche können wichtig sein, weil sie die Entwicklung einer Gattung oder eines Motivs darstellen. Sie sind aber schwer durchzusetzen, weil diese Entwicklungen selten vollkommen linear verlaufen. Zudem fehlen viele Informationen zur Entstehung dieser Werke, die es möglich machen würden, diese Entwicklung besser zu verfolgen. Aus diesen Gründen sind klare Erkenntnisse nur schwer zu gewinnen.

Die räumlichen Vergleiche sind ohne Zweifel interessant, weil sie es erlauben, verschiedene Traditionen zu vergleichen. Sogar mit einem Motiv können Traditionen in Bezug auf andere Tradition untersucht werden. Die Schwierigkeit bei solchen Vergleichen ist, dass sie nicht immer zu eindeutigen Ergebnissen führen, weil die Unterschiede zwischen den Räumen viel geringer sind als erwartet oder weil der Korpus vielleicht nicht groß genug ist.

Im Fall des Motivs der Entführung sind bei den Wiedererzählungen die größten Unterschiede zwischen den Räumen zu finden. Ein gutes Beispiel dafür sind die Unterschiede zwischen der Entführung am Anfang vom *Conte du Graal* und der Entführung im *Parzival*. Es wird im *Conte du Graal* und insbesondere bei dem Entführungsort deutlich, dass Chrétien vieles verschweigt, was sowohl einen großen Freiraum für Interpretationen zulässt, als auch Rätselhaftes auslöst. Bei der entsprechenden Stelle im *Parzival* ist festzustellen, dass Wolfram diese Schweigsamkeit nicht übernehmen, sondern die Lücke füllen möchte. So inszeniert Wolfram eine Rettung, obwohl diese beim *Conte du Graal* nicht vorkommt. Hier wird deutlich, dass die Absichten der Dichter beim Schreiben unterschiedlich sind. Wolfram vermeidet Rätsel und Lücken durch seine Ergänzungen, damit die verschiedenen Probleme der höfischen Gesellschaft und der Figur Parzival noch deutlicher im Vordergrund stehen. Chrétien dagegen verschweigt Informationen, die zu den Problemen der höfischen Gesellschaft und der Figur Parzival beitragen. Hier zeigt sich, dass verschiedene Methoden verwendet werden, um Störungen der höfischen Gesellschaft zum Ausdruck zu bringen.[561]

Die Unterschiede zwischen diese zwei Fällen sind klar zu sehen, aber es ist zu betonen, dass sie bei den anderen Texten viel schwieriger aufzudecken sind, weil sie nicht unbedingt eine direkte Vorlage haben. Es sollen nun verschiedene Aspekte ausgewählt werden, die mit Blick auf die jeweiligen Traditionen ausführlich verglichen werden. Ich greife hier auf die verschiedenen Kapitel zu den Figuren, Orten, Motivationen und Strukturen zurück, werde aber nicht im Detail auf die früheren Kapitel eingehen, um die Ergebnisse bei jedem Raum vorzustellen. Es lässt sich feststellen, dass die Unterschiede zwischen den Räumen meisten nicht sehr groß sind. Das kann mit verschiedenen

---

[561] Für mehr Informationen zur Nachdichtung zwischen Le conte du graal und Parzival kann folgendes Werk nachgeschlagen werden: Pérennec, René: „Recherches sur le roman Arthurien en vers en Allemagne aux XII. et XIII. siècles". Göppingen, 1984, 2 Bde.

Gründen erklärt werden. Bei jedem Kapitel wurde nur ein Aspekt ausführlicher betrachtet, was vielleicht zu wenig ist, um große Unterschiede zu finden. Vielleicht ist auch das Korpus nicht groß genug, damit kleine Unterschiede tatsächliche Tendenzen zeigen. Zudem wurde hier ein einziges Motiv in einer bestimmten Zeit untersucht, was die Größe der Unterschiede eventuell reduziert. Aus diesem Grund wurden der intertextuelle Ansatz und die Idee der Varianz unterstützt, damit die Vielfalt und Flexibilität dieses Motives besonders herausstechen können.

Auch wenn wir die räumlichen und zeitlichen Vergleiche nicht berücksichtigen, bleiben noch viele andere Vergleichsmöglichkeiten. Ein interessanter Aspekt, der auch berücksichtigt werden soll, liegt in der Varianz der jeweiligen Bestandteile. Es wurde in den einzelnen Kapiteln gezeigt, was die Verwendung der einen oder anderen Variante bedeuten soll. Es lässt sich dabei feststellen, dass ein gleicher Bestandteil auf verschiedene Arten verwendet werden kann, sodass die gewünschte Aussage und Erzählung entstehen. Es geht darum, wie diese Bestandteile gebraucht werden oder ob sie überhaupt in der Erzählung vorkommen. Alle Bestandteile tragen zum Aufbau der Erzählung und insbesondere des Entführungsfalls bei, in diesem Sinne kann die Auswahl und Anwendung der Bestandteile mit einer Art Puzzle verglichen werden. Es werden verschiedene Stücke ausgewählt, die zusammen das große Bild ergeben.

Nun zum Schluss des Abschnitts zur Komparatistik möchte ich noch auf die Strukturen der Entführungen zu sprechen kommen, da diese ausführlicher mithilfe der zuvor entworfenen dreizehn Funktionen studiert worden sind. Es geht dabei nicht darum zu sagen, ob alle Funktionen vorhanden sind oder nicht. Tatsächlich schreiben nur sehr wenige Dichter ihre Entführungsfälle nach einem festen Modell, deshalb sind die meisten Entführungen einzigartig gestaltet. Aus diesem Grund ist es nicht erstaunlich, wenn die Funktionen nicht der Entführung der Königin im *Chevalier de la charrette* vollständig gleichen. Das bedeutet aber nicht, dass aus dieser Varianz nichts zu lernen ist. So konnte bemerkt werden, dass die Abwesenheit einer Funktion begründet werden kann und dass die Gestaltung der verschiedenen Möglichkeiten für die Einzigartigkeit der Entführungsfälle eine Rolle spielt.

Die dreizehn Funktionen, die mithilfe der Entführung der Königin im *Chevalier de la charrette* entwickelt wurden, sind insofern wichtig, als dass sie die Funktionsweise des Erzählens erklären. Es ist zu sehen, das es beim Aufbau meistens darum geht, die Entführung wichtiger zu machen oder sie zu verkürzen, sodass ihre Rolle in der Handlung dem entspricht, was der Dichter möchte. Hier können zwei verschiedene Beispiele herangezogen werden, die das deutlich machen.

Im *chevalier de la charrette* strukturiert die Entführung der Königin die ganze Erzählung. Die verschiedenen Aventiuren haben immer vor allem die Rettung der Königin zum Ziel. Nach der Rettung haben sich die Beziehungen zwischen den an der Entführung beteiligten Figuren so zugespitzt, dass es zu weiteren Krisen kommt. Aus diesem Grund können die späteren Aventiuren dieses Romans als Konsequenzen oder Nachbeben der Entführung der Königin betrachtet werden. Die Strukturierung der weiteren Handlung ergibt sich daraus, dass alle Funktionen vorhanden sind. Es werden sämtliche möglichen Komponente verwendet, um der Entführung die größtmögliche Dichte zu verleihen. Somit werden die Beziehungen zwischen den Figuren und die dazugehörigen Motivationen zu Motoren der späteren Handlung.

Ein völlig anderes Beispiel ist im *Wigalois* mit der Entführung einer jungen Frau durch zwei Riesen zu finden. Hier ist die Entführung nur als eine Episode einer größeren Aventiurenkette zu verstehen. Sie strukturiert nicht die weitere Handlung, sondern liefert lediglich Hinweise auf die Stärke und eventuell Schwäche der Figur Wigalois auf seinem Weg zur Korntin-Aventiure. Deshalb dürfen hier verschiedene Funktionen fehlen, die dafür gesorgt hätten, dass die Entführung ein größeres Gewicht in der Handlung erfährt.

Das Fehlen von Funktionen bedeutet nicht zwangsläufig, dass eine Entführung in der Gesamthandlung nicht wichtig ist, aber es reflektiert die Entscheidung des Autors, sie einfacher und kürzer zu gestalten. Das Fehlen der jeweiligen Funktionen zeigt zum Beispiel, dass weitere Figuren oder Details über Figuren nicht eingeführt werden müssen, weil diese keine große Rolle in der weiteren Handlung spielen. Außerdem werden Funktionen weggelassen, um Handlungselemente, weitere Aventiuren und Komplexität zu verhindern. Die Entführung soll eben nicht die weitere Handlung strukturieren. Das zeigt, wie flexibel dieses Motiv der Entführung sein kann.

Das Fehlen von Funktionen ist aber nicht der einzige wichtige Aspekt, der bezüglich der Struktur der Entführung berücksichtigt werden soll. Wir müssen uns auch anschauen, wie die Entführungen in die jeweiligen Handlungen eingefügt werden. Es ließ sich feststellen, dass Entführungen häufig am Anfang einer Erzählung oder als Teil einer Aventiurenkette zu finden sind. Wie im Kapitel zum *Chevalier de la charrette* erläutert, lässt sich das dadurch erklären, dass eine Entführung zur Festlegung von Figuren und Beschaffung von Aventiure nützlich sein kann. Der Einsatz von Entführungen als Teil einer Aventiurenkette ist ebenfalls häufig, weil sie als Prüfung für den Helden fungieren, damit er seine Stärke beweist und sich auf größere und schwierigere Herausforderungen vorbereitet.

Und auch das Vorhandensein von mehrerer Entführungen in einer Erzählung soll hinterfragt werden. Bei den zwei Entführungen Wigamurs im gleichnamigen Roman, den zwei Entführungen Arthurs im *Roman de Jaufré* und den zwei Entführungen der Königin in *Diu Crône* war zu sehen, dass verschiedene Entführungen in einer Erzählung verbunden sein können. Es konnten zwei wichtige Typen von Verbindungen im Korpus gefunden werden.

Bei dem einen Verbindungstyp kommt es zu zwei Entführungen, die nacheinander erfolgen und eine Einheit bilden. Ein Beispiel dafür sind die beiden Entführungen Wigamurs im gleichnamigen Roman. Diese zwei Entführungen haben strukturell große Ähnlichkeiten miteinander, weil sie sich nur auf die fünf ersten Funktionen (wobei die dritte Funktion im ersten Fall nicht vertreten ist) begrenzen. Es kommt beide Male zu einer Entführung, aber es gibt jedes Mal auch Ereignisse, die verhindern, dass das Geschehen im Sinne der zuvor entwickelten Funktionen fortgeführt wird. Diese Entführungen sind vor allem aus zwei Gründen interessant. Zum Ersten kann festgestellt werden, dass sie dem Muster von Entführung und Zurückgewinnung nicht folgen und es verändern, was zu neuen Varianten führt. Zweitens bilden diese zwei

Entführungen eine Einheit, was wichtig ist. Erst im Zusammenspiel tragen die zwei Entführungen zum Identitätsverlust Wigamurs bei und sind durch die komplexe Beziehung zwischen Lespia und dem Meerwesen miteinander verbunden. Sie müssen also als eine Sequenz betrachtet werden. Diese starke Bindung und die Gemeinsamkeiten zwischen diesen zwei Fällen sind besonders wichtig, weil sie es erlauben, einen „Synergieeffekt" zu generieren, der einen Sinn ergibt und ohne dem Zusammenspiel der zwei Entführungsfälle in der Handlung nicht zustande gekommen wäre. Mehrere getrennte Elemente bewirken hier die Entstehung eines neuen Elementes. Im Fall Wigamur merken wir, dass die Identitätskrise nicht so bedeutsam gewesen wäre, wenn keine zweite Entführung passiert wäre. Durch die zweite Entführung verlieren König Paltriot und sein Hof die Chance, das Kind wiederzufinden, während Wigamur alle seine Erinnerungen an seine ursprüngliche Familie verloren hat. Der Selbstmord Lespias ist der letzte Bestandteil dieses Prozesses, damit es definitiv zur Identitätskrise kommt, die den weiteren Verlauf der Erzählung beeinflusst. Der Synergieeffekt ist besonders zu beachten, weil er neue Variationen und Bedeutungen hinsichtlich der Entführungen erzeugt.

Im zweiten Verbindungstypus kommt es zur Bildung einer Einheit aus zwei Entführungsfällen in einem Roman, die nicht nacheinander erfolgen. Ein gutes Beispiel dafür wären die zwei Entführungen Arthurs im *Roman de Jaufré*, was im Kapitel zu den entführten Figuren untersucht wurde. Diese zwei Fälle können zwar einzeln betrachtet werden, aber sie weisen zu viele Gemeinsamkeiten auf, als dass nicht ebenfalls als eine Einheit zu sehen sind. Dieser Typus unterscheidet sich vom ersten durch eine weniger auffällige Verbindung zwischen den zwei Fällen, was daran liegt, dass die Fälle nicht gleich aufeinander folgen. Sie geschehen vielmehr einmal am Anfang und am Ende des Romans und können als abgeschlossene Einheiten in der Erzählung gelten. Das bedeutet auch, dass viele Aventiuren zwischen diesen zwei Entführungen vorkommen. Die erzählerische Distanz zwischen den beiden Entführungen stört zwar die Dynamik zwischen ihnen, aber die Gemeinsamkeiten und Aussagen bleiben, sodass sie doch als zusammengehörig gelten müssen. Eine Suche nach dem Synergieeffekt ist deshalb auch hier möglich, was belegt, dass diese Verbindungstypen verwandt sind. Hier wird mithilfe der zweiten Entführung Arthurs im *Roman de Jaufré* verdeutlicht, dass sich die Artusgesellschaft nicht entwickelt hat und immer wieder für die gleichen Schwächen anfällig ist. Es wurde keine Lehre aus der ersten Entführung gezogen, deshalb kann von einer systematischen Schwäche gesprochen werden. Es lässt sich bei diesem zweiten Verbindungstyp feststellen, dass das Muster von Entführung und Rückgewinnung nicht verändert wird, wie es bei beim ersten Verbindungstyp der Fall ist. Das kann vielleicht dadurch erklärt werden, dass die erzählerische Distanz zwischen den Fällen größer ist, weshalb sie parallel auch als einzelne Aventiuren gelesen werden können.

Diese Bildung einer Einheit ergänzt die normalen Entführungen und zeigt, dass Strukturen nicht nur bezogen auf die Funktion eines Falles begrenzt sind. Es können innerhalb eines Werkes zwei Entführungsfälle verbunden sein, so dass sich Strukturen viel komplexer gestalten. Es kommt eine Vielfalt zustande, die den verschiedenen Dichtern viele Möglichkeiten und eine große

Freiheit lässt. Die Struktur einer Entführung ist so sehr flexibel und kann von Fall zu Fall stark variieren, obwohl alles im gleichen Rahmen geschieht.

Wie schon zuvor gesagt wurde, sind Intertextualität und Komparatistik eng miteinander verbunden, weil sie komplementär funktionieren. Durch beide sind Erkenntnisse zu gewinnen, die jedoch als ein Ergebnis der Synergien zwischen ihnen zu sehen sind. So wird deutlich, dass die Varianz des Motivs der Entführung nur mithilfe dieser Synergie gezeigt werden kann, obwohl sie hier nicht vollständig dargestellt wurde. Ebenso wurde deutlich, dass andere Vergleiche oder Formen der Intertextualität hätten untersucht werden können, was aber mit einer einzigen Studie unmöglich gewesen wäre. Weitere Aspekte sollten daher in weiteren Studien und Artikeln erforscht werden, damit ein vollständigeres Bild entstehen kann.

## X.2 Resümee und Ausblick

Es wurde zuerst die Entführung aus dem *Chevalier de la charrette* untersucht, um sie mit den anderen Varianten aus den verschiedenen Texten des Korpus vergleichen zu können. Später wurden die verschiedenen Bestandteile einzeln betrachtet, um das Spektrum dieser Varianz herausarbeiten zu können. Nun soll gezeigt werden, was mit dieser Studie festgestellt und erreicht wurde.

Es wurde versucht, die Funktionsweise der Erzählung einer Entführung zu verstehen. Dabei war festzustellen, dass sich Entführungen in einen Rahmen einschreiben, da sie meistens eine ähnliche Struktur und gleiche Komponenten verwenden. Wie wir schon sehen konnten, kann der Begriff der Konstanten[562] von Cristoph Cormeau verwendet werden, weil er genau zeigt, dass die verschiedenen Schriftsteller vielleicht die Werke anderer Dichter nicht kannten, aber dennoch über ein allgemeines Wissen dahingehend verfügten, welche Elemente und Regeln in dieser Gattung verwendet oder erwartet werden können. Das Interessante daran ist, dass den Dichtern innerhalb dieser Strukturen und Bestandteilen viel Freiraum gegeben wird, um die Entführungen einzigartig zu gestalten. Je nach Typ von Figuren, Orten, Motivationen des Geschehens und der Erzählung können Entführungen sehr verschieden ausfallen. Das ist ein Beweis dafür, dass dieses Motiv nicht eindimensional und fix, sondern vielmehr vielschichtig und flexibel ist.

Ein weiterer wichtiger Aspekt betrifft die Frage der Ordnung und Unordnung[563], die in dieser Studie immer wieder erwähnt wurde. Es lässt sich feststellen, dass eine Entführung die höfische Ordnung schnell zum Wanken bringen oder sogar zerstören kann. Die Entführungen sind insofern interessant, als

---

[562] Cormeau, Cristoph: „Wigalois und Diu Crône. Zwei Kapitel zur Gattungsgeschichte des nachklassischen Aventiureromans". München, 1977.
[563] Zu diesen Begriffen kann folgendes Werk nachgeschlagen werden: Harms, Wolfgang (Hrsg.): „Ordnung und Unordnung in der Literatur des Mittelalters". Stuttgart, 2003.

dass sie häufig in den verschiedenen Texten vorkommen und immer wieder die Labilität der höfischen Ordnung ans Licht bringen. Die höfische Gesellschaft schafft es nicht, ihre eigenen Mitglieder dauerhaft zu beschützen, weil sie auf der Idee aufgebaut wurde, dass der höfische Raum sicher ist. Die Avantiuren und Gefahren sind zwar viel häufiger in der Wildnis und nicht im höfischen Raum zu finden, dennoch können einige dieser Gefahren auch in den höfischen Raum gelangen.

Die Entführungen sind ebenfalls wichtig, weil sie es erlauben, den Wandel zwischen Ordnung und Unordnung zu beobachten. Dabei ist festzustellen, dass vier verschiedene Arten des Wandels möglich sind. Die erste Art erfolgt zwischen Ordnung und Unordnung. Es handelt sich um den einfachsten Wandel, bei dem die Ordnung der höfischen Gesellschaft verletzt wird, sodass es sowohl für die höfische Gesellschaft als auch für das Opfer zu einer Unordnung kommt, die behoben werden soll. Ein Beispiel dafür wäre die Entführung der Königin im *Chevalier de la charrette*, da dieser Akt die höfische Gesellschaft daran hindert, richtig zu funktionieren, solange die Krise nicht gelöst wird.

Eine zweite Art des Wandels ist der Wechsel von einer Ordnung zu einer anderen Ordnung. Dieser Wandel ist etwas seltener zu finden, aber besonders interessant, weil durch ihn deutlich wird, dass eine Entführung nicht immer nur Unordnung bringt. Ein Opfer kann in manchen Fällen in eine andere Ordnung gebracht werden, die gleich gut funktioniert wie die vorherige Ordnung. Ein Beispiel für diesen Wandel ist im *Wigalois* mit der Entführung Gaweins durch Joram zu finden. Gawein wird von Joram in eine andere Welt gebracht, die aber ebenfalls höfisch funktioniert, sodass nicht von einer Unordnung gesprochen werden kann.

Eine dritte Art des Wandels erfolgt von der Unordnung zur Ordnung. Sowohl bei dieser als auch beim nächsten Wandel ist zu betonen, dass die Initiallage der Opfer nicht immer die gleiche ist und auch problematisch sein kann. Beispiele dafür finden sich im *Lancelot en Prose* bei der Entführung Lancelots durch die Dame du Lac oder im *Lanzelet* mit der Entführung Lanzelets durch die Meeresfee. Es lässt sich in diesen zwei Fällen feststellen, dass sich die Kinder in Todesgefahr befinden und ihre Entführungen als Rettung betrachtet werden können. Die Feen helfen den Kindern aus der Gefahr und geben ihnen eine Chance zu wachsen und zu lernen, um später Teil der ritterlichen und höfischen Gesellschaft zu werden. Das macht deutlich, dass die höfische Gesellschaft nicht immer ordentlich funktioniert, sich also nicht immer in einem Zustand der Ordnung befindet, und dass die Wildnis mitunter deutlich ordentlicher aufgestellt ist.

Eine vierte Art des Wandels ist der Wechsel von einer Unordnung in eine weitere Unordnung. Ein Beispiel dafür ist bei der Entführung der Schwester Gauvains im *Hunbaut* zu finden. Hier muss gesagt werden, dass vor der Entführung nicht von Ordnung die Rede sein kann, da sich die beiden großen Vertreter des Artushofes, Arthur und Gauvain, nicht höfisch verhalten. Sie brechen mit der Idee einer höfischen Ordnung, wie sie normalerweise definiert ist. Sie machen Fehler, die schließlich zu dieser Entführung führen. Die Entführung katapultiert das Opfer und die höfische Welt in eine andere Unordnung, die parallel zur ersten verläuft.

Diese verschiedenen Wandelungen sind bedeutsam, weil sie deutlich machen, dass das Motiv der Entführung vielschichtiger ist, als es zuerst erscheint. Diese Varianz des Wandels von Ordnung und Unordnung lässt auch verstehen, dass die Grenze zwischen höfischer und nicht höfischer Welt nicht so klar ist, wie es bei Warning angegeben wurde.[564] Eher wirkt die Grenze unscharf, da Entführungen gleich in den beiden Räumen stattfinden und der Wandel nicht eindeutig in eine Richtung, sondern vielmehr in alle Richtungen erfolgt.

Die Entführung ist eine der verschiedenen und häufigsten Störungen, die in der Artusgattung zu finden ist. Es lässt sich ebenfalls feststellen, dass sie eine der flexibelsten ist. Sie ist eine der üblichsten Aventiuren in vielen Romanen, damit der Held seine Stärke beweisen und sich entwickeln kann. Diese große Varianz der Entführung spiegelt das Bemühen der verschiedenen Dichter, dieses Motiv nicht immer gleich zu behandeln, damit es bei Hörern und Lesern nicht als bloße Wiederholung ankommt. Das Motiv bleibt zwar gleich, aber die Gestaltung der Fälle bringt Erneuerungen und Überraschungen. So stellt sich die Frage, wie weit man mit diesem Motiv gehen darf.

Die Entführung kann daher zum Teil auch als eine experimentelle Störung betrachtet werden, weil der Freiraum für die Gestaltung des Motivs groß ist und es von den verschiedenen Dichtern ständig erneuert wird. Es können Veränderungen der Struktur oder der einzelnen Bestandteile vorgenommen

---

[564] Warning, Rainer: „Die narrative Lust an der List. Norm und Transgression im „Tristan"". In: ders. und Gerhard Neumann (Hrsg.): „Transgressionen. Literatur als Ethnographie". Freiburg am Breisgau, 2003 (Rombach Wissenschaften. Reihe Litterae 98), S. 184.

werden. Dabei ist es bemerkenswert, dass es nicht zwangsläufig zu großen Veränderungen kommen muss, damit zwei Fälle stark voneinander abweichen.

Es konnten verschiedene Typen von Besonderheiten betrachtet werden, wie zum Beispiel die Anwendung von Humor bei den Entführungen von Arthurs im *Roman de Jaufré*, die Abwesenheit von Details bei der Entführung von Gauvains Sohn in der *Première continuation Perceval*, das Fehlen einer Rettung in verschiedenen Fällen wie bei der Entführung Lancelots im *Lancelot en Prose*. Diese Beispiele zeigen, wie flexibel das Motiv der Entführung ist. Es können immer neue Varianten und Wege gefunden oder erweitert werden, sodass die Experimente nie abgeschlossen sind.

Diese experimentelle Seite des Motivs wird noch mal interessanter, wenn sie mithilfe der Konzepte Intertextualität und Dialogizität untersucht wird. Die Verbindung aus Intertextualität und Dialogizität erzeugt die große Varianz des Motivs der Entführung, dass sich dadurch von einer kleinen gemeinsamen Basis zu einem breiten Feld voller Möglichkeiten entwickelt. Intertextualität und Dialogizität erlauben einen neuen Blick auf das Motiv. Sie bieten einen interessanten Weg, im Rahmen eines einzigen Motivs Vergleiche anzustellen. Durch den Vergleich verschiedener Entführungsfälle zeigt sich, wie die jeweiligen Schriftsteller mit diesem Motiv experimentiert haben. Dabei ist es nicht mehr wichtig zu wissen, ob ein Dichter eine Vorlage hatte nicht, sondern es werden nur die Unterschiede und Besonderheiten eines Entführungsfalles studiert. So kann gezeigt werden, dass die Grenzen dieses Motivs immer wieder ausgelotetwurden. Es kann die Frage gestellt werden, ob diese Varianz beim

Motiv der Entführung nur in der Artusgattung oder vielleicht auch in anderen Gattungen des Mittelalters, wie zum Beispiel in der Epik, zu sehen ist. Diese experimentelle Verwendung des Motivs der Entführung wirft ebenfalls Fragen zu anderen Störungen in der Artusgattung auf. Ist diese experimentelle Seite bei vielen Arten an Störungen im Artusromanen zu finden oder ist sie nur auf manche Störungen begrenzt, die häufig vorkommen, zum Beispiel die Entführungen?

Eine weitere Erkenntnis bezieht sich eher auf die gesamte Artusgattung. Es wurde deutlich, dass dieses Motiv zwar festgelegt ist, aber viel Freiheit bietet. Das könnte man ebenfalls von der Gattung der Artusromane sagen, weil viele Konventionen und Regeln festgelegt wurden, die aber im Laufe der Zeit häufig Variationen erleben. Deshalb ließe sich sagen, dass die Varianz der Motive, wie mithilfe des Motivs der Entführung gezeigt wurde, den großen Erfolg dieser Gattung von seiner Entstehung bis heute erklärt.

Diese Studie liefert eine Basis für eine Diskussion. Das bedeutet aber nicht, dass das Motiv der Entführung vollständig studiert wurde. Das könnte anhand weiterer Ansätze erfolgen, die Dichte und Vielschichtigkeit dieses Motivs exakter erläutern. Beispiele für solche Ansätze wären der semantische oder literaturgeschichtliche Aspekt, die in dieser Studie zwar erwähnt, aber nicht ausführlicher verfolgt wurden. Der bereits genannten Wechsel zwischen Ordnung und Unordnung gehört hier ebenfalls zu den Faktoren, die weiter erforscht werden sollten.

Schließlich soll folgende Frage gestellt werden: Was bringen Entführungen in der Artusgattung? Im Laufe der Studie war zu sehen, dass es keine eindeutige Definition gibt, da die Entführungen sehr verschieden sein können. Sie können die weitere Handlung strukturieren, nur Teil einer Aventiurenkette sein sowie verschiedene Figuren und Motivationen aufweisen. Deshalb kann dieses Motiv als sehr flexibel und anpassungsfähig bezeichnet werden. Und es erklärt sich damit auch, warum so viele Dichter dieses Motiv aufgegriffen haben, sogar in manchen Werken mehrere Male. Diese Flexibilität ist besonders wichtig, weil sie es einerseits erlaubt, sich in eine Tradition einzuschreiben, während sie andererseits viel Freiraum für Einzigartigkeiten zulässt. Die Entführungen innerhalb eines Werks können sehr verschieden ausfallen und völlig unterschiedliche Bedeutungen haben. Daher muss auch die Einheit, der gemeinsame Kern dieses Motivs hinterfragt werden. Wo genau endet dieser und wo fangen die Besonderheiten an?

Die Entführungen sind auch beliebte Störungen in der Gattung, weil sie im Gegensatz zu anderen Störungen wie Mord zu Krisen führen, die behoben werden können. Es lässt sich feststellen, dass es in den meisten Fällen zu Rettungen kommt und dass bei weiteren Fällen häufig Befreiungen erfolgen. Das heißt also, das Problem kann gelöst werden. Aus diesem Grund lautet die Frage hinsichtlich einer Entführung nicht, ob das Problem gelöst werden kann oder nicht, sondern vielmehr, wie es gelöst werden kann. Die Idee einer Störung, die behoben werden kann, trägt dazu bei, diese Vielfalt und Flexibilität zu schaffen. Und es ist auch ein strukturelles Merkmal, das untersucht werden sollte. Es könnte interessant sein, sich die verschiedenen Arten an Störungen in der Artusgattung anzusehen und zu fragen, was diese Störungen für die Handlungen programmieren. Damit ist nicht gemeint, die Varianz innerhalb dieser verschiedenen Motive zu untersuchen, sondern zu beobachten, was eine Störung unmittelbar mit sich bringt, ohne dass ihre Einzelheiten bekannt sind. Dieses Vorgehen könnte helfen zu verstehen, warum und bei welchen Fällen eine Störung verwendet oder ausgewählt wird.

Insgesamt kann gesagt werden, dass Entführungen ein wichtiges Motiv der Artusgattung darstellen. Wir hatten im theoretischen Teil eine Hypothese entwickelt: „Die Häufigkeit des Entführungsmotivs im Artus-Genre hat ihren Ursprung in der Vielfalt der möglichen Varianten". Diese Hypothese hat sich als richtig erwiesen, denn ihre zahllosen Varianzen machen sie zu einem Motiv, das nie langweilig wird. Die ständigen Erneuerungen wirken eher unterhaltend – das Publikum kann sich immer wieder neu auf die neuen Verwendungen eines vertrauten Motivs freuen. Zudem ist es ein effektives Motiv, das seine Rolle in den jeweiligen Handlungen bestens erfüllt. So hat sich das Motiv der Entführung als eine quasi notwendige Aventiure in den verschiedenen Artusromanen durchgesetzt. Heute gilt die Entführung der Königin *im Chevalier de la charrette* als eines der bekanntesten Elemente der Gattung, was zeigt, wie groß der Impakt dieses Motivs ist. Es wäre interessant zu verstehen, wieso diese Entführung aus der gesamten Gattung so heraussticht und quasi zu einem der Stellvertreter der Artusromane geworden ist. Wird heute das Gleiche verstanden und betrachtet wie in der Epoche, in der diese Werke entstanden sind? Diese Fragen sind ein Beweis dafür, dass dieses Motiv vielschichtig ist und auf zahlreiche verschiedene Arten gelesen, studiert oder neu entdeckt werden kann.

# Anhänge

# Anhang 1. Vorstellung der französischen Texte

Im folgenden Anhang werden die verschiedenen Texte und Entführungsfälle vorgestellt, damit deutlich wird, welche Texte und Fälle untersucht wurden. Zuerst werden die französischen Texte vorgestellt, weil diese die ausgewählte Ur-Szene dieser Studie, und zwar die Entführung der Königin im *Chevalier de la charrette,* enthalten. Später werden ebenfalls die deutschen und niederländischen Texte vorgestellt, die in dieser Studie verwendet werden.

-     *Lancelot ou le chevalier de la charrette*

*„Lancelot ou le chevalier de la charrette"*[565] ist eine Verserzählung, die zwischen 1177 und 1181 verfasst wurde. Dieser Text wurde durch acht verschiedene Manuskripte überliefert. Der Roman folgt der Figur Lancelot bei seinem Versuch, die Königin zu retten, und seinen Kämpfen gegen Meleagant bis zum Ende des Romans. Es gibt zwar nur eine Entführung ganz am Anfang der Erzählung, aber diese liefert genug Konfliktpotenzial für die gesamte Handlung. Meleagant kommt an den Artushof, erklärt, dass er Mitglieder des Hofes und des Volkes von Arthur als Gefangene bei sich hat und dass er den Hof

---

[565] Es wird in dieser Studie die folgende Ausgabe verwendet: Chrétien de Troyes: „Lancelot ou le chevalier de la charrette". Aubailly, Jean Claude (Hrsg. und Übers.), Paris, 1991.

herausfordert.[566] Er schlägt vor, dass ein Ritter zusammen mit der Königin den Hof verlässt und er gegen ihn kämpft. Sollte der ausgewählte Ritter gewinnen, befreit er alle seine Gefangenen und schickt sie zurück zu Arthur. Sollte Meleagant aber der Sieger sein, darf er die Königin mitnehmen. Arthur und sein Kollektiv erkennen, dass das Risiko hier sehr groß ist, und lehnen die Herausforderung daher ab. Keu aber sieht vielmehr die Vorteile, die ein Sieg über Meleagant bringen würde, und ignoriert die Gefahr. Er weiß, dass der König dieses Vorgehen nicht ohne Weiteres akzeptieren wird, deshalb nutzt er sein Wissen hinsichtlich der Traditionen am Hof, um Ginover von ihrem Mann ein *don contraignant* einfordern zu lassen. Der König akzeptiert das, was dazu führt, dass Keu die Königin vom Hof fortführen darf. Allerding wird Keu recht schnell von Meleagant besiegt, sodass Meleagant Ginover mit in sein Land nehmen kann.

Hier unternimmt Lancelot die Rettung der Königin, obwohl diese Rettung schwierig und auch demütigend ist, wie zum Beispiel die Episode der Karre. Er schafft es aber nach einer Reihe von *Aventiuren*, in das Land von Gorre zu gelangen, wo er nach einem Kampf gegen Meleagant die Königin befreit.[567] Meleagant beschuldigt daraufhin die Königin, eine Affäre mit Keu zu haben, was zu einem zweiten Kampf führt, der ebenfalls von Lancelot gewonnen

---

[566] Lancelot ou le chevalier de la charrette Verse 30-267.
[567] Ebd., Verse 3310-3898.

wird.[568] Schließlich kommt es zu einem dritten Kampf, in dem Lancelot Meleagant tötet.[569]

- *Yvain ou le chevalier au lion*

„*Yvain ou le chevalier au lion*" ist eine Erzählung in Versen, die von Chrétien de Troyes zwischen 1180 und 1190 in altfranzösischer Sprache verfasst wurde.[570] Dieser Text ist in elf Manuskripten überliefert (davon sieben vollständige und vier Fragmente). Der Roman handelt von dem Ritter Yvain, der nach einem Fehltritt gegenüber seiner Freundin Laudine (ein gebrochenes Versprechen) seinen Ruf in vielen Prüfungen wiederherstellen möchte. Die erste Stelle, die ich in diesem Text untersucht habe, bezieht sich auf die Entführung der Königin.[571] Dieser Raub passiert nach der Genesung Yvains, der nach seinem Fehltritt eine Zeit lang verrückt war, und nach dessen Zusammentreffen mit dem Löwen. Yvain erfährt durch einen Burgherrn von der Entführung der Königin. Dieser ist mit Gauvain (dem anderen großen Ritter des Hofes und Freund von Yvain) verwandt und befindet sich selbst wegen dem Riesen Harpin in Not, was an einer späteren Stelle erläutert wird. Meleagant, der Sohn von König de Gorre, der Angehörige der Artusgemeinschaft gefangen genommen hat, kam an den Artushof und forderte den König dazu auf, einen seiner Ritter zusammen mit der Königin nach draußen zu schicken, damit dieser Meleagant bekämpft. Sollte Meleagant verlieren, muss er die

---

[568] Ebd., Verse 4737-5043.
[569] Ebd., Verse 6707-7113.
[570] Es wird in dieser Studie die folgende Ausgabe verwendet: Chrétien de Troyes: „Le chevalier au lion ou le roman d'Yvain". Hult, David F.(Hrsg. und Übers.), Paris, 1994.
[571] Yvain, Verse 3699-3711, 3912-3935 und 4734-4739.

Figuren vom Artushof, die sich in seiner Gewalt befinden, freilassen. Wenn er jedoch gewinnen sollte, darf er die Königin vom Hof fortführen, was eine große Demütigung für den Hof darstellen würde. Artus lehnt diese Forderung ab, aber wird durch ein *don contraignant*[572] von seinem Seneschall Keu dazu gezwungen, diesen mit seiner Frau fortreiten zu lassen. Keu verliert den Kampf, was zur Entführung der Königin durch Meleagant führt. Die Erzählung konzentriert sich in diesem Text aber auf Yvain, der selbst nicht an der Rettung der Königin beteiligt ist, weshalb diese nicht so ausführlich geschildert wird. Hier ist zu vermuten, dass es diese Entführung braucht, um Gauvain zu beschäftigen (der dann nach der Königin sucht und sie an den Hof zurückbringt), während Yvain die *Aventiuren* erledigt, die eigentlich für Gauvain vorgesehen waren (der Kampf gegen Harpin und die Befreiung Lunetes). Daher wird die Rettung der Königin hier nur knapp erwähnt und es wird klar darauf hingewiesen, dass auch Lancelot an ihrer Rettung beteiligt war, was auf die Entführung im *Chevalier à la charette* hindeutet, da diese Entführung die gleiche wie in diesem Roman ist, nur auf eine andere Weise und viel kürzer erzählt wird. Gauvain hat also noch nicht einmal eine große Rolle bei der Rettung der Königin gespielt, aber wurde erfolgreich aus der Handlung entfernt, damit Yvain seine Aufgabe übernehmen konnte.

---

[572] Ein *don contraignant* ist eine *costume* des Artushofes, die im Kapitel über die Entführung der Königin aus dem *Chevalier de la charrette* erläutert wird. Zusammengefasst bedeutet ein *don contraignant,* dass ein König einer Figur eine Bitte gewährt, ohne zu wissen, was diese beinhaltet. Sobald er die Bitte gewährt, muss er sein Versprechen einhalten, selbst wenn es sich um eine bösartige Bitte handelt, wie zum Beispiel hier das Recht, die Königin fortführen zu dürfen.

Die zweite Stelle in diesem Text, die für meine Studie relevant ist, handelt von der Entführung der Söhne des Burgherrn durch den Riesen Harpin.[573] Dieser Raub stellt das Pendant zur Entführung der Königin dar, weil beide zur selben Zeit in der Handlung vorkommen und Yvain diese Rettung übernehmen soll, obwohl der Wirt und seine Familie eigentlich mit Gauvain verwandt sind. Gauvain muss zu diesem Zeitpunkt jedoch versuchen, die Königin zu retten, weshalb er hier nicht anwesend ist. Yvain kommt zum Hof des Burgherrn und erfährt, dass der Riese die sechs Söhne seines Gastgebers entführt und sogar schon zwei von ihnen ermordet hat. Der Riese will den Burgherrn auf diese Weise erpressen, um dessen einzige Tochter zu bekommen. Er will sie seinen Gefolgsleuten übergeben, damit diese an ihr ihre Triebe befriedigen können. Yvain entscheidet sich dazu, der Familie Gauvains zu helfen, und zieht am nächsten Vormittag in den Kampf gegen Harpin. Der Riese trägt keine gute Rüstung und kann sich auch nicht effektiv gegen Yvain und dessen Löwen verteidigen. Daher wird er schnell besiegt und die Söhne des Wirtes werden befreit. Danach reitet Yvain weiter, um Lunete zu helfen.

- *Le Conte du Graal ou le roman de Perceval*

„*Le conte du graal ou le roman de Perceval*"[574] ist eine unvollendet gebliebene Verserzählung, die von Chrétien de Troyes in altfranzösischer Sprache um das Jahr 1190 verfasst wurde. Der Text wurde in 17 verschiedenen Manuskripten und Fragmenten überliefert. Die Handlung konzentriert sich auf die

---

[573] Yvain, Verse 3847-4291.
[574] Es wird in dieser Studie die folgende Ausgabe verwendet: Chrétien de Troyes: „Le conte du graal ou le roman de Perceval". Méla, Charles (Hrsg. und Übers.), Paris, 1990.

Figur Perceval und deren Entwicklung, insbesondere in Bezug auf die Suche nach dem Graal. Die Entführung ist in diesem Text gleich am Beginn der Handlung zu finden, als Perceval noch im Wald bei seiner Mutter lebt.[575] Perceval trifft eine Gruppe von Rittern, die nach fünf anderen Rittern und drei Jungfrauen suchen. Es wird zwar nicht eindeutig gesagt, aber implizit zu verstehen gegeben, dass zuvor eine Entführung stattgefunden hat. Die Begegnung mit den Rittern ist für Perceval wie eine Art Offenbarung und er verlässt gleich darauf seine Mutter, um selbst ein Ritter zu werden. Es wird in diesem Fall keine Rettung erwähnt, weil sich die Handlung nur auf Perceval konzentriert und dieser die Ritter kein weiteres Mal trifft.

- *Première continuation Perceval*

Die „*Première continuation Perceval*"[576] ist ein französischer Versroman, der Ende des zwölften oder Anfang des dreizehnten Jahrhunderts anonym verfasst wurde. Der Text wurde in neun Manuskripten überliefert und umfasst 9.500 Verse in der kürzesten Fassung, bis zu 19.600 Versen in der längsten Version. Es gibt in diesem Text zwei verschiedene Stellen, die ich im Laufe der Studie näher betrachte.

---

[575] Le conte du graal, Verse 98-337.
[576] Es wird in dieser Studie die folgende Ausgabe verwendet: "The Continuations of the Old French Perceval of Chretien de Troyes". Roach, W und Ivy, R. H. (Hrsg.), Philadelphia, American Philosophical Society, 1965. In dieser Studie verwende ich die Bezeichnung *Première continuation Perceval*.

Der erste Fall ist die Entführung Guimers durch Alaardin.[577] Dieses *Aventiure* befindet sich in dem Abschnitt, in dem Carados der Held der Handlung ist.[578] Dieser Teil der Handlung beginnt mit der Entwicklung der Figur Carados, um ihn als eine Hauptfigur, wenn auch nur für kurze Zeit, angemessen einzuführen. Die Entführung selbst findet dann ohne Carados statt, weil dieser erst später als Retter erscheint. Es wird berichtet, dass Alaardin zuvor schon in Guimer verliebt war und ihr einen Heiratsantrag machte. Doch Guimer lehnte ihn ab, weil sie Alaardin trotz seiner Fähigkeiten und guten Eigenschaften nicht liebt. Alaardin hatte keine andere Wahl, als diese Ablehnung zu akzeptieren, weil der Vater Guimers ein mächtiger Mann war und sie unter seinem Schutz stand. Nach dessen Tod fürchtet er aber keine so weitreichenden Folgen mehr, weshalb er sich spontan dazu entschließt, eine Entführung durchzuführen, als er zufällig Guimer und ihren Bruder Cador in der Wildnis trifft. Dabei hat Alaardin sogar noch Glück, da Cador durch einen Sturz vom Pferd verletzt wird und nicht weiterkämpfen kann. Dadurch kann Alaardin sein Opfer ohne große Probleme einfach mitnehmen. Alaardin ist zu diesem Zeitpunkt nur noch auf Rache aus, er will Guimer nicht mehr für sich haben, sondern sie seinen Gefolgsmännern übergeben, um sie für ihre frühere Entscheidung zu bestrafen. Carados folgt ihm jedoch, bekämpft Alaardin und besiegt ihn. Seine Rettung der jungen Dame sichert ihm ihre Hand, Ruhm und Ehre. Durch seinen Aufstieg in der höfischen Gesellschaft und seine Heirat mit einer

---

[577] Première continuation Perceval, Verse 12955-13288.
[578] In den anderen Teilen der Handlung ist Gauvain der Held. Aus diesem Grund ist der Text auch als *continuation Gauvain* bezeichnet worden.

würdigen Frau wird Carados' Geschichte in der *Première continuation Percevals* abgeschlossen.

Bei der zweiten Entführung in diesem Text handelt es sich um den Raub Gauvains Sohns durch einen Unbekannten.[579] Diese Entführung wird ebenfalls zunächst kontextualisiert, weil Gauvains Sohn eine besondere Figur ist. Er entstammt aus einer komplizierten Beziehung zwischen Gauvain und der Schwester von Bran de Lys, die sich beide zufällig in einem Zelt auf einer wilden Heide getroffen haben. Die Schwester von Bran de Lys schenkt dem Helden ihre Jungfräulichkeit, weil sie ihn bewundert. Danach vereinbart er mit ihr, dass er weiterreiten und sie später abholen wird, aber in der Zwischenzeit erscheint der Vater der jungen Dame. Dieser beschuldigt Gauvain, für den Tod seines Bruders und für den Verlust der Jungfraulichkeit seiner Tochter verantwortlich zu sein. Gauvain will zwar mit dem Vater der jungen Frau, Nores, sprechen und sich mit ihm einigen, hat dann aber keine andere Wahl, als gegen ihn zu kämpfen und ihn zu töten. Gleich nach dem Tod Nores' kommt sein Sohn, Bran de Lys, ebenfalls zurück und kämpft auch gegen Gauvain. Dieser Kampf wird nicht zu Ende geführt, doch es wird ein weiterer Kampf vereinbart. Zwischen dem ersten und zweiten Kampf zwischen Gauvain und Bran de Lys bekommt die Schwester von Bran de Lys ein uneheliches Kind von Gauvain. Aber auch der zweite Kampf wird nicht zu Ende geführt, dafür wird mit Hilfe von König Arthur und dem unehelichen Kind Frieden geschlossen. Das Kind wohnt später bei seiner Mutter und seinem Onkel Bran de Lys, aber

---

[579] Première continuation Perceval, Verse 19460-19540 und 20382-20840.

nicht bei seinem Vater, der lieber in der Welt unterwegs ist und nach neuen *Aventiuren* sucht. Das Kind wird von einer unbekannten Figur entführt, worüber man jedoch nicht viel erfährt. So bleibt unklar, wohin das Kind gebracht wird und welche Gründe dieser Raub hat. Bran de Lys führt die darauffolgende Rettungsaktion an, weil Gauvain das nicht machen wollte (er glaubt, er sei für die Rettung eines Kindes nicht geeignet, oder behauptet das zumindest), aber bleibt erfolglos. Es schließt sich eine narrative Ellipse an, denn der Sohn Gauvains ist kein kleines Kind mehr, sondern bereits ein junger Ritter, als er erneut in der Erzählung auftaucht. Zu diesem Zeitpunkt reitet er gerade mit einer jungen Dame durch das Land und versucht, ihre Wünsche zu erfüllen, obwohl er dabei nicht immer unbedingt richtig und ritterlich handelt, sondern manchmal ausgesprochen eigenartig. Zum Beispiel tötet er einen Ritter, um seinen eigenen Namen zu erfahren, oder beschützt in einer anderen Situation lieber sein Schild als sein eigenes Leben. Das junge Paar trifft Gauvain, was zu einem Kampf zwischen Gauvain und dessen Sohn führt. Währenddessen erkennt Gauvain, dass der Gegner sein Sohn ist, und gibt sich zu erkennen. Später bringt Gauvain seinen Sohn und dessen Begleitung zum Artushof, wo der junge Mann ein Mitglied der höfischen Gesellschaft wird und seine ritterliche und höfische Ausbildung mithilfe seines Vaters vollenden kann.

- *Lancelot en prose*

Der *Lancelot en Prose*[580] ist eine Erzählung in Prosa, die zwischen 1215 und 1235 in altfranzösischer Sprache verfasst wurde. Dieser Text ist in 57 Manuskripten überliefert. Im *Lancelot en Prose* gibt es zwei Entführungen, die für uns von besonderem Interesse sind, nämlich zuerst der Raub des kleinen Lancelots durch die Dame du Lac und dann die Entführung der Königin durch Meleagant.

Die Entführung des kleinen Lancelots folgt einem längeren Abschnitt, in dem verschiedene Figuren wie König Claudas de la Déserte und König Ban de Benoic vorgestellt werden, um die spätere Handlung und die besondere Kindheit Lancelots zu erklären. Ban de Benoic ist der Vater von Lancelot und König eines Landes. Er wird von Claudas und seiner Armee angegriffen und kann sein Land nicht gut genug verteidigen. Dabei wird er schwer verletzt und versucht mit seiner Frau und seinem Sohn Lancelot in das Land von Artus zu fliehen, um dort um Hilfe zu bitten. König Ban stirbt auf dem Weg, aber die Männer Claudas' verfolgen seine Frau und sein Kind weiter, um Lancelot zu töten. Lancelot ist also in großer Gefahr, als die Dame du Lac erscheint, das Kind ergreift und mit ihm wieder im See verschwindet.[581] Das erschüttert die Mutter Lancelots sehr, weil sie denkt, ihr Kind sei tot. Aber das ist auch von großem Nutzen, weil die Männer Claudas' ebenfalls an den Tod des Kindes

---

[580] Es wird in dieser Studie die folgende Ausgabe verwendet: „Le livre du graal, Tome 2, Lancelot, De „La marche de Gaule" à „La Première partie de la quête de Lancelot"". Poirion, Daniel et al (Hrsg.), Collection de la pléiade, Gallimard, 2003.
[581] Lancelot en prose, La marche de Gaule, Absatz 28, S. 31.

glauben. Das Kind wird von der Dame du Lac sorgsam großgezogen, damit es später ein großer Held und außergewöhnlicher höfischer Ritter werden kann. Die Dame du Lac spielt in der Erzählung, aber auch noch eine Rolle, nachdem Lancelot zum jungen Ritter geworden ist. Sie kann ihm weiterhelfen, zumal er am Anfang seiner Abenteuer noch nichts über seine eigentliche Identität weiß.

Die zweite Entführung in diesem Text ist die Entführung von Königin Ginover durch Meleagant.[582] In diesem Fall läuft die Entführung auf ähnliche Art und Weise ab wie im *Le chevalier de la charrette*, wo Meleagant an den Hof kommt und diesen auffordert, einen Ritter zusammen mit der Königin außerhalb des Hofes zu schicken, um dort gegen ihn zu kämpfen. Keus Beteiligung ist auch hier entscheidend, weil sonst niemand die Königin vom Hof gebracht hätte. Es sind aber auch einige Unterschiede festzustellen. Zunächst einmal sind Gauvain und andere Ritter während des Kampfes zwischen Keu und Meleagant im Wald anwesend. Die Artusritter sind dort, um einen schlechten Ausgang des Kampfes zu verhindern, aber erreichen nichts, weil sie immer etwas zu spät handeln. Ein weiterer Unterschied besteht darin, dass die Dame du Lac Lancelot auf dieses Ereignis vorbereitet und ihm sagt, er solle an dem Tag dort sein, um etwas Gutes bewirken zu können. In der Tat schafft Lancelot es fast, die Entführung der Königin zu verhindern, aber er muss am Ende doch aufgeben, weil Meleagant zu viele Gefolgsleute an seiner Seite hat. Aus diesem Grund macht er sich auf die Suche nach der Königin und ab diesem Punkt

---

[582] Lancelot en Prose, Galehaut, Absatz 392, S. 1318.

entspricht die Handlung wieder der des *Chevalier à la Charette*. Genau wie in der Chrétien-Erzählung schafft es Lancelot, die Königin nach einem Kampf zu befreien, aber er muss sich weiter mit der Figur Meleagant auseinandersetzen, bis er diesen am Ende der Handlung in einem Zweikampf tötet.

-   *Le roman de Jaufré*

„*Le roman de Jaufré*"[583] ist der einzige noch erhaltene okzitanische Artusroman, wobei man nicht genau sagen kann, wer ihn verfasst hat. Die Forschung hat sich lange damit beschäftigt, konnte aber nicht eindeutig feststellen, ob der Text von einem oder zwei verschiedenen Verfassern erstellt wurde. Seine Datierung ist ebenfalls umstritten, da manche vermuten, dass er um 1169 bis 1170 geschrieben und nach 1200 überarbeitet wurde, während andere behaupten, der Roman wäre zwischen 1225 und 1228 entstanden. Michel Zink betont in seinem Kommentar zu dem Werk, dass die spätere Datierung bevorzugt werden sollte, weil der Hof teilweise als etwas lächerlich dargestellt wird und bekannte Motive der Gattung leicht verändert werden, was nur in den etwas späteren Romane vorkommt.[584] Der Text ist in acht Handschriften überliefert (davon drei Fragmente). Die Erzählung widmet sich den Abenteuern Jaufrés, der am Anfang zum Ritter geschlagen werden will. Dieser Roman

---

[583] Es wird in dieser Studie die folgende Ausgabe verwendet: http://www.rialc.unina.it/jaufre-i.htm (Webseite besucht am 26.05.2019 um 19 Uhr).
[584] „Le roman de Jaufré". Zink, Michel(Hrsg. und Übers.), S. 840-922. In: „La légende arthurienne, le graal et la table ronde". Régnier-Bohler, Danielle (Hrsg.). Robert Laffont, Paris, 1989, S. 844.

wurde in den Korpus aufgenommen, weil hier vier verschiedene Fälle von Entführungen zu finden sind.

Die erste Entführung erfolgt gleich am Anfang des Romans.[585] König Arthur langweilt sich am Hof und wünscht sich ein *Aventiure*. Er reitet fort, um dieses zu finden, und hört dann von einem Ungeheuer im Wald. Als er dort ankommt und das Biest angreifen will, wird er jedoch von diesem entführt. Viele Ritter, so auch Gauvain, wollen dem König helfen und das Biest angreifen, aber der König hat Angst vor einem solchen Vorgehen, weil er selbst dabei verletzt werden könnte. Außerdem ahnt er, dass das Biest gar nicht so bösartig ist, wie er zuvor geglaubt hat. Das Tier bringt den König zu einem Felsen und wartet darauf, dass alle Ritter sich ausziehen und ihre Kleidung zu Boden werfen, um den möglichen Sturz des Königs zu mildern. Als das Biest sieht, was die Ritter tun, lässt er den König fallen. Danach verwandelt es sich zurück in die Gestalt des Zauberers, der er eigentlich ist und der auch ein Mitglied des Artushofes ist. Er entschuldigt sich beim König, der ihm direkt verzeiht, denn es galt eine Art Wette zwischen dem König und dem Zauberer, der den Hof durch einen Zauber täuschen sollte, was er somit auch geschafft hat. Die Entführung endet, ohne Auswirkungen auf die spätere Handlung zu haben.

Eine weitere interessante Stelle ist die Entführung von mehreren Kindern und einer jungen Frau durch zwei Leprakranke.[586] Jaufré begegnet zunächst einem Knappen, der über die gewalttätige Ermordung seines Herren und die

---

[585] Roman de Jaufré, Verse 222-458.
[586] Roman de Jaufré, Verse 2190-3026.

Entführung von dessen Tochter klagt. Er erfährt, dass diese Taten von einem Leprakranken verübt worden sind. Gleich darauf wird ein Kind unter den Schreien seiner Mutter von einem Leprakranken entführt. Jaufré sieht das und folgt dem Entführer und seinem Opfer bis zu einem Haus. Als er es betritt, sieht er einen Leprakranken, der gerade dabei ist, eine junge Frau (die Tochter des ermordeten Ritters) zu vergewaltigen. Jaufré bekämpft und tötet ihn, stellt aber dann fest, dass er im Haus gefangen ist, weil dieses von einem Zauber belegt ist. Dieser Zauber ist nur den Leprakranken bekannt, daher sind sie auch die Einzigen, die das Haus verlassen können. Nach einer Weile hört Jaufré einen Schrei und geht in ein anderes Zimmer, in dem er den anderen Leprakranken findet, der gerade dabei ist, Kinder zu ermorden. Er tötet sie, um ihr Blut als Medizin gegen Lepra zu verwenden. Der Leprakranke wird schnell besiegt und erklärt dann Jaufré, dass er von seinem Herrn (der andere Leprakranke, der die junge Frau vergewaltigen wollte) zur Ermordung der Kinder gezwungen worden wäre. Jaufré glaubt ihm und tötet ihn nicht, sondern schickt ihn mit den Kindern und der jungen Dame zum Artushof, bevor er seine Reise fortsetzt.

Der dritte Raub ist die Entführung der Tochter Augier d'Essarts durch einen Riesen.[587] Jaufré begegnet den beiden während seiner Reise, als der Riese die eine junge Dame gerade unter seinem Arm trägt. Als die junge Frau Jaufré sieht, klagt sie laut und bittet ihn um Hilfe, da sie sich in großer Not befindet. Sie erklärt, sie sei im Obstgarten in der Nähe des Schlosses von Augier

---

[587] Roman de Jaufré, Verse 5665-5778.

d'Essart, ihrem Vater, entführt worden. Jaufré hat früher einmal bei Augier übernachtet, als er eine Unterkunft brauchte. Augier hatte sich damals als ein hervorragender Gastgeber erwiesen, weshalb Jaufré nun seine Dankbarkeit zeigen will und der jungen Dame hilft. Außerdem hilft er ihr, weil er ein ehrenhafter Ritter ist und Menschen in Not nicht einfach im Stich lassen kann. Er kämpft gegen den Riesen und gewinnt trotz der außergewöhnlichen Stärke des Ungeheuers. Später reitet er mit der jungen Frau weiter und muss zunächst noch ein *Aventiure* bestehen, nämlich einen Kampf gegen Taulat de Rougemont, bevor er sie zu Augier zurückbringen kann.

Der vierte Fall findet kurz vor dem Ende des Romans, gleich nach der Hochzeit Jaufrés statt.[588] Dieser Raub weist viele Ähnlichkeiten zu der ersten Entführung aus dem gleichen Roman auf, weil Arthur hier erneut das Entführungsopfer und der Entführer wieder der Zauberer ist, obwohl er sich in diesem Fall in eine andere Gestalt, nämlich einen riesigen Vogel, verwandelt. Wieder verlässt Arthur das Schloss und versucht das Problem allein zu lösen. Das Ergebnis ist genau das gleiche wie zuvor, er wird gleich vom Vogel ergriffen, sodass er sich nicht mehr verteidigen kann. Die Ritter des Hofes sehen, dass sich Arthur in großer Gefahr befindet, und folgen dem Tier, um auf eine Gelegenheit zur Rettung zu warten. Sie töten sogar einige Kühe, um sie dem Vogel zu schenken, damit er den König freilässt, aber dieser Versuch bleibt ohne Erfolg. Der Vogel fliegt mit dem König über verschiedene Wälder voller Schlangen und anderer gefährlicher Tiere, was aber die Gefolgsmänner

---

[588] Roman de Jaufré, Verse 9855-10068.

von Artus nicht davon abhält, ihnen weiter zu folgen. Am Ende kehrt der Vogel zum Artushof zurück, lässt den König frei, verwandelt sich wieder in den Zauberer und bittet den König um Verzeihung. Erneut verzeiht ihm der König sofort und bittet ihn darum, alle seine Ritter wieder zurück an den Hof zu führen. Es wird aber diesmal von keiner Wette zwischen dem König und dem Zauberer berichtet. Obwohl der Hof hier bei der Rettung von Arthur versagt hat, hat diese Episode keine negativen Auswirkungen auf die spätere Handlung.

- *Hunbaut*

„*Hunbaut*"[589] ist ein altfranzösischer Roman, der circa 1250 von einem anonymen Verfasser geschrieben wurde. Es gibt von diesem Text nur ein einziges überliefertes Manuskript.[590] Die Handlung beginnt damit, dass König Arthur seinem Neffen Gauvain befiehlt, in ein fernes Land zu reisen, um dort einen König zum Kampf herauszufordern, der Artus' Autorität nicht anerkennt. Der König will Gauvain jedoch keine anderen Ritter als Begleitung zur Verfügung stellen und erlaubt ihm nur, seine Schwester mitzunehmen. Beide sind schon abgereist, als Arthur diese Entscheidung bereut, weshalb er Hunbaut

---

[589] Es wird in dieser Studie die folgende Ausgabe verwendet: Winters, Margaret E (Hrsg.): „The romance of Hunbaut: an Arthurian poem oft he thirteenth century". Lugdnuni Batavorum E.J. Brill, Leyde, 1984.
[590] Beate Schmolke Hasselman weist darauf hin, dass der Text unvollständig ist und dass es möglich wäre, dass es einen zweiten Teil gegeben hat, oder mindestens, dass ein anderer Teil wahrscheinlich geplant wurde mit der Figur Hunbaut als Hauptfigur, damit man den Titel des Romans rechtfertigen kann. Schmolke-Hasselman, Beate: „The Evolution of arthurian Romance, The verse tradition from Chrétien to Froissard". Cambridge, 1998. S. 48.

hinterherschickt, damit dieser Gauvain unterstützt. Als Gauvain Hunbauts Hilfe erhält, empfindet er die Anwesenheit seiner Schwester als überflüssig und möchte, dass diese an den Hof zurückkehrt. Er selbst will sich aber nicht darum kümmern, weil er sich sonst bei seinem Auftrag verspäten würde, daher lässt er sie einfach allein an einer Kreuzung zurück, damit sie zufällig von jemandem gefunden wird, der sie zurück an den Hof begleitet.[591] Tatsächlich kommt ein Ritter, Gorvain Cadrus, zur Kreuzung, aber dieser hatte in der Vergangenheit Streit mit Gauvain und weiß, dass die junge Dame seine Schwester ist. Außerdem findet der Ritter die junge Dame sehr attraktiv. Deshalb entscheidet er sich spontan dazu, die Schwester Gauvains zu entführen. Gauvain selbst erfährt lange nichts davon, weil er noch mit dem Auftrag des Königs beschäftigt ist, und der Hof glaubt, dass die junge Frau bei ihrem Bruder ist, daher wird erst sehr spät eine Rettungsaktion unternommen. Gauvain hört von der Entführung erst, als er erfolgreich an den Hof zurückkehrt, macht sich dann aber auf die Suche nach seiner Schwester. Die Ritter des Hofes helfen Gauvain zunächst, aber als die Rettungsaktion erfolglos bleibt, geben sie auf und Gauvain sucht allein weiter, bis er seine Schwester und ihren Entführer gefunden hat. Gauvain besiegt den Ritter, verschont ihn aber und macht ihn zu seinem Lehnsmann und Freund. Gemeinsam kehren sie an den Artushof zurück, womit die Handlung und auch der Roman abgeschlossen sind.

---

[591] Die Entführung der Schwester Gauvain entspricht die Verse 309-405.

# Anhang 2 - Vorstellung der deutschen Texte

- *Iwein*

„*Iwein*" ist eine Verserzählung von Hartmann von Aue[592], die nach der französischen Vorlage von Chrétien de Troyes um das Jahr 1200 in mittelhochdeutscher Sprache verfasst wurde. „Iwein" ist auch einer der deutschen Romane, der mit 33 Handschriften (davon 16 vollständige und 17 Fragmente) zwischen Anfang des 13. Jahrhunderts bis zum 16. Jahrhundert am häufigsten überliefert wurde. Dieser Text beinhaltet die gleiche Handlung wie der *Chevalier au lion*, beschäftigt sich also ebenfalls mit der Entführung der Königin.[593] Der Text bleibt seiner Vorlage meistens treu, obwohl an einigen Stellen etwas verändert wurde. Ein Beispiel für diese Änderungen ist bei der Textstelle zur Entführung der Königin zu finden. Hartmann hat diesen Raub hier etwas ausführlicher beschrieben, weil er wahrscheinlich den *Le chevalier de la charrette* nicht kannte. Aus diesem Grund weicht die Struktur der Erzählung vom Original ab. Keie wird gar nicht erwähnt und spielt auch keine besondere Rolle bei dem Raub wie im *Le chevalier au lion*. In diesem Text kommt Meljakanc, der Entführer, an den Artushof und fordert ein *don*

---

[592] Es wird in dieser Studie die folgende Ausgabe verwendet: Hartmann von Aue: „Gregorius, der arme Heinrich, Iwein". Mertens, Volker (Hrsg. und Übers.), Frankfurt am Main, 2008.
[593] Iwein, Verse 4510-4726 und 5678-5681.

*contraignant*, das ihm auch gewährt wird, weil der Hof das vom König verlangt. Meljakanc gewinnt und bringt die Königin Ginover fort, was den Hof in ein Chaos stürzt. Gawein kümmert sich um ihre Rettung, was ihn daran hindert, Lunete oder seinen Verwandten zu helfen. Hier ist es tatsächlich Gauvain, der die Rettung vollbringt, weil Hartmann keine Kenntnis von dem *chevalier de la charrette* hatte, weshalb auch Lancelot nicht erwähnt wird.

- *Lanzelet*

„*Lanzelet*"[594] ist ein Artusroman, der von Ulrich von Zatzikoven um 1200 verfasst wurde. Der Text wurde in zwei vollständigen Manuskripten und drei Fragmenten überliefert. Dieser Roman verfolgt die Entwicklung der Figur Lanzelet von seiner Kindheit bis zu seinem Aufstieg zu einem der besten Ritter am Artushof. Es gibt in diesem Text zwei Stellen, die für diese Arbeit relevant sind, und zwar die Entführung von Lanzelet durch eine Meeresfee und die Entführung Ginovers durch König Valerin von dem verworrenen Tan.

Die erste Entführung ist gleich am Anfang der Handlung zu finden[595], als Lanzelet noch ein kleines Kind ist. Sein Vater, Pant de Genewis, ist ein König, der für seine Grausamkeit und Rücksichtslosigkeit von seinen Untertanen gehasst wird. Diese wollen seine Tyrannei mit einem Aufstand beenden. Dabei töten sie den König und wollen auch alle seine männlichen Nachfolger

---

[594] Es wird in dieser Studie die folgende Ausgabe verwendet: Ulrich von Zatzikhoven: „Lanzelet: Text – Übersetzung – Kommentar. Studienausgabe". Kragl, Florian (Hrsg. und Übers.), Boston und Berlin, 2013.
[595] Lanzelet Verse 41-388.

ermorden, damit diese sich später nicht an ihnen rächen können. Die Mutter von Lanzelet, Clarine, flieht mit ihrem Sohn und kommt dabei in die Nähe des Meeres. Dort erscheint plötzlich eine Meeresfee, die das Kind entführt, sodass es nicht von den Untertanen des Königs Pant de Genewis ermordet werden kann. Die Meeresfee bringt Lanzelet auf eine Insel, auf der sonst nur Jungfrauen leben, und vermittelt ihm dort eine sehr gute und höfische Erziehung. Als Lanzelet erwachsen geworden ist, soll er die Insel verlassen, um Teil der höfischen und ritterlichen Welt zu werden. Am Artushof erlernt er dann die Fähigkeiten, die er später braucht, um ein guter und angesehener Ritter zu werden.

Bei der zweiten Entführung handelt es sich um die Entführung Ginovers durch König Valerin von dem verworrenen Tan.[596] Die Figur Valerin taucht zum ersten Mal in der Erzählung auf, als er an den Hof kommt, um seine Ansprüche an Ginover geltend zu machen. Artus akzeptiert seine Herausforderung und lässt einen Zweikampf zwischen seinem Vertreter Lanzelet und Valerin organisieren. Nachdem Lanzelet gesiegt hat, reitet Valerin wieder fort. Aber er hat noch nicht aufgegeben und kommt nach einer Weile zurück, als gerade die Jagd auf den weißen Hirsch stattfindet. Bei dieser Gelegenheit tötet und verletzt er viele Ritter des Hofes und entführt Königin Ginover. Er bringt sie in sein Schloss, das so gut verteidigt wird, dass auch der gesamte Artushof diese Burg nicht erobern kann, obwohl er über eine große Anzahl von Rittern und Waffen verfügt. Deswegen muss König Artus den Zauberer Malduc um Hilfe

---

[596] Lanzelet Verse 6725-7444.

bitten, obwohl dieser eigentlich keine gute Beziehung zum Hof hat. Malduc sagt, dass er Artus und seinem Hof helfen wird, wenn man ihm dafür Erec und Walwein übergibt, da diese Mitglieder seiner Familie getötet haben. Artus hat keine andere Wahl und muss die Bedingung des Zauberers akzeptieren. Malduc benutzt seine Zauberei, um sowohl die Schlangen vor dem Schloss als auch die Bewohner der Burg alle einschlafen zu lassen. Dadurch gibt es keine Verteidigung mehr, weshalb die Ritter des Hofes das Schloss betreten und alle Gegner, Valerin inbegriffen, töten können. Die Königin wird befreit und Erec und Walwein werden Malduc übergeben, was den Ausgangspunkt für die weitere Handlung in dem darauffolgenden Kapitel bildet.

- *Parzival*

„Parzival"[597] ist ein Versroman, der von Wolfram von Eschenbach zwischen 1200 und 1210 verfasst wurde. Der Text wurde in 88 Handschriften (vollständige und fragmentarische) überliefert. Die Entführungsszene weist dabei besonders interessante Unterschiede zur Vorlage von Chrétien auf. Der erste Unterschied liegt im Aufbau des Romans, weil der Raub nicht wie bei Chrétien gleich am Anfang des Romans stattfindet.[598] Stattdessen gibt es bei Wolfram zwei frühere Bücher, die sich dem Vater Parzivals, dem tapferen Ritter Gamuhret, widmen, um zeigen zu können, dass Parzival eine starke Verbindung

---

[597] Es wird in dieser Studie die folgende Ausgabe verwendet: Wolfram von Eschenbach: „Parzival" in zwei Bänden. Nach der Augabe Karl Lachmanns, revidiert und kommentiert von Eberhard Nellmann, Übertragen von Dieter Kühn, Frankfurt am Main, 2006.
[598] Parzival Buch 3, 120-10 zu 125-16.

zur ritterlichen Welt hat und dass es sein Schicksal ist, dieser beizutreten. Die Ausgangssituation ist jedoch die gleiche wie im *Le Conte du Graal*, in dem ebenfalls eine Gruppe von Rittern auftaucht, die andere Ritter verfolgen, die eine Jungfrau entführt haben. Hier erfährt man aber die Identität des Anführers der Gruppe, dessen Name Carnac-Carnant ist, und dass es eine Rettung geben wird. Die Entführung wird hier also etwas detaillierter geschildert, vielleicht weil es besonders wichtig ist, dass die Ritterschaft einen positiven und mächtigen Eindruck hinterlässt. Die Entführung ist in diesem Fall aber genauso wie bei Chrétien hauptsächlich ein Weg, um Parzival zu seiner Erkenntnis zu verhelfen.

- *Wigalois*

„*Wigalois*"[599] ist ein mittelhochdeutscher Versroman von Wirnt von Grafenberg, der zwischen 1210 und 1220 entstanden ist. Der Text wurde in 38 Handschriften (vollständige und fragmentarische) aus dem 13. bis zum 15. Jahrhundert überliefert. Die Handlung konzentriert sich auf die Figur Wigalois, der zu diesem Zeitpunkt ein junger Ritter ist, der sich beweisen und seinen Ruf aufbauen muss. Es gibt in diesem Text zwei verschiedene Stellen, die für die Studie relevant sind.

---

[599] Es wird in dieser Studie die folgende Ausgabe verwendet: Wirnt von Gravenberg: „Wigalois: Text, Übersetzung, Stellenkommentar". Kapteyn, J.M.N. (Hrsg. und Übers.), Nachwort von Sabine Seelbach und Ulrich Seelbach, Berlin und New York, 2005.

Das erste Fall liegt am Anfang des Textes und erzählt die Entführung Gaweins durch Joram.[600] Joram kommt an den Artushof und fordert alle Ritter mit der Absicht heraus, einen guten Ehemann für seine Tochter und einen passenden Nachfolger für seinen Thron zu finden. Er verwendet dabei einen Zaubergürtel, der ihn unbezwingbar macht. Gawein kämpft sehr tapfer, aber kann die Zauberei nicht schlagen. Dieser Kampf ist also nicht fair und kann deshalb als eine Entführung betrachtet werden. Es handelt sich um eine Methode, die Abstammung des jungen Helden Wigalois für die spätere Handlung zu erläutern.

Die zweite Entführung, die ich näher betrachten werde, findet sich relativ am Anfang der Erzählung, kurz nachdem Wigalois mit Nereja den Hof von Artus verlassen hat.[601] Wigalois hatte sich zuvor freiwillig gemeldet, als Nereja an den Artushof kam, um im Auftrag ihrer Herrin um Hilfe bei dem sehr gefährlichen Korntin-*Aventiure* zu bitten. Dabei hofft Nereja , dass ein erfahrener und angesehener Ritter diese Mission übernehmen wird, aber der unerfahrene Jüngling Wigalois will diesen Auftrag so gerne übernehmen, dass Artus ihm den Gefallen gewährt. Daher ist Nereja wütend und Wigalois muss auf seinem Weg nach Korntin jede Gelegenheit nutzen, um sich zu beweisen und in ihren Augen an Ansehen zu gewinnen. Auf dem Weg hört Wigalois auch die Schreie einer jungen Dame aus dem Wald und will dorthin reiten, um ihr zu Hilfe zu kommen. Nachdem er die Erlaubnis Nerejas dazu bekommen hat, reitet er los und sieht, dass die junge Frau von zwei Riesen entführt wurde, die sie nun vergewaltigen wollen. Wigalois muss die ganze Nacht lang kämpfen, weil die

---

[600] Wigalois, Verse 383-716.
[601] Ebd., Verse 2014-2203.

Riesen sehr stark sind und viel Widerstand leisten. Der junge Held schafft es aber irgendwann, einen der Riesen zu töten, und lässt den anderen versprechen, die junge Dame unversehrt zum Artushof zurückzubringen und dort von Wigalois Heldentat zu erzählen. Direkt nach dem Kampf und der Befreiung der jungen Dame reitet Wigalois wieder zurück zu Nereja, um weiter der Herausforderung von Korntin zu folgen.

- *Diu Crône*

„*Diu Crône*"[602] ist ein Artusroman, der von Heinrich von dem Türlin gegen 1230 verfasst wurde. Der Roman wurde in Form von zwei verschiedenen vollständigen Handschriften und drei Fragmenten überliefert. Es gibt in diesem Roman drei Entführungsszenen, die für diese Studie relevant sind. Die erste ist die Entführung Ginovers durch ihren Bruder Gotegrin.[603] Im Folgenden werde ich die Umstände erläutern, die zu dieser Entführung führen und ohne deren Kenntnis man diese nicht versteht. Schon zuvor in der Handlung kam der Ritter Gasoein in die Nähe des Artushofes. Ginover hat dabei betont, was für ein guter Ritter Gasoein doch sei, und damit Artus sehr eifersüchtig gemacht, der sich daraufhin mit seinen Rittern auf die Suche nach Gasoein begibt. Als er ihn findet, kämpfen seine drei Ritter nacheinander gegen Gasoein

---

[602] Es wird in dieser Studie die folgende Ausgabe verwendet: Heinrich von dem Türlin: „Diu Crône".Mittelhochdeutsche Leseausgabe mit Erläuterungen. Felder, Gudrun (Hrsg.), unter Mitarbeit von Alfred Ebenbauer, übers. von Kragl, Florian, Berlin/Boston, 2012.

[603] Diu Crône, Verse 11037-11313.

und verlieren. Artus und Gasoein entscheiden dann, ihren Zweikampf später zu veranstalten. Als dieser stattfinden soll, weigert sich Gasoein allerdings, weil er inzwischen eine andere Lösung sieht. Tatsächlich will er Ginover entscheiden lassen, mit wem sie zusammen sein möchte. Ginover entscheidet sich für Artus, aber ihr Ruf wird nicht vollkommen wiederhergestellt, denn es bleibt der Verdacht ihrer Untreue. Gotegrin, der Bruder Ginovers, hört diese Gerüchte und befürchtet, dass sie die Ehre seiner Familie beschmutzen könnte, was er nicht akzeptieren kann. Daher reitet er mit seinen Männern zum Artushof, entführt Ginover, als sie allein ist, und bringt sie in den Wald. Dort will er sie töten, um die Ehre der Familie wiederherzustellen. Seine Gefolgsmänner wollen ihn zwar davon abhalten, doch das gelingt ihnen nicht, und Gotegrin reitet mit Ginover allein in den Wald, um seine Tat ungestört zu vollbringen. Dort trifft er dann allerdings auf Gasoein, der ihn im Kampf besiegt und Ginover rettet.

Die zweite Entführung beginnt genau dort, wo die erste endet.[604] Zuvor hat Gasoein Ginover gerettet, aber seine frühere Liebe zu ihr ist noch nicht erloschen, weshalb er direkt die Gelegenheit nutzt, sie seinerseits zu entführen. Er will sie in sein Land bringen und hätte dabei den großen Vorteil, dass der Hof nicht weiß, wo er nach der Königin suchen soll. Gasoein wird im Laufe der Reise durch die Minne und von seiner Lust auf Ginover überwältigt und will sie vergewaltigen, was er ohne das plötzliche Auftauchen Gaweins auch gemacht hätte. Gawein ist zunächst verunsichert, weil diese Situation nicht wie

---

[604] Ebd., Verse 11314-12626.

eine typische Vergewaltigung aussieht, aber er merkt trotzdem recht schnell, dass er Gasoein bekämpfen und die Königin befreien muss. Der Kampf gestaltet sich lang und schwierig und endet mit Gaweins Sieg. Daraufhin muss Ginover dem verwundeten Ritter helfen, zurück an den Hof zu gelangen, wo Gasoein sein Fehlverhalten verziehen und er zu einem Mitglied des Hofes gemacht wird.

Die dritte und letzte Stelle in diesem Roman, die für meine Studie besonders interessant ist, betrifft den Raub der Sinne Gaweins durch Amurfina.[605] Diese Entführung ist ungewöhnlich, weil sie sich nicht auf den Körper eines Menschen bezieht, sondern auf dessen Psyche. Man hört zum ersten Mal von Amurfina, als Gawein bei Blandochors ist und Amurfina ihm eine Botin schickt, um ihn in ihr Land zu holen. Als Gawein am Hof von Serre ankommt, trifft er Amurfina zum ersten Mal und verliebt sich sofort in sie. Amurfina verliebt sich ebenfalls in Gawein, aber sie weiß auch, dass dieser bisher nie dauerhaft bei einer Frau geblieben ist. Da sie ihn liebt und außerdem seine Hilfe hinsichtlich der Regierung ihres Landes gut gebrauchen könnte, vor allem da sie sich gerade in einem Erbstreit mit ihrer Schwester befindet und hier einen starken Vertreter für ihre Interessen bräuchte, will und kann sie Gawein nicht einfach so gehen lassen. Daher verwendet sie magische Mittel, um ihn an sich und ihr Land zu binden. Zuerst nutzt sie einen Zaubertrank, der ihm seelische Schmerzen zufügt, die nur durch die Minne wieder geheilt werden können. Später muss er Amurfina seine Treue schwören, um nicht von einem

---

[605] Ebd., Verse 8042-9128.

magischen Schwert angegriffen zu werden. Schließlich lässt ihn Amurfina einen zweiten Zaubertrank trinken, der ihm seine klare Wahrnehmung vollkommen raubt und ihn seine Vergangenheit völlig vergessen lässt. Gawein glaubt dann, dass er schon lange der Herr des Landes wäre und Amurfina seine Gattin. So lebt er eine ganze Weile, ohne sich zu erinnern, bis er eine Platte sieht, auf der sich eine Zeichnung von dem Kampf zwischen Amurfinas Vater und Gawein befindet. Als Gawein diese Zeichnung sieht, beginnt er zu ahnen, dass er Teile seiner Vergangenheit vergessen hat, und er versucht, sich an alles zu erinnern. Das gelingt ihm seine klare Wahrnehmung kehrt zurück, was dazu führt, dass er Amurfina und ihr Land verlässt, um seine Reise und seine Suche nach *Aventiuren* fortzusetzen.


- *Gauriel von Muntabel*

„*Gauriel von Muntabel*"[606] ist ein mittelhochdeutscher Roman, der von Konrad von Stoffeln in der zweiten Hälfte des 13. Jahrhunderts oder sogar schon um das Jahr 1300 verfasst wurde. Der Text wurde durch zwei vollständige Handschriften und zwei Fragmente überliefert. Die Handlung dreht sich um den Ritter Gauriel, der wegen eines Fehltritts gegenüber seiner Freundin, einer Fee, seine Schönheit verloren hat. Um diese wiederzuerlangen, muss er den Artushof herausfordern. Allerdings weiß er zunächst nicht, wie er das anstellen soll, da es eigentlich keinen Konflikt gibt. Als er die Botin, die der

---

[606] Es wird in dieser Studie die folgende Ausgabe verwendet: „German Romance, Vol 2, Gauriel von Muntabel". Christoph, Siegfried (Hrsg.), Cambridge, 2007.

Artushof ihm schickt, kommen sieht, hält er das für eine gute Gelegenheit, sie zu entführen und damit einen Streit mit den Mitgliedern des Hofes zu beginnen und sie somit zu zwingen, gegen ihn zu kämpfen.[607] Allerdings hat er keine bösen Absichten gegenüber seinem Opfer und kündigt der Frau gleich an, dass er sie später freilassen wird. Alle Ritter des Artushofes kämpfen nacheinander gegen Gauriel, der keinen einzigen Kampf verliert. Er besiegt sogar die besten Artusritter, wodurch er den Fluch brechen und seine Schönheit wiedererlangen kann. Er schließt Frieden mit Artus, als dieser persönlich zu ihm reitet, und lässt die junge Botin frei, weil er nicht länger Streit mit dem Hof haben will, denn er hat aus Notwendigkeit gehandelt und nicht aus Bösartigkeit. Nach dieser Episode verbringt Gauriel mit der Erlaubnis seiner Freundin ein Jahr am Hof als Buße für sein Verhalten. Danach reitet er fort, um seine Freundin im Feenreich treffen zu können.

- *Wigamur*

„*Wigamur*, der Ritter mit dem Adler"[608] ist ein mittelhochdeutscher Roman. Der Text entstand im dreizehnten Jahrhundert und ist in Form von drei Handschriften (eine vollständige Version und zwei Fragmente) überliefert. Die Handlung widmet sich Wigamur, der als Kind entführt wurde und alle Erinnerungen an seine ursprüngliche Familie verloren hat. Als er ein junger

---

[607] Gauriel, Verse 523-2203.
[608] Es wird in dieser Studie die folgende Ausgabe verwendet: "Wigamur German Romance vol VI". Sullivan, Joseph (Hrsg.), Cambridge, 2015.

Erwachsener ist, tritt er der ritterlichen Gesellschaft bei und versucht, ein guter und angesehener Ritter zu werden und auch seine Herkunft und Identität herauszufinden. Besonders wichtig für diese Studie sind die zwei Entführungen, die am Anfang des Textes stattfinden. Zuerst wird Wigamur als Kind von Lespia entführt. Später wird das Kind noch einmal von einem Meerwesen geraubt, bei dem es dann die restliche Zeit verbringt, bis es alt genug ist, um die Welt der Ritter zu betreten. Diese zwei Entführungen sind eng miteinander verbunden, weil sie direkt hintereinander passieren und weil das Meerwesen hier zwei unterschiedliche Rollen einnimmt, denn in Bezug auf die erste Entführung ist es der Retter und in Bezug auf die zweite der Täter.

Lespia entführt das Kind vom Hof Königs Paltriot (der Vater von Wigamur), als dieser und seine Gefolgsmänner abwesend sind, sodass sie von niemandem aufgehalten wird. [609] Sie bringt Wigamur in ihre Höhle, die sich irgendwo unter dem Meeresspiegel befindet. Er verbringt mehrere Jahre dort und glaubt, dass Lespia seine richtige Mutter wäre. Lespia will ihn großziehen und später dazu bringen, eine ihrer Töchter zu heiraten, bevor sie ihn zum Hof von König Paltriot zurückschickt. Kurz nach Wigamurs Rettung fängt Lespia jedoch ein Meerwesen, mit dem sie im Streit liegt, aber sie traut sich nicht, es allein zu töten. Aus diesem Grund sucht sie nach ihren Brüdern, damit diese ihr helfen, wird aber dabei von König Paltriot gefangengenommen. Während dieser Zeit befreit sich das Meerwesen von seinen Fesseln und tötet die zwei Töchter der Lespias, befreit aber Wigamur, weil es erkannt hat, dass dieser nicht Lespias

---

[609]Wigamur, Verse 111-299.

Sohn ist. Das Meerwesen nimmt Wigamur mit sich, was sowohl eine Befreiung aus der ersten Entführung als auch eine zweite Entführung darstellt.[610] Als Gefangene des Königs soll Lespia verraten, wo das Kind ist, und es zurückbringen. Sie geht zur Höhle zurück, um Wigamur zu holen, aber sieht dort die Leiche ihrer Töchter und dass Wigamur verschwunden ist, was sie dazu bringt, Selbstmord zu begehen. Somit kehrt auch Wigamur als Kind nicht mehr an den Hof des Königs zurück. Aber das Meerwesen kümmert sich gut um Wigamur und lehrt ihn viele höfische Künste, damit er später zu einem höfischen und angesehenen Ritter werden kann. Allerdings weiß das Meerwesen nichts über die ursprüngliche Familie Wigamurs, weshalb dieser die ritterliche Welt ohne geklärte Identität betritt und fortan im Verlauf des Romans auf der Suche nach seiner Herkunft ist.

---

[610]Wigamur, Verse 300-412.

# Anhang 3 - Vorstellung der niederländischen Texte

- *Torec*

„*Torec*"[611] ist ein mittelniederländischer Versroman, der von Jacob van Maerlant in der zweiten Hälfte des dreizehnten Jahrhunderts verfasst wurde.[612] Die einzige existierende Handschrift ist die *Lancelot Compilation*, die um 1320-1325 entstand. Dieser Roman handelt von den Abenteuern des Ritters Torec und seiner Reise, um das magische Armband wiederzubekommen, das früher seiner Familie gehörte und dann gestohlen wurde. In diesem Text gibt es drei Stellen, die für meine Studie relevant sind, und zwar die Entführung einer Jungfrau durch sieben Räuber, die Entführung vieler junger Damen durch einen Oger und der Raub Miraudes durch Ypander.

Man findet die erste Entführung in diesem Roman ganz am Anfang der Reise Torecs[613], da es sich um das allererste Abenteuer des Helden handelt.[614] Torec

---

[611] Es wird in dieser Studie die folgende Ausgabe verwendet: Jacob van Maerlant: „Torec". In: „Dutch Romances III, five interpolated romances from the Lancelot Compilation". Johnson, David F. und Claassens, Geert H.M. (Hrsg,), Cambridge, 2003. S. 562-727.

[612] Forscher wie Van Ostroom haben versucht, die Datierung noch stärker einzugrenzen, und gehen davon aus, dass der *Torec* wahrscheinlich im Jahre 1262 fertiggestellt wurde. „Dutch Romances III, – interpolated romances from the Lancelot Compilation". Johnson, David F. und Claassens, Geert H.M. (Hrsg.), Cambridge, 2003. S. 39.

[613] Torec, Verse 273-294.

[614] Vor der Entführung gibt es nur den Prolog, der die Familie Torecs behandelt und berichtet, wie das Armband gestohlen wurde, um die spätere Abenteuerreise der Hauptfigur zu erklären.

reitet durch den Wald und trifft dort sieben Männer, die eine junge Dame bei sich haben. Dabei erfährt man keine Details über die Entführer oder die junge Frau, sondern es wird nur erklärt, dass sie sie an einem Ort, an dem sie ungestört sind, vergewaltigen wollen. Die junge Dame ruft um Hilfe und Torec entscheidet sich, ihr zu helfen. Torec ist ein im Kämpfen sehr geübter und gut ausgerüsteter Ritter, während die Diebe nur schlechte Waffen und Rüstungen besitzen und keine besonderen Kampftechniken gelernt haben. Aus diesem Grund kann Torec seine Gegner schnell besiegen und die junge Frau befreien. Allerdings erfährt man auch nach der Rettung nichts über die junge Dame, weil diese Torec nicht darum bittet, sie zu ihrem früheren Wohnort zu begleiten, sondern einfach nur, sie an einen sicheren Ort zu bringen. Das schafft einen Antrieb für die weitere Handlung, weil es Torec dazu bewegt, die *Aventiure* von Casteel Fellon zu versuchen, während er nach einem sicheren Ort für die junge Dame sucht.

Der zweite Raub[615] ist etwas komplexer gestaltet, weil er nicht an einem Stück erzählt wird. Tatsächlich erfährt man zuerst vom Raub von Mabilie, der Jungfrau von Montesclare, durch einen Oger. Torec sieht bei diesem einfach nur tatenlos zu und reitet dann weiter.[616] Nach dieser Entführung folgt erst einmal eine narrative Ellipse, die damit endet, dass man erfährt, dass die Tochter eines Königs entführt wurde und dass Melions und Raguel ihre Rettung

---

[615] Torec, Verse 1620-1905.
[616] Torec hatte Mabilie geholfen, aber diese hatte ihn sehr undankbar behandelt. Da er sie nicht heiraten wollte, wurde er eine Zeit lang gefangen gehalten. Als Torec befreit und Zeuge der Entführung wird, entscheidet er sich dazu, ihr nicht zu helfen, weil er befürchtet, nach der Rettung wieder unfair behandelt zu werden. Torec, Verse 1289-1307.

unternehmen wollen.[617] Beide reisen in die Berge und finden dort die Höhle des Ogers, die jedoch nur schwer zu erreichen ist. Raguel bleibt daher draußen und hilft Melions, mit Seilen nach unten in die Höhle zu gelangen. Als Melions unten ist, merkt er, dass etwa vierzig junge Frauen entführt worden sind und nicht nur Mabilie und die Tochter des Königs. Zufälligerweise schläft der Oger gerade, was es Melions erlaubt, mit Mabilie zu sprechen und von ihr Anweisungen zu erhalten, wie er den Oger töten kann. Das setzt er dann auch direkt um und bringt mit Raguels Hilfe alle entführten Frauen aus der Höhle. Aber als Melions an der Reihe ist, wieder hochgezogen zu werden, weigert sich Raguel, weil er die Belohnung und den Ruhm für diese Rettung für sich allein haben will. Melions schafft es aber, sich selbst aus der Höhle zu befreien und an den Hof des Königs zu gelangen, wo er den Verrat von Raguel aufdeckt. Der König entscheidet daraufhin, dass Raguel, der zuvor als Retter und Held gefeiert wurde, hingerichtet werden soll. Dadurch wird Melions zum großen und einzigen Helden und Retter bei diesem *Aventiure*.

Im dritten Fall wird Miraude, die Freundin von Torec, von Ypander entführt.[618] Ypander war zuvor schon in der Handlung aufgetaucht, als er seinen Rittern befohlen hatte, eine junge Dame und ihre Gefolgsleute daran zu hindern, ihren verstorbenen Mann zu begraben, bis die junge Witwe sich Ypander unterworfen und ihn zu ihrem neuen Ehemann genommen hätte. Torec hat diesen Plan jedoch zerstört, weil er die beauftragten Ritter bekämpft und besiegt hat, was Ypander sehr wütend werden ließ. Daher ist Ypander Torec

---

[617] Torec, Verse 1620-1906.
[618] Torec, Verse 3461-3580.

gefolgt, um auf eine geeignete Gelegenheit zu warten, sich an ihm zu rächen. Als Torec und Miraude dann einmal nahe des Artushofes in einem Zelt schlafen, taucht Ypander plötzlich auf und entführt die junge Dame. Dabei wacht Torec nicht auf und später braucht er noch Zeit, um sich für die Verfolgung zu rüsten, weshalb es eine Weile dauert, bis er sich auf den Weg machen kann, um Miraude zu retten. Als Torec bei Ypanders Schloss ankommt, muss er zunächst eine Prüfung bestehen, nämlich einen Angriff von verzauberten Statuen am Eingang des Schlosses, den er überlebt. Nachdem er in das Schloss eingedrungen ist, empfängt ihn Ypander sehr gastfreundlich und sie planen für den nächsten Tag einen Zweikampf. Der Kampf findet statt und endet mit dem Sieg Torecs, der sich aufgrund seiner Barmherzigkeit dazu entscheidet, seinen Gegner zu verschonen. Ypander wird daraufhin ein Freund und Lehnsmann Torecs.

- *Der Roman van Walewein*

Der „*Roman van Walewein*"[619] ist ein mittelniederländischer Versroman, der in der Mitte des 13. Jahrhunderts von Penninc und Pieter Vostaert verfasst wurde. Der Text wurde nur in einer Handschrift vollständig überliefert. Es gibt drei relevante Textstellen in diesem Roman, die ich untersuche.

---

[619] Es wird in dieser Studie die folgende Ausgabe verwendet: Penninc und Pieter Vostaert: „Roman van Walewein". Besamuca, Bart und Dauven-van Knippenberg, Carla (Hrsg.) mit der Beratung Stefens, Gregor, Münster, 2010.

Die erste Entführung findet am Ende des ersten Teils der Erzählung statt, nachdem Walewein das magische Schwert mit den zwei Ringen von König Amoraen erhalten hat und sich auf dem Weg nach Indien befindet.[620] Dieser erste Raub ist etwas komplexer, weil mehrere Entführer und mehrere Opfer daran beteiligt sind. Zwar erfährt man zuerst nur von der Entführung einer jungen Dame durch den roten Ritter, der dabei ihren Bruder getötet hat, doch später wird auch bekannt, dass die drei Gesellen des roten Ritters ebenfalls drei junge Frauen entführt haben. Walewein trifft auf seiner Reise den roten Ritter, der gerade dabei ist, eine junge Dame zu misshandeln. Die junge Frau ruft um Hilfe, weshalb Walewein sie und den roten Ritter verfolgt, bis er beide eingeholt hat. Dann kämpft er gegen den Ritter, der dabei tödlich verwundet wird. Bevor der rote Ritter stirbt, bereut er jedoch seine vielen Verbrechen und bittet die junge Dame um Verzeihung. Walewein unterstützt diesen Sinnes-wandel und verspricht dem roten Ritter ein christliches Begräbnis. Dieser Fall endet hier aber noch nicht, weil der rote Ritter drei Gefährten hat, die sehr wütend werden, als sie sehen, dass der rote Ritter getötet wurde. Da diese ebenfalls drei Jungfrauen entführt haben, muss Walewein erneut kämpfen und erschlägt dabei einen der drei Ritter unbeabsichtigt. Einer der zwei anderen wird daraufhin noch wütender und lehnt die Einigung, die Walewein zuvor vorgeschlagen hatte, ab. Er hat also keine andere Wahl, als weiter zu kämpfen und auch noch diesen Ritter zu töten. Der dritte Ritter ergibt sich aber und zeigt Reue. Walewein, der wahrhaft barmherzig ist, verzeiht ihm und bittet

---

[620] Roman van Walewein, Verse 3655-4931.

den Ritter, die Jungfrauen an die jeweiligen Orte zurückzubringen, von wo sie entführt worden waren.

Der zweite Fall, der für diese Studie relevant ist, betrifft die fehlgeschlagene Entführung Ysabeles durch einen Ritter, von dem später berichtet wird, dass er der Sohn eines Herzogs war.[621] Ysabele und Walewein treffen den Ritter zufällig, während sie auf dem Weg zum Artushof sind. Der Ritter ignoriert Walewein, aber interessiert sich sehr für die junge Dame. Er findet sie sehr schön und will sie für sich haben, weshalb er Ysabele von Walewein als Pfand dafür verlangt, dass dieser weiterreisen darf. Walewein lehnt das jedoch ab und beginnt stattdessen einen Kampf mit dem Ritter. Im Kampf ist ihm der Ritter in jedem Aspekt unterlegen, dennoch will er weder aufgeben noch um Gnade bitten, weshalb Walewein irgendwann keine andere Wahl hat, als ihn zu töten. An dieser Stelle könnten wir sagen, dass der Entführungsversuch gescheitert und diese Episode damit abgeschlossen ist. Allerdings muss auch berücksichtigt werden, dass dieser fehlgeschlagene Raub direkte Folgen auf die spätere Handlung hat, denn als Walewein und Ysabele nach dem Kampf eine Unterkunft für die Nacht suchen, wird ihnen diese von einem Herzog gewährt, der auch der Vater des verstorbenen Entführers ist. Als dieser vom Mord an seinem Sohn erfährt, vergisst er seine höfische Erziehung und will Rache üben. Daher lässt er beide, Walewein und Ysabele, festnehmen und in einen Kerker werfen, wo sie gefoltert werden sollen. Walewein schafft es aber, sich

---

[621] Ebd., Verse 8466-9406.

zu befreien, indem er den Kerkermeister tötet. Zusammen mit Ysabele flieht er dann zum Artushof, womit dieser Abschnitt der Erzählung endet.

Der dritte Entführungsfall findet kurz nach dem zweiten Fall statt. Während sich Walewein und Ysabele an einem schönen und ruhigen Ort ausruhen, schläft der Held ein. Weil der Held schläft, gelingt es einem schwarzen Ritter, Ysabele ohne Probleme zu entführen.[622] Es stellt sich heraus, dass der Entführer durch seine plötzlich aufgekommene Liebe zu Ysabel vollkommen geblendet worden war und nicht mehr vernünftig denken konnte. Nachdem Walewein aufgewacht ist, reitet er den beiden hinterher und holt sie ein, damit er den Entführer bekämpfen kann. Es kommt zu einem langen und schwierigen Kampf, der mit dem Sieg Waleweins endet, woraufhin Ysabele ihn darum bittet, den schwarzen Ritter zu töten. Walewein macht das aber nicht, sondern gibt Estor, dem schwarzen Ritter, die Chance, wieder auf den richtigen Weg zurückzukehren.

---

[622] Ebd., Verse 9612-10165.

# Anhang 4

Tabelle 1: Funktion der Entführungsfälle aus den französischen Texten

| Werk und Entführungsfall | Funktion 1 | Funktion 2 | Funktion 3 | Funktion 4 | Funktion 5 |
|---|---|---|---|---|---|
| Chevalier de la charrette: Entführung der Königin | Ja | Ja | Ja | Ja | Ja |
| Yvain: Entführung der Königin | Ja | Ja | Ja | Ja | Ja |
| Yvain: Entführung der Söhne vom vavasseur | Ja | Ja | Nein | Ja | Ja |
| Le conte du graal: Entführung drei Jungfrauen | Ja | Ja | Nein | Ja | Nein |
| Première continuation Perceval: Entführung Guimer | Ja | Ja | Nein | Ja | Ja |
| Première continuation Perceval: Entführung des Sohnes Gauvain | Ja | Ja | Nein | Ja | Ja |
| Lancelot en Prose: Entführung der Königin | Ja | Ja | Ja | Ja | Ja |
| Lancelot en Prose: Entführung Lancelot durch die Dame du Lac | Ja | Ja | Nein | Ja | Ja |
| Le roman de Jaufré: Erste Entführung Arthur | Ja | Ja | Ja | Ja | Ja |
| Le roman de Jaufré: Entführung von Kinder und einer Jungfrau durch Leprakranken | Ja | Ja | Nein | Ja | Ja |
| Le roman de Jaufré: Entführung der Tocher Augier durch einen Riesen | Ja | Ja | Nein | Ja | Nein |
| Le roman de Jaufré: Zweite Entführung Arthur | Ja | Ja | Ja | Ja | Ja |
| Hunbaut: Entführung der Schwester Gauvain | Ja | Ja | Ja | Ja | Ja |

| Werk und Entführungsfall | Funktion 6 | Funktion 7 | Funktion 8 | Funktion 9 | Funktion 10 |
|---|---|---|---|---|---|
| Chevalier de la charrette: Entführung der Königin | Ja | Ja | Ja | Ja | Ja |
| Yvain: Entführung der Königin | Ja | Ja | Nein | Nein | Nein |
| Yvain: Entführung der Söhne vom vavasseur | Ja | Ja | Nein | Nein | Ja |
| Le conte du graal: Entführung drei Jungfrauen | Nein | Ja | Nein | Nein | Nein |
| Première continuation Perceval: Entführung Guimer | Ja | Ja | Nein | Nein | Ja |
| Première continuation Perceval: Entführung des Sohnes Gauvain | Ja | Ja | Nein | Nein | Nein |
| Lancelot en Prose: Entführung der Königin | Ja | Ja | Ja | Ja | Ja |
| Lancelot en Prose: Entführung Lancelot durch die Dame du Lac | Nein | Nein | Nein | Nein | Nein |
| Le roman de Jaufré: Erste Entführung Arthur | Ja | Ja | Ja | Ja | Nein |
| Le roman de Jaufré: Entführung von Kinder und einer Jungfrau durch Leprakranken | Ja | Ja | Nein | Nein | Ja |
| Le roman de Jaufré: Entführung der Tocher Augier durch einen Riesen | Ja | Ja | Nein | Nein | Ja |
| Le roman de Jaufré: Zweite Entführung Arthur | Ja | Ja | Ja | Ja | Nein |
| Hunbaut: Entführung der Schwester Gauvain | Ja | Ja | Nein | Nein | Ja |

| Werk und Entführungsfall | Funktion 11 | Funktion 12 | Funktion 13 |
|---|---|---|---|
| Chevalier de la charrette: Entführung der Königin | Ja | Ja | Ja |
| Yvain: Entführung der Königin | Ja | Ja | Ja |
| Yvain: Entführung der Söhne vom vavasseur | Ja | Ja | Ja |
| Le conte du graal: Entführung drei Jungfrauen | Nein | Nein | Nein |
| Première continuation Perceval: Entführung Guimer | Ja | Ja | Ja |
| Première continuation Perceval: Entführung des Sohnes Gauvain | Nein | Nein | Nein |
| Lancelot en Prose: Entführung der Königin | Ja | Ja | Ja |
| Lancelot en Prose: Entführung Lancelot durch die Dame du Lac | Nein | Nein | Nein |
| Le roman de Jaufré: Erste Entführung Arthur | Nein | Ja | Ja |
| Le roman de Jaufré: Entführung von Kinder und einer Jungfrau durch Leprakranken | Ja | Ja | Ja |
| Le roman de Jaufré: Entführung der Tocher Augier durch einen Riesen | Ja | Ja | Ja |
| Le roman de Jaufré: Zweite Entführung Arthur | Nein | Ja | Ja |
| Hunbaut: Entführung der Schwester Gauvain | Ja | Ja | Ja |

Funktion 1 (Anfangssituation der entführten Figur oder Initiallage), Funktion 2 (Das Auftreten eines Gegenspielers), Funktion 3 (Eine Figur fällt einem Betrug zum Opfer und hilft dem Gegenspieler unfreiwillig), Funktion 4 (Entführung), Funktion 5 (Einem Familienmitglied oder einem Mitglied desselben Hofes fehlt etwas), Funktion 6 (Dem Helden oder Sucher wird eine Bitte oder ein Befehl übermittelt), Funktion 7 (Der Held oder Sucher ist bereit und entschließt sich zur Gegenhandlung), Funktion 8 (Der Held wird auf die Probe gestellt), Funktion 9 (Die Reaktion des Helden), Funktion 10 (Der Held und sein Gegner treten in einem direkten Zweikampf), Funktion 11 (Der Gegenspieler wird besiegt), Funktion 12 (Der Mangel wird behoben), Funktion 13 (Der Held kehrt zurück).

## Tabelle 2: Funktion der Entführungsfälle aus den deutschen Texten

| Werk und Entführungsfall | Funktion 1 | Funktion 2 | Funktion 3 | Funktion 4 | Funktion 5 |
|---|---|---|---|---|---|
| Iwein: Entführung der Königin | Ja | Ja | Ja | Ja | Ja |
| Lanzelet: Entführung Lancelet durch die Meeresfee | Ja | Ja | Nein | Ja | Ja |
| Lanzelet: Entführung der Königin | Ja | Ja | Nein | Ja | Ja |
| Parzival: Entführung einr jungen Dame durch Meleagans und ein weiterer Ritter | Ja | Ja | Nein | Ja | Nein |
| Wigalois: Entführung Gawein durch Joram | Ja | Ja | Ja | Ja | Ja |
| Wigalois: Entführung einer Jungfrau durch zwei Riesen | Ja | Ja | Nein | Ja | Nein |
| Diu Crône: Entführung der Königin durch Gotegrin | Ja | Ja | Nein | Ja | Ja |
| Diu Crône: Entführung der Königin durch Gasoein | Ja | Ja | Ja | Ja | Ja |
| Diu Crône: Raub der Sinne Gawein durch Amurfina | Ja | Ja | Ja | Ja | Nein |
| Gauriel: Entführung der Botin des Hofes | Ja | Ja | Ja | Ja | Ja |
| Wigamur: Entführung Wigamur durch Lespia | Ja | Ja | Nein | Ja | Ja |
| Wigamur: Entführung Wigamur durch das Meerwesen | Ja | Ja | Ja | Ja | Ja |

| Werk und Entführungsfall | Funktion 6 | Funktion 7 | Funktion 8 | Funktion 9 | Funktion 10 |
|---|---|---|---|---|---|
| Iwein: Entführung der Königin | Ja | Ja | Nein | Nein | Ja |
| Lanzelet: Entführung Lancelet durch die Meeresfee | Nein | Nein | Nein | Nein | Nein |
| Lanzelet: Entführung der Königin | Nein | Ja | Ja | Ja | Nein |
| Parzival: Entführung einr jungen Dame durch Meleagans und ein weiterer Ritter | Nein | Ja | Nein | Nein | Ja |
| Wigalois: Entführung Gawein durch Joram | Nein | Nein | Nein | Nein | Nein |
| Wigalois: Entführung einer Jungfrau durch zwei Riesen | Nein | Ja | Nein | Nein | Ja |
| Diu Crône: Entführung der Königin durch Gotegrin | Nein | Nein | Nein | Nein | Ja |
| Diu Crône: Entführung der Königin durch Gasoein | Nein | Nein | Nein | Nein | Ja |
| Diu Crône: Raub der Sinne Gawein durch Amurfina | Nein | Nein | Ja | Ja | Nein |
| Gauriel: Entführung der Botin des Hofes | Ja | Ja | Nein | Nein | Ja |
| Wigamur: Entführung Wigamur durch Lespia | Nein | Nein | Nein | Nein | Nein |
| Wigamur: Entführung Wigamur durch das Meerwesen | Nein | Nein | Nein | Nein | Nein |

| Werk und Entführungsfall | Funktion 11 | Funktion 12 | Funktion 13 |
|---|---|---|---|
| Iwein: Entführung der Königin | Ja | Ja | Ja |
| Lanzelet: Entführung Lancelet durch die Meeresfee | Nein | Nein | Nein |
| Lanzelet: Entführung der Königin | Ja | Ja | Nein |
| Parzival: Entführung einr jungen Dame durch Meleagans und ein weiterer Ritter | Ja | Ja | Ja |
| Wigalois: Entführung Gawein durch Joram | Nein | Nein | Nein |
| Wigalois: Entführung einer Jungfrau durch zwei Riesen | Ja | Ja | Ja |
| Diu Crône: Entführung der Königin durch Gotegrin | Ja | Ja | Nein |
| Diu Crône: Entführung der Königin durch Gasoein | Ja | Ja | Ja |
| Diu Crône: Raub der Sinne Gawein durch Amurfina | Ja | Ja | Ja |
| Gauriel: Entführung der Botin des Hofes | Ja | Ja | Ja |
| Wigamur: Entführung Wigamur durch Lespia | Nein | Nein | Nein |
| Wigamur: Entführung Wigamur durch das Meerwesen | Nein | Nein | Nein |

Funktion 1 (Anfangssituation der entführten Figur oder Initiallage), Funktion 2 (Das Auftreten eines Gegenspielers), Funktion 3 (Eine Figur fällt einem Betrug zum Opfer und hilft dem Gegenspieler unfreiwillig), Funktion 4 (Entführung), Funktion 5 (Einem Familienmitglied oder einem Mitglied desselben Hofes fehlt etwas), Funktion 6 (Dem Helden oder Sucher wird

eine Bitte oder ein Befehl übermittelt), Funktion 7 (Der Held oder Sucher ist bereit und entschließt sich zur Gegenhandlung), Funktion 8 (Der Held wird auf die Probe gestellt), Funktion 9 (Die Reaktion des Helden), Funktion 10 (Der Held und sein Gegner treten in einem direkten Zweikampf), Funktion 11 (Der Gegenspieler wird besiegt), Funktion 12 (Der Mangel wird behoben), Funktion 13 (Der Held kehrt zurück).

## Tabelle 3: Funktion der Entführungsfälle aus den niederländischen Texten

| Werk und Entführungsfall | Funktion 1 | Funktion 2 | Funktion 3 | Funktion 4 | Funktion 5 |
|---|---|---|---|---|---|
| Torec: Entführung einer jungen Dame durch sieben Diebe | Nein | Nein | Nein | Ja | Ja |
| Torec: Entführung Mabilie und vierzig weitere Jungfrauen durch ein Oger | Ja | Ja | Ja | Ja | Ja |
| Torec: Entführung Miraude durch Ypander | Ja | Ja | Nein | Ja | Ja |
| Roman van Walewein: Entführung einer Jungfrau durch den roten Ritter | Nein | Nein | Nein | Ja | Nein |
| Roman van Walewein: Fehlgeschlagene Entführung Ysabele | Ja | Ja | Nein | Nein | Nein |
| Roman van Walewein: Entführung Ysabele durch den schwarzen Ritter | Ja | Ja | Ja | Ja | Ja |

| Werk und Entführungsfall | Funktion 6 | Funktion 7 | Funktion 8 | Funktion 9 | Funktion 10 |
|---|---|---|---|---|---|
| Torec: Entführung einer jungen Dame durch sieben Diebe | Ja | Ja | Nein | Nein | Ja |
| Torec: Entführung Mabilie und vierzig weitere Jungfrauen durch ein Oger | Ja | Ja | Ja | Ja | Nein |
| Torec: Entführung Miraude durch Ypander | Nein | Ja | Ja | Ja | Ja |
| Roman van Walewein: Entführung einer Jungfrau durch den roten Ritter | Ja | Ja | Nein | Nein | Ja |
| Roman van Walewein: Fehlgeschlagene Entführung Ysabele | Nein | Nein | Nein | Nein | Ja |
| Roman van Walewein: Entführung Ysabele durch den schwarzen Ritter | Nein | Ja | Nein | Nein | Ja |

| Werk und Entführungsfall | Funktion 11 | Funktion 12 | Funktion 13 |
|---|---|---|---|
| Torec: Entführung einer jungen Dame durch sieben Diebe | Ja | Ja | Nein |
| Torec: Entführung Mabilie und vierzig weitere Jungfrauen durch ein Oger | Ja | Ja | Ja |
| Torec: Entführung Miraude durch Ypander | Ja | Ja | Ja |
| Roman van Walewein: Entführung einer Jungfrau durch den roten Ritter | Ja | Ja | Ja |
| Roman van Walewein: Fehlgeschlagene Entführung Ysabele | Ja | Nein | Nein |
| Roman van Walewein: Entführung Ysabele durch den schwarzen Ritter | Ja | Ja | Ja |

Funktion 1 (Anfangssituation der entführten Figur oder Initiallage), Funktion 2 (Das Auftreten eines Gegenspielers), Funktion 3 (Eine Figur fällt einem Betrug zum Opfer und hilft dem Gegenspieler unfreiwillig), Funktion 4 (Entführung), Funktion 5 (Einem Familienmitglied oder einem Mitglied desselben Hofes fehlt etwas), Funktion 6 (Dem Helden oder Sucher wird eine Bitte oder ein Befehl übermittelt), Funktion 7 (Der Held oder Sucher ist bereit und entschließt sich zur Gegenhandlung), Funktion 8 (Der Held wird auf die Probe gestellt), Funktion 9 (Die Reaktion des Helden), Funktion 10 (Der Held und sein Gegner treten in einem direkten Zweikampf), Funktion 11 (Der Gegenspieler wird besiegt), Funktion 12 (Der Mangel wird behoben), Funktion 13 (Der Held kehrt zurück).

# Literaturverzeichnis

## I- Primärliteratur

### A Korpus

Chrétien de Troyes: Aubailly, Jean Claude (Hrsg. und Übers.): „Lancelot ou le chevalier de la charrette". Paris, 1991.

Chrétien de Troyes: Hult, David F. (Hrsg. und Übers.): „Le chevalier au lion ou le roman d'Yvain". Paris, 1994.

Chrétien de Troyes: Méla, Charles (Hrsg. und Übers.) : „Le conte du graal ou le roman de Perceval". Paris, 1990.

Hunbaut: Winters, Margaret (Hrsg.): „The romance of Hunbaut: an Arthurian poem oft he thirteenth century". Lugdnuni Batavorum E.J. Brill, Leyde, 1984.

Hartmann von Aue: Mertens, Volker (Hrsg. und Übers.): „Gregorius, der arme Heinrich, Iwein". Frankfurt am Main, 2008.

Heinrich von dem Türlin: Felder, Gudrun (Hrsg.), unter Mitarbeit von Alfred Ebenbauer, Kragl, Florian (Übers.): „Diu Crône". Mittelhochdeutsche Leseausgabe mit Erläuterungen. Berlin/Boston, 2012.

Jacob van Maerlant: „Torec". In: Johnson, David F. und Claassens, Geert H.M. (Hrsg.): „Dutch Romances III, five interpolated romances from the Lancelot Compilation". Cambridge, 2003. S. 562-727

Jaufré: „Roman de Jaufré". http://www.rialc.unina.it/jaufre-i.htm (Webseite besucht am 26.05.2019 um 19 Uhr).

Konrad von Stoffeln: Christoph, Siegfried (Hrsg.): „German Romance Volume II: Gauriel von Muntabel". Cambridge, 2007.

Lancelot en Prose: Hicks, Eric (Hrsg.): „Le livre du Graal, Tome 2, La marche de Gaule", NRF, Gallimard, 2003. In: Poirion, Daniel et al (Hrsg.): „Le livre du graal, Tome 2, Lancelot, De „La marche de Gaule" à „La Première partie de la quête de Lancelot"", Collection de la pléiade, Gallimard, 2003.

Lancelot en Prose: Demaules, Mireille (Hrsg.): „Le livre du Graal, Tome 2, Galehaut", NRF, Gallimard, 2003. In: Poirion, Daniel et al (Hrsg.): „Le livre du graal, Tome 2, Lancelot, De „La marche de Gaule" à „La Première partie de la quête de Lancelot"", Collection de la pléiade, Gallimard, 2003.

Première continuation Perceval: Roach, W und Ivy, R. H. (Hrsg.): "The Continuations of the Old French Perceval of Chretien de Troyes", Philadelphia, American Philosophical Society, 1965.

Ulrich von Zatzikhoven: „Lanzelet". https://www.hs-augsburg.de/~harsch/germanica/Chronologie/12Jh/Zatzikhoven/zat_la00.html(Webseite besucht am 15.03.2020 um 15 Uhr).

Vostaert Pieter und Penninc: Besamuca, Bart und Dauven-van Knippenberg, Carla (Hrsg.) mit der Beratung Stefens, Gregor: „Roman van Walewein". Münster, 2010.

Wigamur: Sullivan, Joseph (Hrsg. und Übers.): "Wigamur German Romance vol VI". Cambridge, 2015.

Wirnt von Gravenberg: Kapteyn, J.M.N. (Hrsg. und Übers.), Nachwort von Sabine Seelbach und Ulrich Seelbach: „Wigalois: Text, Übersetzung, Stellenkommentar". Berlin und New York, 2005.

Wolfram von Eschenbach: Nach der Augabe Karl Lachmanns, revidiert und kommentiert von Eberhard Nellmann, übertragen von Dieter Kühn: „Parzival" in zwei Bände. Frankfurt am Main, 2006.

## B Andere Texte

Bibel: Beriger, Andreas, Ehlers, Widu-Wolfgang, Fieger, Michael (Hrsg.): „Vulgata". Sammlung Tusculum, 5 Bde,. Berlin, Boston, 2018.

Jaufré: „Le roman de Jaufré": Zink, Michel (Hrsg.). S. 840-922. In: Régnier-Bohler, Danielle (Hrsg.): „La légende arthurienne, le graal et la table ronde". Paris, 1989.

Kudrun: „Kudrun: Mittelhochdeutsch/Neuhochdeutsch" Uta Störmer-Caysa (Hrsg, Übers. und kommentiert). Stuttgart, 2010.

Otnit: „Otnit, Wolf Dietrich. Frühneuhochdeutsch, Neuhochdeutsch". Jolie, Stephan, Millet, Victor und Peschel, Dietmar (Hrsg. und Übers.). Stuttart, 2013.

Perlesvaus: „Le haut livre du Graal: Perlesvaus". W.A. Nitze und T.A. Jenkins (Hrsg.), Chicago, 1932–1937 (2 Bände).

Perlevaus: „Le haut livre du Graal [Perlesvaus]". Strubel, Armand (Hrsg. und Übers.), Paris, 2007.

Première continuation Perceval „Perceval le gallois ou le conte du graal". Potvin, Charles (Hrsg.), Mons, 1866-1871. 6 Bände.

Première continuation Perceval: „Le livre de Caradoc". Szkilnik, Michelle (Hrsg. und Übers.). In: Régnier-Bohler, Danielle(Hrsg.): „La légende arthurienne, Le graal et la table ronde", Paris, 1989, S, 431-507.

The Exile of the Sons of Uisliu: „Longes mac n-Uislenn: The Exile of the Sons of Uisliu". Hull, Vernam (Hrsg.), The Modern Language Association of America 16, New York, 1949.


„The Homeric Hymns". Allen, Thomas William (Hrsg.), 2 Aufl., London, 1936. Nachdruck: Amsterdam, 1980, II, An Demeter.


The Pursuit of Diarmaid and Gráinne „Tóruigheacht Dhiarmada agus Gráinne: The Pursuit of Diarmaid and Gráinne". Nessa Ni Shéaghda (Hrsg. und Übers.), Irish Texts Society 48, Dublin: Irish Texts Society, 1967.


Apollodorus, Grammaticus: „The library: in two volumes". Frazer, James George (Hrsg. und Übers.), Cambridge, Mass [u. a.], 1976.


Chrétien de Troyes: „Der Löwenritter (Yvain) von Christian von Troyes". Förster, Wendelin (Hrsg.). Halle, 1887.


Homerus: „Die Gedichte Homers bearbeitet von Oskar Henke", Teil 2, die Ilias; Text, 1.Bd. Buch 1–13. Siefer, Georg (Hrsg.) und Henke, Oskar (Bearb.), 6. Aufl., Leipzig, 1928.


Homerus: „Die Gedichte Homers bearbeitet von Oskar Henke", Teil 2, die Ilias; Text, 2.Bd. Buch 4–24. Siefer, Georg (Hrsg.) und Henke, Oskar (Bearb.), 5. Aufl., Leipzig, 1929.


Marie de France: „Le lai de Lanval". Rychner, Jean (Hrsg.), Genève, 1958.

Ovidius Naso, Publius: „P. Ovidi Metamorphoses". Tarrant, Richard J. (Hrsg.), Oxford [u. a.], 2004.


Plutarch: „vitae parallelae". Ziegler, Konrat (Hrsg.), Stuttgart/Leipzig, Band 1 Fasc. 1, 3. Auflage, 1960.


T.Livi:" ab urbe condita, Bd. 1 (Bücher 1–5)". Seymour Conway, Robert und Flamstead Walters, Carl (Hrsg.), Oxford, 1914.

# II- Sekundärliteratur

Ahrendt, Ernst Herwig: „Der Riese in der mittelhochdeutschen Epik". Güstrow, Druck der Carl Michaal'schen Hof und Raisbuchdruckerei, 1923.

Andermann, Kurt: „Raubritter-Raubfürsten-Raubbürger? Zur Kritik eines untauglichen Begriffs". In: Andermann, Kurt (Hrsg.), „"Raubritter" oder „Rechtschaffene vom Adel"? Aspekte von Politik, Friede und Recht im späten Mittelalter", Sigmaringen, 1997, S.9-29.

Andermann, Kurt: „Definition Raubritter". „Historisches Lexikon Bayerns". https://www.historisches-lexikon-bayerns.de/Lexikon/Raubritter (Webseite besucht am 08.08.2019 um 15 Uhr 30).

Aronstein, Susan: „Prize or Pawn?: Homosocial Order. Marriage and the Redefinition of Women in the Gawain Continuation". Romanic Review, Vol. 82, 1991, S.115–126.

Bachtin, Michail: „Das Wort im Roman". In: Ders.,: „Die Ästhetik des Wortes". Grübel, Rainer und Reese, Sabine (Hrsg. und Übers.), Frankfurt am Main, 1979, S.154-300.

Bachtin, Michail M: „Formen der Zeit im Roman. Untersuchungen zur historischen Poetik". Kowalski, Edward und Wegner, Michael (Hrsg.), Dewey Michael (Übers.), Frankfurt am Main, 1989.

Bachtin, Michail M.: „Chronotopos". 1. Aufl., Frankfurt am Main, 2008 (=stw, 1979).

Becker, Rebekka: „Muße im höfischen Roman, Literarische Konzeptionen des Ausbruchs und der Außeralltäglichkeit im *Erec*, *Iwein* und *Tristan*". In: Cheauré, Elisabeth, Dobler, Gregor, Fludernik, Monika, Hubert, Hands. W und Riedl, Peter Philipp (Hrsg.): „Otium, Studien zur Theorie und Kulturgeschichte der Muße 12". Tübingen, 2019.

Benveniste, Émile: „Les relations de temps dans le verbe français". In: Ders.: „Problèmes de linguistique générale". Paris, 1966, S.237-250.

Berndt, Frauke und Tonger-Erk, Lily: „Intertextualität, Eine Einführung". Berlin, 2013.

Berthelot, Anne: „L'enchantement du récit: magie et illusion à la cour d'Arthur dans le Roman de Jaufré". In: Margherita Lecco (Hrsg.): „Materiali arturiani nelle letterature di Provenza, Spagna, Italia". Alessandia, 2006, S.1-16.

Boivin, Jeanne-Marie: „La dame du lac, Morgane et Galehaut : Symbolique de trois figures emblématiques de l'autre monde dans le « Lancelot »". Médiévales, No.6, Au pays d'Arthur, Printemps 1984, S.18-25.

Boutet, Dominique: „Sur l'origine et le sense de la largesse arthurienne". Moyen Âge 89 (1983), S.397-411.

Brandsma, Frank: „*blide ende drove*: Mixed Emotions in Middle Dutch arthurian Romance". In: Raluca Radulescu, Bangor (Hrsg.): „Journal of the International Arturian Society, Band 4, Heft 1". Berlin, München und Boston, 2016, S. 104–112.

Brémond, Claude: „Logique du récit“. Paris, 1973.


Busby, Keith: „Gauvain in Old french Literature“. Amsterdam, 1980.


Buschinger, Danielle: „Erotik und Sexualität in der Artusepik (ein Beispiel: Die Krone Heinrichs von dem Türlin)“. In: Däumer, Matthias, Dietl, Cora und Wolfzettel, Friedrich (Hrsg.): „Artushof und Artusliteratur“. Berlin und New York, 2010, S.137-154.


Chamberlin, Richard, Walter: "The Marvelous as allegory in Ulrich von Zatzikhoven's Lanzelet". Diss, University of Michigan, 1997.


Chinca, Mark, Young, Christopher: „Literary theory and literary field in the German romance c. 1200“. In: Peters, Ursula (Hrsg.): „Text und Kultur. Mittelalterliche Literatur 1150-1450“. Germanistische Symposien-Berichtsbände 23, Stuttgart und Weimar, 2001, S. 612–644.


Christoph Siegfried: „Guenevere's Abduction and Arthur's Fame in Hartmann's Iwein“. „Zeitschrift für deutsches Altertum und deutsche Literatur, Bd. 118., H.1“. 1st Quarter, 1989, S. 17-33.


Classen, Albrecht: „The forest in medieval german literature: ecocritical readings from a historical perspective“. Lanham, MD, 2015.


Cormeau, Cristophe: „"Wigalois" und "Diu Crône": Zwei Kapitel zur Gattungsgeschichte des nachklassischen Aventiureromans“. Zürich und München, 1977.

Curtius, Ernst Robert : « Europäische Literatur und Lateinisches Mittelalter ». Bern, 1953.

Dandaraw, Cordula U.D.: „Wirnt von Gravenberc *Wigalois*: Eine thematische und strukturelle Interpretation im Vergleich zu Hartmanns von Aue *Erec*". Diss, University of Albany, 1997.

Demtröder, Hans Alfred: „Untersuchungen zu Stoff und Stil des „Gauriel von Muntabel" des Konrad von Stoffeln". Bonn, 1959.

Dinges, Martin: „Die Ehre als Thema der historischen Anthropologie, Bemerkungen zur Wissenschaftsgeschichte und zur Konzeptualisierung". In: Schreiner, Klaus, Schwerhoff, Gerd (Hrsg.): „Verletzte Ehre, Ehrkonflikte in Gesellschaften des Mittelalters und der frühen Neuzeit". Köln, Weimar und Wien, 1995, S. 29–62.

Döring, Jörg, Tristan Thielmann (Hrsg.): „Spatial Turn, Das Raumparadigma in den Kultur- und Sozialwissenschaften". Bielefeld, 2009.

Dunn, Caroline: "Stolen Women in medieval England, Rape, Abduction and Adultery". Cambridge, 2013.

Ebenbauer, Alfred: „Wigamur und die Familie". In: Friedrich Wolfzettel (Hrsg.); „Artusrittertum im späten Mittelalter. Ethos und Ideologie. Vorträge des Symposiums der deutschen Sektion der Internationalen Artusgesellschaft vom 10. bis 13.November 1983 im Schloß Rauischholzhausen". Giessen, 1984, S.28-46.

Eckhardt, Caroline D.: "Reading Jaufré: Comedy and Interpretation in a Medieval Cliff-Hanger". The Comparatist, Vol 33 (May 2009), S. 40-62.


Egerding, Michael: Konflikt und Krise im „Gauriel von Muntabel" des Konrad von Stoffeln". Amsterdamer Beiträge zur älteren Germanistik. Band 34, Ausgabe 1, 1991, S.111-126.


Emmelius, Cornelius: „Intertextualität". In: Ackermann, Christiane, Egerding, Michael (Hrsg.): „Literatur und Kulturtheorien in der germanistischen Mediävistik, ein Handbuch". Berlin und Boston, 2015, S.275-316.


Evans, Claude: „Le personnage d'Yseut dans le Tristan de Béroul et les Folies de Berneet d'Oxford: une perspective inspirée par les textes irlandais et gallois". Le moyen Age, 2005/1, Tome CXI, S. 95-114.


Felder Gudrun : „Kommentar zur Crône Heinrichs von dem Türlin". Berlin, 2012.


Fleischman, Suzanne: „Jaufre' or Chivalry Askew: Social Overtones of Parody in Arthurian Romance.". Viator 12 (1981), S.101-129.


Flintoft, Mary Luserna: „Landscape of Desire and Menace, a literary study of medieval French garden imagery". Diss, University of Melbourne, 1982.


Fludernik, Monika: „Erzähltheorie, Eine Entführung, 3. Auflage". Darmstadt, 2008.


Frappier, Jean: Le motif du « don contraignant » dans la littérature du Moyen Âge, *Travaux de Linguistique et de Littérature*, t. 7, 2,1969, p. 7-46.

Frappier, Jean: „Amours courtois et table ronde", Genève, 1973.

Frappier, Jean: „Le personnage de Gauvain dans la Première continuation de Perceval". Romance Philology XI (1958), S. 331-344.

Frey, Johannes: „Wer die Geschichte erzählt. Figuren und Erzähler in Chrétiens *Yvain* und Hartmann *Iwein*". In: Krings, Marcel, Luckscheiter, Roman(Hrsg.): „Deutsch-französische Literaturbeziehungen, Stationen und Aspekte dichterischer Nachbarschaft vom Mittelalter bis zur Gegenwart". Würzburg, 2007, S. 39-50.

Fuchs, Stephan: „Hybride Helden: Gwigalois und Willehalm. Beiträge zum Heldenbild und zur Poetik des Romans im früheren 13. Jahrhundert". Heidelberg, 1997.

Gallais, Pierre: „L'imaginaire d'un romancier français de la fin du XIIe siècle: Description raisonnée, comparée et commentée de la continuation-gauvain" 4 Bände. Amsterdam, 1989. Band 4, S. 2261-2264.

Gaunt, Simon und Harvey, Ruth: „The arthurian Tradition in Occitan Literature". In: Glyn S. Burgess und Karen Pratt (Hrsg.): "Arthurian Literature in the Middle Ages, IV: The Arthur of the French". Cardiff, 2006, Kapitel XIII.

Genette, Gérard: „Figures III". Paris, 1972.

Genette, Gérard: „Die Erzählung". Andreas Knop (Hrsg. und Übers.), München, 1994.

Genette, Gérard: „Palimpseste. La Littérature au second degré". Paris, 1982. Deutsche Fassung: „Palimpseste: Die Literatur auf zweiter Stufe". Frankfurt am Main, 2008.

Gerok-Reiter, Annette: „Noch einmal: Wie ideal ist König Artus?". In: Staubach, Nikolaus (Hrsg.): „Exemplaris Imago, Ideale in Mittelalter und Früher Neuzeit". Frankfurt am Main u. a., 2012, S. 173–194.

Glaser, Andrea: „Der Held und sein Raum. Die Konstruktion der erzählten Welt im mittelhochdeutschen Artusroman des 12. und 13. Jahrhunderts". Frankfurt am Main [u. a.], 2004 (Europäische Hochschulschriften 1/1888).

Gordon, Sarah Elizabeth: „Pastiche in thirteenth–century french arthurian verse Romance". Diss,Washington Universität, Saint Louis, 2002.

Gorny Littmann, Esther: "Techniques of creating suspense in Ulrich von Zatzikhoven's "Lanzelet"". Ann Arbor, Michigan, USA, 1980.

Gottzmann, Carola L: „Wirnts von Gravenberc „Wigalois". Zur Klassifizierung so gennannter epigonaler Artusdichtung". Amsterdamer Beiträge zur älteren Germanistik (ABäG). 14. 1979, S. 99-104.

Gottzmann, Carola.L. : „Deutsche Artusdichtung Bd.I. Rittertum, Minne, Ehe und Herrschertum. Die Artusepik der hochhöfischen Zeit". 2., durchges. Aufl. Frankfurt/Bern 1988 (Information und Interpretation Bd. 2.).

Grigsby, John L.: „Remnants of Chrétien's Aesthetics in the Early Perceval Continuations and the Incipient Triumph of Writing". Romance Philology, Bd. 41-4 (1987/1988), S.379-393.


Gouiran, Gérard: „Le roi et le chevalier-enchanteur: Les mésaventures du roi Arthur dans le *Roman de Jaufré*". In: Margherita Lecco (Hrsg.): „Materiali arturiani nelle letterature di Provenza, Spagna, Italia". Alessandria, 2006, S.17-40.


Greimas, Algirdas Julien: „Semantique structurale: recherche de methode". Paris, 1986.


Greimas, Algirdas Julien: „Elements d'une grammaire narrative". In: „L 'homme 1969. Deutsche Version: „Elemente einer narrativen Grammatik.". I. und J. Rehbein (Hrsg. und Übers.). In: „Strukturalismus in der Literaturwissenschaft". Blumensath, H. (Hrsg.), Köln, 1972, S.47-67.


Gürttler, Karin-Renate: „König Artus und sein Kreis in der höfischen Epik". Diss, University of Montreal, 1972.


Gutwald, Thomas: „Schwank und Artushof, Komik unter den Bedingungen höfischer Interaktion in der Crône des Heinrich von dem Türlin". Frankfurt am Main, 2000.


Hammer, Andreas: „Aufsatz Motiviertes Handeln oder fixe Rollenzuteilung, die Figur des Keie in der kontinentalen und der inselkeltischen Artustradition". In: Dietl, Cora, Schanze, Cristoph, Wolfzettel, Friedrich und Zudrell, Lena (Hrsg.): „Emotion und Handlung im Artusroman". Berlin, Boston, 2017, S. 271–295.


Harf-Lancner, Laurence: „Les fées au Moyen Age : Morgane et Mélusine ; la naissance des fées". Genève, 1984.

Harms, Wolfgang (Hrsg.): „Ordnung und Unordnung in der Literatur des Mittelalters". Stuttgart, 2003.


Haug, Walter: „Das Land, von welchem niedemand wiederkehrt, Mythos, Fiktion und Wahrheit in Chrétiens „Chevalier de la charrette", im „Lanzelet" Ulrichs von Zatzikhoven und im „Lancelot"-Prosaroman". Tübingen, 1978.


Haug Walter (Hrsg.): „Mittelalter und frühe Neuzeit, Übergänge, Umbrüche und Neuansätze". Tübingen, 1985


Haupt, Jürgen: „Der Truchsess Keie im Artusroman". Berlin, 1971.


Hoffmann, Ulrich: „Ginover Krise, Verhandlungen latenter Ursachen in der Crône Heinrichs von dem Türlin". In: Dietl, Cora, Schanze, Cristoph, Wolfzettel, Friedrich und Zudrell Lena (Hrsg.): „Emotion und Handlung im Artusroman". Schriften der Internationalen Artusgellschaft, Deutsch-österreichische Sektion, Band 13, Berlin und Boston, 2017.


Huchet, Jean-Charles: „Jaufré, le roman à nu". Littérature, n°74, 1989. „Le miroir et la lettre. Écrire au Moyen Âge", S.91-99.


Jahn, Bernhard und Neudeck, Otto (Hrsg.): „Tierepik und Tierallegorese. Studien zur Poetologie und historischen Anthropologie vormoderner Literatur". Frankfurt am Main, 2004.


Jillings, Lewis: „The Abduction of Arthur's Queen in Diu Crône": Nottingham Medieval Studies 19 (1975), S. 16-34.

Jillings, Lewis: „Diu Crone of Heinrich von dem Türlein: The attempted emancipation of secular narrative". Göppingen, 1980.


Joye, Sylvie: "Le rapt de l'antiquité tardive au Moyen Âge. Crime privé, crime public, sacrilège". In: Vickermann-Ribémont, Gabriele und White-Le Goff, Myriam (Hrsg.): "Rapts, Réalités et imaginaires du moyen Âge aux Lumières", Paris, 2014.


Joye, Sylvie: "La femme ravie, Le mariage par rapt dans les sociétés occidentales du haut Moyen Âge". Turnhout, 2012.


Keck, Anna: „Die Liebeskonzeption der mittelalterlichen Tristanromane. Zur Erzähllogik der Werke Berouls, Eilharts, Thomas und Gottfrieds". Diss, Albert-Ludwigs-Universität, Freiburg im Breisgau, WS 1994-95, München, 1998.


Keller, Hildegard E.: „Wald, Wälder. Streifzüge durch einen Topos". In: Müller, Ulrich und Wunderlich, Werner (Hrsg.): „Burgen-Länder-Orte", Konstanz, 2008 (Mittelalter-Mythen 5), S.927-944.


Kern, Peter: „Bewusstmachung von Artus-Romankonventionen in der Crône Heinrich von dem Türlin". In: Wolfzettel, Friedrich (Hrsg.) unter Mitwirkung von Ihring, Peter: „Erzählstrukturen der Artusliteratur, Forschungsgeschichte und neue Ansätze". Tübingen, 1999, S. 199–218.


Kerth, Thomas: „ Arthurian Tradition and the Middle Dutch "Torec" ". Arthuriana, Vol. 17, No. 1, Middle Dutch Arthurian Romances: New Readings (Spring 2007), S. 5-31.

Köhler, Erich: „Le rôle de la « coutume » dans les romans de Chrétien de Troyes". Romania, 81, 1960, S. 386-397.

Köhler, Erich: « Ideal und Wirklichkeit in der höfischen Epik". 2. Aufl, Tübingen, 1970.

Köhler, Erich: "L'aventure chevaleresque: Idéal et réalité dans le roman courtois". Paris, 1974.

Kratz, Bernd: „Zur Kompositionstechnik Heinrichs von dem Türlin". Amsterdamer Beiträge der älteren Germanistik 5 (1973). S. 141-153.

Krings, Marcel, Luckscheiter, Roman(Hrsg.): „Deutsch-französische Literaturbeziehungen, Stationen und Aspekte dichterischer Nachbarschaft vom Mittelalter bis zur Gegenwart". Würzburg, 2007.

Kristeva, Julia: „Wort, Dialog und Roman bei Bachtin". In: Ihwe, Jens (Hrsg.), Korinman, Michel und Stück, Heiner (Übers.): „Literaturwissenschaft und Linguistik, Bd. 3", Frankfurt am Main, 1972, S.345-375.

Kugler, Hartmut: „Fenster zum Hof, Die Binnenerzählung von der Entführung der Königin in Hartmanns „Iwein"". In: Hafeland, Harald und Mecklenburg, Michael (Hrsg.): „Erzählungen in Erzählungen, Phänomene der Narration in Mittelalter und Früher Neuzeit", München, 1999.

Kuhn, Hugo: „Erec" [1948]. In: ders.: Dichtung und Welt im Mittelalter. Kleine Schriften 1, 2. Aufl., Stuttgart, 1969, S. 126 – 140.

Lacy, Norris J.: „Convention and Innovation In The Middle Dutch Roman Van Walewein". In: Besamuca, Bart und Kooper, Erik (Hrsg.): „Arthurian Literature XVII, Originality and Tradition in the Middle Dutch Roman van Walewein", Cambridge, 1999, S. 47-62.

Lamping, Dieter: „Internationale Literatur: eine Einführung in das Arbeitsgebiet der Komparatistik". Göttingen, 2013.

Lecouteux, Claude: „Les monstres dans la littérature allemande du moyen age". Göppingen, 1982.

Le Goff, Jacques: „Le désert-forêt dans l'Occident médiéval". In: ders: „Un autre Moyen Âge". Paris, 1999, S.495-510.

Legros Chapuis, Elizabeth : „Dans la forêt des livres, Essai". Paris, 2016.

Leutloff, Ariane: „Generationelle und genealogische Strukturen in Ulrichs von Zatzikhoven Lanzelet". Frankfurt am Main, 2011.

Lienert, Elisabeth: „Begehren und Gewalt. Aspekte einer Sprache der Liebe in Wolframs Parzival". In: Greenfield, John Thomas (Hrsg.): „Wahrnehmung im „Parzival" Wolframs von Eschenbach. Actas do Coloquio Internacional, Porto, 2004", S.193-210.

Loomis, Roger Sherman: *„Arthurian Tradition and Chrétien de Troyes "*. New York Chichester, West Sussex, 1949.

Lopez Martinez-Moras, Santiago: „Magie, enchantements, Autre Monde dans Jau-fré“. Magie et illusion au Moyen Age, Sénéfiance 42, Centre Universitaire d'Etudes et de Recherches Médiévales d'Aix (CUERMA). Aix, Université de Provence, 1999, S.325-338.

Lorenzo Gradin, Pilar: „Jaufre o el orden ambiguo“. In: Jacques Chocheyras (Hrsg.): „De l'aventure épique à l'aventure romanesque: Mélanges offerts à André de Mandach…“. Bern, 1997, S. 201-220.

Lotman, Yurij: „Die Struktur literarischer Texte“. Keil, Rolf-Dietrich (Hrsg. und Übers.), 3. Aufl, München, 1989 (UTB 103).

Maksymiuk, Stephan Karl Alexander: „Knowledge, Politics and Magic: The Figure of the Court Magician in Medieval German Literature“. Diss, University of Washington, 1992.

Maksymiuk, Stephan: "The Court Magician in the Medieval German Romance". Frankfurt am Main, 1996.

Martin, Ann. G.: « Shame and Disgrace at King Arthur's Court, A Study in the Meaning of Ignominy in German Arthurian Literature to 1300“. Göppingen, 1984.

Martin, Ann G.: „The concept of „reht“ in Wigamur“. Colloquia Germanica, Vol.20, No.1 (1987). S. 1-14.

Martin, B.K.: „Medieval Irish *aitheda* and Todorov's „Narratologie““. Studia Celtica, Jan 1, 1975.

Martinez, Matias und Scheffel, Michael: „Einführung in die Erzähltheorie". München, 2007.

Marx, Jean: „La Légende arthurienne et le graal". Paris, 1952.

Maurer, Friedrich: „Tugend und Ehre". In: Eifler, Günther (Hrsg.): „Ritterliches Tugendsystem". Wege der Forschung Band LVI, Darmstadt, 1970, S.238-252.

May, Markus: „Internationalität: Literarisches Übersetzen". In: Zemanek, Evi, Nebrig, Alexander (Hrsg.): „Komparatistik". Berlin, 2012, S.115-130.

Ménard, Philippe, „Le don en blanc qui lie le donateur. Réflexions sur un motif de conte". In: Varty, Kenneth (Hrsg.): „An *Arthurian Tapestry. Essays in honor of Lewis Thorpe*". Glasgow, 1981, p. 37-53.

Mentzel-Reuters, Arno: „Vröude: Artusbild, Fortuna und Gralkonzeption in der Crône des Heinrich von dem Türlin als Verteidigung des höfischen Lebensideals". Frankfurt am Main, Bern, New York, Paris, 1989.

Meyer, Matthias: „Struktur und Person im Artusroman". In: Wolfzettel, Friedrich (Hrsg.): „Erzählstrukturen der Artusliteratur: Forschungsgeschichte und neue Ansätze". Tübingen, 1999, S. 145–163.

Micha, Alexandre: „Etudes sur le Lancelot en Prose. I. Les épisodes du Voyage en Sorelois et de la fausse Guenièvre". Romania, 303, 1955, S.334-341.

Möbius, Thomas: „Studien zum Rachegedanken in der deutschen Literatur des Mittelalters". Frankfurt am Main, 1993.

Molle, José Vincenzo: „Le réalisme des cérémonies et des conventions sociales dans le « Lancelot » de Chrétien de Troyes", In : Buschinger, Danielle (Hrsg.) : „Actes du colloque Lancelot", Göppingen, 1984.

Morey, James H.: „"Torec", Cosmic Energy, and Pragmatism". Arthuriana, Vol 17, No. 1, Middle Dutch Arthurian Romances: New Readings (Spring 2007), S. 32-41.

Müller, Jan-Dirk: „Texte aus Texten. Zu intertextuellen Verfahren in frühneuzeitlicher Literatur, am Beispiel von Fischarts Ehzuchtbüchlein und Geschichtklitterung". In: Kühlmann, Wilhelm u. Neuber, Wolfgang (Hrsg.): „Intertextualität in der Frühen Neuzeit", (Frühneuzeit-Studien 2), Frankfurt 1994, S.63-109.

Nebrig, Alexander: „Die Tradition des literarischen Vergleichens". In: Zemanek, Evi, Nebrig, Alexander (Hrsg.): „Komparatistik". Berlin, 2012, S. 21–34.

Neugart, Isolde: „Beobachtungen zum „Gauriel von Muntabel". In: Johannes Janota (Hrsg.): „Festschrift für Walter Haug und Burghart Wachinger, Band 2", Tübingen, 1992, S.603-616.

Newman, Barbara: „Medieval Crossover: Reading the secular against the sacred". University of Notre Dame Press, 2013.

Nolte, Theodor: „"Wilde und zam". Wildnis und Wildheit in der deutschen Literatur des Hochmittelalters". In: Ecker, Hans-Peter (Hrsg.): „Methodisch reflektiertes Interpretieren. Festschrift für Hartmut Laufhütte zum 60. Geburtstag", Passau, 1997, S.39-60.

Nolting Hauff, Ilse: „Märchen und Märchenroman. Zur Beziehung zwischen einfacher Form und narrativer Großform in der Literatur". Poetica 6 (1974), S. 129-178.


Obermaier, Sabine: „Löwe, Adler, Bock. Das Tierrittermotiv und seine Verwandlungen im späthöfischen Artusroman". In: Jahn, Bernhard und Neudeck, Otto (Hrsg.): „Tierepik und Tierallegorese. Studien zur Poetologie und historischen Anthropologie vormoderner Literatur.", Frankfurt am Main, 2004, S. 121-139.


Panofsky, Erwin: „Die Perspektive als „symbolische Form"". Vorträge der Bibliothek Warburg 1924/1925. Leipzig, Berlin, 1927.


Panofsky, Erwin: „Die Perspektive: Erwin Panofsky: Die Perspektive als symbolische Form". In: ders., Hariolf Oberer und Egon Verheyen (Hrsg.).: „Aufsätze zu Grundfragen der Kunstwissenschaft", Berlin 1998.


Peil, Dietmar: „Beobachtungen zur Kleidung in der Dichtung Hartmanns unter besonderer Berücksichtigung der Artus-Epen". In: Buschinger, Danielle und Spiewok, Wolfgang (Hrsg.): „Les Realia dans la littérature de fiction au Moyen Age". Greifswälder Beiträge zum Mittelalter Band, 25, Greifswald, 1993, S. 119-140.


Pérennec, René: „Recherches sur le roman Arthurien en vers en Allemagne aux XII. et XIII. siècles". Göppingen, 1984, 2Bde.


Petzholdt, Leander: „Melusine in der populären Tradition". In: Schnyder, André, Mühletahler, Jean-Claude (Hrsg.): „550 Jahre Melusinenroman. Werk - Voraussetzungen - Wirkungen". Beiträge der wissenschaftlichen Tagung der Universitäten Bern und Lausanne vom August 2006, Bern, Berlin, Bruxelles, Frankfurt am Main, New York, Oxford und Wien, 2008, S. 203–217.

Poignaut, R, Wattel–de Croizant (Hrsg.): „D'Europe à l'Europe, le mythe d'Europe dans l'art et la culture de l'antiquité au XVIIIe s.". Colloque de Paris, ENS, Ulm vom 24. bis zum 26. April 1997, Kollektion Caesarodunum XXXI Tours, 1998.


Poirion, Daniel: „Ecriture poétique et composition romanesque". Orléans, 1994.


Preiser, Wolfgang : „Blutrache". HRG, Bd. 1 (1971), S.469-471.


Propp, Wladimir: „Morphologie des Märchens". Suhrkamp taschenbuch wissen-schaft 131, Frankfurt, 1975.


Reither, Hand und Seebach, Helmut: "Der englische König Richard I. Löwenherz als Gefangener auf Burg Trifels". Mainz Gonsenheim, 1996, Heft 1.


Ribard, Jacques: „Chrétien de Troyes, Le chevalier de la charrette, Essai d'interpré-tation symbolique". Paris, 1972.


Röcke, Werner: „Provokation und Ritual, Das Spiel mit der Gewalt und die soziale Funktion des Seneschall Keie im arthurischen Roman". In: Peter von Moos (Hrsg.): „Der Fehltritt, Vergehen und Versehen in der Vormoderne". Köln, Weimar, Wien, 2001, S.343-361.


Root, Martha James: „Celtic motifs in the provencal arthurian Romance, Jaufré: The grail legend before Perceval". Diss, Ohio State University, 1971.

Samples, Susann Therese: „An unlikely Hero: The rapist-knight Gasozein in "Diu Crône"". Arthuriana, Vol.22, No.4, Special Issue in Honor of Edward Donald Kennedy (Winter 2012), S. 101-119.


Samples, Susann T: „Problem Women" in Heinrich von dem Türlin's Diu Crône": Arthuriana, Vol.11, No.4. Essays from the "Camelot 2000" Conference (Winter 2001), S. 23-38.


Samples, Susann: „Guinevere: A Germanic Heroine". Quondam et Futurus, Vol. 1, No. 4 (Winter 1991), S. 9-22.


Samples, Susann: "Guinevere, A Re-Appraisal". In: Walters, Lori J. (Hrsg.): "Lancelot and Guinevere, A Casebook", New York and London, 1996, S. 219-228.


Saunders, Corinne. J.: „The Forest of Medieval Romance: Avernus, Broceliande, Arden". Woodbridge, Suffolk, 1993.


Scheerer, Thomas M., Winkler, Markus: „Zum Versuch einer universalen Erzählgrammatik bei Claude Bremond. Darstellung, Anwendungsprobleme und Modellkritik". Poetica 8 (1976), S. 1–24.


Schmid, Elisabeth: „Weg mit dem Doppelweg. Wider eine Selbstverständlichkeit der germanistischen Artusforschung". In: Wolfzettel, Friedrich (Hrsg.): „Erzählstrukturen der Artusliteratur: Forschungsgeschichte und neue Ansätze". Tübingen, 1999, S. 69–85.


Schmid, Elisabeth: „Chrétiens „Yvain" und Hartmanns „Iwein"". In: Pérennec, René und Schmid, Elisabeth (Hrsg.): „Germania Litteraria Mediaevalis Francigena, Bd.5, Höfischer Roman in Vers und Prosa". Berlin, New York, 2010, S.135-169.

Schmid-Cadalbert, Christian: „Der wilde Wald, Zur Darstellung und Funktion eines Raumes in der mittelhochdeutschen Literatur". In: Schnell, Rüdiger (Hrsg.): „Gotes und der werlde hulde, Literatur in Mittelalter und Neuzeit. Festschrift für Heinz Rupp zum 70. Geburtstag", Bern und Stuttgart, 1989, S. 24–47.

Schmolke-Hasselmann, Beate: „Der arthurische Versroman von Chrestien bis Froissard, Zur Geschichte einer Gattung". Tübingen, 1980. Englische Version: „The Evolution of arthurian Romance, The verse tradition from Chrétien to Froissard". Cambridge, 1998.

Schott, Andrea: „Ritter, Riesen, Zauberer: Gegnerfiguren in den „nachklassischen" Artusromanen".      2017.      https://publications.ub.uni-mainz.de/theses/voll-texte/2018/100002446/pdf/100002446.pdf (Webseite besucht am 09.05.2019)

Schröder, Werner: „Zur Literaturverarbeitung durch Heinrich von dem Türlin in seinem Gawein-Roman Diu Crône". Zeitschrift für deutsches Altertum, Stuttgart, 1992.

Schubert, Alexander (Hrsg.): "Richard Löwenherz, König-Ritter-Gefangener". Regensburg, 2017.

Schulz, Armin: „Erzähltheorie in mediävistischer Perspektive, 2 Auflage". Braun, Manuel, Dunkel, Alexandra und Müller, Jan-Dirk (Hrsg.), Berlin, München, Boston, 2015.

Schulz-Buschhaus, Ulrich: „Gattungsmischung- Gattungskombination- Gattungsnivellierung. Überlegungen zum Gebrauch des literarhistorischen Epochenbegriffs, Barock". In:      Gumbrecht/Link-Heer      (Hrsg.):      „Epochenschwellen      und

Epochenstrukturen im Diskurs der Literatur und Sprachhistorie", Frankfurt am Main, 1985, S. 213–233.

See, Klaus von : „ Held und Kollektiv„ . Zeitschrift für deutsches Altertum und deutsche Literatur, 122. Bd., H. 1 (1993).

Seidel, Stephanie: „Eine kleine Geschichte der êre, Thesen zur historischen Semantik von Ehre und zu ihrer Narrativierung in höfischen und legendarischen Textens des hohen Mittelalters". In: Kellner, Beate, Lieb, Ludger und Müller, Stephan, unter Mitarbeit v. Hon, Jan und Selmayr, Pia (Hrsg.): „Höfische Textualität, Festschrift für Peter Strohschneider", Heidelberg, 2015, S. 45–63.

Servier, Alicia: "La figure du double: la "fausse Guenièvre", conception et évolution d'une iconographie dans les manuscrits du roman en prose de Lancelot du Lac entre le XIIIe et le XVe siècle„. Bulletin du centre d'études médiévales d'Auxerre (BUCEMA), 22.1, 2018, S.25-51.

Shaw, Frank: „Die Ginoverentführung in Hartmanns Iwein". Zeitschrift für deutsches Altertum und Literatur Bd. 104 (1975), S. 32-40.

Siefken, Hinrich: „Über individuelle Formen und der Aufbau des Kundrunepos". Ohly, Friedrich, Ruh, Kurt und Schröder, Werner (Hrsg.): „Medium Aevum. Philologische Studie, Bd.11.", München, 1967.

Simon, Ralf: „Einführung in die strukturalistische Poetik des mittelalterlichen Romans. Analysen zu deutschen Romanen der matière de Bretagne". Würzburg, 1990.

Sinka, Margit S.: „"Der höfschste man": An analysis of Gawein's role in Hartmann von Aue's Iwein". MLN, Vol. 96, No. 3, German Issue (April 1981), S. 471-487.

Soja, Edward: „Taking Space Personally". In: Santa, Aria und Warf, Barbara (Hrsg.): "The Spatial Turn: Interdisciplinary Perspectives", London, 2008, S. 11-36.


Soudek, Ernst: „The tragic qualities of Guenièvre and Meliagant in "Le chevalier de la charrette"". Romance Notes, Vol. 13, No. 2 (Winter, 1971), S. 363-368.


Stein, Peter: „Integration, Variation, Destruktion: Die Crône Heinrichs von dem Türlin". Bern, 2000.


Thompson, Stith: „Motif-Index of folk literature: a classification of narrative elements in folktales, ballads, myths, fables, mediaeval romances, exempla, fabliaux, jest-books und local legends". Bloomington[u.a.], 1989, 6 Bde.


Störmer-Caysa, Uta: „Grundstrukturen mittelalterlicher Erzählungen: Raum und Zeit im höfischen Roman". Berlin und New York, 2007.


Szkilnik, Michelle: „Un exercice de style au XIIIè siècle: „Hunbaut"". Romance Philology, Vol. 54, No. 1 (Herbst 2000), S. 29–42.


Thomas, Neil: „The Medieval German Arthuriad: Some Contemporary Revaluations of the Canon". Bern, Frankfurt am Main, 1989.


Todorov, Tzetan: „Les catégories du récit littéraire". Communications 8 (1966), S. 125–151.


Todorov, Tzvetan: „Poétique de la prose". Paris, 1971.

Tomaryn Bruckner, Matilda: „The Poetics of Continuation in Medieval French Romance: From Chrétien's Conte du Graal to the Perceval Continuations". French Forum, Vol.18, No.2 (May 1993), S. 133–149.


Tomaryn Bruckner, Mathilda"An Interpreter's Dilemma: Why are there so many Interpretations of Chrétien's *Chevalier de la Charrette*?". In: Walters, Lori J. (Hrsg.): "Lancelot and Guinevere, A Casebook", New York and London, 1996, S.55-78.


Tomasevskij, Boris: „Theorie der Literatur. Poetik". Seeman, Klaus-Dieter (Hrsg.), Wiesbaden, 1985.


Trachsler, Ernst: „Der Weg im mittelhochdeutschen Artusroman". Bonn, 1979 (= Studien zur Germanistik, Anglistik und Komparatistik, Bd. 50).


Virilio, Paul: „Das dritte Intervall. Ein kritischer Übergang". In: Decker, Edith und Weibel, Peter (Hrsg.): „Vom Verschwinden der Ferne. Telekommunikarion und Kunst". Köln, 1990, S. 335-347.


Vollmann, Justin: „Das Ideal des irrenden Lesers: Ein Wegweiser durch die Krône Heinrichs von dem Türlin". Bern, 2008.


Vollmann, Justin: „Krise des Individuums - Krise der Gesellschaft. Artusroman und Artushof in der Krone Heinrich von dem Türlin". In: Däumer, Matthias, Dietl, Cora und Wolfzettel, Friedrich (Hrsg.): „Artushof und Artusliteratur". Schriften der Internationalen Artusgesellschaft, Sektion Deutschland/Österreich, Band 7, Berlin und New York, 2010, S.237-252.

Walters, Lori, J.: „Lancelot und Guinevere, A Casebook". New York and London, 1996.

Warning, Rainer: „Formen narrativer Identitätskonstitution im höfischen Roman". In: Jauß, Hans Robert und Köhler, Erich (Hrsg.): GRLM IV/1, Heidelberg, 1978, S. 25–59.

Warning, Rainer: „Die narrative Lust an der List. Norm und Transgression im „Tristan". In: Warning, Rainer und Neumann, Gerhard (Hrsg.): „Transgressionen. Literatur als Etnographie", Freiburg am Breisgau, 2003, S.175-212.

Werner, Michael: „Zum theoretischen Rahmen und historischen Ort der Kulturtransferforschung". In: North, Michael (Hrsg.): „Kultureller Austausch: Bilanz und Perspektiven der Frühneuzeitforschung, Vorträge der 7. Arbeistagung der Arbeistgemeinschaft Frühe Neuzeit im Verband der Historikerinnen und Historiker Deutschlands". Köln, Weimar, Wien, 2009, S.15-23.

Wieshofer, Natscha: „Fee und Zauberin, Analysen zur Figurensymbolik der mittelhochdeutschen Artusepik bis 1210". Wien, 1995.

Witte, Sandra: „Zouber: Magiepraxis und die geschlechtsspezifische Darstellung magiekundiger Figuren in der höfischen Epik des 12. Und 13. Jahrhunderts". Hamburg, 2007.

Wolfzettel, Friedrich: „Der Artushof: ideale Mitte oder problematische Idealität". In: Däumer, Matthias, Dietl, Cora und Wolfzettel, Friedrich (Hrsg.): „Artushof und Artusliteratur", Berlin und New York, 2010, S. 3–21.

Wolfzettel, Friedrich: „Parodie und Artusroman". In: Dietl, Cora, Schanze Cristoph und Wolfzettel, Friedrich (Hrsg.): „Ironie, Polemik und Provokation". Schriften der internationalen Artusgesellschaft, Sektion Deutschland/Österreich, Band 10, Berlin und Boston, 2014, S.303-317.

Worstbrock, Franz-Josef: „Wiedererzählen und übersetzen". In: Haug Walter (Hrsg.): Mittelalter und frühe Neuzeit, Übergänge, Umbrüche und Neuansätze. Tübingen, 1985, S. 128–142.

Wulff, Hans Jürgen: „Lexikon der Filmbegriffe: Spatial Turn".

https://filmlexikon.unikiel.de/index.php?action=lexikon&tag=det&id=6162 (besucht am 15.05.2021 um 13 Uhr).

# Danksagung

Hier möchte ich allen beteiligten Personen meinen großen Dank aussprechen, die mich bei der Anfertigung meiner Dissertation unterstützt haben.

Mein besonderer Dank gilt Univ.-Prof. Dr. Stephan Jolie und Prof. Dr. Jean-Marie Fritz für die die enorme Unterstützung bei der Durchführung der gesamten Arbeit.

Außerdem möchte ich mich bei Dr. Jessica Quinlan meinen Dank aussprechen, die mich im Rahmen meines Studiums mit Rat und produktiven Gesprächen begleitet hat.

Ich danke auch meine Familie, die immer da waren, um mich zu unterstützen: meine Eltern und mein Onkel. Schließlich gilt mein Dank meiner Ehefrau, Fitriasari Jonin für ihre große Geduld und Liebe.

# Pierre Denis Raoul Jonin

## Akademischer Lebenslauf

## KONTAKT

Lottestraße 58

22529 Hamburg

017622162959

pierrejonin@yahoo.fr

Geboren am 08 September 1991
Staatsangehörigkeit: Franzose

## Akademischer Werdegang

10/2015 – 12/2021 Johannes-Gutenberg-Universität Mainz und Université de Bourgogne
**Promotion in ältere deutsche, französische, und niederländische Literatur**
Doktorarbeit: *Entführungen in den französischen, deutschen und niederländischen Artusromanen im 12 und 13 Jahrhundert.*

537

10/2012 - 02/2015   Johannes-Gutenberg-Universität Mainz und Université de Bourgogne
**Master Germanistik**
 Masterarbeit: *Störungen in der Artusgesellschaft*
Abschluss: Master of Arts und Master Arts, lettres, langues à finalité Recherche

10/2009 - 11/2012   Johannes-Gutenberg-Universität Mainz und Université de Bourgogne
**Bachelor Germanistik** (Hauptfach: Germanistik/ Nebenfach: Französisch)
Bachelorarbeit: *Die Figur des Löwen in Iwein von Hartmann von Aue*
Abschluss: Bachelor of Arts und Licence Arts, lettres, langues

# Zusammenfassung der Dissertation

Die mittelalterlichen Artusromane waren in Europa weit verbreitet und basieren alle auf ähnlichen, von Chrétien de Troyes initiierten Elementen wie Abenteuer, Ritterkodex und höfische Liebe. Eine weitere Besonderheit der Artusromane ist das Motiv der Entführung. Es lässt sich feststellen, dass das Motiv der Entführung häufig in Werken aus verschiedenen Ländern vorkommt. Aus diesem Grund muss geklärt werden, warum dieses Motiv so beliebt ist. Folgende Hypothese wird untersucht:

„Die Häufigkeit des Entführungsmotivs in der Artusliteratur ist auf die Vielfalt der möglichen Varianten zurückzuführen".

Die verschiedenen Komponenten einer Entführung sollten erforscht werden, um zu sehen, wie eine Entführung aufgebaut ist. Es sollte gesucht werden, was in den meisten Entführungen vorkommt und wie sich etwas Gewöhnliches in ein einzigartiges Ereignis verwandeln kann. Verschiedene Entführungen aus der französischen, germanischen und niederländischen Tradition werden miteinander verglichen. Dabei wird deutlich, dass das Motiv nicht begrenzt ist und von allen verwendet wird.

Nicht nur die Häufigkeit ist wichtig, sondern auch das Konzept der Varianz. Wenn alle von der gleichen Basis ausgehen, gibt jeder der verschiedenen Autoren seine eigene Interpretation des Motivs. Die Verwendung desselben Motivs ist hier eine Möglichkeit, sich in eine Tradition einzuschreiben und seine Einzigartigkeit zu demonstrieren.

Die Analyse der verschiedenen konkreten Aspekte der Entführung der Königin, die Chrétien de Troyes in Le Chevalier de la charrette verwendet, ergibt eine Reihe von Varianten, die zahlreiche Vergleiche hinsichtlich der beteiligten Figuren, der Orte der Entführung und der Rettung, der Motive der Entführer, der narrativen Motive sowie der Strukturen der Entführung ermöglichen. Mit Hilfe dieser verschiedenen Aspekte und der Konzepte der Intertextualität und der Komparatistik können verschiedene Entführungsfälle aus unterschiedlichen Traditionen mit den anhand des Chevaliers de la charrette entwickelten Varianten verglichen werden.

Ziel der Studie ist es, die Vielfalt, Komplexität und Flexibilität des Entführungsmotivs in der Artusliteratur des 12. und 13. Jahrunderts.